ARCHIVES
DES
CHATEAUX BRETONS

TOME III

INVENTAIRE
DES ARCHIVES DU CHATEAU
DU GRÉGO

Accompagné de généalogies et de nombreuses notices sur les familles et les seigneuries

1343-1830

Par le Vte Hervé du HALGOUET

RENÉ PRUD'HOMME
12, RUE POULAIN-CORBION, SAINT-BRIEUC
1913

ARCHIVES

DU

CHATEAU DU GRÉGO

LE CHATEAU DU GRÉGO (Morbihan)

ARCHIVES
DES
CHATEAUX BRETONS

TOME III

INVENTAIRE
DES ARCHIVES DU CHATEAU
DU GRÉGO

*Accompagné de généalogies et de nombreuses notices
sur les familles et les seigneuries*

1343-1830

Par le Vte Hervé du HALGOUET

RENÉ PRUD'HOMME
12, RUE POULAIN-CORBION, SAINT-BRIEUC
1913

AVANT-PROPOS

Les archives du Grégo nous ont offert plus de trois mille pièces à inventorier de même nature que les autres archives seigneuriales. Elles se composent en majeure partie de papiers de familles et de titres de terres nobles. Ces derniers traitent des domaines congéables sous divers usements, de la quevaise de Cornouailles, et de l'administration féodale en général. C'est dire l'intérêt de ce troisième tome.

Le dernier Marquis du Grégo, par alliances et héritages, se trouvait être propriétaire foncier dans trois évêchés différents. A Trédion, nous avons déjà rencontré les seigneuries du Botblay, en Sulniac, et du Vaudequip, en Allaire, qui lui appartenaient ; dans l'ouvrage que nous publions, on trouvera pour l'**Evêché de Vannes,** le fonds proprement dit du **Grégo** (Surzur), — pour l'**Evêché de Quimper,** les fonds de **Laz,** aujourd'hui Trevarez (Laz), et de **la Roche-Helgomach** (Saint-Thoix), d'autres relatifs à **Kervinily** (Coray), à l'**Abbaye du Relec** (Berrien), à l'**Hôpital de Carhaix** (Carhaix), et à diverses terres, — pour l'**Evêché de Saint-Pol-de-Léon,** les fonds de **Kéruzas** (Plousané), du **Curru** (Milisac), de **Langueouez** (Treouergat), **Penanech** (Milisac), **Coeteves** (Milisac), et d'autres titres concernant le **Chastel, Saint-Renan,** etc., etc.

Il existait assez de documents relatifs aux familles, pour qu'il fût possible de les grouper également par évêchés. On trouvera représentées dans cette série les familles **du Bot de Kerbot et du Grégo, d'Amphernet de Pontbellanger, Bonté,** — les familles **de Kernezne, de Mesgouez, de la Boissière, Daniel de Trevenily, Campir, Jouhan, Labbé, Le Veyer,** — les familles **Le Sénéchal, Thomas,** etc. etc.

Il convient de signaler spécialement les papiers militaires du général Bonté qui, durant les guerres de pacification de l'Ouest, a joué un certain rôle comme commandant militaire dans l'arrondissement de Quimper, et comme chef d'état-major, sous Harty, à Vannes. Par sa vie militaire et politique, par son alliance avec l'héritière des du Bot du Grégo, ce personnage appartient à la Bretagne ; c'est pourquoi nous lui avons consacré une notice.

Un de nos amis, M. Raymond Delaporte, érudit aussi consciencieux qu'éclairé, connu par sa thèse sur la sénéchaussée de Châteauneuf et ses nombreux travaux historiques, a bien voulu nous seconder dans la délicate tâche de cet *Inventaire*, et se charger de l'étude particulière des seigneuries de Laz et de la Roche-Helgomach ; nous lui exprimons notre profonde reconnaissance.

A Coëtsal, le 15 Janvier 1913.

ABRÉVIATIONS

Messire	= m^{re}.
Chevalier	= chev.
Ecuyer	= éc.
Comte	= Cte.
Marquis	= M^{quis}.
Conseiller	= con^{er}.
Conseiller au Parlement	= con^{er} p^{t}.
Conseiller du roi	= con^{er} r.
Avocat	= av.
Sieur et dame	= s^{r} et d^{e}.
Seigneur	= s^{gr}.
Autres lieux	= a. l.
Damoiselle ou demoiselle	= d^{elle}.
Nobles gens	= n. g.
Noble homme	= n. h.
Général	= g^{al}.
Chevalier des ordres du roi	= chev. o. r.
Honorable homme	= h. h.
Grand Conseil	= Gr. C.
Héritier	= h^{tier}.
Principal	= p^{al}.
Demeurant	= d^{nt}.
Paroisse	= par.
Evêché	= év.
Maître	= m^{tre}.
Discret	= disc.
Sa Majesté	= S. M.
Notaire	= not.
Passeur	= pass.
Gouverneur	= g^{neur}.
Haut et puissant	= h^{t} et p^{t}.
Chef de nom et d'armes	= chef n. et a.
Seigneurie	= sg^{ie}.
Régiment	= rég^{t}.
Ailleurs	= ail.
Livres	= #
Tournois	= tour.

ARCHIVES
DU
CHATEAU DU GRÉGO

TITRES DE FAMILLES

LES DU BOT DE GRÉGO
ET LEURS ALLIANCES

FAMILLE DU BOT
(DE KERBOT, DU GRÉGO, ET AUTRES LIEUX)

21 Juin 1515 (m. 1). — Mandement du roi qui nomme écuyer Jehan du Bot, receveur ordinaire de son domaine à Vannes.

Suivi d'une mise en possession par Jehan François, administrateur général des finances du roi en Bretagne.

20 Nov. 1537 (m. 2). — Acte de déduction de comptes pour Jehan du Bot, naguère receveur ordinaire de Vannes (Olivier de Kermeno étant son commis à la recette).

Ont signé, les gens des comptes du roi en Bretagne : Gilles de la Pommeraye, de Callac, de la Rue, Hus, Dalesso, Picaud, de la Rivière, Dessefort.

21 Août 1587 (m. 3). — Transaction sur procès et aux fins d'un partage, entre nobles gens Thomas Jocet, et Julienne du Bot, s^r et d^e de Gastonnet, d'une part, — et écuyer André du Bot, s^r de Kerbot, d'autre part ; les dits André et Julienne, enfants de feu n. h. Guillaume du Bot, vivant s^r de Kerbot, Kerhallevé, etc... et de Julienne Phelippes, sa veuve.

Les parties ayant reconnu que la succession de Guillaume du Bot est noble et avantageuse, et que leurs ancêtres se sont de tout temps partagés noblement et avantageusement, le dit André du Bot donne en partage à sa sœur les lieu, maison, cour, pourpris, de Kerhallevé, relevant du roi en Sarzeau, avec toutes ses dépendances, plus deux tenues à héritage à Keraufret, en Surzur, une grande pièce de terre, dite le Feillée, sise dans la frairie de St-Jacques. — Fait en présence de n. h. Jan Moro s^r de Seullé. On voit dans cet acte que les s^r et d^e de Gastonnet avaient vendu, les 8 mars 1584 et 20 mars 1585, à Louis Le Goff, marchand, les maisons étables, buanderie, leur appartenant sur le port de Vannes, sous le fief de Kaer.

30 Juin 1590 (m. 4). — Acte fait devant le sénéchal de Vannes, à la suite du décès d'éc. Alain du Val, sieur du Graigo, à l'effet de nommer un tuteur et curateur à l'enfant posthume issu de son mariage avec Suzanne de Kermeno et qui n'était pas encore né.

Comparaissent comme parents du côté paternel : n. h. André du Bot, s^r de Kerbot, représenté par n. h. maître Jan Morro, s^r de Sullé, son beau-père, et baptisé à Sarzeau le 8 août 1568 ; messire Alain de Kerguizec, s^r dudit lieu, chevalier o. r., parent au quart et cinquième degré ; Pierre du Boisdelasalle, éc. s^r de Roguedas, parent au quatrième degré ; n. h. Gilles Picault, vicomte de Loyat, parent au quatrième degré de la mère du feu s^r du Graigo ; Gabriel du Boisdelasalle, s^r de Kerveho, parent au cinquième degré dudit posthume ; n. h. Jean de la Bourdonnaye, s^r de Keroserff, et n. h. Pierre Alleno, s^r de Penemené, mariés à deux sœurs du sieur de Kerveho (Boisdelasalle), parentes dudit posthume au même degré ; et Pierre de Guervazic, sieur dudit lieu ; — comme parents du côté maternel : messire René de Kermeno, chev. o. r., s^{gr} du Garro, Kerguehennec, etc. ; éc. Jean de Kermeno, s^{gr} de Kerallio, Château Derec, etc., frère aîné de ladite veuve ; n. h. Olivier de Kermeno, s^r de Bonnervault, oncle de la veuve ; Prigent de Kermeno, éc., s^r de Botbillio, aussi frère de la veuve ; éc. Abel de Keralbault, s^{gr} de Keralbault et de Cardelan.

Le conseil de famille a nommé tuteur, André du Bot, s^r de Kerbot.

On voit encore dans cet acte que André du Bot a pour beau-frère n. h. maître Thomas Jocet, s^r de Kervillart, greffier de Rhuys.

14 Septembre 1618 (m. 5). — Acte par lequel éc. André du Bot, s^gr de Kerbot et du Grégo, d^t au lieu de Kerbot, en Sarzeau, emprunta à éc. Pierre de Francheville, s^r de la Rivière, Kergo, Bonnervault, d^t à Bonnervault, en Theix, 10.500 # à titre de constitut, pour en payer par an 525 # de rente.

Signé : Sébastien de Francheville, de Launay, Lechet, etc. Pierre de Francheville maria sa fille, Marguerite, à éc. Sébastien Jocet, s^r de Kervillart. En secondes noces celle-ci épousa éc. Pierre Le (ou de) Serrazin, s^r de Tremelin.

5 Novembre 1630 (m. 6). — Sentence du présidial de Vannes, rendue entre éc. Sébastien Josset, s^r de Kervillart, et Marguerite de Francheville sa femme, fille et héritière de feu éc. Pierre de Francheville, s^r de la Rivière, Bonnervault, d'une part, et éc. Pierre du Bot, s^r de Kerbot, fils et héritier de feu éc. André du Bot, s^r de Kerbot, d'autre part, relative au constitut de 1618.

27 Février 1631 (m. 7). — Mariage entre éc. Jean du Bois de la Salle, s^r de Kerveho, les Ferrières, Lanouedic, d^t à Lanouedic en Sarzeau, et d^elle Marguerite du Bot, douairière de la Ville Guehart, propriétaire de Raino, d^t en la maison de Kerbot, sœur de Pierre du Bot, lequel s'engage à bailler à celle-ci en totalité d'héritage (de déf. éc. André du Bot, s^r de Kerbot et du Graigo, et Michelle Moro, douairière de Kerbot, propriétaire de Sullé, ses père et mère), la somme de 559 # 20 s. 2 d. tournois de revenu qui sera assise sur les lieux n. du Petit-Mollas et du Raisno, plus une somme de 4.000 # tournois en argent. Cette somme sera employée par le s^r des Ferrières à payer le s^r du Bezic Gourvinec, créancier de la succession advenue au s^r des Ferrières de déf. Isabelle du Grillet d^e de Sainte-Rivière et des Ferrières, sa nièce.

30 Juillet 1637 (m. 8). — Vente par éc. Charles Gouyon, s^r des Helliers (en Bains), à Yves Marion, laboureur, d'une tenue à Querisec, pour 1.800 #.

19 Décembre 1637 (m. 9). — Acte par lequel messire Jan du Bois de la Salle, s^gr des Ferrières, Lanoedic, etc., et Marguerite du Bot, sa f^e, d^t à la Villeguihart, en Serent, messire Pierre du Bot, s^gr du Grégo, et messire Louis du Bois de la Salle, s^r dudit lieu et y d^t, par. de Sarzeau, ont reconnu que pour leur être agréable m^tre Michel Davy, s^r des Planches, procureur en la Cour, s'est obligé solidairement en la somme de 9.800 # vers n. h. Arthur Chevreul, s^r de la Touche, conseiller, notaire en la Cour, pour le fait de la consignation baillée par le s^r de la Touche au s^r des Ferrières, de la somme de 13.000 # pour prix d'adjudication de la terre de Lanouedic et remboursement de la premesse adjugée au dit des Ferrières.

Fait à Rennes, au logis des Trois Rois, rue de Lisle.

14 et 15 Mars 1647 (m. 10). — Apposition de scellés à la maison du Graigo, après décès de messire Pierre du Bot, s^{gr} de Kerbot et du Grégo, survenu la veille au Grégo.

Fait en présence de Bertranne Gouyon, veuve de Pierre du Bot, Charles du Bot, son fils aîné, écuyers Jan de Quifistre, s^r de la Salle, Vincent de St-Pern, s^r de Kergo, du sieur de Lestez, missire Thomas Leons (?) recteur de Surzur, éc. Julien du Bot, et n. h. Jan Daniel, s^r de la Garenne. Voici les chambres indiquées : La chambre basse, la salle basse, la chambre jaune, la chambre rouge, la chambre des servantes, la chambre des moines, la chambre au-dessous de la cuisine, la chambre au-dessus la sallette, la petite antichambre, la petite chambre verte, l'office, la salle.

Le 15 mars les scellés furent apposés en la maison d'Enfer, rue St-François, et le 17 à Kerbot, autres résidences du défunt.

4 Mai 1647 (m. 11). — Ordonnance de certification de la première bannie du bénéfice d'inventaire d'écuyer Pierre du Bot, à la cour des régaires de Vannes.

5 Juin 1647 (m. 12). — Inventaire fait par la juridiction des régaires de Vannes (exercée par la cour de Vannes, le siège épiscopal étant vacant) des meubles trouvés après le décès de messire Pierre du Bot, à requête de Charles du Bot, héritier principal,

A signaler, parmi les titres inventoriés : accord entre le défunt et éc. François de Chasteauneuf s^r de la Meriaye, (19 oct. 1634) ; — contre-lettre consentie au défunt par Me Julien de Lennen (7 février 1642) ; — accord entre le défunt et Me Jan Bayon, s^r du Gorray (8 Juin 1641) ; — accord entre le défunt et Charles Josset (24 août 1643) ; — contrat de cens entre le défunt et missire François Le Blouch (8 août 1626) ; — acquet entre éc. André du Bot et Guillaume Guyot (6 Juin 1625) ; — indemnité consentie au défunt par éc. Jan Lescouble s^r de Kerscouble (7 janvier 1644) ; — acte touchant la réformation du domaine de Rhuys (26 mars 1545) ; — contrat entre le défunt et n. h. Jan Le Gouvello, s^r de Rosmur (3 déc. 1634) ; — contrat entre le défunt, et n. h. Bertrand de la Coudraye, s^r de Kerguiriou (30 sept. 1640) ; — échange entre le défunt, et n. h. Jan Le Quinyo, s^r de Cabenno (13 avril 1633), avec ratification par d^{elle} Isabeau Le Guenego ; — ratification par

Michelle Morio, (ou Moro), d^e de Kerbot (5 oct. 1635) ; — échange entre le défunt et éc. Gabriel du Boisdelasalle, s^r du Cartier (8 janv. 1634) ; — échange entre le défunt et René le Sénéchal s^r de Tréduday, (19 sept. 1633) ; — contrat entre le défunt et éc. Jacques du Gourvinec, s^r de Beczit (5 mai 1622) ; — contrat entre le défunt et éc. René de Francheville, et Pierre de Francheville, s^r de Bonarvault (5 mai 1622) ; — accord entre le défunt et éc. Nicolas Butault s^r du Beczit, et sa femme (16 avril 1626) ; — quittance obtenue par le défunt, de Françoise de Kerniquenen (22 mars 1640) ; — constitut entre le défunt et éc. Claude de Trevegat, s^r de Lomaria, et éc. Jan de Lescouble (3 déc. 1628) ; — subrogation entre Jan de Quifistre, s^r de Tremouhart, et éc. Jan de Lescouble, s^r de Kerscouble (7 avril 1629) ; — accord entre ledit de Lescouble et le sieur des Hilliers (13 juillet 1635) ; — indemnité consentie par Jan de Quifistre, s^r de la Salle, au s^r du Grégo (25 janv. 1643) ; — quittance donnée à ce dernier par le père procureur de Bondon, de 40 s. tourn. de rente pour « le logis de l'enfeu », signée : Claude de Saint Jan (22 janvier 1640) ; — acte passé entre feu éc. Jan du Bot, s^r de Kerbot, et le duc de Bretagne (5 mai 1514) ; — racquit par éc. Jan Moro, s^r de Sullé, de n. g. Michel de Coscat et sa f^e (22 mai 1582) ; — échange entre ledit feu s^r du Grégo et éc. Julien du Rocher, s^gr de Beaulieu (16 oct. 1644) ; — fondation de la chapellenie de la chapelle du Grégo, signée : G. Guymarho et Cousturet (8 oct. 1622) ; — partage entre le feu s^r du Grégo et Suzanne du Bot, d^e du Plessix-Bonenfant, sa sœur (23 mars 1632) ; — contrat de mariage entre lesdits s^r et d^e du Plessix-Bonenfant (29 juillet 1632) ; — contrat de mariage entre éc. Clément de Begasson et Marguerite du Bot (7 février 1622) ; — constitution de rente entre le s^r du Grégo et h. h. Anne Croze (10 juillet 1637) ; — acte d'indemnité entre le même, et éc. François de Quifistre, s^r de Trémouchart, et n. h. Jan Le Quinyo (14 avril 1633) ; — promesse consentie par Bonaventure de la Touche à d^lle Michelle du Bodoyec (5 août 1582) ; — subrogation entre ledit s^r du Grégo, et éc. Jacques Sorel, s^r du Bois de la Salle (22 juin 1631) ; — accord entre le s^r des Hilliers et Marguerite Tubouc (5 mars 1636) ; — arrêt de la cour rendu entre le s^r des Hilliers et éc. Charles Louvel et sa f^e (14 janv. 1626) ; — acte consenti par Roberde de Kerorien audit s^r du Grégo, pour une indemnité envers le s^r de Trehuellin (13 juin 1640) ; — cédule consentie par Jan Daniel s^r de la Garenne, époux de Bonne Le Comte, audit feu s^r de Kersapé (2 août 1638) ; — quittance obtenue par le s^r du Grégo du rachat de la maison de Sullé, dû à la seigneurie de Rochefort (6 oct. 1644) ; — acte obtenu par le s^r des Hilliers sur n. g. Pierre Brenugat et Gabriel Le Guerel, sa f^e, (23 oct. 1606) ; — subrogation par le s^r des Hilliers à éc. Jan Gouyon s^r de Couepel (5 juillet 1638) ; — obligation obtenue par le s^r des Hilliers sur n. h. Guillaume Quenoys, s^r de la Fontaine,

(25 juin 1615) ; — actes entre n. g. Guillaume du Bot, sr de Kerbot, et Jacques de la Couldraye et Jeanne du Bot, sr et de de la Boullaye, concernant le partage de ladite du Bot ; — accord entre n. g. Guillaume, Jan, et Bertrand du Bot, et autre Guillaume du Bot, sr de Kerbot, leur frère aîné (28 mai 1567) ; — dix actes fort anciens écrits sur velin : minus fournis au roi, accords, échanges et contrats passés entre les sgrs du Grégo, de Sullé, et autres ; — trois actes de la Chambre des Comptes obtenus par éc. Jan du Bot, du roi et de la duchesse Anne ; — soixante-cinq déclarations touchant la terre du Grégo et fournies aux sgrs du Grégo ; — quittances obtenues par le sr du Grégo, de éc. Vincent de Saint-Pern, sr de Kergo, agissant pour le sr de la Brousse, son frère, (juin et juillet 1644) ; — acte entre ledit sr de Grégo et éc. François de Châteauneuf (19 oct. 1634) ; — contrat d'acquêt passé entre éc. Jean de Beaumont, sr du Grégo, et Françoise Thébaud, de du Vaujour (10 déc. 1547) ; — acquêt fait par éc. Charles Gouyon, sr de Kersapé, d'avec éc. Julien Vivian, sr du Clerigo (3 janv. 1646) ; — cahier de prisage des maisons, terres et sgies, dépendant de la succession de éc. Jacques de Noyal, sr de Kersapé, et Bertranne de Noyal (19 mai 1624) ; — cent six actes de déclarations et aveux concernant le propre de ladite de du Grego et la propriété de Kersapé ; — accord entre Jan Denmat et les religieux de la Trinité de Sarzeau (9 nov. 1498) ; — accord entre le sr de Kerbot et les mêmes religieux (19 mai 1625) ; — cent dix-sept actes sur velin : contrats, accords, et aveux ; — échange entre ledit sr du Grego et n. et discret missire Nouel Josset, sr de la Grée ; — échange entre n. g. René Le Chat, sr de Saint-Ducat, et Pierre Salomon, sr de Bourgerel (23 nov. 1634) ; — contrat passé entre François Drean et n. h. Jan Moro, sr de Sullé (21 sept. 1605).

25 Juillet 1652 (m. 13). — Accord entre messire Jan Sorel, sgr de Salarun, du Las, Kergrois, etc., dt en sa maison de Las, par. de Carnac, d'une part, et Bertranne Gouyon, de de Kersapez, veuve de messire Jacques Sorel, chevalier, sgr du Bois de la Salle, relatif au règlement de la communauté des dits sgr et de du Bois de la Salle.

8 Octobre 1653 (m. 14). — Transaction entre messire Charles de Rosnyvinen et Jeanne de Botderu, sa fe, sgr et de de Rosnyvinen, tuteurs de éc. Vincent du Bot, fils du premier mariage de ladite Jeanne avec Charles du Bot, sr de Kerbot, d'une part ; et éc. Sébastien Jocet, sr de Kervillart, assisté de Sébastien de Francheville, sgr de Bonnervault, son curateur, d'autre part ; relative au remboursement d'un emprunt de 8.608 # 5 s., fait par feu Pierre du Bot, sr du Grégo et autres, à n. h. Pierre Salomon, sr de Bourgerel, curateur spécial de n. h. Pierre Guydo, sr de Kerdesaroit.

20 Octobre 1654 (m. 15). — Sentence du présidial de Vannes qui maintient éc. François de la Pommeraye, s^r de Kerambart, dans les droits de seigneur foncier sur la tenue de Kerguet, en Ambon, sous la seigneurie du Licq appartenant à Suzanne du Bot, f^e de Bertrand, chef de n. et d'armes de Rosnivinen, s^{gr} du Plessix-Bonenfant, le Plessix-Guerif, Piré, Tremelgon, Camarec, etc., con^{er} au P^{ent} de Bretagne qui se portait « garanteur » de Jan Le Neuffve pour le congément des édifices.

26 Novembre 1654 (m. 16). — Partage des biens de la succession de messire Pierre du Bot, s^{gr} du Grégo, décédé au mois de mars 1647, fait entre éc. Vincent du Bot, fils mineur de feu messire Charles du Bot, s^{gr} du Grégo (fils aîné dudit Pierre), et de Jeanne de Botderu, à présent femme de Charles de Rosnivinen, — Bertranne Gouyon, veuve de messire Pierre du Bot, à présent d^e douairière du Bois-de-la-Salle, — éc. Jean du Bot, — Michelle du Bot, — Maurice du Bot, — Vincent du Bot, ces derniers, enfants cadets du dit Pierre et de la dite Bertranne.

Les biens de la succession comprennent la terre du Grégo, le lieu de Kerbot (avec ses droits honorifiques aux églises de Sarzeau et de la Trinité de Rhuys), la maison proche la rue St-François (à Vannes ?) nommée L'Enfer, la maison du Pasty, l'île noble de Benaron, etc.

Les dettes de la succession s'élèvent à 29.068 #. L'estimation a été faite par n. g. Pierre Aubin, s^r de la Rochelando, Georges de la Villouet, s^r de Belestie, et Pierre Le Roch, s^r du Lanic. L'accord fut établi à la suite d'un arbitrage par Jacques de Cecillon, s^{gr} du Blanc, d^t à la Villeneuve, proche Guérande, mari de Michelle du Bot, Sébastien de Francheville, s^{gr} de Boncrvault, Pierre Le Serasin, s^{gr} de Tremellin, Jacques de la Coudrays, s^{gr} de Kerboutier. La terre de Sullé est donnée comme douaire à Bertranne Gouyon et la terre du Tour-du-Parc en récompense de ses biens aliénés. La terre du Grégo sera partagée noblement. Maurice et Vincent du Bot recevront la maison de Kerbot. Une lotie « que devait avoir demoiselle Julienne du Bot, à présent d^e du Verger-Limur, a été laissée indivise ».

18 Juin 1661 (m. 17). — Mémoire des sommes dues par Vincent du Bot, s^{gr} du Grégo, à h. h. Charles Guédon, marchand, d^t devant l'église St-Pierre, à Vannes.

On y voit figurer deux paires de bas noir et blanc à 13 # ; une once de fil noir à 3 sous l'once ; une douzaine de boutons de soie à 3 sous ; un baudrier piqué de soie et doublé de tabia 12 # ; une paire de gants de chamois à 15 sous.

22 Septembre 1661 (m. 18). — Autres mémoires de Monsieur Guédon, à Vannes.

30 Octobre 1661 (m 19). — Contrat de mariage de messire Louis de Secillon, s^{gr} de Kerfur, fils de messire Arthur de Secillon et de d^e Isabelle Jego, s^{gr} et d^e de la Millazière, avec Gillette du Bot, fille de feu m^{re} Pierre du Bot, s^{gr} du Grégo et de Bertranne Gouyon, à présent épouse de Bertrand de Rosnivinen, s^{gr} du Plessix-Bonenfant, conseiller au P^{ent} de Bret.

Fait avec le consentement de messire Morice du Bot, s^{gr} de Kersapé, et de Jacques de Secillon, s^{gr} de Blanc, frère et beau-frère de ladite Gillette. La mariée apporte en dot 10.000 #. On voit que ladite Gillette avait une sœur aînée, Julienne du Bot, d^e de Kerscouble, alors décédée. Signé : J. Guyot et Le Vaillant, notaires à Vannes.

24 Mai 1663 (m. 20). — Acte de constitution de rente, consentie au profit de maître Guillaume Le Vaillant, s^r de Lezunan, notaire royal à Vannes, par Bertranne Gouyon, douairière du Plessix-Bonenfant, messire Jan de la Haye en Larré, et n. h. Julien Bégaud, s^r de Blehamon, marchand de draps à Vannes.

30 Juin 1663 (m. 21). — Sentence des régaires relative à un réglement de compte, rendue entre dame Françoise de Sesmaisons, v^{ve} de m^{re} Charles du Rochier, s^{gr} du Lestier, et a. l., tutrice des enfants mineurs de leur mariage — intervenant aux arrêts de cette cour rendus à requête de Charles de Rosnivinen et sa f^e, sur les hommes et sujets du Grégo — d'une part ; — et écuyer Maurice du Bot, s^r de Kersapé, tuteur de l'enfant mineur de feu Charles du Bot, s^{gr} du Grégo, d'autre part.

1er Mars 1664 (m. 22). — Sentence des régaires de Vannes, entre messire Clement de Begasson, s^{gr} de la Villeguehart, h^{tier} p^{al} et n. de d^e Marguerite du Bot, sa mère, d'une part, et messire Maurice du Bot, s^r de Kersapé, tuteur de Vincent du Bot, d'autre part.

On y voit que Marguerite du Bot épousa messire Jean du Bois de la Salle, s^r des Ferrières, par contrat du 27 février 1631 ; elle était sœur de Pierre du Bot, tous deux enfants de André du Bot et de Michelle Moro, s^r et d^e de Kerbot. En premières noces ladite Marguerite épousa le s^r de Begasson.

30 Juillet 1664 (m. 23). — Sentence rendue par Guillaume Marot, conseiller au P^{ent}, entre messire Charles du Pé, s^r d'Orvault, h^{tier} de feu d^{elle} Isabelle Grislet d'une part, et Julien de la Bourdonnaye, éc., s^r de Kerozet, h^(tier) p^(at) et n. de éc. Julien de la Bourdonnaye, son père, — Suzanne du Bois de la Salle, h^(tière) de éc. Jean du Bois de la Salle, — éc. Maurice du Bot, tuteur de éc. Vincent du Bot, débiteur à la succession du dit feu Jean du Bois de la Salle, — messire Clement de Begasson, s^r de la Ville-Guihard, — et n. h. René Amette, mari de Gabrielle David, et Marguerite David d'autre part.

15 Juillet 1665 (m. 24). — Constitut de 150 # tour. de rente consenti par Bertranne Gouyon, douairière du Plessix-Bonenfant, messire Louis de Secillon, s^(gr) de Kerfus, et Gillonne du Bot, sa compagne, et Jaquette Le Crossec, douairière de la Guitonnière, d^t à Vannes, en faveur de m^(tre) Guillaume Le Vaillant, s^r de Lezunan, notaire royal et procureur au présidial de Vannes.

13 Août 1665 (m. 25). — Constitut de 31 # 5 s. de rente, au profit des religieuses de St-Augustin Hospitalières, établies au couvent et Hôtel-Dieu de St-Nicolas, par. St-Patern de Vannes, représentées par sœur Marguerite du Tressay, dite de l'Annonciation, supérieure, sœur Jeanne de la Coudraye, dite de St-Augustin, assistante, sœur Jeanne de Kerlec, dite de la Trinité, discrète sœur Yvonne Doucet, dite de St-Vincent, maîtresse des novices, et sœur Jacquette Ruffelet (ou Russelet), dite Marie des Anges, dépositaire, — par d^e Bertranne Gouyon, douairière de Plessix-Bonenfant, et éc. Vincent du Bot, s^r de Kerbot, et Marie de Léhéno, sa compagne, et n. h. Louis Le Normand, s^r de Preoren, d^t près le port, en la terre de Kaer, l'un des faubourgs de Vannes.

20 Novembre 1665 (m. 26). — Arrêt rendu dans un procès, entre messire Maurice du Bot, s^r de Kersapé, tuteur de éc. Vincent du Bot, d'une part, — et messire Charles du Pé, s^r d'Orvault, et Laurence Judier, h^(tière) de feu m^(tre) Pierre Judier, son frère, vivant, procureur de la Cour, et femme de m^(tre) Pierre Caud, s^r de la Gillautays, et d^(elles) Gabrielle et Marguerite Davy, filles de feu m^(tre) Michel Davy, vivant, procureur de la Cour, d'autre part.

Le dit du Bot est condamné à payer aux dites Davy, la somme de 5.565 # 16 s.

8 Avril 1666 (m. 27). — Constitut de 100 # de rente sur d^e Bertranne Gouyon, douairière du Plessix-Bonenfant, Maurice du Bot, s^(gr) de Kersapé, son fils, et Jan Lotodé, laboureur à la Trinité de la Lande, en Surzur, — au profit des religieuses de la Visitation, établies rue St-Yves, à Vannes, représentées par sœur Françoise-Charlotte Garreau, supérieure, sœur Anne-Marie Le Gruyer, sœur

Julienne-Thérèse Guillotteau, sœur Jeanne-Catherine Le Guennec, et sœur Jeanne-Thérèse Guymarho.

Le capital fut remboursé le 2 juillet 1699, par Vincent du Bot, s^{gr} du Grégo, aux religieuses, dont la supérieure était alors sœur Marie-Angélique de Kéralbaud de Cardelan.

14 Juillet 1666 (m. 28). - Obligation donnée par Bertranne Gouyon, veuve de messire Bertrand de Rosnivinen, s^{gr} du Plessix-Bonenfant, éc., Vincent du Bot, s^r de Kerbot, et d^e Marie de Léhéno, son épouse, au profit de h. h. Claude Marquet, marchand de draps, à Vannes, pour 900 # tournois.

26 Septembre 1667 (m. 29). — Obligation consentie par Vincent du Bot, au profit de n. h. Alphonse de la Bernardaye, s^r dudit lieu, pour 1.000 #, que le s^{gr} du Grégo destine aux frais de ses procès.

25 Mars 1668 (m. 29bis). — Arrêt rendu entre messire Vincent du Bot, s^r du Grégo, fils de Charles, et petit-fils de Pierre, d'une part ; et René le Sénéschal, s^r de Kerguizec, François le Sénéschal, s^r de Bonrepost, Sébastien Josset, s^r de Kervillart, et Jean Gouyon, s^r de Coespel, agissant en leur nom et comme « nominateurs » de la tutelle de Vincent du Bot.

La nomination de cette tutelle est du 7 mars 1663. Comme autres parents ayant pris part à cette nomination, se trouvaient Jacques Gouyon, s^r de la Villemorel, et Louis de Cecillon, s^r de Kerfus.

1er Août 1669 (m. 30). — Testament de Bertranne Gouyon, d^e propriétaire de Kersappé, veuve en dernières noces de Bertrand de Rosnivinen, âgée de plus de 60 ans.

Le corps de la testatrice devra être conduit et inhumé en l'église conventuelle de St-Vincent de Vannes (dans la chapelle du Rosaire), où un service et une messe de *Requiem* seront célébrés. Les religieux recevront une rente perpétuelle de 25 # tournois (sur hypothèque de la maison noble de Kersapé en Theix), pour la fondation d'une messe basse de *Requiem* par semaine. Le recteur et les prêtres de la communauté de Surzur diront un service solennel le jour du décès, une messe toutes les semaines de l'année qui suivra, et un service anniversaire, pour le payement desquels ils recevront 100 # tournois. Les pauvres de Surzur — particulièrement « les pauvres honteux » — auront une donnée de trois pairées de grains, à l'occasion des deux services. Le recteur et les prêtres de Theix recevront 20 # tournois pour huit messes de *Requiem* consécutives, avec diacre et sous-diacre. La testatrice, afin d'obtenir des prières pour le repos de son âme, lègue la même somme de 100 # t. aux Capucins de Vannes, aux Carmes déchaussés de Vannes, aux Cordeliers de St-François de Vannes, aux religieux de N. D. de Bondon, aux R. P. Récollets de Bernon, en Rhuys, et aux religieux de la Trinité de Sarzeau, « eu égard aux prééminences que les s^{rs} du Grégo possèdent dans leur église ». Elle fait en outre quelques legs particuliers à ses serviteurs, et laisse 21 # t. « pour le pavage de l'église de Surzur ».

En présence de Julien Jamin, chapelain du Grégo, et de d^e Michelle du Bot, veuve de n. éc. Jacques de Secillon, s^{gr} du Blanc, et de Gillette du Bot, veuve de n. éc. Louis de Secillon, s^{gr} de Kerfus, la testatrice déclare prendre pour exécuteurs testamentaires n. et discret missire Jan Horeau, recteur de Surzur, et n. éc. Vincent du Bot, s^{gr} du Grégo.

Pour n'être pas privée des privilèges et indulgences que comporte la bulle de la confrèrie du St-Esprit, dont elle fait partie, elle supplie qu'on envoie la bulle à St-Germain de Rennes, où cette confrèrie a été érigée.

Fait au Grégo, devant missire Jan Le Goff, sous-curé de Surzur et notaire ecclésiastique, et Guillaume Guillery, notaire des régaires de Vannes.

26 Octobre 1669 (m. 31). — Acte passé entre messire Charles du Pé, s^{gr} d'Orvault (d^t en sa maison n. du Plessix Tourneuve), d^e Prudence Boutin, sa compagne, et Marie-Anne du Pé, leur fille, d^e du Grégo, messire Vincent du Bot, s^{gr} du Bot, autorisé de n. éc. Luc de Garmaux, s^r de Saint-Luc, avocat, d'une part; et n. g. René Amette, s^r de Calligné, avocat, et Gabrielle David, sa f^e, d^t à Chernin, en Noyal sur Vilaine, Julien Damet, s^r de Lescusson, et Marguerite David, sa f^e (d^t aux Coudrays, en Plélan), les dites David, filles et uniques h^{tières} de feu m^e Michel David, s^r des Planches et de Nicolle Mahé.

Le sieur du Grégo a sommé le s^r d'Orvault, en conséquence de son contrat de mariage avec Marie-Anne du Pé, de payer aux héritières David, la somme de 13.590 #, et au même instant ledit s^{gr} d'Orvault a sommé les sieurs Jan Ravenel et Doudard, banquiers à Rennes, de payer cette somme en l'acquit du s^{gr} du Grégo. (Voir, pour le principe de cette dette, l'acte du 19 décembre 1637.)

16 Novembre 1669 (m. 32). — Procédure devant les régaires de Vannes, faite à la requête d'éc. Alain Fournier et Marie Le Serazin, s^r et d^e de Pellan (d^t en leur maison noble de Cambaras, par. de Maure), contre éc. Vincent du Bot, s^r du Grégo, et n. h. Pierre Kermasson, s^r de Bourgerel, son curateur spécial.

Il s'agit d'un acte d'atournance, du 1er septembre 1668, sur messire Marin Collobel, s^{gr} du Bot-Langon, et le sieur du Grégo.

16 Décembre 1669 (m. 33). — Inventaire fait par la juridiction des régaires, des meubles dépendant de la succession de Bertranne Gouyon, d[e] du Grégo (décédée rue St-Vincent, à Vannes) ; à la requête de Vincent du Bot, s[gr] du Grégo, son petit-fils, autorisé de Guillaume Kerviche, procureur au présidial de Vannes, représentant Charles du Pé, s[gr] d'Orvault, beau-père du s[gr] du Grégo, de Vincent du Bot, s[r] de Kerbot, de Gillette du Bot, douairière de Kerfur, v[ve] de Louis de Cecillon, enfants de la défunte, et de Pierre du Bot.

Gillette du Bot est autorisée de Jean, s[gr] de Couespel, con[er] du roi au présidial de Vannes, son curateur.

L'inventaire est dressé avec le concours de deux menuisiers, un tapissier, une lingère, un orfèvre.

9 Mai 1670 (m. 34). — Transaction passée entre Vincent du Bot, s[gr] du Grégo, et Françoise de Sesmaisons, tutrice des enfants de son mariage avec feu messire Charles du Rochier, s[gr] du Lestier, relative à un règlement de comptes.

1er Sept. 1670 (m. 35). — Sentence de la cour des régaires, rendue entre Sébastien Jocet, s[gr] de Kervillart, h[tier] p[al] et n. de Marguerite de Francheville, d[e] de Tremellin, sa mère, d'une part ; Vincent du Bot, s[gr] du Grégo, et Charles du Pé, s[gr] d'Orvault, son beau-père, et curateur, d'autre part.

Cette sentence annule une transaction du 8 octobre 1653.

19 Avril 1671 (m. 36). — Michelle du Bot, d[e] du Blanc, v[ve] de Jacques de Cecillon, s[gr] du Blanc, d[t] en sa maison de Villeneuve, par. St-Aubin de Guérande, déclare que, par contrat du 17 de ce mois, conjointement avec Vincent du Bot et Marie de Lehenno sa f[e], s[r] et d[e] de Kerbot, elle a vendu à n. et discret Vincent de Serent, recteur de Sarzeau, l'île de Bennaron, située « dans la rivière de Morbihan », pour la somme de 1.200 #.

3 Mai 1671 (m. 37). — Prisage de revenu annuel des maisons, métaries, moulins, fiefs et seigneuries, et toutes choses dépendant de la succession de d[e] Bertranne Gouyon et des biens dont elle jouissait comme veuve de messire Pierre du Bot, s[gr] du Grégo, Sullé, Kerbot, Kersappé, etc..... pour parvenir au partage des dites successions en la juridiction des régaires, entre Vincent du Bot, héritier p[al] et n. par représentation de Charles, son père — (lui-même fils aîné de Bertranne Gouyon), — et éc. Morice du Bot, s[r] de Kersappé, éc. Vincent du Bot, s^r de Kerbot, d^e Michelle du Bot, d^e du Blanc, et Gillette du Bot, d^e de Kerfur, autres enfants de Pierre du Bot.

Ce prisage est fait par éc. Pierre Le Roch, s^r du Lany, Charles Guillart, s^r du Pont d'Oust, Pierre d'Estimbrieux, s^r dudit lieu, priseurs nobles. Il comprend : la maison noble de Kersappé, en Theix, et dépendances, (231 # 1 s. 5 d. de revenu), — la métairie n. du même lieu (174 # 3 s.), — la métairie noble de la Porte de Kersappé (194 # 14 s.), — la métairie de Rubestan, en Theix (200 # 2 s.), — la métairie n. de Trealvé, en St-Avé (216 # 11 s. 10 d.), — le moulin à vent de Kersappé, — le moulin à eau sur le ruisseau qui descend de Cran, — les tenues à domaine congéable de Kersappé sous l'usement de Broerec, aux villages de Trebrat, Brangolo, Tresel, St-Goustan, Calzac-Ilis, Callac, Averdon, Cran, Bisol, Frahault, Loqueltas en St-Avé, etc..., au bourg de Theix, aux villages de St-Colombier, en St-Nolff, de Ranoet, et de Loqueltas, en Plaudren ; (le tout, 799 # 4 s. 9 d.). En l'église de Theix se trouve un banc à queue, placé dans la nef du côté de l'épitre, armorié d'un écusson d'une croix pleine (Gouyon) dépendant de Kersappé.

Le prisage porte encore sur la maison principale et noble de Sullé en Surzur et ses dépendances (295 # 7 s.), — la métairie n. de Sullé (212 # 4 s.), — la grande métairie de la Porte de Sullé (255 # 2 s.), — la petite métairie de la Porte de Sullé (120 # 1 s. 6 d.), — les terres que tient à ferme Patern Pedron (80 # 19 s.), etc..., — la métairie de Kerhoro (182 # 8 s. 5 d.), — la métairie de l'Isle, en Ambon (66 # 6 s.), — la tenue du village du Minihy, en Surzur (104 # 7 s.), les tenues à domaine congéable de Sullé, sous l'usement de Broerec, aux villages de la Clarté, Boual, La Haye, Kerguenière, Kerbleher, Kerbeausse, Minihy (856 # 19 s. 6 d.), — le moulin à eau de Sullé, sur le ruisseau qui descend de l'étang du Puy-à-Billion, et le moulin à vent de Sullé (136 # 2 s. 10 d.), — les terres de St-Gildas, en Rhuys (129 # 12 s. 4 d.), — des salines et autres terres situées au Tour-du-Parc (443 # 12 s.). Conclu à Vannes, en la maison où pend pour enseigne le Pot d'Etain.

4 Mai 1671 (m. 38). — Requête adressée au Parlement, par messire Vincent du Bot, s^r du Grégo, appelant de la sentence des régaires, du 1er sept. 1671, contre Sébastien Jocet, s^r de Kervillart.

On y voit que 4.800 # furent empruntés en 1627 à n. h. Louis Le Goff, s^r de Saint-Armel, par le père de Vincent du Bot, lequel eut pour caution les s^r et d^e de Kervillart, père et mère de Sébastien Jocet.

Perrine Le Goff, fille dudit s^r de Saint-Armel, épousa François de Marbœuf, conseiller au Parlement.

20 Juillet 1671 (m. 39). — Arrêt rendu entre éc. Luc de Garmeaux, sr de Saint-Luc, avocat, fondé en procuration de Maurice du Bot, sr de Kersapé, ci-devant tuteur de Vincent du Bot, son neveu, fils et seul héritier de feu Charles du Bot et de Jeanne du Botderu, sr et d{e} du Graigo, d'une part, — et le dit Vincent du Bot, sr du Graigo, autorisé de Charles du Pé, éc., sr d'Orvaux, son curateur, et éc. Sébastien Josset, sr de Kervillart, René le Sénéchal, sr de Kerguizec, et Jean Gouyon, sr de Couaspel, conseiller au présidial de Vannes, d'autre part, agissant tant pour eux que pour les autres parents nominateurs du sieur de Kersappé en la charge de tuteur, et éc. Maurille de Forsans, sr de Gardiseul, tuteur des enfants mineurs de feu Louis Jacquelot, sr de la Motte, conseiller en la Cour, d'autre part.

Cet arrêt condamne ceux qui avaient nommé le sr de Kersappé, tuteur du sr du Graigo, à payer 34.072 # 18 s. 2 d. à ce dernier. Le sr de Kersappé administra si mal les biens de son pupille qu'il dut abandonner la tutelle, laissant un gros passif.

6 Nov. 1671 (m. 40). — Désignation faite par Vincent du Bot, à ses oncles (juveigneurs de son père) de la part qui leur revient dans la succession de leurs père et mère.

Au paternel le sgr du Grégo doit à ses cadets 746 # 6 s. et 9. d. de rente, et au maternel 822 # de rente.

11 Décembre 1671 (m. 41). — Arrêt du Parlement rendu à la requête de messire Vincent du Bot, autorisé de Charles du Pé, son curateur, contre Sébastien Jocet, sr de Kervillart, agissant tant pour lui que pour Henry Le Sénéchal, sr de Kerguizé, Jan Gouyon, sr de Couespel, con{er} au présidial de Vannes, et autres parents nominateurs de Maurice du Bot, sr de Kersappé, en la charge de tuteur de Vincent du Bot.

6 Avril 1672 (m. 42). — Nouvelle désignation faite par Vincent du Bot, sgr du Graigo, à ses oncles (juveigneurs de Charles, son père) des biens dont jouissait Bertranne Gouyon comme veuve et douairière de Pierre du Bot.

27 Avril 1672 (m. 43). — Compte de la succession de Bertranne Gouyon, inhumée le 25 août en l'église des Jacobins.

On y voit le rôle des seigneuries de Kersappé et de Sallé qui se monte en argent à 197 # 17 s., 4 moutons, 54 couples de chapons, 3 couples de poules, 12 couples de poulets, plus les grains, etc... Les moulins de Sullé rapportent 24 perrées de seigle, plus un gateau et deux quarts de gruau.

24 Juin 1672 (m. 44). — Transaction entre Françoise de Sesmaisons, d^e du Letier, tutrice des enfants de son mariage avec feu messire Charles du Rochier, s^{gr} du Letier, d^t en son manoir du Letier, par. de Beganne, et messire Vincent du Bot, s^{gr} du Grégo, relative à une somme de 1.200 ₶ due par celui-ci à la suite d'un échange du 6 octobre 1644 (passé entre éc. Pierre du Bot, s^r de Kerbot, aïeul dudit Vincent, et éc. Julien du Rochier, s^{gr} de Beaulieu et du Letier, père de Charles).

Fait de l'avis de n. g. Vincent Le Lardeur, s^r de Kerdu, avocat de la d^e du Letier, Grégoire Guillo, s^r du Bodan, avocat du s^{gr} du Grégo, de Vincent-Exupère de Larlan, chevalier, s^{gr} de Lanitré, Keralio, Liniac, et Kerdrean, conseiller du roi en tous ses conseils et en sa grande chambre du Parlement de Bretagne, ceux-ci pris comme arbitres.

12 Septembre 1672 (m. 45). — Sentence de la cour de Rhuys, qui condamne éc. Vincent du Bot, s^r de Kerbot, à payer 400 ₶ à éc. Vincent du Bot, s^r du Grégo.

Signé : Claude Lesage, greffier.

16 Octobre 1672 (m. 46). — Quittance délivrée par Françoise Begaud, veuve de Silvestre Dujardin, tutrice de leurs enfants, héritiers en partie de feue Guyonne Dujardin, d^t à l'hôtellerie du Lion d'Or, faubourg St-Patern de Vannes, — à messire Vincent du Bot, s^{gr} du Grégo, h^{tier} p^{al} et n. de Bertranne Gouyon, son aïeule, pour le paiement d'une rente.

10 Novembre 1672 (m. 47). — Sentence de la juridiction des régaires de Vannes, rendue par Jean d'Estimbrieuc, écuyer, s^r de Valeinée, avocat, et ancien postulant au présidial de Vannes, exerçant la juridiction des régaires par suite du décès de feu le s^r de Saint-Ducat, sénéchal d'icelle.

13 Novembre 1672 (m. 48). — Pouvoir donné par messire Alain Fournier, s^{gr} de Pellan, d^t en sa maison n. du Petit Bois en Renac, tant en son nom que pour Marie Le Serazin, son épouse, à messire François Gouyon, s^{gr} de Couespays, afin de recevoir 475 ₶ de la dame de Kerfur.

12 Juillet 1673 (m. 49). — Saisie des métairies, terres et tenues appartenant à Maurice du Bot, s^r de Kersapé, et comprenant la métairie n. de Trealvé, en St-Avé, le Clos du Bois, en Surzur, une métairie au village de Rubestan, en Theix, des biens en Lauzac, etc., aux fins de la liquidation de la tutelle de Vincent du Bot, s^r de Grégo, exercée par ledit s^r de Kersappé, (nomination de tutelle du 7 mars 1663).

14 Nov. 1674 (m. 50). — Transaction entre Vincent du Bot, chevalier, s^{gr} du Grégo, et n. h. Alphonse de la Bernardaye, s^r dudit lieu, d^t à Vitré, rue Notre-Dame.

Le s^{gr} du Grégo transporte une somme de 772 # 19 s. au s^r de la Bernardaye, dont 700 # dues par Guillaume Cornabel et Guillemette Baratte, sa f^e, à feu Bertrand de Rosnivinen, s^{gr} du Plessix-Bonenfant, conseiller à la cour (contrat du 1er mars 1632), et transportés au s^{gr} du Grégo par acte entre la présidente du Meineuf, ci-devant veuve de M. de Piré, fils aîné du s^{gr} du Plessix, et Maurice du Bot, s^{gr} de Kersappé, ancien tuteur de Vincent du Bot.

21 Juin 1675 (m. 51). — Règlement de compte entre Vincent du Bot, s^{gr} du Grégo, et Charles du Pé, s^{gr} d'Orvault, relatif à l'emploi de 30.000 # promises par contrat de mariage du dit Vincent du Bot avec Marie-Anne du Pé, fille de Charles, en date du 17 septembre 1668.

Cette somme avait servi à acheter un collier de perles de 1.000 #, et à payer une dette de 27.472 # 9 s., etc.

23 Juillet 1675 (m. 52). — Quittance donnée par messire Vincent-Exupère de Larlan, chevalier, s^{gr} de Lanittré, Cte de Rochefort, Kerallio, Kerdrean, etc., conseiller au Parlement, d^t au château de Kerallio en Noyal-Mesuillac, à Charles du Pé, chevalier, s^{gr} d'Orvault, en l'acquit de Vincent du Bot, pour 1.300 # tournois.

Cet acte est accompagné d'une transaction, en date du 18 déc. 1675, entre le dit de Larlan et le dit du Bot, dans laquelle on rappelle l'obligation du 23 oct. 1636, portant 8.606 # 5 s., obtenue par n. h Pierre Salomon, comme curateur spécial de n. h. Pierre Guido, s^r de Kerdesarouet, sur éc. Pierre du Bot, s^r de Kerbot.

21 Juillet 1676 (m. 53). — Transaction portant obligation pour Vincent du Bot, s^{gr} du Grégo, en qualité d'héritier de Suzanne du Bot, d^e du Plessix-Bonenfant et d'écuyer Jan du Bot, s^r de Sulé, de payer 1.600 # à Claude Marquer, marchand de draps à Vannes.

22 Janvier 1678 (m. 54). — Transaction entre Vincent du Bot, d'une part, — Michelle et Gillette du Bot, dames du Blanc et de Kerfur, tantes de Vincent, (ce dernier d^t en leur maison de Guérande), d'autre part, pour terminer un différend sur partage de successions.

20 Janvier 1680 (m. 55). — Sentence arbitrale, obtenue au Parlement, par Vincent du Bot, s^r du Grégo, contre Jeanne du Botderu, d^e de Rosnivinen, veuve en premières noces de Charles du Bot, relativement à un règlement de comptes.

26 Janvier 1680 (m. 56). — Pièce de procédure qui apprend que par contrat du 26 janvier 1680 (passé à Nantes), messire André de La Bouexière, s^r de Brantonnet, époux de d^e Yvonne Le Vaillant, transporta à messire Le Maire, s^{gr} de Reglis, conseiller du roi, et auditeur ordinaire de la Chambre des Comptes de Bretagne, le constitut de 2.400 # sur Vincent du Bot, s^{gr} du Grégo, donné pour part dotale à lad. d^e de la Bouexière.

13 Juin 1680 (m. 57). — Quittance de 1.100 #, délivrée par Bejamy Ravenel, éc., s^r du Boisteilleul, receveur des devoirs à Redon, à éc. Vincent du Bot et sa f^e.

26 Octobre 1680 (m. 58). — Sentence du présidial de Vannes, rendue entre n. h. Jacques Gauvain, s^r de la Rivière, marchand de draps et soie à Vannes, et éc. Vincent du Bot, s^r du Grégo, relative à un payement arriéré de marchandises.

17 Avril 1681 (m. 59). — Sentence de la cour des régaires de Vannes, rendue par Henry Ruault, s^r de Kermouel, sénéchal et seul juge de cette juridiction, entre messire Marin Collobel, chevalier, s^{gr} du Bot, père et garde naturel des enfants de son mariage avec feue Augustine de Francheville, en cette qualité créancier en la succession de feu messire Sébastien Jocet, s^{gr} de Kervillart, h^{tier} p^{al} et n. de Marguerite de Francheville sa mère, d'une part ; — et messire Vincent du Bot, chevalier, s^{gr} du Grégo, d'autre part ; — qui condamne celui-ci à payer audit Marin Collobel, la somme de 9.000 #, montant d'un constitut signé le 14 sept. 1618.

1er Mai 1681 (m. 60). — Quittance donnée par n. h. Julien Mynier, s^r de la Salette, marchand bourgeois de Vannes, à Vincent du Bot pour deux tiers de constitut.

28 Janvier 1683 (m. 61). — Arrêt relatif à un partage et à la suite d'un procès entre éc. Vincent du Bot, s^r du Grégo, d'une part ; — Françoise de Kererant, v^{ve} de Clément de Begasson, s^r de la Villeguihart, et ses filles Hélène-Gillette et Mathurine-Sébastienne de Begasson, d'autre part.

Clément de Begasson était fils de feu Marguerite du Bot.

1684-1737 (m. 62). — Dossier concernant un procès fait par les créanciers de la succession de Vincent du Bot, s^r de Kerbot, dont Vincent du Bot, s^{gr} du Grego, son neveu, est héritier sous bénéfice d'inventaire.

Les créanciers sont Augustin de Sanzay, Renée Layec, v^{ve} de François Roullet, maître Julien Desalleur, procureur au présidial de Vannes, Toussaint Lambron, etc...

4 Février 1684 (m. 63). — Acte d'inhumation, en l'église des Dominicains de Vannes, de écuyer Vincent du Bot, s^r de Kerbot, décédé la veille, à 45 ans, sur le port où il demeurait.

7 Février 1684 (m. 64). — Apposition de scellés en la demeure de Vincent du Bot, décédé ; en présence de Marie de Léhéno, sa veuve.

11 Février 1684 (m. 65). — Apposition de scellés sur les meubles de Marie de Léhéno, d^e de Kerbot, en sa demeure, située sur le port de Vannes, par. St-Patern ; en présence de la dame de Braye et du laquais nommé Petit-Jan.

9 Mars 1684 (m. 66). — Requête en main levée de messire Vincent du Bot, s^r du Grégo, qui déclare accepter la succession de son oncle Vincent du Bot, s^r de Kerbot,

La parenté de l'oncle et du neveu est affirmée par m^{re} Gilles de Quifistre, chevalier, s^r de Tremouar, d^t par. de Berric, et éc. René Gouyon, s^r de la Villemorel.

Vincent Le Gryl, s^r du Guern, est sénéchal des régaires, dont la juridiction s'exerce en l'auditoire situé, rue Notre-Dame, par. du Mené.

14 Mars 1684 (m. 67). — Inventaire fait par les régaires des meubles de la communauté des sieur et dame de Kerbot, décédés sans hoirs ; en présence de Claude de Lehenno, d^e de Trémaudan, héritière de la dite dame défunte (Marie de Lehenno).

La vente des dits meubles eut lieu le 15 mars. La demeure des s^r et d^e de Kerbot décédés était la propriété de Yvonne de la Chesnaye, d^e du Mené Cadic.

19 Mai 1684 (m. 68). — Transaction relative à un retour de partage, entre messire Vincent du Bot, chevalier, s^gr du Grégo, à présent logé au château de l'Hermine, sur le port de Vannes, par. de St-Patern, — et messire René de Kermabon, chevalier, s^gr de Kerprigent, et d^e Hélène Gillette de Begasson, son épouse, et Mathurine-Sébastienne de Begasson, toutes deux filles et héritières de Clément de Begasson et de Marguerite du Bot.

26 Mai 1684 (m. 69). — Quittance délivrée à Vincent du Bot, par Etienne Pongerard, marchand, l'un des héritiers de feu Guillaume Pongerard, prêtre.

19 Août 1684 (m. 70). — Bail judiciaire des immeubles de la succession de éc. Vincent du Bot, s^r de Kerbot, adjugé à maître Silvestre Le Baud, pour 20 #, à la charge d'aumôner 60 ^sols pour réparation de l'auditoire des régaires.

7 Novembre 1684 (m. 71). — Arrêt du Parlement rendu entre Vincent du Bot, s^r du Grégo, appelant de la sentence des régaires, en date du 17 avril 1681, d'une part, — et Jacques Gaultier, s^r de la Guistière, tuteur des enfants mineurs de feu messire Marin Collobel et Augustine de Francheville, s^r et d^e du Bot de Langon, et Jean du Tilly, tuteur des enfants mineurs de feu Sébastien Josset, s^r de Kervillart, d'autre part, — qui déboute celui-ci de ses lettres de restitution.

16 Janvier 1685 (m. 72). — Quittance délivrée à messire Vincent du Bot, chevalier, s^gr du Grégo, par Etienne et autre Etienne Pongerard, oncle et neveu, et maître Mathurin Pongerard, d^t tous trois à Pempont, évêché de St-Malo, avec procuration de Grégoire Pongerard, recteur de Surzur.

16 Juin 1685 (m. 73). — Quittance donnée à Vincent du Bot, s^gr du Grégo, par Jean Salomon, s^gr de Breafort, conseiller du roi et maître ordinaire en la chambre des comptes de Bretagne, d^t à Nantes, de 7.194 # 16^s 6^d, montant en principal et intérêts du contrat passé entre le dit Vincent du Bot, Françoise de Moayre (v^ve de Jean Salomon, s^gr de Breafort et mère du s^gr actuel de Breafort), m^tre François Le Meilleur, s^r de Parun, conseiller du roi et son procureur au présidial de Vannes, et autres héritiers de Pierre Guydo, s^gr du Rest, en date du 30 octobre 1676.

22 Décembre 1685 (m. 74). — Acte par lequel René de Kermabon, chevalier, s^gr de Kerpregent, et d^e Hélène Gillette de Begasson, sa f^e, et d^e Mathurine-Sébastienne de Begasson, sa sœur, filles de feu

Clément de Begasson et petites filles de Marguerite du Bot, subrogent n. h. Pierre Le Vacher, s⁻ de Lohac, banquier à Vannes, dans un accord avec le sᵍʳ du Grégo.

Le sᵍʳ de Kerpregent, dᵗ ordinairement à sa maison noble de Kerpregent, en Plouganô, évêché de Tréguier, est à présent à Vannes, logé en la maison où pend pour enseigne le Château de l'Hermine.

19 Juin 1687 (m. 75). — Contrat de mariage entre messire Vincent du Bot, chevalier, sᵍʳ du Grégo, Kersapé, Sulé, Le Lie, etc., dᵗ ordinairement au Grégo, et à présent en la maison où pend pour enseigne l'Image de Sᵗ-Pierre, rue Basse de Calmon, faubourg de Vannes, paroisse Sᵗ-Patern, — et Jeanne Valentine de Talhouet, fille de feu Joseph de Talhouet, sᵍʳ de la Grationnaye, et de Thérèse Beaujouan, celle-ci dᵗ avec sa fille à la Villeneuve, par. de Bubry.

Mᵉˡˡᵉ de Talhouet apporte une dot de 18.000 #. On voit que le sᵍʳ du Grégo a payé les dettes de sa première communauté jusqu'à 26.000 #, et que, durant son premier mariage avec Marie-Anne du Pé, il a aliéné de ses propres, pour 16.120 #, savoir : la terre de Kerbot (10.000 #), la métaire de Trehalvé (2.500 #), la moitié de celle de Rubestan (1.000 #).

Fait devant Le Baud, notaire à Vannes.

16 Juin 1691 (m. 76). — Sentence du présidial de Vannes, rendue entre Yvonne Le Vaillant, épouse de messire André, chef de nom et d'armes de la Bouexière, chevalier, sʳ de Brantonnet, et messire Vincent du Bot, relative à un constitut passé le 24 mai 1663, entre le feu sieur de Lesunam et Bertranne Gouyon, dᵉ du Plessix-Bonenfant.

1696-1697 (m. 77). — Procès aux regaires de Vannes entre Vincent du Bot, sʳ du Grégo, et Renée Layec, ci-devant veuve de François Roullet, tutrice de ses enfants, à présent femme de Louis Le Dilly, touchant une créance de ladite Renée Layec, en la succession de Vincent du Bot, sʳ de Kerbot, dont a hérité le sʳ du Grégo.

2 Juillet 1699 (m. 78). — Quittance donnée par Jan Le Gris, l'un des économes de l'Hôtel-Dieu de Vannes, à Vincent du Bot, sʳ du Grégo, de la somme de 500 # tournois, principal d'un contrat de constitut consenti le 13 août 1665, aux dames Hospitalières de Vannes, par Vincent du Bot, sʳ de Kerbot.

XVIIIᵉ siècle (m. 79). — Histoire d'une rente sur le collège de Vannes, due à Madame de la Bedoyère. Demoiselle Anne de Kerboulart et éc. Robert de Kerboutier, sʳ de Couettec et de Botcouart, son mari, étaient possesseurs d'une maison et d'un jardin, situés près du marché de Vannes (entre la maison et le jardin de Jan Raoulo et la maison de Pierre Lorent). Le 21 mars 1570, Anne de Kerboulart, stipulant pour son mari, transporta l'emplacement de la maison et le jardin en question, à titre de cens, au dit Jan Raoulo pour en payer 30 sous mon. de rente annuelle. Ces deux pièces de terre furent en 1574 cédées par Brisson pour la fondation du collège de Vannes.

La communauté des manants et habitants de la ville de Vannes qui faisait régir le collège par deux administrateurs, s'abstint de verser la dite rente, en conséquence Jean de Kerboutier, fils des susnommés, fit assigner André Touseau, procureur de la communauté qui, par sentence du 5 juillet 1584, fut condamnée à payer la rente. Dans la suite (acte du 20 avril 1610) Jean de Kerboutier la transporta à Georges de Musuillac, s^r de Kerdréan, lequel donna en échange 20 s. de rente sur un champ près du Pargo. A son tour, le 18 mai 1618, Georges de Musuillac fit assigner le s^r Bouteroux et la fille de Félix Miggeux qui avait été principal et économe du collège, à l'effet de régler la rente. Les jésuites qui prirent possession du collège, au mois d'août 1630, ont continué dès lors à acquitter la rente.

Le 30 mars 1640, Georges de Musuillac donne quittance au Père Peraut, procureur du collège, qui conteste la foncialité de cette rente, prétendant qu'elle était constituée à prix d'argent et rachetable. Le Père La Mothe en payant la rente à Jacques de Musuillac (fils de Georges), le 24 septembre 1658, fit la même contestation. En 1667, le Père de la Bourdonnaye était procureur du collège. — Jacques de Musuillac eut pour héritière Jeanne-Jaquette de Musuillac qui, en 1684, avait pour tuteur M. du Louet du Boisriou. Le dit Jacques avait pour sœur cadette Marguerite-Brigitte de Musuillac, laquelle fut partagée par M. de Marbœuf, mari de Jeanne-Jaquette de Musuillac, et reçut en partage la terre de la Ville-Verte et les autres biens appartenant à la maison de Musuillac dans les environs de Vannes, au nombre desquels était la rente du collège. Cette Marguerite-Brigitte épousa M. du Châtel. Son mari mourut en 1717 et elle-même décéda en 1739 laissant pour unique héritière Madame de la Bedoyère qui recueillit les droits à la dite rente.

19 Juillet 1710 (m. 80). — Arrêt rendu entre Jan du Bot, fils aîné de Vincent du Bot, chev., s^{gr} du Grégo, et tuteur de ses sœurs, d'une part, — et Jeanne-Valentine de Talhouet, leur mère, d'autre part, — relatif au douaire de celle-ci.

7 Août 1713 (m. 81). — Transaction sur procès pendant au Parlement de Rouen, entre Jean de Rosnyvinen, chevalier, s^{gr} dudit lieu (fils aîné de Charles de Rosnyvinen et de Jeanne de Botderu) d^t en sa maison seigneuriale de la Haye-Diré, par. de S¹-Remy, évêché de Dol, d'une part, — et Jean du Bot, s^gr du Grégo (fils aîné de Vincent du Bot, lui-même fils aîné de la dite dame de Botderu, f^e en premières noces de Charles du Bot) d'autre part, — relative au partage de la cession de Jeanne de Botderu.

Jan de Rosnyvinen continuera à jouir de la terre de la Haye-Diré avec ses dépendances et autres acquêts faits par ses père et mère. Jan du Bot jouira à jamais des terres de Braye, Rohéan, le Valjouin, la Ville de Noual, du rôle de Melleran, fief et dimes, de la terre du Lié, provenant des biens propres de Jeanne du Botderu.

Fait à Rennes en présence de Prudence du Bot, épouse de François de Derval, chevalier, s^gr dudit lieu.

1736-1748 (m. 82-87). — Diverses pièces du procès du Bot-Sanzay. Les Sanzay réclamaient un crédit dans la succession de Vincent du Bot, s^r de Kerbot, par représentation de Marie de Lehenno, fille de Claude de Lehenno, laquelle avait épousé le dit du Bot, par contrat du 12 août 1664.

Thomas-Scolastique et Gabriel-François du Bot, sieurs du Grégo, fils de Jan, appelant de sentence rendue aux régaires le 28 février 1733, contre Goueznou-Mathieu-Jan Comte de Sanzay, vicomte héréditaire et parageur du Poitou, capitaine des vaisseaux du roi et chevalier de St Louis, René-Jan du Gué, chevalier, s^r de Sanzay, René de Sanzay, chevalier, s^r de Keribert, Augustin-Jan de Sanzay, noble et discret missire Guillaume-Marie de Sanzay, prêtre, et dames Catherine-Marthe et Gillette-Anne de Sanzay, tous héritiers de Claude de Lehenno, d^e de Tremaudan. — Le 14 juin 1740, Renan du Guay (ou du Gué) est représenté par Hilarion-Josselin, comte de Gry, capitaine des vaisseaux du roi.

Dans la suite, le procès se continua entre les deux familles; les Sanzay représentés par Sévère-Armand de Castellan, Cte dudit lieu, mari de Louise-Catherine-Sophie de L'Ollivier, héritière de Louise-F^çoise de Sanzay, Ctesse de Saint-Maur, sa mère, et par Louise-Marguerite de Coatanscours, v^ve de Goueznou de Sanzay, et épouse en secondes noces de Joseph Le Texier, Vicomte de Hautefeuille, lieutenant des vaisseaux du roi, et aide major de la marine.

27 Juillet 1740 (m. 88). — Pièce d'une procédure au Parlement en faveur de Thomas-Scolastique du Bot, s^r du Grégo, contre Catherine de Mothou, épouse de Louis d'Argouges, chevalier, Marquis de Rannes, maréchal de camp des armées du roi, chevalier de St Louis, héritière de feu René-André du Fresnay, s^r abbé du Faouët, son oncle.

1740-1748 (m. 89-92). — Productions d'actes et de pièces relatifs à un procès au Parlement poursuivi par Thomas-Scolastique du Bot, contre Gilles-François Desaleurs, notaire et procureur au présidial de Vannes.

6 Août 1754 (m. 93). — Partage entre messire Thomas-Scolastique du Bot, chev., s^{gr} du Grégo, fils aîné de feu Jan du Bot, s^{gr} du Grégo, et de Jeanne de Robien de Kerembourg, — et messire François-Gabriel du Bot, fils puiné des dits s^{gr} et d^e du Grégo.

L'aîné donne à son cadet le manoir, la métairie, et les terres de Sullé, la métairie du Douaro, des biens et tenues en Surzur et Lauzac, le droit de terrage à la Clarté, le jour de l'assemblée de N.-D. de la Clarté, et le droit de se faire servir le repas ordinaire par les employés aux devoirs, sans garantie néanmoins pour le dit repas, — les métairies du Lic, en Ambon, l'emplacement du moulin du Lic, la métairie de Tremelgon, etc.

1760-1766 (m. 94). — Lettres de M^r et Me du Grégo à M. Bertier, procureur au Parlement, d^t rue Royale à Rennes. (Affaires privées.)

12 Mai 1766 (m. 95). — Procuration donnée par Charles-César Rabeau, s^{gr} du Bois de la Motte, chevalier de St Louis, lieutenant des vaisseaux du roi, et Hélène-Joséphine Le Mezec, fille de M. de Kerbois, d^t en leur hôtel à Auray, — à M. de Saint-Avoye-Glains, notaire royal à Auray, à l'effet de faire assigner M. du Bot du Grégo, acquéreur de Jacques du Bot, s^{gr} de Cadin, au paiement de 3.000 ₶ de principal et deux années de rente, suivant constitut du 8 avril 1740.

1767 (m. 96). — Etat de gages dus aux domestiques de feu M. le Comte du Grégo.

La demoiselle Hervieux, entrée le 10 octobre 1758, gagne 75 ₶ par an. Marion, la cuisinière, entrée le 16 mai 1765, gagne 100 ₶ par an. La fille de cuisine gagne 25 ₶ par an. Pierre, entré le 29 décembre 1765, gagne 48 ₶ par an.

13 Août 1767 (m. 97). — Pièce de procédure pour Charles-François-Jules du Bot, M^{quis} du Grégo, héritier p^{al} et n. de la Marquise de la Bédoyère, son aïeule maternelle, — contre François-Gabriel-César de Muzillac (ailleurs Muzuillac), chef de nom et d'armes et Julie-Pauline Huchet de la Bédoyère, son épouse, aussi héritière de la dite Marquise, relative au partage de la succession de cette dernière.

31 Octobre 1768 (m. 98). — Donation mutuelle entre François-Jules du Bot du Grégo, chevalier, M^{quis} de la Roche, Baron du Laz,

Comte de Gourmois, Vte de Curru, châtelain des chatellenies de Kerouzas, Penanech, Kercharles, Coeteves, Le Merdy, Botenigneau, Brouillac, seigneur de Kerglas, du Grégo, etc..., et Jeanne-Vincente Thomas de la Connelaye de la Ribaudière, son épouse, d^t en leur hôtel, à Vannes, rue St-François.

Ces époux se donnent respectivement leurs biens meubles en pleine propriété, ainsi que les acquêts et conquêts en usufruit.

15 Avril 1771 (m. 99). — Assignation pour le paiement d'une rente, faite par Rose-Paule Alquier de Mesercac, d^e des Longrais, Jacquette-Blandine Alquier de Mesercac, d^e de Hayeux, d^t toutes deux à Guingamp, et Vincent Alquier de Mesercac, éc., chevalier de St Louis, d^t à Neuchâtel, en Suisse, — à Charles du Bot, s^{gr} du Grégo, fils de Thomas-Scolastique et de Jeanne Huchet.

13 Juillet 1771 (m. 100). — Constitution d'une rente au capital de 4.000 #, par h^t et p^t s^{gr} messire Charles-François-Jules du Bot, chevalier, s^{gr} M^{quis} du Grégo, d^t ordinairement au château de Trévaré, par. de Laz, et à présent à Landerneau, - au profit du sieur Choquet de Lindu, ingénieur en chef de la marine à Brest, et Marie-Laurence Melier, son épouse, sur l'hypothèque spéciale de la terre de Keruzas en St-Renan et du manoir du Curru.

2 Juillet 1774 (m. 101). — Procédure pour le s^{gr} du Grégo, contre le s^r Mignard, tapissier à Vannes.

Le s^{gr} du Grégo avait affermé audit Mignard une maison située sur les Lices de Vannes, entre l'Hôtel du Plessix et le Jeu de Paume. Le 4 mars ayant donné congé à Mignard pour la St-Jean, celui-ci leva le pied « à la cloche de bois ».

28 Février 1774 (m. 102). — Transaction pour terminer un long procès relatif à la succession de Charles-Louis de Kernezne, M^{quis} de la Roche, et de Gabrielle de L'Ecu (ou L'Escu), sa femme, et au règlement de leur communauté, entre les héritiers des deux parties.

Les héritiers sont : 1°) Louis-René de Ranconnet, chevalier, s^{gr} Cte de Noyan, fils et unique héritier de Jacquette-Gillonne de Rahier, en cette qualité, héritier p^{al} et n. en l'estoc paternel de Gabrielle de l'Ecu, laquelle, en son vivant, avait épousé en secondes noces Jan d'Acigné, chevalier, s^{gr} M^{quis} de Carnavalet, et en premières noces Charles-Louis de Kernezne, chevalier, M^{quis} de la Roche. 2°) Charles-F^{çois} du Bot, chevalier, s^{gr} M^{quis} du Grégo, fils aîné de Thomas-Scolastique, et héritier en partie de Anne-Françoise de Robien, décédée, veuve de Luc de Kernezne, héritière de Marie-Thérèse de Kernezne, M^quise de la Roche, sa fille, laquelle Marie-Thérèse était héritière de Joseph de Kernezne, M^quis de la Roche, son frère, lequel était héritier p^al et n. du dit Luc de Kernezne, son père ; ce dernier héritier de Charles-Louis de Kernezne, M^quis de la Roche, son neveu, qui avait épousé Marie-Gabrielle de L'Ecu. Le dit M^quis du Grégo, par représentation de son père, aussi héritier quant à l'immeuble de la dite feue demoiselle M^quise de la Roche. 3°) Paul-Christophe de Robien, chevalier, s^gr M^quis de Robien, héritier p^al et n. de Anne-F^çoise de Robien, M^quise de la Roche.

Charles-Louis de Kernezne, M^quis de la Roche, épousa le 17 mai 1687, Marie-Gabrielle de L'Ecu, d^e de la Mancellière. Trois mois après, le 27 août, le M^quis de la Roche mourut, laissant pour héritier p^al et n. dans l'estoc paternel messire Luc de Kernezne, Comte de la Roche, son oncle. Au cours des procédures qui eurent lieu, au siège présidial de Quimper, entre la veuve et l'héritier en question, celle-ci déclara qu'elle était enceinte ; par sentence du 4 février 1688, elle fut instituée tutrice de son enfant posthume, et le 19 juillet elle déclarait ne plus être enceinte.

Luc de Kernezne et Gabrielle-Henriette-Euphrosine Barbier, épouse de Alexandre de Coatanscour, héritière en l'estoc maternel du M^quis de la Roche, déclarèrent accepter cette succession.

La dame de L'Ecu épousa en secondes noces le M^quis d'Acigné, le 22 mai 1690, et décéda le 5 juin 1705, sans enfants, laissant sa succession aux s^grs et d^es de Noyan, et de Caradeuc de la Chalotais, et à Melle de la Mancellière dans l'estoc paternel. Les s^gr et d^e de Caradeuc achetèrent l'Hôtel de Marbœuf aux autres héritiers, le 13 juin 1764.

15 Septembre 1776 (m. 103). — Vente par Jean-Louis du Bot, chev., Cte de Talhouet, d^t ordinairement en son château du Plessix-Mareil, par. de St-Viaud, et actuellement en celui de Talhouet, par. de Pluherlin, à n. m^tre Augustin-Hyacinthe Guerin, s^r de la Rivière, avocat au Parlement, d^t en la ville de Rochefort, par. de Pluherlin, d'un crédit de 35.000 #, payable après le décès de Madeleine du Moulin, v^ve de Jacques du Bot, s^gr dudit nom, oncle du s^gr de Talhouet.

Ce crédit est mentionné au contrat de vente des seigneuries de Tréfinec et du Vaujour, passé le 1er mars 1765, au profit de Thomas-Scolastique du Bot, par le Cte de Talhouet.

13 Octobre 1776 et 22 Juin 1784 (m. 104, 105). — Deux lettres se rapportant au M^quis du Grégo.

L'une de M. de Kernezne à M. Gueguen, à Trevaré, est une demande d'argent pour l'arrivée en France de M. du Grégo (1776) ; l'autre, signée : Le Bidant, informe Mᵉ Bertier, procureur au Parlement, que M. du Grégo est « sans le sol », et il y est question de vendre les terres que celui-ci possède à Sᵗ-Renan (1784).

1777 (m. 106). — Productions de Charles-François-Jules Dubot, sᵍʳ du Grégo, héritier en partie de Anne-Prudence de Derval, contre le sʳ Maurice Levesque du Rostu, marguillier de l'église Sᵗ-Michel, de la Roche-Bernard, demandeur.

Par son testament du 7 septembre 1774, Madame de Derval (qui demandait à être enterrée aux Ursulines de Vannes), léguait 3.000 ₶ aux pauvres de Nivillac et de la Rochebernard, à prendre sur les revenus de la terre du Bot, située par. de Nivillac, évêché de Nantes. Le sʳ Thomas du Plessix, père de Jean-Julien-Prudent Thomas de Kercado, fut exécuteur testamentaire. Les héritiers de la défunte tardant à exécuter le legs du testament, les marguilliers de la Roche-Bernard les assignèrent; mais la terre du Bot avait été recueillie par le Cᵗᵉ de Derval, c'était donc à lui qu'incombait la charge du legs.

15 Février 1777 (m. 107). — Sommation faite, à la requête du Mᵠᵘⁱˢ du Grégo, à M. Le Gouvello de Keryaval.

Le sʳ Le Gouvello de Keryaval, fils aîné, ayant bien voulu, pendant l'absence du Mᵠᵘⁱˢ du Grégo, dans le courant de 1776, se charger de plusieurs effets appartenant au dit du Grégo et qui étaient en son château du Grégo, était encore saisi en 1777 d'une partie de ces effets, tels que pièces de tapisserie d'Aubusson, argenterie de la chapelle du Grégo, différentes pièces de mécanique, etc... Le sʳ du Grégo, de retour dans la province, voulut décharger le sʳ de Keryaval de sa garde. Mais, celui-ci ayant fait des difficultés pour se dessaisir des dits objets, reçut une assignation du sʳ du Grégo.

17 Mars 1777 (m. 108). — Consultation d'avocats au Parlement et au Chatelet, dans un procès entre Charles-François du Bot, Mᵠᵘⁱˢ du Grégo, et Pierre Guilloré de la Landelle.

22 Mars 1777 (m. 109). — Obligation de 12.000 ₶, souscrite par Charles-Fᶜᵒⁱˢ-Jules du Bot, au profit de dᵉˡˡᵉ Gillette Aulnette du Vaultenet, sous la tutelle de son oncle Louis Aulnette, chevalier, sᵍʳ du Vaultenet.

Cette somme provient à la dite mineure du remboursement que lui ont fait Mʳ et Mᵉ Tuffin de la Rouërie ; elle fut remboursée le 28 mars 1781 par le Mᵠᵘⁱˢ du Grégo, au dit Louis Aulnette, représentant son ancienne pupille, mariée à M. de Guybert.

22 et 23 Septembre 1780 (m. 110). — Procès-verbal, après le décès de Julie-Pauline-Charlotte Huchet de la Bédoyère, d° Ctesse de Muzillac, et à la requête de Charles-F^{çois}-Jules du Bot, des biens meubles et effets dépendant de la succession de cette dame, dans son hôtel, à Vannes, place des Lices.

20 Mai 1780 (m. 111). — Accord passé entre Marie-Catherine Haudenau de Breugnon, supérieure, Anne-Thérèse de Kergariou, assistante, Claire-Angélique de Castellan, Anne-Marie Clouet, Marie-Anne Lamy, toutes trois conseillères du monastère de la Visitation de Vannes, d'une part, — et le Marquis du Grégo, d'autre part.

Mademoiselle de Kernezne de Coatarmoal avait formé le projet d'établir à Quimper une communauté de dames de la Visitation, et elle avait donné aux futures religieuses de ce couvent, entre autres choses, un contrat de constitut de 6.000 # de principal, sur Monsieur de Botherel de St-Denac, à condition que le dit couvent recevrait à perpétuité « une fille de condition » pour religieuse de chœur, laquelle serait nommée et présentée par sa famille.

Or, par acte du 28 septembre 1748, Madame de Robien, M^{quise} de la Roche, héritière de Melle de Coatarmoal, sa fille, transporta aux dames de la Visitation de Vannes ce contrat, et en attendant l'établissement du couvent de Quimper, Melle de Kergariou fut désignée pour jouir en dot de la rente, jusqu'à translation des religieuses de Vannes à Quimper, laquelle d'ailleurs n'eut jamais lieu.

A cet acte est jointe la correspondance entre les religieuses et les représentants du M^{quis} du Grégo.

10 Janvier 1783 (m. 112). — Assignation, à la requête du s^{gr} du Grégo, adressée à M. Gillot de Kerhardene, ancien maire de Vannes, notaire royal, d^t à Muzillac, relative au paiement d'un constitut.

1784 (m. 113). — Mise en vente publique des biens du M^{quis} du Grégo, situés dans le Léon : Kerusas, le Curru, Penanech, Langueouez, Coataves, Kerivot, Coatarmoval, etc.

(Voir au chapitre Keruzas).

1787-1789 (m. 114). — Quittances de créances sur M. du Grégo, acquittées par M. de Pontbellanger.

12 Novembre 1787 (m. 115). — Recette faite par M. Le Bidant, pour le M^{quis} du Grégo, de septembre 1786 à septembre 1787.

La recette s'élève à 41.082 # 9 s. 3 d. et la dépense à 45.249 # 16 s. 8 d. — L'année suivante la recette monte à 26.930 # 13 s. 1 d. et la dépense à 30.818 # 9 s. 8 d.

12 Décembre 1788 (m. 116). — Requête adressée au présidial de Vannes, par Charles-F^{çois}-Jules du Bot, à l'effet d'être autorisé à assigner son épouse, Jeanne-Vincente-Thomas de la Caunelaye, qui a vendu du bois de haute futaie au Vaudeguip, bien qu'un jugement du 14 mai 1778 ait prononcé la séparation de biens entre les deux époux.

Le 18 janvier 1789 M. du Grégo, se désista de cette demande.

1790 (m. 117). — État des fermes et baillées de M. Charles-François-Jules du Bot du Grégo, qui ont été enregistrées au bureau de Vannes depuis 1780 à 1790.

15 Mai 1790 (m. 118). — Pièce de procédure pour Charles F. J. du Bot, subrogé aux droits de messire de la Pommeraye de Kerambart.

Il s'agit des réparations d'une maison, située rue de la Fontaine, à Vannes, acquise par le s^r du Grégo.

1790-1791 (m. 119). — Série de quittances relatives à des abonnements de journaux pour le Marquis du Grégo.

La Gazette de Paris (36 # par an), *L'Ami du roi* (33 #), le *Journal de la Cour et de la Ville*, quotidien (39 #), le *Journal de M. Suleau* (24 #).

8 Mai 1791 (m. 120). — Pouvoir donné par le M^{quis} du Grégo, à M. Le Ridan, pour recevoir les fermages et autres redevances dus par le fermier général de ses terres de Vannes.

23 Novembre 1791 (m. 121). — Mémoire de Julien Olivier, maréchal, rue Fontaine, à Vannes, pour la ferrure des chevaux du M^{quis} du Grégo, du 6 mars au 8 octobre 1791.

Ce mémoire s'élève à 50 # 19 s. On y voit citer : la grande jument, le cheval de carrosse, la jument blanche, la maréchale, la courte queue, la métayère du Grégo, le poulain, la mule, la mère des poulains, le chevalet Mignonne. Les prix sont de 2 # 8 s. pour 4 fers quand il s'agit du cheval de carrosse ou de la grande jument ; de 1 # 4 s. pour la métayère du Grégo, la mère des poulains ; 1 # 8 s. pour la mule, etc.

28 Novembre 1791 (m. 122). — Quittance délivrée au sieur Charles-Jules du Bot, par Vincent Danilo, boucher d'Ambon, de la somme de 79 # 7 s. pour 264 livres 1/2 de viande fournie aux domestiques du Grégo depuis le 14 avril ou 27 novembre.

Passé devant les notaires de la ci-devant juridiction de Bavalan, en Ambon.

Février 1791 (m. 123). — Liasse de factures acquittées, au nom de M. du Grégo, habitant le Grégo ou Kerglas.

1806-1808 (m. 124). — Notes de fournisseurs dues par M. du Grégo, durant son séjour à Quimper.

4 Mars 1808 (m. 125). — Caution de Madame Bonté, pour son père qui doit chez Salomon, boulanger de Quimper 2.025 #, pour du pain livré de vendemiaire an XII à juillet 1806.

1808-1816 (m. 126). — Pièces relatives au compte que M. Marquer, notaire à Vannes, avait présenté au tribunal de Rennes, comme sequestre judiciaire des revenus de Madame Bonté (Louise-Exupère-Françoise-Charlotte du Bot du Grégo, épouse non commune de M. le baron Bonté), saisis par les créanciers.

Le Grégo était saisi par les créanciers Kernezne.

15 Octobre 1819 (m. 127). — Vente de marais salants possédés par Madame Bonté, dans la commune de Sarzeau près de Pencadenic, pour 32.000 francs, à M. François Salentin, négociant à Nantes, agissant comme liquidateur de la maison Blot et Salentin.

22 Septembre 1814 (m. 128). — Lettre de Mme Bonté faisant part de son départ pour Morlaix, où son mari avait été envoyé.

« M. Bonté, y est-il dit, est dégoûté plus que jamais de la Bretagne, et il est bien à désirer que nous puissions vendre le Grégo pour y terminer nos affaires..... M. Bonté ne peut plus compter sur rien et il craint toujours d'être compromis dans mes affaires. »

1825-1826 (m. 129). — Acquisition par le M^{quis} de Lambilly, du moulin à eau de Taitroch, en Melrand, provenant des biens du M^{quis} du Grégo.

Le citoyen François-Augustin Mahé de Villeneuve, fermier général des biens du M^{quis} du Grégo, s'était adjugé ce moulin et le vendait à son profit à M. de Lambilly.

1827-1736 (m. 130). — Liasse de pièces relatives aux successions de Mme Bonté et de Mr Damphernet, son fils.

On y trouve, une quittance des droits d'enregistrement, — un état de revenus de Madame de Bonté (*sic*) dans la commune de St-Goazec (3.276 #), — un état des revenus de M. le Baron de Bonté (815 #), — un état des biens appartenant à M. et Mme de Bonté, faisant partie de la terre de Trevaret et établi par M. de Kerstrat de Beauvoir en 1836. [Cet état se divise comme il suit : 1°) revenu des biens de M. Bonté, à Trevaret, 1.540 fr. — 2°) revenu des fermes de Mad. Bonté à Trevaret en St-Goazec, 2.814 fr. — 3°) revenu des fermes de Laz à Mad. Bonté, 853 fr. plus 1.000 fr. de blé dû par les domaniers. — 4°) revenu des terres de Guiscriff, fermes et domaines, 174 fr.]

M. Delaporte, notaire à Châteauneuf, écrit que M. de Beauvoir évalue pour l'enregistrement le revenu total de Trevaret à 4.000 fr. M. Bonté avait fait un bail de 9 ans avec M. Blaque pour l'exploitation de la forêt de Laz, à raison de 5.696 fr. par an.

1826-1835 (m. 131-136). — Liasses concernant la liquidation des créances du M^{quis} du Grégo, de sa fille Mad. Bonté, et du Vte de Pontbellanger, son petit-fils.

On y voit, que Charlotte du Bot épousa le citoyen Bonté, le 4 brumaire an VI, à Paris ; que le M^{quis} du Grégo décéda à Trévaret, le 23 mai 1812, Mad. Bonté, au même lieu, le 17 janvier 1826, et le général Bonté, au même lieu, le 6 mars 1836. Ce dernier, après le décès de Charlotte du Bot, se remaria avec Elisa de Carlotti, il fut inhumé ainsi que sa première femme à St-Goazec.

Le Vte de Pontbellanger décédé le 8 août 1827, laissa de son mariage avec Monique-Sulmée Quesnel de la Morinière, deux enfants mineurs : Michel-Louis-Marie-Adrien (7 ans) et Antoinette-Anne-Louise-Marie (5 ans 1/2).

Importante correspondance relative aux créanciers et à cette liquidation.

Les du BOT
sgrs du Kerbot et du Grégo

(d'après les archives du Grégo)

ARMES : *D'azur au chevron d'or, accompagné de trois quintefeuilles d'argent.*

JEAN DU B(...)
archer de la ga(...)

JEAN du B(...)
receveur des domaines
ép. An(...)

n. h. GUILLAUME du B., sr de K.,
ép. Julienne Phelippes,
† 1586.

éc. ANDRÉ du B., sr de K., Kervezo,
né 1568, † 1626,
ép. Michelle Moro, de DE SULLÉ,
seigneur DU GRÉGO en 1594.

éc. PIERRE du B., sr de K., du Grégo, Sullé et a. l.
† 1647,
ép. Bertranne Gouyon, de DE KERSAPÉ (laquelle se remarie 1° avec Jacquet Sorel,
sr de Sallarun, 2° avec Bertrand de Rosnivinen, sr du Plessix Bonenfant).

éc. CHARLES du B.,
ép. Jeanne de Botderu (qui en 2es noc(..)
ép. Ch. de Rosnivinen),
† vers 1650.

JEAN,
sr de Sullé.

MICHELLE,
ép. Jacques de Sécillon,
sr du Blanc.

MA(...)
sr de (...)

VINCENT du B.,
† 1706,
aliène la terre de Kerbot,
ép. 1° Marie-Anne du Pé,
2° Jeanne-Valentine de Talhouët (1687)

2e | mariage

JEAN du B., sr du Grégo, Sullé, Kersapé, le Lic, Bray,
† en 1736,
ép. Jeanne de Robien de Kerembourg.

PRUDENCE,
ép. Fcois de Derval,
† 1774.

THOMAS-SCOLASTIQUE du B.,
achète les sgies de Trefinec et du Vaugour en 1765,
† 1768,
ép. Jeanne-Charlotte Huchet de la Bedoyère.

GABRIEL-FRANÇOIS,
sr de Sullé.

CHARLES-FRANÇOIS-JULES du B., sr du Grégo,
Sullé, Kersapé, Caden, Kerglas, Trefinec, le Vaujour,
† 1812,
hérite de son aïeule maternelle la Marquise de la
Bedoyère dont il reçoit les sgies de la Roche, Laz,
Gourmois, le Curru, Keruzas, Penanech,
ép. Jeanne-Françoise-Vincente Thomas de la
Caulnaye (1768).

LOUISE-EXUPÈRE-CHARLOTTE du B.
(seule héritière),
ép. le Vte d'Amphernet de Pontbellanger (1787)

FAMILLE D'AMPHERNET DE PONTBELLANGER

1806-1808 (m. 137). — Correspondance de M. de Pontbellanger (adressée de Pontbellanger, près Thorigny, ou de Orsonville, près Dourdan) à Madame du Grégo (en son château du Vaudequy, près Redon, ou en sa maison de Redon).

Il y est question d'affaires privées, on y donne des nouvelles de Félix de Pontbellanger, fils de Madame Bonté (de son premier mariage), qui est à l'armée d'Italie.

31 Août 1819 (m. 138). — Extrait des registres de l'état civil de la commune de La Chapelle-Bouexic, département d'Ille-et-Vilaine. — Mariage de Charles-Félix Damphernet, Vte de Pontbellanger, chef d'escadron, officier de la légion d'honneur, âgé de 31 ans, né à Quimper le 9 avril 1788, et domicilié commune d'Allaire, fils de feu Antoine-Louis Damphernet de Pontbellanger et de Louise-Exupère du Bot, du Grégo, M^{quise} de la Roche et de Coetarmoal, baronne de Laz, Ctesse de Gourmois, V^{tesse} de Curru, remariée au général Bonté, maréchal de camp des armées du roi, — avec Monique-Sulmé Quesnel de la Morinière, âgée de 24 ans, née à Coutances, département de la Manche, le 21 juillet 1795, domiciliée à La Chapelle-Bouexic, fille de Jean-Jacques Quesnel de la Morinière et de Marie-Charlotte Christy de la Morinière.

Fait en présence du général Bonté, âgé de 52 ans, d^t au Grégo, et de Jean-Jacques Quesnel, d^t en son château de La Chapelle-Bouexic.

28 Janvier 1826 (m. 139). — Déclaration de M. Damphernet de Pontbellanger, d'accepter sous bénéfice d'inventaire la succession de la baronne Bonté, sa mère.

Extrait du greffe de Châteaulin.

1826-1827 (m. 140). — Demande d'indemnité, suivant la loi du 27 avril 1825, faite à la commission de liquidation par le Vte de

Pontbellanger, pour les biens confisqués sur le M^{quis} du Grégo, dans le Finistère et vendus nationalement.

Correspondance relative à cette affaire. Le demandeur déclare que ni lui, ni ses auteurs, ne sont rentrés en possession d'aucune partie des dits biens. La commission de liquidation règle l'indemnité, par décision du 5 octobre 1827, à 72.561 fr., déduction faite de 105.333 fr., portés au passif du bordereau.

A cette époque, la liquidation du Morbihan était terminée. Dans un avis du conseil d'administration de l'enregistrement des Domaines, il est dit que, suivant un état de restitutions faites aux héritiers des condamnés déportés et reclus, en exécution des lois des 21 prairial et 22 fructidor an III, Madame Bonté a été liquidée pour une somme en assignats de 1.180.663 # 6 s. 9 d., savoir : 1.101.765 # pour prix de vente d'immeubles provenant de cette dame, 75.523 # 1 s. 9 d. pour fruits et revenus, et 5.376 # 5 s. pour prix de vente de mobilier. La somme totale de 1.180.663 # a été réduite en numéraire à 110.807 # 1 s. 1 d. Par ailleurs, il est dit, dans une lettre de M. Follet, hommes d'affaires : « Il résulte de deux pièces provenant de la direction générale des Domaines que les imputations primitives s'élèvent à 123.451 fr. portés au passif des bordereaux du Morbihan et du Finistère. Ces imputations ont pour objet la liquidation de diverses créances consenties par le M^{quis} du Grégo en 1781, 1783 et années suivantes.

9 Août 1827 (m. 141). — Extrait des registres de l'état-civil de Redon. — Acte de décès de Charles-Félix Damphernet, Vte de Pontbellanger, âgé de 39 ans, survenu à la Barre, près Redon.

13 Décembre 1827 (m. 142). — Déclaration de Monique-Zulmé Quesnel de la Morinière, veuve Pontbellanger, portant acceptation sous bénéfice d'inventaire d'un legs testamentaire de son mari.

1827-1832 (m. 143). — Dossier concernant la vente des domaines congéables appartenant à M. le Vte de Pontbellanger, situés communes de Melrand et Baud, et dont il a hérité de sa mère.

La vente eut lieu en 1832 par la veuve de M. de Pontbellanger, agissant au nom de ses enfants.

1828-1830 (m. 144). — Liasse concernant la succession de Félix d'Amphernet de P. et le partage de ses biens entre ses enfants.

Correspondance de sa veuve avec son homme d'affaires, M. Nogues, avocat à Rennes. Mme de Pontbellanger estime la succession, en revenus annuels, comme il suit :

	Faible.	Fort.
Pontbellanger	4.000	4.000
Le Grégo	8.000	9.000
Trevaret (terre)	6.000	6.400
id. (forêt)	5.000	8.000
Le Vaudequip	1.000 [1]	2.000
Paris	1.987	1.987
La Barre	500	500

(1) A cause de la dette (sic).

8 Décembre 1829 (m. 145). — Décision de la commission de liquidation de l'Indemnité, réglée par la loi du 27 avril 1825, relative aux biens vendus des émigrés, et en faveur de l'héritière du M^{quis} du Bot, dépossédée dans le Morbihan. (La somme accordée n'y figure pas.)

27 Août 1830 (m. 146). — Vente de différents immeubles provenant de la succession de Charles-Félix d'Amphernet de Pontbellanger, faite par sa veuve, pour la liquidation des créances.

La prairie du Pont d'Out, commune des Fougerets, est vendue 28.500 fr.

1830-1832 (m. 147). — Correspondance entre M. Mevel, notaire à St-Renan (Finistère), et M. Nogues, avoué à Redon, chargé de la liquidation des dettes et créances hypothécaires du M^{quis} du Grégo sur les terres du Finistère (Le Curru et autres en Milisac).

1830-1831 (m. 148). — Etat des créances acquittées par M. Follet, de Quimper, pour le compte de la succession de feu le Vte de Pontbellanger, d'après les ordres de M. Nogues, avoué à Redon, liquidateur de la succession.

FAMILLE BONTÉ

1653-1790 (m. 149). — Liasse de titres (reconnaissances, payements d'arrérages, actes de propriétés... etc.), se rapportant aux familles Bonté, Ynor, et leurs alliées.

On y voit figurer noble d^e Marguerite-Charlotte-F^{çoise} Bonté, petite-fille de François Bonté, veuve et non héritière de Pierre Christy, écuyer, s^r de la Morinière, et de Hauteville-sur-Mer (1787) ; — maître Pierre Ynor, conseiller, procureur de S. M., à Coutances (1719) ; — Marie-Charlotte Christy La Morinière, épouse de Jean-Jacques Quesnel, cultivateur, représentant par droit d'hérédité feu le citoyen Louis Bonté, curé de Mesnibonant (vivant en 1728 et 1752), ce dernier héritier en partie de Louis Bonté, juge au présidial de Coutances, prieur de St-Nicolas-du-Grais (Germinal an V) ; — M. Ynor, maître des comptes de Rouen, d^t à Coutances, ou en son château de Hauteville (1765-1776), etc.

3 Mai 1684 (m. 150). — Contrat de mariage de Pierre Christy, s^r de la Rochelle — fils de Pierre Christy, s^r de Longchamps et de Françoise Le Prest — et de Jeanne Bourdon, fille de feu Guillaume Bourdon, s^r de la Bafferye et de Françoise Yvet.

Fait à Carentan.

6 Avril 1710 (m. 151). — Contrat de mariage entre Pierre Christy, licencié aux droits, fils de Pierre Christy, s^r de la Rochelle et de Jeanne Bourdon, de la par. de St-Nicolas de Coutances, — et Geneviève-Catherine Boudier (parfois Bondier), fille de maître André Boudier, s^r de Hayneville, conseiller et procureur du roi de la ville de Coutances, et de feue Geneviève Cauvet.

La mariée apporte les immeubles qui lui sont échus de sa mère (rentes sur Charles de Harcourt, fils de Pierre M^{quis} de Harcourt, sur François de Beaufils, Pancrace de la Motte, s^r de Pontroger, les héritiers de feu Alexandre Hellouin, s^r d'Anctiville, les héritiers de Jacques de

Maucon, s^r de Ste-Suzanne, les filles de feu Adrien Ecoullant, s^r de Soulles, les héritiers de maître Charles Lamez, s^r du Longprey). Fait en présence de Pierre Bourdon, s^r de la Basserie, Jean Mahieu, éc., François Christy, s^r de Longchamps, Gilles Christy, s^r des Carreaux, maître Antoine Traisnel, s^r des Monts, conseiller au présidial de Coutances, et Marguerite Boudier, sa f^e, Joachim Boudier, s^r de Grandpieces, maître Robert Boudier, prêtre, curé de Marigny, Marc-Antoine Boudier, s^r de la Crenncere, Jacques Philippe Cauvet, éc., s^gr et patron de Quehebert, Charles-François Dancel, éc., s^r de Breuilley, François Taurin, éc., s^gr des Epesses, n. h..... Cauvet, prêtre, curé de Grimouville, tous parents des futurs époux ; de maître Pierre Yset, lieutenant général en la vicomté de Coutances et Pierre Deslandes, avocat au présidial de Coutances.

4 Novembre 1721 (m. 152). — Testament de Charles Eucoignard des Viviers, aumônier du roi, son chapelain titulaire au château de St-Germain en Laye, chanoine de Coutances « docteur vénérable en tout. »

Il demande à être enterré dans l'église des pères Récollets du côté et proche la chapelle St-Pierre d'Alcantara, où sera érigée au frais du dit testateur une chapelle dédiée à St-Charles Boromée, son patron, laquelle sera réservée à la sépulture des chapelains du roi, ses successeurs, et de ses parents. Pour la fondation de cette chapelle il lègue 6000 # sur la vente de ses meubles, et pour l'ornementation il laisse son grand tableau de St-Charles qu'il a fait « tirer et venir de la bibliothèque Ambrosienne, à Milan », ainsi qu'un portrait en buste d'un grand roi, son maître, exécuté par un chevalier romain et portant dédicace.

Il fait différents legs, à ses domestiques, — à la nièce de feue Catherine Suarez, sa gouvernante, « de race espagnole illustre », — à Mgr l'évêque de Bethléem (son prie-Dieu « avec le tableau et descente de croix y attachés, le Christ et la Vierge bois de Sainte-Lucie, le tableau original Tintoret qui est un Christ preschant dans la synagogue », ses « toilettes qui n'ont pas paru, celle de damas à galons d'or, celle de marseille piquée, les autres de toile de holande avec leurs glands », un diamant de 200 #, et vingt livres de chocolat), — à l'abbé de Reinfraux (le portrait du testateur, le tableau original de M. Boloyve qui est une Vierge contemplatrice, un diamant de 300 #, et des livres), — à M. Devusé, contrôleur des bâtiments du roi (le grand tableau original de Desportes, de l'argenterie), — à la sacristie de la chapelle du château (deux bons tableaux, celui de la Vierge donnant de la bouillie au petit Jésus que l'on estime être du Poussin, et celui de la Vierge embrassant un Christ mort, original de Stella), — à la sacristie générale de la cathédrale de Coutances (un grand Christ d'ivoire monté sur bois violet, ouvrage de David, chevalier romain « dont j'ai refusé beaucoup d'argent » « il est excellent et mérite d'être conservé avec un rideau par dessus », deux chasubles d'étoffes précieuses, une rente foncière de 100 # par an pour la célébration de quatre grand'messes au premier jour de chaque trimestre de l'année, la 1re pour le roi Louis XIV et pour les officiers amis du testateur, la 2e, pour l'ancien évêque de Coutances, feu Mr Aurrai son « ami constant », et pour les ecclésiastiques ses amis, la 3e, pour son père, le sr de la Perelle, qui a été doyen du Présidial, le sr de Hauteville, son fils, qui a été aussi doyen, ses autres frères, sa mère, et autres parents, la 4e, pour le chapelain du roi « parce que je l'ai été plus de 40 ans ».

Il donne encore : au maître d'école de la paroisse de la Mancelière une maison et 100 # de gages ; — au chanoine des Viviers, dont le fief est en la par. de Mancelière, la maison où est né le testateur, rue Saint-Nicolas, à charge d'une messe ; — au collège d'Harcourt de l'université de Paris, 10.000 # de capital pour la fondation d'une bourse ; — à M. Boisval, président en l'élection de Coutances, 27 livres de rente, due par celui-ci au testateur ; — une pension de 200 # de rente pour un séminariste ; — une rente de 400 # au collège de Coutances pour fondation de prix en faveur des écoliers ; — un excellent tableau du Guide, représentant le martyr de St-Pierre, au doyen du présidial de Coutances, en charge lors du décès du testateur, et ceci en souvenir de son père, et de son frère, morts tous deux doyens de ce présidial. Nicolas Eucoignard sr des Moissonnières, frère du testateur, ci-devant capitaine au régiment des « fuseliers » du roi, est nommé légataire universel et Mr de Bonamour, avocat au Parlement, exécuteur testamentaire.

Fait à St-Germain.

Copie sur papier.

6 Octobre 1725 (m. 153). — Contrat de mariage de François Bonté, conseiller et procureur du roi en la vicomté de Gavray, — fils de feu Guillaume Bonté, sr de la Martinière, et dt à Gavray, évêché de Coutances, — avec Elisabeth Roger, veuve de mtre Pierre Tetrel.

16 Juin 1739 (m. 154). — Mariage de André Christy, sr de la Morinière, conseiller du roi, lieutenant particulier et assesseur criminel au siège présidial de Coutances (fils de Pierre Christy et de Geneviève Boudier), et Marie-Perrette-Elisabeth Ynor (fille de Pierre Ynor, éc., maître ordinaire de la Cour des Comptes de Normandie et de Elisabeth Eucoignard).

13 Août 1748 (m. 155). — Contrat de mariage de Jean-François

Rapilly, sr de Bourbuisson, bourgeois de Coutances, avec Marie-Jeanne-Elisabeth Christy, fille de défunt Pierre Christy et de Catherine Boudier (ou Bondier).

20 Février 1771 (m. 156). — Contrat de mariage de Pierre Christy, coner du roi, lieutenant particulier au bailliage de Coutances (fils d'André Christy et de Marie-Elisabeth Ynor), et de Charlotte-Marguerite-Françoise Bonté, fille de défunt maître Jacques-Jean B. Bonté et de Françoise Le Chevalier.

Fait à Coutances.

2 Janvier 1780 (m. 157). — Testament de Marie-Julienne Ynor, fille majeure de Mr Ynor, ancien procureur du roi à Coutances.

La testatrice nomme Jean-Joseph-Aimable Bonté, curé d'Annoville, exécuteur testamentaire ; elle décéda chez les religieuses Hospitalières de Coutances où elle demeurait pensionnaire. Le 30 août 1782 eut lieu l'inventaire de ses meubles.

1789 à 1810 (m. 158). — Registre portant état des rentes dues à Marie-Charlotte Christy sur différentes terres situées aux paroisses de Annoville, Basoche près Falaise, Coutances, Courcy, Gefosse, Guehebert, Grimonville, Hambye, Hauteville, la Balaine, Montmartin, Maneville le Bingard, Piron, Rouen, St-Denis Le Gast, St-Martin des Champs, Urville, Valoque, Carantan ….etc.

An II m. 159). — Emancipation de Marie-Charlotte Christy, âgée de 18 ans, fille de Pierre Christy et de Marie-Charlotte Bonté.

23 Primaire an III (m. 160). — Pièce se rapportant à la succession de Catherine-Marguerite Christy, veuve du sr Lecauday et de la citoyenne Christy Hacqueville.

1807-1821-1840 (m. 161). — Registre ou grand livre de propriété, concernant la terre de Hauteville-sur-Mer (location de fermes, rentrées de fermages…. etc).

La terre de Hauteville semble avoir appartenu à la famille Ynor alliée aux Bonté.

Sans date (m. 162). — Consultation pour régler la situation financière de Mme Bonté.

Il y est dit : « pour parvenir à ne faire qu'un ordre pour tous les créanciers inscrits sur les biens du Grégo dont Mad. Bonté est propriétaire, soit comme acquéreur des biens de son père, soit en vertu du partage fait avec M. Bonté, ...ces biens doivent être vendus en totalité ».

3 Février 1826 (m. 163). — Accord par lequel M. de Pontbellanger abandonne au baron Bonté l'usufruit de tous les immeubles qu'il possède au Grégo et à Trevaré.

1836-7 (m. 164). — Liasse concernant la succession de M. le général Bonté, décédé le 6 Mars 1836.

On y voit une transaction datée du 9 juillet 1836, entre Thérèse-Elisa-Agathe-Louise de Carlotti, v^{ve} du baron Bonté, d^t rue de Lille à Paris, et Monique-Zulmé Quesnel de la Morinière, v^{ve} de Charles-Félix Damphernet de Pontbellanger, tutrice de ses enfants, et d^l à Redon ; par laquelle il est convenu que : 1°) Me de Pontbellanger abandonne à Me Bonté les biens meubles du Grego, fors les bestiaux et instruments aratoires et tous les objets mobiliers qui y sont attachés comme immeubles, — 2°) Me Bonté renonce à tous les biens meubles de Trévaré, — 3°) toutes les sommes dues pour arrérages des revenus antérieurs à 1835, provenant des terres de Trevaré et du Grego, seront partagés.

Par acte testamentaire du 25 sept. 1835, le baron Bonté avait constitué sa veuve son unique héritière.

PAPIERS MILITAIRES DU GÉNÉRAL BONTÉ

Sans dates (m. 165) (1). — Proclamation royaliste. Lettre de Bourmont à Harty. Mandement pastoral (1799).

Années II à VIII (m. 166). — Chouannerie : — Arrestation et interrogatoire de Robert Lesseigue, chouan de Bignan (an VI) ; — Adjudication des biens de l'émigré Lambilly (bois de Boquelen, en Plumeliau, acquis par Jacques Violard de Pontivy) 28 Prairial an II ; — perquisitions dans les communes de Ferel, Camoel, et Penestin, an VII ; — habillements et armes pris par les chouans à la Rochebernard, à Locminé, à Sarzeau, les 4, 7 et 8 brumaire

(1) Dans cette série des papiers militaires du général Bonté au numéro d'ordre (m.....) correspond une liasse ou un registre.

an VIII ; — état des armes de la 81ᵉ 1/2 brigade de ligne au 15 frimaire an VIII, où l'on voit « ce qui a été pris par l'ennemi aux 1ᵉʳ et 3ᵉ bataillons, embarqués pour l'expédition d'Irlande et perdu à la mer par trois compagnies du 1ᵉʳ bataillon sur la frégate la *Romaine* » le 21 vendémiaire an VII.

An III (m. 167). — Correspondance de Bonté, chef du 1ᵉʳ bataillon de la 12ᵉ 1/2 brigade d'infanterie, commandant à Vire, commencée le 18 frimaire an III et allant jusqu'au 6 thermidor an IV.

Le 16 pluviose Bonté quitte Vire avec le bataillon qu'il commande pour se rendre à Château-Gontier, Le Lion d'Angers, Rennes, le camp de Keralliot, près Musillac dans le Morbihan.

Ventôse, Germinal, Floréal, an III (m. 168). — Correspondance du général Roland, chef de brigade à Segré, avec le citoyen Bonté, chef du 1ᵉʳ bataillon de la 12ᵉ 1/2 brigade, commandant au Lion d'Angers. (Communication d'ordres, service particulier des troupes, mouvements divers, lettre signée J. M. Le Comte, etc.)

23 et 27 Brumaire an III (m. 169). — Extrait des registres de l'administration du Finistère, Délibération relative à la demande d'indemnité de l'émigré Rosily de Châteauneuf du Faou.

An III (m. 170). — Ordres généraux et particuliers.

(Signatures de Drouet, Fortin, Quantin... etc.)

An IV (m. 171). — Proclamations du Directoire Exécutif et de l'état-major de l'armée de l'Ouest.

Nivôse-Prairial an IV (m. 172). — Ordres généraux et particuliers, pièces diverses, adressés au citoyen Bonté, chef de la 12ᵉ 1/2 brigade, commandant l'arrondissement de Nozay (Loire-Inférieure).

(Renseignements sur les chefs vendéens, soumission de Pacory, habitants qui déposent les armes..., etc.)

Pluviôse-Prairial an IV (m. 173). — Ordres généraux et particuliers, circulaires, etc..., émanant du ministre de la guerre, du général en chef de la grande division de l'ouest (Hoche), du général Drut, commandant la subdivision de la Loire, du général Fay, chef d'état-major de cette subdivision, etc..., adressés au citoyen Bonté, commandant l'arrondissement de Nozay (Loire-Inférieure).

Ventôse-Prairial an IV (m. 174). — Correspondance de Bonté, chef de bataillon de la 12ᵉ 1/2 brigade d'infanterie, commandant l'arrondissement de Nozay, avec ses chefs et ses officiers subalternes (le général Drut, Soulé, Biétry commandant à Blain, Normand commandant à Nantes, Drugeon commandant à Nozay, Bietry aide de camp de Hoche, Secrivain commandant à Heric, Travot, le général commandant la division de l'ouest..., etc...).

Il est question de l'administration du canton de Nozay, — de proclamations aux habitants de la Loire-Inférieure, la Vendée, les Deux-Sèvres et le Maine-et-Loire, — d'une rencontre à Coudray, en Issé, le 3 floréal, — de divers mouvements de troupes, — de police, — de la ruine des forges de Moisdon par les chouans, — de prêtres incarcérés, — d'approvisionnements, — de subsistances, etc.

Prairial-Thermidor an IV (m. 175). — Ordres généraux et particuliers, et pièces diverses, adressés au citoyen Bonté, chef de la 12ᵉ 1/2 brigade, à Redon, commandant l'arrondissement de Redon, ou commandant à Pipriac.

(Signatures du général Hedouville, de Travot, Colle, Fay, etc...)

Années IV et V (m. 176). — Correspondance du citoyen Bonté, chef de la 12ᵉ 1/2 brigade, commandant l'arrondissement d'Auray. Ordres généraux et particuliers, chouannerie, administration du district, redevances en grains, etc... (Signatures de Travot-Harty, Meunier, Valentin.)

Années IV à VI (m. 177). — Registre composé de deux parties : 1°) comptabilité de la 5ᵉ compagnie de la 81ᵉ 1/2 brigade, durant les années III, IV et V. 2°) correspondance du commandant Bonté, du 2 germinal an V au 16 ventôse an VI. Cette correspondance est relative aux opérations dans la région de Quimper, Pontcroix, Concarneau, Châteauneuf, etc...

Le citoyen Bonté, chef de la 81ᵉ 1/2 brigade, est chargé du commandement de l'arrondissement de Quimper depuis le mois de brumaire an V. Cette circonscription a pour sous-arrondissements, celui de Concarneau, dit premier arrondissement des côtes, allant du Pouldu à Benodet inclus, et celui d'Audierne, dit deuxième arrondissement des côtes, depuis Combrit et Douarnenez jusqu'à la pointe du Raz, et dont le chef-lieu est à Pont-l'Abbé avec postes à Penmarch et Kerity.

Années IV à VIII (m. 178). — Procès-verbaux des conseils de guerre, présidés à Vannes et Quimper par le chef de brigade Bonté, et jugements de divers autres conseils de guerre.

Affaires Hattemann, sergent ; Rolland du Noday, émigré ; Fournier, tambour-major ; Louis-Victor Loménie de Brienne, émigré.

Jugements contre : Jean Gillard, Gabriel Robin, Le Charpin, Joublot, Delmère, Léonard Laniel et François Robert ; — contre Mathurin Evano, dit Mentor, Mathurin Le Roy, dit Petit Roy, et Vincent Beler, chouans insoumis du Morbihan ; — Louis Cochet, dit St-Vallier, Mathurin Guillet, dit Bel-Amour et surnommé Réchappé, Pierre Dubreil, dit Victor Tirailleur, François Carré, dit Prodigue et surnommé Brin d'Amour, Jean Marchard, Joseph Boivent, tous chouans insoumis du canton de Fougères ; — Jean-Hyacinthe Treouret-Kerstrât, chouan du Finistère ; — Nicolas Grolgard, dit Collin, sergent-major ; — Jean Le Nepvou Carfort, fils, chef de brigands insoumis, contumax, François Boisadam, Marie-Anne Raffray, femme Vexier ; — André-Marie-Ponce Guillemot, dit Sans-Pouce, Marie-Thérèse-Désirée d'Essonville, veuve Bonfils-Saint-Loup, Elisabeth-Jeanne-Marie Bonfils-Saint-Loup, et Jean-François Le Guennec ; — Pierre-François Gourgeon-Lucé ; — Pierre Duviguet, dit Constant ou Bellizaire, ex-officier, chef de brigands dans les Côtes-du-Nord ; — Philippe Legris de Neuville, dit Philippe Laudet, émigré, du Calvados ; — François La Roche, de la Mayenne, embaucheur ; — François-Valère Miquelard, de la Manche, déserteur, chef de brigands ; — Julien Le Guevel et Ollivier Gandon, de la Croix-Helléan, brigands du Morbihan ; — François Fontaine, de l'Ille-et-Vilaine, voleur ; — les habitants des communes de Pouldreuzic, Plovan, Treogat, Plozevet, Lababan et Treguennec qui se sont livrés au pillage sur des objets provenant du naufrage de plusieurs bâtiments.

Autres jugements (ceux-ci imprimés) contre : André Coulombel, dit Petits Yeux ou Cœur de Lion, Louis Hiard, Julien Rioche, dit le Confesseur, tous chouans d'Ille-et-Vilaine ; Joseph Daniel, Mathurin Thomas, Yves Pesselle, Vincent le Ferrand et Maurice Perron, Marc Daniel, chouans du Morbihan ; — Sirois et Cossard, Henaud, Erouard, Halet, Fouquet, militaires insoumis ; — François Miquelard, déserteur et voleur ; — Marie-Gabrielle Thibaut, fe Le Frotter, et Simon Denis, Antoine Kindic et Georges Cremelle, militaires, Etienne-Julien-Thomas Le Frotter et Yves Penron, François Eperche, militaire, Yvonne Penron et Françoise Le Gloux, Marie Rojouan, Marie L'Hospitalier, Marie Ferette, Marie Kerouallan, Marguerite Kerouallan, Thérèse Kerouallan, et autres, chouans et protecteurs de chouans.

Année V (m. 179). — Correspondance relative aux affaires militaires du citoyen Bonté, à Quimper, (chef du 1er bataillon de la 12e 1/2 brigade jusqu'à Brumaire, et après cette époque, chef de la 81e 1/2 brigade, commandant l'arrondissement de Quimper) : ordres supérieurs, habillement, hôpital, etc.....

Le citoyen Penant, chef du 2ᵉ bataillon de la 81ᵉ 1/2 brigade commande parfois l'arrondissement par intérim.

Ventose-Fructidor an V (m. 180). — Lettres du général Meunier, commandant la subdivision du Finistère, au chef de brigade Bonté, commandant l'arrondissement de Quimper, à Quimper.

Années V et VI (m. 181). — Feuilles de route particulières au citoyen Bonté, natif de Coutances, pour les destinations suivantes : Caen, Coutances, Versailles, l'armée de Sambre-et-Meuse. Autres feuilles de route (Moreau, soldat). Etat de services de Guillaume Montier, né à Sezanne (Marne) en 1769.

Le 21 pluviôse an V, le général de Brigade Gency écrit de Quimper au chef de brigade Bonté, à Coutances : « Soyez satisfait, nous allons à l'armée de Sambre-et-Meuse avec le général Hoche ». Le 6 ventôse, Bonté reçoit ordre de se rendre de Coutances à Versailles pour y rejoindre sa demi brigade faisant route pour l'armée de Sambre-et-Meuse.

Le 16 nivose an VI, feuille de route pour Bonté afin de se rendre de Paris à Caen, avec continuation sur Quimper, lieu de destination.

Années V et VI (m. 182). — Copies et lettres diverses relatives à la correspondance de Bonté, commandant l'arrondissement de Quimper.

Ordres généraux et particuliers. Combat maritime en face d'Audierne.

Années V et VI (m. 183). — Correspondance. — Administrations départementales étrangères à la Bretagne, au citoyen Bonté (poursuite de déserteurs et questions diverses).

Années V à VII (m. 184). — Lettres des inspecteurs Krieg et Beurnonville, adressées au chef de la 81ᵉ 1/2 brigade, à Quimper.

Années VI-VII-VIII (m. 185). — Arrêtés généraux et proclamations du Directoire Exécutif (Bonaparte, Brune), de l'administration du Morbihan, de l'administration municipale de Vannes (Hedouville, Michaud, Moulin... etc.)

A ces pièces est joint un état des contributions directes à recouvrer dans les communes du Morbihan, l'an VIII.

11 Vendémiaire an VI (m. 186). — Conseil des Cinq Cents. — Faits relatifs à l'inscription de plusieurs émigrés sur les registres de contrôle du bataillon du Pas-de-Calais, faisant actuellement partie de la 40ᵉ 1/2 brigade de l'armée d'Italie, dénoncés à la tribune des Cinq Cents par Gay-Vernon.

Année VI (m. 187). — Ordres généraux de la 13ᵉ division militaire, à Pontivy.

Année VI (m. 188). — Correspondance du citoyen Bonté, commandant l'arrondissement de Quimper, ou du citoyen Penant, intérimaire : commissariat de la marine, administration centrale du département, célébration des fêtes, etc.

Vendémiaire-Floréal, an VI (m. 189). — Lettres du général Meunier, commandant la subdivision du Finistère, au citoyen Bonté, chef de brigade, commandant l'arr. de Quimper, à Quimper.

An VI (m. 190). — Registre de correspondance du chef de la 81ᵉ brigade, commencé le 17 ventôse et allant au 30 pluviôse, (opérations militaires de la région de Quimper).

An VI, Brumaire et Frimaire (m. 191). — Ordres du général Meunier, commandant la subdivision du Finistère, au citoyen Penant, chef de bataillon de la 81ᵉ 1/2 brigade, et commandant l'arrondissement de Quimper, (chouannerie, poursuite de brigands, etc.....)

An VI (m. 192). — Renseignements pour l'arrondissement de Quimper, sur les chouans recherchés dans le Finistère.

An VI (m. 193.) — Lettres de la Martinière, chef du 3ᵉ bataillon de la 81ᵉ 1/2 brigade, à Brest, adressées au citoyen Bonté, chef de brigade à Quimper.

Messidor-Fructidor an VI, Vendémiaire-Prairial an VII (m. 194). — Lettres de généraux et d'adjudants généraux, au citoyen Bonté, commandant l'arrondissement de Quimper (Meunier, La Bruyère, Mayer, Houdetot, Hardy ou Harty... etc.)

En floréal, an VII, Bonté est relevé à Quimper par le chef de brigade Colomb ; il avait fait la demande de quitter cette ville.

Années VI et VII (m. 195). — Correspondance militaire de Bonté, chef de la 81ᵉ 1/2 brigade, commandant l'arr. de Quimper (ordres et opérations militaires, correspondance avec les généraux Harty et Beurnonville, avec les autorités civiles..... etc.)

Années VI, VII et VIII (m. 196). — Mémoires et reçus des sommes payées par Bonté, chef de brigade à Quimper (an VI) et à Vannes (années VII et VIII).

An VII (m. 197). — Lettres du commissaire des guerres, adressées au conseil d'administration de la 81e 1/2 brigade à Quimper.

An VII (m. 198). — Lettres du général Michaud, commandant la 13e division militaire, au quartier général de Pontivy, adressées à Bonté, commandant la 81e 1/2 brigade, à Quimper, (attaques de chouans, communes de Spezet et de St-Hernin).

An VII (m. 199). — Circulaires diverses du ministre de la guerre, datées de nivôse, ventôse, thermidor, fructidor.

An VII (m. 200). — Correspondance de Bonté à Quimper (recherches de déserteurs ; colonnes mobiles à Corray, Lanvaux, Quim perlé ; discipline militaire..., etc...).

An VII (m. 201). — Ordres généraux de la 13e division militaire et de la subdivision du Finistère, circulaires..,, etc..., adressés au commandant de l'arr. de Quimper.

Nivôse-Floréal an VII (m. 202). — Deux rapports de chefs de détachements adressés au chef de la 81e 1/2 brigade (mutinerie, colonne sur Carhaix). Affaire de police relative à une attaque contre un militaire.

An VII (m. 203). — Lettres adressées au citoyen Bonté, chef de la 81e 1/2 brigade, à Vannes, par le commissaire ordonnateur, les administrations départementales étrangères à la Bretagne (recherche de déserteurs), le général Harty (jugement de Rolland-Marie-Alexandre Dunoday (du Noday), le général Schilt (départ d'un bataillon de la 81e 1/2 brigade de Vannes pour Pontivy et Rennes).

Messidor an VII (m. 204). — Différentes lettres et autres pièces concernant Bonté, chef de la 81e 1/2 brigade, à Rennes.

Floréal-Messidor an VII (m. 205). — Lettres des généraux Houdetot (comt la subdivision du Finistère) et Michaud (comt la 13e division militaire) au général Schilt, comt la subdivision du Morbihan.

An VII (m. 206). — Livre d'ordres de la subdivision du Morbihan, commencé le 6 prairial an VII et allant au 25 vendémiaire an VIII, signé : La Bruyère.

An VII (m. 207). — Ordres du jour de la 13ᵉ division militaire, concernant l'approvisionnement, l'habillement, la police (recherche de déserteurs et de chouans), les jugements de conseils de guerre..., etc...; signés : Michaud, Isar, La Bruyère, Conscience, Schilt et autres.

Frimaire-Fructidor an VII (m. 208). — Lettres de Le Roy, capitaine commandant le détachement de la 81ᵉ 1/2 brigade, embarqué sur la *Révolution* qui a fait une croisière en Méditerranée, adressées au citoyen Bonté, comᵗ la 81ᵉ 1/2 brigade d'infanterie, à Vannes.

Certificat de « bonne conduite, courage et dévouement » décerné par le général de division, agent particulier du Directoire à Sᵗ-Domingue, au détachement de la 81ᵉ 1/2 brigade ayant fait partie de la garde de Sᵗ-Domingue, du 7 germinal an VI au 2 brumaire an VII.

An VII (m 209). — Registre des ordres généraux de la 13ᵉ division militaire (général Michaud au quartier général de Pontivy), commencé le 4 prairial an VII « date à laquelle l'adjudant général La Bruyère a pris le commandement de la subdivision du Morbihan », au 2 thermidor de la même année.

Années VII et VIII (m. 210). — Ordres des généraux Harty, comᵗ à Vannes la subdivision du Morbihan, et Dutilh, comᵗ à Pontivy la 13ᵉ division militaire.

Années VII et VIII (m. 211). — Divers. — Correspondance de la brigade et lettres particulières au citoyen Bonté, chef de la 81ᵉ 1/2 brigade à Vannes.

Années VII et VIII (m. 212). — Ordres généraux de la 13ᵉ division militaire.

Années VII et VIII (m. 213). — Renseignements (chouannerie et police militaire).

Années VII et VIII (m. 214). — Registre des événements et mouvements journaliers survenus dans la subdivision du Morbihan, du 8 prairial an VII au 5 brumaire an VIII.

Liste des hommes arrêtés à Ploërmel, le 6 vendémiaire an VIII.

Années VII et VIII (m. 215). — Correspondance des généraux Schilt, Harty, Nielly, et autres, avec Bonté, chef de l'état major général de la subdivision du Morbihan, commandant par intérim la dite subdivision.

Années VII et VIII (m. 216). — Correspondance. — L'administration du département du Morbihan, à la subdivision militaire du Morbihan. Bonté chef d'état-major du général Harty, commande par intérim la subdivision.

Années VII et VIII (m. 217). — Registre. — Correspondance de la subdivision du Morbihan, du 28 messidor an VII au 17 frimaire an VIII.

Brumaire an VIII (m. 218). — Lettres des généraux Harty et Schilt, et autres papiers relatifs à la « battue » dirigée par le chef de brigade Bonté, parti de Vannes, pour Locminé, Josselin, Ploërmel.

Frimaire an VIII (m. 219). — Lettres adressées au citoyen Bonté, chef de la 81e 1/2 brigade, à Vannes, Sarzeau, et autres lieux... par le général Harty, le commissaire ordonnateur de la 13e division militaire, et autres officiers généraux.

On y trouve un rapport sur un engagement entre la force armée de Vannes et les rebelles dans la commune d'Elven (9 frimaire an VIII).

An VIII (m. 220). — Registre. — Correspondance de la subdivision du Morbihan, du 17 frimaire au 15 pluviôse.

On y trouve deux rapports détachés sur l'affaire du 5 pluviôse, contre les chouans au Pont du Loc, et sur la situation de la chouannerie dans le pays.

An VIII (m. 221). — Lettres des généraux Lespinasse, Isar, et Taponnier, adressées au général Harty, com^t la subdivision du Morbihan.

(S. D.) (m. 222). — Etats de situation en blanc concernant les divisions militaires de Bretagne, destinés au ministre de la guerre.

(S. D.) (m. 223). — Modèles d'états de situation pour le commandant de l'arrondissement de Quimper.

LE GÉNÉRAL BONTÉ [1]

(NOTICE)

Michel-Louis-Joseph Bonté naquit à Coutances, le 27 Juillet 1766, de Pierre Bonté, docteur en médecine de l'université de Montpellier, et de Marie Le Bourguignon.

Pour ses débuts dans la carrière des armes, nous devons nous en tenir aux renseignements qu'il fournit lui-même aux ministres de la Restauration sur ses états de services : sous-lieutenant à l'état-major du général Wimpfen le 23 septembre 1792, lieutenant le 16 janvier 1793, il devient capitaine adjudant temporaire de la place de Coutances le 6 juin, chef de bataillon commandant le 9e bataillon de la Manche, le 22 octobre de la même année, et passe ensuite à la 12e demi-brigade de ligne, le 21 avril 1794. C'est à partir de cette époque que les archives du Grégo permettent de le suivre dans sa campagne de l'Ouest, avec Canclaux et Hoche. Plus tard, à l'appui des pétitions de sa femme, l'ancien chef de bataillon de la 12e demi-brigade, devenu baron de l'empire, insistera sur ce qu'il est entré au service à l'occasion de la levée des forces départementales de la Normandie contre les conventionnels, que

[1] Outre les archives du Grégo, nous avons consulté les Archives de la Guerre (Section administrative 1069), et les Archives Nationales (F7 6149 et 6596. — AF^{II} 338 — AF^{IV} 7, 204, 398, 572).

Puisaye n'ayant pu se maintenir dans le pays, lui-même, pour éviter la proscription, dut chercher « un refuge » dans l'armée. Il se gardera bien de dire que, de 1794 à 1800, il a parfaitement rempli son devoir militaire contre les chouans.

Bonté quitte la Normandie dans les premiers jours de pluviôse an III ; par Château-Gontier, Le Lion d'Angers, il marche sur la Bretagne. On le trouve à Rennes d'abord, puis au camp de Keralliot, près Musillac, où il rejoint les 2e et 3e bataillons de sa demi-brigade. Hoche nous apprend qu'il se distingua sous ses ordres à Quiberon. La rencontre du général en chef et du jeune officier fut le point de départ d'une amitié qui ne se démentit pas dans la suite, et peut-être est-ce grâce aux bonnes dispositions du général que Bonté n'eut pas à siéger dans les commissions militaires chargées d'exécuter judiciairement l'armée des émigrés. Ces commissions généralement présidées par des chefs de bataillon, opérèrent sans désemparer à Auray et Vannes, aussitôt après la défaite royaliste.

Cinq mois après Quiberon, Bonté s'efforce de ramener la paix dans l'arrondissement de Nozay (Loire-Inférieure) qui est en pleine insurrection, — si toutefois la terreur est un moyen d'apaisement (1). A la fin de cette même année, il est appelé à commander successivement l'arrondissement de Redon et celui d'Auray ; en brumaire an V, il est à Quimper.

La brillante conduite à Quiberon de la 12e demi-brigade,

(1) « Il est ordonné à un détachement de se porter de Blain à Vay, pour y enlever les parents les plus proches des hommes reconnus habitués au chouannage. Ceux-ci seront conduits à Nozay. Le chef de détachement fera conduire également dans cette place quatre voitures de foin prises chez les mêmes personnes. Leurs meilleurs bœufs y seront amenés. » Nozai le 9 germinal an IV. Signé : Bonté.

devenue le 81ᵉ régiment de ligne, avait coûté à ce corps la perte d'un chef courageux ; le citoyen Rolland, dangereusement blessé, s'était retiré dans ses foyers et sollicitait un commandement de place, son état lui interdisant désormais de faire campagne. Hoche aussitôt nomma Bonté aux fonctions provisoires de chef de corps en remplacement de Rolland. « Je suis enchanté, lui écrivait-il, que cette occasion me procure les moyens de vous récompenser des bons services que vous avez rendus et du zèle que vous avez toujours manifesté... » ; et dans sa lettre au Conseil Exécutif où il demande confirmation du grade, le général renouvelle ses éloges sympathiques, certifiant que les mérites seuls avaient désigné Bonté à son choix et qu'aucun officier n'était plus apte que lui à ce commandement. Hoche se trouvait alors au quartier général de Friedberg, à la tête de l'armée de Sambre et Meuse.

A peine son protecteur avait-il quitté la Bretagne que Bonté s'efforçait de le suivre, et ses désirs semblaient sur le point de se réaliser par suite de la dislocation de l'armée des Côtes de l'Océan, dont la plus grande partie de l'effectif allait renforcer les armées de l'Est. Le 21 pluviôse, le général Gency ordonne au nouveau colonel en déplacement à Coutances de se rendre pour le 18 ventôse à Verneuil-au-Perche rejoindre son régiment. « Soyez satisfait, nous allons à l'armée de Sambre et Meuse avec le général Hoche ! »

Qu'advint-il ? Les documents nous manquent pour répondre à cette question. Toujours est-il, que le 2 germinal, Bonté est de retour à Quimper avec sa demi-brigade. Durant deux ans il conservera le commandement de cet arrondissement de Quimper, dont la police à l'intérieur et la surveillance des côtes feront l'objet de ses préoccupations. La circonscription dont il a la garde se divise en deux sous-arrondissements côtiers, celui de Concarneau (depuis le Pouldu, jusqu'à Benodet inclus), et celui d'Audierne (depuis Combrit et Douarnenez jusqu'à la pointe du Raz) ; des postes militaires occupent Kerity-Penmarch, Pont-L'Abbé, avec mission d'empêcher l'approche des navires étrangers. Hoche a porté un coup fatal aux émigrés, mais les chouans n'ont pas désarmé un instant ; dissimulés dans les fourrés, cachés au fond des criques rocheuses, ils guettent les secours en hommes, en argent et en armes, qui doivent leur permettre de continuer la lutte. Du côté de l'intérieur, Quimper, sans craindre une attaque sérieuse, doit cependant exercer une surveillance non moins active. Le pays, coupé de vallons boisés et de levées de terre, offre mille difficultés naturelles qui augmentent les risques d'une police peu disciplinée ; il faut non seulement poursuivre les insurgés, mais encore rechercher les déserteurs, déjouer les complots, organiser des colonnes et prendre part à des expéditions régionales. Les registres de correspondance de Bonté offrent un grand intérêt à cet égard.

Les derniers jours de l'an V sont marqués d'un coup terrible pour le commandant militaire de Quimper. La mort est venue frapper Hoche dans son quartier général de Wetzlar, à 29 ans, lorsque la gloire commençait d'auréoler son front. Immense fut la douleur de l'armée, le deuil s'étendit jusqu'aux dernières limites des provinces de l'Ouest. Conformément aux ordres du directoire, Quimper, comme les autres chefs-lieux, fit une cerémonie funèbre à la mémoire du héros. Devant les citoyens assemblés, Bonté prit la parole en termes émus : « Je ne pourrais ajouter aux justes témoignages qui lui sont rendus, dit-il, que ce que m'inspireraient mon attachement pour lui et les regrets douloureux que sa mort me fait éprouver. Le corps qui est ici en garnison lui était très attaché, il a partagé ses périls et sa gloire contre les chouans, en Vendée (1) et à Quiberon, et dans son expédition d'Irlande. Ce général l'honorait d'une confiance particulière puisqu'il faisait toujours partie de ses colonnes de réserve et qu'il lui confiait toujours quelque mission honorable. Un mot de sa part, sa présence seule, suffisait pour faire oublier aux soldats les fatigues, la misère et la faim. « Soldats! encore un effort et les ennemis de la patrie n'existent plus », ce seul mot faisait faire sans aucun murmure quinze lieues par jour à des hommes sans souliers, sans vêtements, et réduits à une nourriture malsaine, que très souvent encore ils n'avaient pas..... » (2).

Une première entreprise pour soutenir l'insurrection des Irlandais contre l'Angleterre ayant échoué, une seconde fut tentée en Août-Septembre 1798, avec Harty comme chef. Bonté reçut l'ordre de partir avec deux de ses bataillons. A peine embarqué à Brest, il est rappelé à terre par ordre supérieur, et tandis que ses hommes vont affronter une pénible et longue expédition au-delà des mers, lui rentre à Quimper dans ses pénates. « Il fallait sans doute que le ministre eût des motifs très puissants pour retenir ce chef à Quimper quand son général l'appelait ailleurs à la tête de la majeure partie de son corps » écrit Harty lui-même. Cette « dispense » d'embarquement fit grand bruit, et suivant certains, « excita les murmures des républicains de tout le Finistère ». Des protestations se firent entendre jusqu'au Directoire ; on s'informa, on enquêta... un citoyen, dont le civisme et la probité sont garantis par le représen-

---

(1) Nous n'avons pas trouvé la preuve que le bataillon que commandait Bonté, avant d'être à Quimper, ait été en Vendée ; par ailleurs nous savons que la 81e 1/2 brigade prit part aux batailles du Mans, de Savenay et de Machecoul.

(2) Archives du Grégo.

tant du peuple Guyomard, laisse entendre que la conduite du chef de brigade Bonté fut plus que suspecte. Il venait d'épouser Lise Dugrégo, fille d'un ex-marquis émigré, devant les charmes de laquelle le cœur du soldat n'avait pu s'empêcher de mollir. « Dès qu'il eut les pieds sur le vaisseau, il se mit à pleurer et à gémir. Le général Harty ne voulant associer à sa gloire que des hommes dignes d'un sort plus heureux, renvoya ce petit Antoine se consoler dans les bras de sa Cléopâtre ». En réalité le ministre lui-même avait dispensé Bonté de l'embarquement, et sa jeune épouse, à l'abri de toute suspicion, était connue pour avoir « servi utilement » la République.

Tous les historiens qui ont étudié l'époque troublée des guerres de l'Ouest, ont rencontré Lise Dugrégo dans le sillage de Hoche. Avant Bonté, le grand chef républicain s'est épris de sa jeunesse. Chassin dit, sans voile : « Elle a régné gâlamment à son état-major, et le général en chef l'a employée à la pacification de la Vendée (1) ».

Issue d'une des plus nobles et plus puissantes familles du Vannetais, Loüise du Bot du Grégo (2) avait épousé à quinze ans un gentilhomme normand, Antoine Damphernet de Pontbellanger, lequel émigra dès le début de la Révolution. Celui-ci s'employa entre Londres et le comité royal de Bretagne, à la transmission de la correspondance, passa par mille dangers, fut fait prisonnier, puis libéré à la pacification de La Mabilais. En avril 1795, il se trouve à

---

(1) Chassin : *Les Pacifications de l'Ouest*. Table générale ; article du Grégo.

(2) Elle était fille de Charles-Jules du Bot du Grégo et de Jeanne Thomas de la Caulnaye, et alliée aux du Châtel, le Sénéchal de Carcado, Beauvau-Tigny, et autres grandes familles de la province. Charles du Bot émigra à Jersey, fit partie de la campagne de l'île d'Yeu ; sa fille le recueillit vers 1810 à Trevarez, où il mourut le 23 mai 1812.

l' « armée rouge » des chouans sortis de Quiberon dans l'espoir de tendre la main aux insurgés des Côtes-du-Nord et de se rabattre sur l'ennemi. Tinténiac qui commande la colonne, après avoir livré combat à Josselin, est tué à Coëtlogon dans une surprise qui jette le désarroi chez les chouans. Son lieutenant Pontbellanger veut rallier l'armée royale, mais la défiance s'est glissée dans les rangs, les officiers refusent d'aller plus au nord, des hommes se dispersent; il semble que la colonne rouge n'ait eu qu'une âme et qu'une vie, celle de Tinténiac. Après Coëtlogon, elle se disloque, et son chef, Pontbellanger, disparaît de la scène chouanne. Aujourd'hui encore, l'obscurité enveloppe sa fin, des doutes, des soupçons planent et planeront vraisemblablement à jamais. Les renseignements les plus sérieux donnent à penser qu'il a été tué près de Médréac (Ille-et-Vilaine) le 25 mars 1796, c'est-à-dire longtemps après la dispersion des débris de l'armée royaliste (1); des révélations laissent entendre qu'il a péri dans un guet-apens; mais passons, l'histoire a des secrets qu'il faut respecter.

Louise du Bot séparée de son mari à 19 ans, par les vicissitudes de la guerre, reste en Bretagne avec un enfant en bas âge. Le Grégo, près de Vannes, lui offre un asile, elle y va; son père a émigré à Jersey, mais l'affection d'une mère lui reste. Les menaces les plus terribles grondent sur les personnes et les propriétés de l'ancien ordre dirigeant, l'autorité a changé de mains et s'est retournée contre la noblesse. Assurément, ces deux femmes livrées à elles-mêmes, sans force, sans appui moral devant la tourmente, se trouvent dans une situation angoissante, mais cette

---

(1) Th. Muret, dans son *Histoire des Guerres de l'Ouest* (T. V, p. 287), donne cette date qui est conforme aux renseignements fournis par Madame Bonté (Arch. de la Guerre).

situation est commune à bien d'autres femmes de leur condition ; elles eussent pu se cacher à Vannes, ou ailleurs, attendre ainsi que l'orage fût passé sur leurs têtes, mais toutes deux voulurent prendre part aux luttes, elles intriguèrent.

Lorsqu'éclate l'insurrection de la Vendée (1793), Madame de Pontbellanger est à Maulevrier, chez un parent, dit-elle, certainement dans la famille même de Maulevrier dont le garde-chasse, Stofflet, ancien soldat, s'est acquis une grande popularité dans les campagnes. Elle reste dans le pays jusqu'après le passage de la Loire, puis vient à Nantes aux fins d'obtenir mainlevée du séquestre mis sur les biens de sa famille. Sans doute, à cette époque, est-elle déjà en relations avec Hoche et les chefs du parti républicain qui l'appellent familièrement « la petite Lise ».

Louise du Bot, durant les guerres de l'Ouest, résida non seulement en Vendée, à Nantes, ou au Grégo, mais elle fit plusieurs séjours à Trévarez, près Châteauneuf du Faou, ancienne propriété de son père ; là, au centre de la Bretagne, loin des communications, elle reçut les visites du grand républicain. Toujours au galop, et au moyen de relais préparés d'avance, celui-ci franchissait rapidement les distances qui séparaient ses quartiers généraux, de Trevarez, où il passait une ou deux fois vingt-quatre heures.

C'est à Quimper, plus vraisemblablement qu'à l'état-major de Hoche, que Bonté rencontra Louise du Bot ; cette ville est à quelques lieues de Trevarez et Madame de Pontbellanger y possédait des intérêts. Leur mariage fut contracté à Paris, le 4 brumaire an VI.

Nous avons vu comment le colonel de la 81e demi-brigade était resté au port, regardant s'éloigner la flotte qui emmenait la destinée de son régiment. Un autre bataillon avait suivi bientôt les deux premiers, de sorte que Bonté se trouve réduit au commandement d'une poignée d'hommes, lorsqu'il quitte l'arrondissement de Quimper pour prendre ses quartiers à Vannes (prairial an VII). L'inactivité lui pèse, prétend-il, peut-être aussi a-t-il compris le ridicule de sa situation (1). Prenant sa plus belle plume, il écrit au Directoire Exécutif une lettre d'une outrecuidance remarquable.

« C'est à vous, citoyens Directeurs, qu'il appartient de m'ouvrir une carrière plus vaste et plus propre au développement de mon énergie et des connaissances militaires qu'une expérience de toute la guerre de la Liberté m'a acquise. En conséquence, je vous prie de me faire passer soit à l'armée du Rhin, soit à celle d'Italie, avec le grade de général de brigade ou d'adjudant général, dont je me flatte de n'être pas indigne par les services non équivoques que je n'ai cessé de rendre à la République..... D'après mon passé, vous jugerez sans doute que je ne suis pas dénué de l'activité, de la prudence, de la fermeté et de tous les talents militaires qui constituent l'officier général (2). » — On ne peut être plus modeste. Ses chefs hiérarchiques, les généraux Meunier et Beurnonville, des représentants en mission, témoignent du zèle qu'il a apporté à la « destruction » des chouans. Que peut dès lors lui refuser le Pouvoir ?..... Malheureusement il n'est pas seul à fournir de telles références. Les tueurs de chouans ne manquent pas, et d'ailleurs les insurgés non plus. En restant à Vannes il trouvera encore l'occasion de faire preuve de civisme et d'acquérir de nouveaux titres à l'avancement. Harty qui, au retour d'Irlande, est nommé au comman-

---

(1) Le 21 fructidor an VII, 800 de ses hommes sont encore à la flotte de l'amiral Bruix et 1500 autres sont prisonniers en Angleterre.

(2) Archives de la guerre 1069.

dement de la subdivision du Morbihan, le prend comme chef d'état-major. Bonté, par intérim, deviendra l'autorité principale de cette subdivision (an VIII).

A cette époque, Cadoudal et Guillemot opèrent avec des forces sérieuses dans le Morbihan ; les soldats de la République sont harcelés de tous côtés ; ce qui représente la 81e demi-brigade figure dans plusieurs engagements. Si Bonté reçoit des félicitations du Consul pour sa conduite à Grandchamp (29 octobre 1799), il ne se vante pas d'avoir été obligé de se replier à la Vachegare et de n'avoir pu s'opposer à la prise de Locminé. Enfin, le ministre reconnaît ses « talents » ; il le propose pour le grade supérieur, mais hélas !..... la nomination ne vient que onze ans plus tard (6 août 1811). Et cependant, dans ce laps de temps, quel champ de bataille n'a-t-il pas foulé ? A quelle marche triomphale il a pris part ! Sur les pas de Bonaparte, Brune, Murat, Jourdan, Masséna, il a traversé l'Italie de part en part ; à la suite de Molitor et Marmont, il fait les campagnes de Dalmatie, de Croatie et d'Illyrie ; avec Reille et Dorsenne, c'est l'Espagne et le Portugal qu'il soumet par les armes. L'état de services établi par lui, fait savoir qu'il « s'est distingué à toutes les batailles, sièges, et combats où il s'est trouvé ». Nous aurions mauvaise grâce à en douter.

En faisant la part de la fatuité personnelle, il est certain que Bonté fut un vaillant soldat et à ce titre un fidèle auxiliaire de l'épopée Napoléonienne. Il y a cependant un point noir dans les rapports qui le concernent. On trouve aussi un « Etat général pour prouver les malversations du colonel Bonté, depuis douze ans, particulièrement en Dalmatie » (Janvier 1810) (1). Sur les rives de l'Adria-

---

(1) Archives de la guerre 1069.

tique on est loin des inspecteurs d'armées, et puis les charges maritales deviennent lourdes, lorsque l'épouse, comme Madame Bonté, se mêle de faire campagne. Louise du Bot est effectivement près de son mari durant la campagne de Dalmatie ; pour rentrer en France elle voyage sous la protection d'un sergent détaché des troupes. Aucune difficulté de communications ne peut abattre son énergie et ralentir son enthousiasme pour le panache ; l'armée a pour elle un attrait irrésistible, et puis l'intimité et la cordialité qu'elle y trouve évoquent en elle tant de souvenirs. Du reste, pour elle, Bonté incarne le courage et la valeur militaires ; elle s'attachera à sa carrière, fera sonner ses mérites injustement ignorés, envers et contre tout elle forcera son avancement, en fera le plus fidèle serviteur du roi, un chevalier de Saint-Louis, un commandeur de la Légion d'Honneur, un Lieutenant Général, rêvant même de le voir officier de la Maison de Charles X, avec la Croix de commandeur de Saint-Louis. Que ce soit Robespierre, Bonaparte, ou le Roi, qui règne, en quoi cela peut-il importer ? Le véritable génie consiste à s'adapter au milieu qui gouverne et à ne connaître d'autres principes que ceux du pouvoir.

Louise du Bot entoure le guerrier de la plus affectueuse tendresse. Quand il est à l'armée et que les nouvelles s'égarent, de Trevarez ou du Grégo, elle écrit au ministre de la guerre pour le supplier de la renseigner ; elle s'inquiète fiévreusement, invoque des affaires privées restées en souffrance pour obtenir un congé à son mari. Peut-être est-il blessé !... Elle veut voler aux frontières d'Espagne. — Le style épistolaire a sensiblement changé depuis certaines lettres à Sottin, le chef de la police républicaine, à qui elle se recommande de son amitié avec Barras ; nous sommes en 1812 et 1813, et pour donner plus de poids à ses requêtes, l'ex-citoyenne Dubot signe : Baronne de Bonté. Le Général a été fait baron d'Empire et du coup son épouse l'anoblit.

Passé à la grande armée en février 1814, Bonté se trouve avec le corps du maréchal Oudinot aux batailles de Montereau, Troyes, Bar-sur-Aube, Arcis, Mery, et à celle de la Fére-Champenoise où la division Pacthod, dont fait partie sa brigade, tient tête plusieurs heures à l'armée Russe. Lui-même est fait prisonnier et envoyé à Bruxelles, d'où, le jour de l'abdication de Napoléon, il écrit à Son Excellence le ministre de la guerre pour solliciter sa protection et lui apprendre que tous deux ont de nombreux « motifs de rapprochements » dont le moins précieux n'est certes pas le lien hiérarchique qui unit Monseigneur de Coutances, frère du ministre (1), à son grand vicaire, qui est l'oncle du général Bonté. D'ailleurs, toute la famille de celui-ci peut se recommander de l'évêque. Et, à peine sorti de Bruxelles, le général se précipite sur les pas du fils de Saint-Louis, à Saint-Ouen et à Paris, où il escorte la monarchie triomphante. Bonté devenu le soutien du trône et de l'autel !.....

Non content de chercher un appui dans l'influence du clergé, il invoque en sa faveur la noblesse d'une alliance qui lui assure la considération de toute la Bretagne et le désigne naturellement pour un commandement important dans cette province.

En date du 6 Juin, il est nommé commandant militaire du Finistère. Mais ce succès est suivi d'une rapide et cruelle disgrâce. De fâcheuses indiscrétions se font jour, un royaliste du département fait parvenir aux pieds du trône l'expression de sa douleur et de sa surprise en voyant

(1) Le ministre de la guerre était alors le Comte Dupont.

l'ancien chef républicain revenir dans le Finistère avec la cocarde blanche. « Ah ! supplie le royaliste, daignez accorder aux habitants du Finistère un chef qui ne les fera pas rougir et qui n'offre pas un contraste frappant entre leurs sentiments et les siens (1). »

Malveillance ou jalousie, pourrait-on dire, si la requête ne portait en apostille l'aveu du comte de Ferrières, commissaire du roi à Brest, d'avoir été trompé sur la personne du baron Bonté.

Le 31 août, Bonté était déplacé et envoyé à Morlaix occuper un simple arrondissement; le maréchal de camp Vabre prenait sa place à Quimper. Mais Bonté avait ses défenseurs : une seconde fois, après les Cent Jours, il fut nommé au commandement du Finistère (1er septembre 1815) et un mois après mis en disponibilité. Décidément, un mauvais vent soufflait.

Cependant, la baronne Bonté veillait. Ce fut un beau tapage que cette nouvelle disgrâce. Louise du Bot remua ciel et terre, courut de la préfecture aux sièges des municipalités, des municipalités aux comités royalistes, des comités royalistes chez les députés, de chez les députés chez les ministres. Quel reproche avait pu encourir le maréchal de camp Bonté ? De quelle calomnie était-il encore victime ? Durant l'interrègne sa conduite a été « sans tache »; tous ceux qui l'ont connu alors certifient son loyalisme. L' « usurpateur » avait débarqué depuis plusieurs semaines, que Bonté restait le ferme défenseur de la cause royale. Au Grégo, il a endoctriné les paysans et donné asile aux chefs de l'armée royale du Morbihan. Son épouse a employé son zèle dans le Finistère à l'armement de la légion du comte de Cornouaillles qui s'est réfugié à Trevarez. Bonté s'est

(1) Archives de la guerre 1069.

mis à la disposition du duc de Bourbon dont il attendait les ordres, mais si les ordres ne sont pas arrivés, à qui la faute ? — Depuis que le roi lui a confié le Finistère, le commandant n'a cessé « nuit et jour » de travailler à la tranquillité du pays et au bonheur des habitants. En trois mois, il a sauvé la tête du comte de Cornouailles, désarmé les fédérés, instruit une légion de cinq compagnies, « leur donnant le bon esprit », réorganisé les gardes nationales dans toutes les villes, protégé l'infortune des serviteurs de la dynastie et soutenu les requêtes des émigrés.

Ces détails, rapportés par certificats authentiques, sont assurément propres à justifier la conduite présente du baron Bonté ; malgré cela, le comte d'Hofflize reçoit l'ordre de prendre en ses mains le département du Finistère. Bonté reste à la dérive. Quelle ingratitude pour tant de marques d'attachement ! Cependant, en haut lieu, on s'occupait du général, mais c'était pour enquêter sur les détournements qu'on l'accusait d'avoir commis lors de la campagne de Dalmatie.

M. de Botderu, parent influent et royaliste éprouvé, n'a pu obtenir aucune assurance d'avenir. Toutes les prières restent sans réponse. Louise du Bot s'installe à Paris pour mieux intriguer ; dans les ministères, elle apprend que le général, son mari, va être mis à la demi-solde. « J'avoue, écrit-elle, que cette crainte m'a terrassée ! » — Aucune hésitation n'est plus permise, elle va se jeter aux pieds du roi, dont elle a obtenu une audience particulière. Sa Majesté lui donne satisfaction et promet de replacer Bonté.

Nous ne suivrons pas Louise du Bot dans ses requêtes, ses suppliques, ses réclamations, ses demandes importunes, ses placets, à Paris et à Saint-Cloud ; le dossier Bonté aux archives de la guerre en est gonflé, et le cadre de cette étude ne suffirait pas à les mentionner. Du jour où la monarchie a été rétablie, une autre préoccupation que l'avancement de son mari s'est emparée de son esprit; il faut qu'elle reconstitue à son profit la situation des du Bot à la veille de la Révolution.

Se posant en victime de la spoliation nationale, elle implore la pitié des membres du gouvernement, du roi surtout, dont elle connaît la bonté et qui a daigné l'écouter. Par quelles horribles souffrances a-t-elle passé! Proscrite, poursuivie, traquée, elle n'évita la mort qu'en se réfugiant en Vendée..... « Je fus condamnée, comme émigrée, à être fusillée sur le champ, partout où je serais rencontrée, un miracle et ma grande jeunesse me sauvèrent seuls. » — Les cendres de Pontbellanger qu'elle réveille dans la tombe durent frémir d'une telle impudence. — Et, comme refrain de la chanson, dans chaque lettre, elle rappelle qu'elle n'a recueilli des cent mille livres de rente de son père que des débris épars livrés à la rapacité des créanciers..... « cent mille écus de créances seraient faciles à acquitter avec cent mille livres de rente, mais il n'en reste pas la dixième partie..... ». « Les personnes qui sollicitent les bontés de S. M. n'ont peut-être pas été aussi ruinées que moi; tous mes biens et ceux de mon père ont été vendus..... »

Le Marquis du Bot, père de Madame Bonté, avait effectivement, avant et au début de la Révolution, compromis sa grosse fortune territoriale par des aliénations et de nombreuses reconnaissances hypothécaires (1). Grâce aux hautes protections de sa fille, tous ses biens ne furent pas

---

(1) Charles du Bot (séparé de biens avec sa femme, par jugement du 14 mai 1778), dès 1771 avait hypothéqué une partie de ses terres et fait de nombreux emprunts. Quand arriva la Révolution, il fut aux abois et ne put même pas acquitter la pension de son fils naturel, confié aux soins de Jean Autissier, père du miniaturiste de ce nom. (*Revue Morbihannaise*, n° 9, 1912.)

vendus ; celle-ci réussit à arrêter la liquidation, se porta acquéreur de ce qui avait été déjà livré aux enchères, et fit passer la plus grande partie de Trevarez et du Grégo sur la tête de Monsieur Bonté (1). Pas un instant, les créanciers n'abandonnèrent leurs droits sur les anciennes propriétés du Marquis du Bot ; sans trêve, ils harcelèrent Madame Bonté qui, ne sachant comment leur faire opposition, demande au roi protection et des délais à l'expropriation dont elle est menacée.

Cette situation se prolongea jusqu'au jour où M. de Pontbellanger, fils du premier mariage de Madame Bonté, vint mettre ordre à la succession de sa mère (2). Il reçut en 1828 et 1829 de sérieuses indemnités de la commission, dite de Liquidation des biens d'émigrés ; Trevarez et le Grégo purent être ainsi sauvés.

Le général Bonté, mis en disponibilité et réintégré grâce aux démarches de sa femme, avait repris du service comme inspecteur d'infanterie. Il conserva ces fonctions de septembre 1816 à juillet 1823, avant d'obtenir le commandement d'une subdivision militaire, dont le siège était à Chartres. Trois années s'écoulèrent dans l'Eure-et-Loir ; Madame Bonté y résidait mais n'abandonnait pas pour cela la Bretagne, témoin de toutes ses vicissitudes. C'est à

(1) Le 8 janvier 1814, Louise du Bot vend la terre et le château de Trevarez au général Bonté moyennant 120.000 francs destinés à purger les hypothèques.

(2) Charles-Félix d'Amphernet de Pontbellanger, né à Quimper en 1788. Après sa sortie de l'école militaire de Fontainebleau (10 octobre 1806), il fait les campagnes de Dalmatie et d'Italie ; le 17 février 1811, il est nommé aide de camp du général Jomini. Sa carrière se poursuit jusqu'au grade de chef d'escadron (officier de la Légion d'Honneur) ; il meurt à Redon (à la Barre) le 8 août 1827. De son mariage avec Monique-Zulmé Quesnel de la Morinière (1819), d'une famille de Normandie alliée aux Bonté, il laissa deux enfants.

Trevarez qu'elle s'éteignit, le 17 janvier 1826, entourée de ses parents de Beauvoir.

Moins de sept mois après le décès de son épouse, le baron Bonté fut admis à la retraite, et la même année on lui accorda le grade honorifique de Lieutenant Général.

Sa carrière militaire était finie. S'il ne parvint pas à entrer dans la Maison du roi, comme il l'avait espéré, du moins il s'engagea sur le tard dans la voie purifiante qui conduit à Dieu. « Vous avez appris, je pense, que M. Bonté est mort le 6 mars (1836) écrivait sa belle fille, Madame de Pontbellanger ; priez pour lui, il a quitté le monde d'une manière fort édifiante..... »

A une date qu'il ne nous est pas possible de préciser, le général avait épousé en secondes noces Elisa de Carlotti, dont nous ne savons rien de plus. Fidèle aux dernières volontés de son mari et respectueuse de sa mémoire, elle ramena sa dépouille mortelle de Paris à Saint-Goazec, paroisse de Trevarez, et lui édifia un sarcophage semblable à celui où dormait déjà sa première épouse. Sur le marbre fastueux on lit ces lignes pieuses :

SON BRAS SERVIT LA PATRIE, ET SOUTINT LE MALHEUR,
SA VOIX ENHARDIT LES BATAILLONS ET ENCOURAGEA LE TALENT.
SA JEUNESSE APPARTINT AUX BRAVES,
SON AGE MUR AU BONHEUR DE TOUS.
LE SOLDAT,
L'ARTISTE,
L'AMI,
ET SURTOUT L'ÉPOUSE,
VOUDRAIENT TRACER ICI SON ÉLOGE,
MAIS QUELS ACCENTS PRENDRAIT LEUR RECONNAISSANCE
POUR PARLER AUSSI HAUT QUE SES BIENFAITS ?

FAMILLES DU VANNETAIS

6 Décembre 1443 (m. 224). — Transaction entre n. et p^t sire Bertrand de Dinan, s^{gr} de Chasteaubriant et de Beaumanoir, tuteur de n. éc. Jehan **Anger**, s^{gr} du Plessix-Anger et de Montrelaes, d'une part ; — et n. éc. Jehan de Rostrenen et Louise de Rohan, sa f^e, d'autre part.

La dite d^e de Rostrenen réclamait au dit Anger la part qui lui revenait dans la succession de Marguerite de Chateaubriant sa mère, aïeule du dit Anger (mère de son père). Elle soutenait que le père de Jehan Anger détenait plusieurs choses qui lui appartenaient, savoir : un collier et de la vaisselle d'argent et d'étain. En conséquence, le dit Anger donne à la dame de Rostrenen 120 ₶ de r. assises sur la terre de la Chesnaye et celle de Melrant, situées en Largoët, et en la vicomté de Rohan ; en outre, il lui rend le collier d'or en question, une coupe d'argent, une tasse d'argent, trois douzaines de vaisselle d'étain, des broches, etc.

Scellé des macles des Rohan.

20 Août 1539 (m. 225). — Mandement de la chancellerie de Bretagne, en faveur de Françoise **du Quenellec**, v^{ve} de Jehan Ferrière, s^r de la Motte-Rogon, lesquels « ont été ensemble par plusieurs ans et avait la dite d^e mis le pied ou lit de son dit mary ».

Cette dame réclamait, sur les biens héritels de son mari, un douaire de 50 ₶ de rente, auquel s'oppose n. Jehan Ferrière, oncle et héritier p^{al} du défunt.

3 Août 1563 (m. 226). — Fondation de feu maître Gilles **de Mesuillac**, aux Cordeliers de Vannes.

N. éc. Guillaume de Mesuillac, s^r de Kerdreant, s'engage devant la « maire partie des religieux » du couvent de St François, en la ville de Vannes, à verser, en deux ans, la somme de 200 ₶ pour l'accomplissement de la fondation faite, avant sa mort, par son frère aîné Gilles de Mesuillac, fondation d'une messe basse chaque vendredi sur l'autel le plus proche de sa sépulture, tant pour le repos de son âme, que pour ses amis vivants et trépassés. Les religieux acceptent la fondation et s'engagent à célébrer la messe basse sur l'autel S¹ Antoine de leur chapelle. M^tre Yves Bauthamy, conseiller du roi au présidial de Vannes est exécuteur testamentaire du défunt. En 1565, Guillaume de Mesuillac s'acquitte de son engagement en présence du frère Rochedreulx, de Rolambert et de la Landelle, notaires.

16 Août 1573 (m. 227). — Contrat de mariage de n. h. Jacques **de Noyal**, s^r de Kersappé, d^t au manoir du Graneil, par. de Theix, et de damoiselle Marie Vivian, fille aînée de n. g. maître Rolland Vivian et de Julienne Salomon, s^r et d^e de la Riardaye et du Kerigo, d^t à Vannes.

Marie Vivian reçoit en dot une rente de 400 # monnaie d'or, assise sur les acquêts de ses père et mère ; la métairie n. de Kerrec et une prairie près du manoir de Kersappé.

Fait au manoir du Kerigo, en Theix. Signé : Rolland et Yves Vivian, de Noyal, François Salomon s^r de Bourgerel.

14 Août 1604 (m. 228). — Arrêt interlocutoire, rendu au Parlement, pour les prieur et religieux des **Carmes de Bondon** et Olivier Targouet, intimés, contre éc. Guillaume de Marignis, s^r de Kereral, au sujet d'une tenue en Grandchamp (tenue du Grisso-Parfin).

17 Juin 1760 (m. 229). — Lettre de sœur Marie-Catherine de Breugnon, supérieure de la Visitation Sainte-Marie de Vannes, à l'avocat Even, et ayant trait à un arrangement relatif à la dot de la sœur **de Kergariou**.

21 Juin 1661 (m. 230). — Arrêt du Parlement rendu dans un procès entre Charles Poulain, éc., s^r de Trémaudan et Louise Poulain, d'une part, — et Mathurin **Thomas**, éc., s^r de Launay-Caunelaye, et messire Jean de S¹-Gilles, s^r de Perronnay, d'autre part, — qui ordonne l'évaluation d'une rente foncière du temporel de l'abbaye de S¹-Jacut, aliénée et retirée par les religieux de cette abbaye sur Mathurin Thomas.

1663 (m. 231). — Différentes pièces d'un procès entre messire Julien **Le Séneschal**, s^r de Treduday, d'une part, et dame Olive du Coudray, veuve de messire François Peschart, s^r de Limoges, à présent femme de messire Sébastien de Lys, s^r de Beaucé, d'autre part ; relatif au remboursement d'une somme due par la dite Olive au s^r de Treduday.

Le 11 mars est prononcée la saisie générale de toutes rentes et redevances de la terre de Broel, en Arzal, en faveur de Julien Le Seneschal. Dans un arrêt du 2 juin, on voit que Vincent-Exupère de Larlan, s^{gr} de Lanitré, conseiller en la Cour, ayant acheté à Olive du Coudray la s^{gie} de Kerdréan, Julien Le Seneschal se porta caution pour elle à la distribution qui serait faite aux créanciers du prix de la vente. Il fut ensuite déchargé de sa caution. Olive du Coudray était également en procès avec Georges de Talhouet, s^r de Keravéon, conseiller en la cour.

6 Mai 1670 (m. 232). — Liquidation de tutelle des enfants de Pierre **Pichère**, marchand de vins à Rennes, et de Jacquette Leliepvre, sa f^e.

Les mineurs, au nombre de sept, eurent comme tuteur def. Ysaac Pechère, s^r de la Porte, maître chirurgien de Rennes.

21 Juillet 1687 (m. 233). — Sentence des requêtes du Palais, relative à un procès entre Jan **Guitton**, éc., s^r de la Ricollaye, héritier de Claude Ferron, sa mère, d'une part, et Françoise Foucquet, v^{ve} de déf. messire Pol Hay, s^{gr} de Coueslan, con^{er} en la cour, mère et tutrice de leurs enfants, et Guillemette Crosnier, d^e de Ranlern, v^{ve} de déf. n. h. Ollivier Guillemot, s^r de Vaugratien, d'autre part.

Françoise Foucquet est condamnée à remettre aux mains du s^r de la Ricollaye toutes les pièces et procédures qu'elle possède, et à lui verser toutes les sommes qui lui sont dues par transaction du 31 juillet 1653.

La demoiselle Crosnier a comme procureur Jacques de Lorgeril.

22 Mai 1789 (m. 234). — Procédure pour messire **de la Pommeraye**, chevalier, s^{gr} de Kerambart, qui était demeuré adjudicataire du bail à ferme d'une maison et jardin, rue de la Fontaine, à Vannes, et qui demandait des réparations à Jean-B. Mager, adjudiataire général des fermes de France et à maître Jollivet, procureur du général de la paroisse St-Pierre, ancien procureur des créanciers du sieur Senant.

FAMILLES DE LA CORNOUAILLE ET DU LÉON

De Kernezne.

20 Avril 1483 (m. 235). — Transaction entre Jehanne de Kergadiou, veuve de Jehan de Kernezne, représentée par Hamon de Kergadiou, d'une part, et son fils Hervé de Kernezne, s^r du Curru, d'autre part.

Le s^r du Curru baille à sa mère pour assiette de 40 ₶ mon. de rente : le manoir de Toullan-auff, en St-Renan, — le manoir de Hellec, avec partie du moulin de ce nom, Kerjagu et des terres au village de Keralgoual, en Poesané, — le manoir de Trefflech en Ploeguen, et diverses rentes.

Signé : de Langalla et P. Kerourfil, passeurs.

Le 21 Janvier 1496, cette transaction est ratifiée par Jehanne de Kergadiou.

8 Sept. 1495 (m. 236). — Testament de Jehan Kernezne (Latin) :

« Rien n'étant plus certain que la mort et plus incertain que l'heure d'icelle, il m'a paru bon de faire connaître nos dernières volontés »... le testateur se recommande à la Vierge, aux saints et à « toute la cour céleste », demande que son corps soit enseveli dans sa chapelle en l'église Notre-Dame de St-Renan, qu'une messe grégorienne et six messes simples soient dites, dans la même église, au jour anniversaire de son décès, (dont quatre « ad notam », et deux « sine notam ») plus quatre autres durant l'année. Jehan Kernezne entre alors dans un règlement détaillé de ses comptes. « J'avoue avoir dépensé quinze livres pour la réparation de la chapelle St-Jacques de Milisac. Sur cette somme je laisse 7 ₶ à St-Jacques, je donne à la chapelle N.-D. de St-Renan cent sous, et à la chapelle St-Sébastien de St-Renan trente sous. J'avoue devoir à Jean Keranflech 30 ₶, à Prigent Campir 20 ₶ 1 s. J'avoue avoir signé à Hervé Kerguelen une cedule d'une certaine somme « pro negocio nobilis et potentis viri domini de Castello pagendo habit. ab eodem Kerguelen, et supplico ut collocatur cum domino de Keroler ad finem ut idem dominus de Castello solvat content in hujusmodi cedula. »

Je veux qu'il soit payé à Raoul Coissault, de Lesneven, la somme qu'il vérifiera lui être-due. Je lègue à Eléonore Eneuff, ma nièce, vingt écus d'or. J'avoue devoir à Prigent Ridell 20 sous, à Guillaume Heldut 11 sous et 3 d., à l'abbé du monastère de N.-D. de Daoulas 11 # « pro lignis et memeamentis que habui ab eo », Robert..... me doit 65 s. pour du bois de cette sorte, Robert Bomer me doit 16 s. 6 d. pour le même bois ; Valentin Pennancoët 2 s. 6 d. toujours pour le même bois. Je dois à messire Yvon Kerfrichan deux messes anniversaires, à Robert Cadiou trois autres messes, à Jean Keranguen 60 s., à Yvon Pochat 6 #. Je veux qu'on s'en rapporte audit Pochat pour les travaux qu'il a faits à la chapelle susdite. Si quelqu'un de bonne foi déclare qu'il me doit ou que je lui dois quelque chose, qu'on ait égard à sa parole. Feu Jean Keraldanet, peu avant sa mort, me pria de lui changer 4 écus d'or, ce que je fis dans la maison de Guillaume Kermelec ; et depuis j'ai payé pour le même à la confrérie Saint-Nicolas, 40 s. Le seigneur de Keryber me doit trois écus d'or. Geoffroy le Veyer me doit 15 # de monnaie courante. Feue Marguerite Marec me devait 5 écus d'or pour une pipe de vin qu'elle eut peu de temps avant sa mort ; Marion Bourique peut en témoigner. Yves du Bois sur la dette d'un certain Nam a pris 58 # 10 d. comme il appert par contrat ; sur cette somme Jean An Abat a payé 42 # au receveur de très illustre prince. Denis Thibaudeau me doit 62 # t. pour ses « stipendia » pendant deux ans. Alain Kerleguy « receptor stipendiorum » de la ville de Brest me doit le quart d'une année. Eloi Le Roux me doit 10 # pour ma distribution d'une année pour la taxe et 10 s. pour les fermes. Vincent Parscau receveur de Coetivi me doit sur le reste de mes « stipendiorum » de trois années 6 # 14 s. 2 d. m., en plus des 5 écus que j'ai déjà reçus de lui. Le seigneur de Kercadiou me doit 10 écus d'or ; feu Yves Tourouce 25 # « stipendiis » de deux années et demie par procuration du seigneur de « Castro ». Jean Le Garo a reçu de moi une cedule de 12 écus et 15 # sur les gages que me devait le seigneur de « Castello » et sur la « distribution » de Ploe....el. Je reconnais avoir reçu d'Henri Provost quarante « carnes », valant 40 s. à valoir sur son contrat. Je reconnais devoir à Guillaume Kermelec je ne sais combien. Je reconnais avoir reçu de Morvan Keranflech 20 # m. à valoir sur les arrérages de son contrat. Cette somme a été employée à payer ce que je devais à Yvon Symon pour l'appareillage d'un navire qui m'appartient. J'ai fait quelques dépenses pour les cordages et l'appareillage de ce navire qui sont relevées dans une cedule que possède ledit Symon. Je reconnais devoir aux seigneurs de « Mota » de Brest la somme de 43 # t. Comme exécuteur testamentaire je choisis mon principal héritier Hervé Kernezne, mon fils aîné, et Hamon Lohic.

Vidimus de l'archidiacre « Aguensis » dans l'église de Léon, du 5 mars 1495.

28 Avril 1626 (*m. 237*). — Charles de Kernezne, gentilhomme ordinaire de la chambre du roi, d[t] au Curru, reconnaît avoir reçu de Guimarch Le Drean, d[t] à St-Renan, la somme de 470 écus (1410 # t.) et ce en loyal prêt « pour subvenir à ses affaires et nécessités », « partie de laquelle somme le dit seigneur dit avoir employée pour l'acquit de ses dettes les plus pressées et autre partie qu'il employa pour un voyage en Italie et ailleurs, hors de ce pays ». Ledit s[r] du Curru en remboursement abandonne au prêteur une maison à St-Renan.

19 Juin 1658 (*m. 238*). — Jugement de la cour de St-Renan et Brest, relatif à un constitut de 6.187 # 10 s., consenti au s[r] de Quistinit, par le M[quis] de la Roche. (Kernezne).

28 Mars 1670 (*m. 239*). — Charles de Kernezne et Robine de Marbeuf, M[quis] et M[quise] de la Roche, d[t] au château de Trévaré, par. de Laz, démissionnent en faveur de Charles-Robert, leur fils aîné, capitaine au régiment du roi et gouverneur de Quimper, et de ses frères puinés, « pour le bien de leur maison et de leurs affaires » et « libérer les dettes ».

10 Mars 1686 (*m. 240*). Procès au Parlement entre Charles-Louis de Kernezne, M[quis] de la Roche, et Yvonne de Tinténiac, d[e] du Plessix-Quelen.

Sentence de défaut contre le procureur de la défenderesse.

28 Août 1691 (*m. 241*). — Procédure d'ordre entre les créanciers de la succession bénéficiaire de Charles-Louis de Kernezne, lui-même héritier de son aïeul Charles, de son père, Charles-Robert, et de sa mère Marie Barbier.

Les meubles ont été vendus aux châteaux de Trevaré (par. de Laz), de Pontlez (par. de Quemeneven), de Kerbiguet (par. de Ploudaniel), de Hilgars, et de La Mancellière. Parmi les créanciers on remarque Marie-Gabrielle de L'Escu, veuve du M[quis] de la Roche et épouse de Jean d'Acigné, M[quis] de Carnavalet, Gabrielle-Henriette-Euphrasie Barbier, épouse de Alexandre de Coetanscour, héritière en l'estoc maternel du feu marquis. La succession de Charles-Louis de Kernezne a été acceptée par son oncle Luc de Kernezne.

17 Avril 1714 (*m. 242*). — Consignation de la somme de 967 #, provenant de la vente des meubles de Anne-Françoise de Robien, saisis à la requête de Yves-Benjamin de Kernezne, en vertu d'arrêt du Parlement.

6 Juin 1736 (m. 243). — Sommation, à la requête du procureur du M^quis de la Roche, au procureur de Guillaume de la Trémouille, prince de Talmont, de comparaître au greffe du présidial de Quimper, pour « évangéliser » les pièces du procès pendant entre eux.

14 Avril 1741 (m. 244). — Acquisition de l'hôtel de Marbeuf, situé à Rennes, près la Motte à Madame, par. de St-Jean, faite par h^te et p^te d^elle Anne-Thérèse de Kernezne, M^quise de la Roche, d^t à Rennes, rue de Beaumanoir, — à h^t et p^t Claude-François-Marie de Marbeuf, président à mortier honoraire au Parlement de Bretagne, — à charge de le tenir noblement de l'abbé de St-Melaine, à devoir de 20 s. par an, et moyennant une rente de 5.000 ₶ sur l'hypothèque spéciale de la sg^ie du Curru.

Le 6 juillet 1748, le président de Marbeuf renonce à l'hypothèque sur la terre du Curru, se contentant de l'hypothèque générale sur tous les biens de Melle de la Roche.

21 Décembre 1745 (m. 245). — Quittance de 102 ₶ par le prieur des Carmes Déchaussés de Carhaix au receveur de la M^quise de la Roche, pour une fondation échue au 29 septembre 1745.

28 Septembre 1748 (m. 246). — Transport de rentes par Anne-Françoise de Robien, M^quise de la Roche, héritière de Marie-Angélique de Kernezne, d^e de Coatarmoal, d^t en son château de Trevaray, par. de Laz, — aux humbles et dévotes religieuses établies rue St-Yves, par. St-Salomon de Vannes, représentées en personnes par sœur Marie-Céleste de Robien de Kerambourg, supérieure, sœur Françoise-Rosalie Bourgeois, assistante, sœur Louise-Angélique du Vergier, sœur Marguerite-Elisabeth Gérault du Feu, sœur Marguerite-Angélique de Robien, conseillères.

La M^quise de la Roche subroge les dites dames religieuses en deux contrats de constitut, l'un de mille livres de principal au denier 18, sur messire Paul de Tregoazec et le sieur de la Fruglaye de Kervers, en date du 3 mars 1714, l'autre de 6.000 ₶, au denier 20, passé entre la dite M^quise et Jérôme-Daniel-Marie Botterel de Quintin, chevalier, s^gr de St-Denac, en date du 7 août 1739.

17-24 Septembre 1759 (m. 247). — Procès-verbal d'expertise faite par Charles Poulain, architecte, d^t à Quimper, au château de Trevarré, aux métairies de Kerverger-iselaf et de Kerforc'h, par. de Laz, aux deux moulins de la Roche, au Moulin Neuf et à la métairie du Merdy, par. de St-Thois, après le décès de Anne-Thérèse de Kernezne, M^{quise} de la Roche, et à la requête de Marie-Jacquette-Aude du Châtel, Ctesse de la Bédoyère et de Gourmois, son héritière bénéficiaire, et de M. Hevin, avocat, agissant pour les héritiers aux meubles.

Les réparations locatives sont estimées 3.098 ₶ 5 s. et les grosses réparations 3.030 ₶.

1759-1761 (m. 248). — Procès entre Anne-F^{çoise} de Robien, v^{ve} de messire Luc de Kernezne, M^{quis} de la Roche et de Coatarmoal, héritière en partie de Anne-Thérèse de Kernezne, sa fille, vivante M^{quise} de la Roche, d'une part, — et Marie-Aude-Jacquette du Châtel, v^{ve} de Hugues-Humbert Huchet, Cte de la Bédoyère, messire René-Corentin de Kerléan, chevalier, s^{gr} du dit lieu, d^e Robine de Kerléan, épouse de messire Ronan de Rodelec, s^{gr} de Porzic, d^e Roberte-Angélique Le Vayer, M^{quise} de Pontcallec, messire Armand-Yves de Kersulguen et d^{elle} Marie-Claude de Kersulguen, sa sœur, autres héritiers, et le président de Marbeuf, d'autre part, — relatif à la succession de la M^{quise} de la Roche.

A ce procès en est joint un autre contre messire Paul-Christophe-Céleste de Robien, chevalier, s^{gr} de Robien, président à mortier au Parlement, héritier p^{al} et n. de Anne-Françoise de Robien, M^{quise} de la Roche, et touchant cet héritage.

17 Février 1764 (m. 249). — Pièce de procédure dans laquelle on voit que, par contrat passé devant les notaires de Rennes, le 14 avril 1741, le président de Marbeuf vendit à Melle de la Roche, l'hôtel de Marbeuf avec des meubles pour la valeur de 5.000 ₶ de rente (voir ci-dessus).

1764 (m. 250). — Procès entre les héritiers de la M^{quise} de la Roche, relatif à la succession de celle-ci.

28 Février 1774 (m. 251). — Transaction pour terminer un procès relatif à la succession de Charles-Louis de Kernezne et de sa f^e (voir au chapitre de la famille du Bot du Grégo) (1).

(1) A propos de la famille de Kernezne, il convient de noter qu'aux archives du Finistère, le fonds du Bot du Grégo renferme divers titres sur elle : Contrat de mariage de René de Kernezne et de Bonaventure de Brésal, 1680 ; tutelle de Marie de Kernezne, d^e de Quimiliau, 1529 ; un procès Kernezne de la Roche, contre Kerlech du Quistinic, 1640-1655, etc... On trouve encore de nombreux documents sur les Kernezne dans les papiers relatifs à la sg^{ie} de Trevallot, en Scaer, et dans le fonds Barbier de Lescoet.

De Mesgouez.

4 Août 1574 (m. 252). — Vente par Jehan du Dresnay et Françoise de Mesgoez, sa f^e, s^{gr} et d^e de Kerroue, Trediec, etc., résidant en leur manoir de Trediec, par. de Riec, à Troilus du Mesgoez, chevalier de l'ordre du roi, s^{gr} de la Roche, Couetarmoel, Laz, etc., résidant à présent en son manoir de Liscuiz, des droits de la dite Mesgoez dans la succession de Guillaume du Mesgoez et de Françoise Campir, ses père et mère, s^{gr} et d^e de Couetarmoel, pour 11.624 # tournois.

20 Mars 1584 (m. 253). — Laissez-passer accordé par le roi au s^{gr} de la Roche, pour conduire par eau à « Ondefleur » 4 milliers de poudre et la quantité d'armes qu'il voudra.

Donné à Paris.

13 Janvier 1597 (m. 254). — Arrêt du Parlement de Rouen, condamnant les fermiers des droits du roi à payer au sieur Mescouet, M^{quis} de la Roche, les arrérages de la rente de 2.500 #, assise sur leur recette de 1595.

1484 (m. 255). — Transaction entre n. h. Hervé, s^{gr} de Kerlech, Yvon de Kergououarn, s^r du dit lieu, en son nom et au nom de Prigent Campir, d'une part ; et Jehan de la Tour d'autre part ; relative à l'assiette d'une rente sur le lieu de Kanmezen, par. de Plouarzel, que fait Yvon de Kergououarn à Jehan de la Tour.

On y voit que le dit Jehan de la Tour était fils de Bernard de la Tour, et petit-fils d'autre Jehan de la Tour et de Catherine Calamaign. La dite Calamaign était sœur d'Yvon et Pezron Calamaign, tous trois enfants de feu Hervé Calamaign et de Hoevise Kerambartz, décédés depuis 60 ans. Yvon, fils aîné et noble, décéda sans hoirs, et son frère Pezron en hérita noblement. Gréé au manoir de la Tour.

18 Octobre 1382 (m. 256). — Cession par Morice **de Kerambarz** à Yves de Kerambarz, procureur de Yvonet de Kerambarz, son oncle, de ses droits dans l'île d'Eussant (Ouessant) estimés 200 florins d'or, à valoir sur les 800 florins qu'il doit à Yvonet, son frère, en sa qualité d'héritier principal de m^e Benoit Caillemouton, son autre frère, clerc du roi et chancellier de Rouen, au désir d'une obligation souscrite, le 14 novembre 1360, par ce dernier, au profit du dit Yvonet.

7 Février 1417 (m. 257). — Reconnaissance par Jehan Gieffroy, de la par. de Ploegonvelen, à André **Calamaingn**, de 10 # mon. payées par ce dernier, à valoir sur une obligation de 40 écus d'or, souscrite par eux au profit de Henry Bon, d'Engleter (d'Angleterre).

Daniel de Trevinily.

30 Novembre 1750 (m. 258). — Vente par Pierre Daniel, s^r de Kerary, avocat, à son frère Henry-Michel Daniel, s^r de Kerlech, du bourg de Scaër, moyennant 750 #, de ses droits à Lignenroux et a. l. par. de Scaër, tenus sous le roi, en son domaine de Concarneau et sous la juridiction de Quimerch, à lui échus de la succession de Henry Daniel, s^r de Lignenroux et de Mane Gaillard, ses père et mère, de celle de Pierre, de Joseph-Nicolas Daniel, prêtres, de Jean-Corentin et de Marie-Thérèse Daniel, ses frères et sœurs.

8 Juin 1754 au 23 Juillet 1757 (m. 259). — Pièces diverses relatives au partage judiciaire des successions de Pierre Daniel, s^r de Kerary et de Jeanne-Renée de Dammartin, sa f^e, entre leurs enfants, Jacques-René Daniel, s^r de Trevinily, notaire royal, d^t à Trevinily, par. de Coray, Josephe Daniel, épouse de Alain-Gilles Le Rouxeau, s^r de St-Dridan, par. de Coray, et Charles Perrault, s^r de Pencreff, tuteur des enfants nés de son mariage avec Petronille Daniel, d^t au manoir de Pencreff, trêve de St-Honoré, par. de Lanvern.

9 Novembre 1771 (m. 260). — Emancipation en la juridiction des régaires, de Marie-Joseph-Gillette Le Rouxeau, âgée de 20 ans, fille de feu Gilles Le Rouxeau et de Joseph Daniel, s^r et d^e de St-Dridan.

8 Octobre 1779 (m. 261). — Acte de décès de Joseph Daniel, veuve de éc. Alain-Gilles Le Rouxeau, chef de nom et d'armes, s^{gr} de St-Dridan, décédée au château de St-Dridan, par. de Coray, le 8 octobre 1779, et inhumée le 9 octobre, en son enfeu.

3 Novembre 1780 (m. 262). — Lettre de Daniel de Trevinily, à Coatpont, notaire et procureur à Quimper, le chargeant de mettre opposition sur les deniers provenant de la vente judiciaire du lieu de Coatouton, par. de Coray.

26 Août 1789 (m. 263). — Acte de décès de n. h. Jacques-René Daniel de Trevenily, époux de Marie-Marguerite-Mathurine Le Rouxeau, âgé de 74 ans, mort à Kerdavid, inhumé le 27 Août 1789.

5 Novembre 1789-8 Février 1790 (m. 264). — Pièces diverses relatives à la liquidation de la succession de Jacques-René Daniel, s^r de Trevinily. Les héritiers sont Marie-Petronille Perrault de Kervin, d^t à Kerdavid, en Coray, René-Claude Mahé, s^{gr} de Berdouaré, époux de Marie-Josephe Gillette Le Rouxeau, de St-Dridan, d^t à St-Dridan, par. de Coray, Guillaume-Pierre Pic de la Mirandole, époux de Hyacinthe-Charlotte Le Jadé, d^t à Châteauneuf du Faou, Jeanne-Charlotte Perrault, épouse de Maurice de Penfentenyo, s^{gr} de Kervereguen, Claude-Louise Perrault de la Boissière.

19 Sept. 1790 (m. 265). — Consultation de Decourbes, avocat à Pont-Aven, touchant la liquidation de la succession de J. Daniel, s^r de Trevenily.

1790 (m. 266). — Lettre de Jeanne-Charlotte Perrault, épouse de Maurice de Penfentenyo de Kervereguen, à Renée-Claude Mahé de Berdouaré, son cousin.

Le Veyer.

* 23 Août 1449 (m. 267). — Partage entre Jehan Le Veyer, époux de Haouise de la Tour, et Bernard de la Tour, frère d'Haouise, des successions de Jehan de la Tour et de Catherine Calamaign, père et mère de Bernard et d'Haouise.

Bernard donne à sa sœur le tenement An Foreston, par. de Brest, trêve de Treffniez (pour Trenivez) à charge d'une rente pour lui et pour Yvon Calamaign, leur oncle.

9 Décembre 1536 (m. 268). — Accord entre Madeleine Mol, veuve de François Le Veyer, tutrice de son fils Guillaume Le Veyer, et Charles Jouhan, tuteur de Jehan Le Veyer, s^{gr} de Kerandanteuc.

Entre autres clauses de cette transaction, Guillaume Le Veyer reçoit le manoir de Kermeryen, par. de Plousané, chargé de 29 s. mon. à la s^{gle} de Langueoues.

1er Juillet 1583 (m. 269). — Lettre de Charles de Kernezne à Yves de Kermerhou relative à une affaire concernant son pupille, le mineur de Kerandantec.

5 Mars 1584 (m. 270). — Procès au Parlement, entre Charles Kernezne, éc., s^r du Curru, tuteur de Olivier Le Veyer, s^r de

Kerandantec et Jehan Leoustic, appelant de sentence rendue à Saint-Renan, le 26 mars 1583, par maître Laurens Kerguisiau, avocat.

11 Août 1750 (m. 271). — Arrêt du Parlement rendu entre messire Pierre-Julien **de la Boessière**, s^r de Kerret, héritier de messire Olivier de la Boessière, son père, ayant repris un procès au lieu d'éc. Louis Le Chapronnier, son tuteur, d'une part, — et n. h. René Grivart, négociant à Douarnenez, tuteur des enfants de son mariage avec feu d^{lle} Janne Poullanec, éc. Joseph de la Boessière, fils et héritier aussi du dit feu Olivier à cause de son second mariage avec Ursule de la Saudraye, et Françoise-Jacquette de la Boessière, épouse de Jean-Louis du Dourguy, s^r de Roscerff, d'autre part.

Cet arrêt est relatif à un règlement de comptes et confirme une sentence du siège royal de Carhaix, en date du 19 Avril 1734.

21 Janvier 1771 (m. 272). — Sentence de la sénéchaussée royale de Concarneau rendue entre le s^r Mathieu **Boezedan**, d'une part, et le sieur Maurice Thibout, tant en son nom, qu'au nom du sieur Crépin, négociant à Falaise, le sieur Olivier Buguel, négociant, les sieur et demoiselle Kerambars Le Gournallec, maître Mathieu Le Guillou, s^r de Kergoat, agissant pour n. h. Vincent Billet, s^r de Villeroch, maître Pierre Le Guillou, s^r de Kerincuf, et maître Jean-Jacques du Laurent, s^r de la Barre, avocat au Parlement, (agissant pour missire Yves Boezedan, recteur de Baye, Jean Pencoat, le sieur Bobat, négociant à Bordeaux, et autres) d'autre part, — tous créanciers du sieur Boezedan et opposants sur les deniers provenant de la vente de ses biens, faite à la requête du général de la par. de Scaer.

15 Mars 1670 (m. 273). — Transaction servant de partage définitif entre Marie de Kermenou, d^e douairière **de Kerdrel**, curatrice des enfants de son mariage avec feu éc. Guillaume Audren, s^r de Kerdrel, d^t en son manoir de Tromenec, par. de Landunver, d'une part ; — et éc. Guillaume Tourouce et Mauricette Audren, sa f^e, s^r et d^e de la Haye, en Berrien, d'autre part.

On y voit que la dite d^e de Kerdrel a fourni les grosses des successions de feus éc. Alain Audren et Mauricette Guillou s^r et d^e de Kerdrel, père et mère des dits Guillaume et Mauricette Audren, de la succession collatérale de feu Robert de Kersainctgelli, éc., s^r de Kerouchant, fils unique de feu d^{lle} Marguerite Audren, fille de feu éc. Laurent Audren, s^r de Lauranlemean, de la succession collatérale de feu éc. François Audren, s^r de Pratmeur et de celle de Jeanne Audren, d^e de Pencharnan.

Par cette transaction la d^e de Kerdrel donne au s^r et d^e de la Haye le lieu n. de Keruzaouen en Lannilis, fief des régaires de Goueznou, le lieu du Traon en Landeda, fief de Kerengar et de Tromenec, le lieu de Keramoal en Lannilis, fief de Kerman.

Fait à l'hôtellerie du Lion d'Or à Lesneven, par l'avis de Jan de Kergo s^r de Prataulan, éc. Jean Gourio, s^r de Menmeur et Charles Marion, s^r de Launay, avocat au Parlement.

3 Janvier 1488 (m. 274). — Contrat par lequel Yvon **Veillargent**, stipulant pour Jehanne, fille de François de Pisse, sa f^e, s'engage à payer à Jean Kerscan, en son manoir de Penancoet, une rente de 2 s. mon. sur la maison où demeurent les époux Veillargent à Saint-Renan.

20 Mars 1499 (m. 275). — Vente par Pezre An Guilly, à Ollivier **Coatmanach**, de 8 # de rente, sur l'hôtel où il demeure, en Ploerin, appelé l'hôtel En Tenomean, moyennant la somme de 15 # 7 s. mon. qu'il doit au dit Coatmanach, en vertu d'obligations antérieures.

9 Septembre 1692 (m. 276). — Notes concernant la succession bénéficiaire de Le Guillou s^r de la Motte, ancien procureur fiscal de la juridiction de La Roche et Laz.

30 Juillet 1755 (m. 277). — Arrêt du Parlement déboutant les conscrits Boisedan de leur appel et confirmant les sentences de la cour de Concarneau (8 Février 1751) et de la juridiction de Kervegant-Trevalot (26 Février 1752), rendues au profit de maître Charles **Le Guernalec** et femme.

11 Juillet 1691 (m. 278). — Pièce concernant un procès au Parlement, entre Luc de Kernezne et les détenteurs de Botiguigno en Châteauneuf du Faou (sans doute Botigneau).

6 Juin 1636 (m. 279). — Arrêt du Parlement rendu entre Jean **Taillart**, éc., et Claude de Boiséon, comte du dit lieu, autorisant le dit Taillart à replacer ses armes où elles se trouvaient dans l'église Notre-Dame de Saint-Renan.

26 Août 1730 (m. 280). — Vente par n. h. Julien **Houssin**, s^r de Tremeur, et f^e, à Bertrand Pencoët, hôte, d^t à Scaër, moyennant le prix de 60 ₶ d'une rente de 3 ₶ assise sur une maison de Scaër, vendue le 13 octobre 1718 aux époux Jean Guichet par les s^r et d^e de Tremeur.

1er Mars 1665 (m. 281). — Vente par Guillaume Ausquer et f^e, de Kerlihouarn, à n. h. Richard **du Guardet**, s^r de la Marseillière, Kermadezoua, etc. résidant au manoir de Garlot, par. de Kernevel, des droits réparatoires d'un champ et d'un pré, au village de Kerreston, même paroisse, pour trois écus et un tiers d'écu sol.

Avril 1460 (m. 282). — Retrait lignager exercé par Henry **du Parc** sur les biens situés à Kerjacob, par. de Rosnoc'hen, vendus le 10 janvier 1456, moyennant 20 ₶ mon. à Alain Tnoumelin, pour Catherine et Haouise du Parc, sœurs de Henry ; les dits biens provenant des successions de Hervé du Parc et de Anne Kergourichin, leurs père et mère.

10 Octobre 1624 (m. 283). — Appropriement aux plaids généraux de Kerahes, par maître Jean **Pichot** de deux pièces de terre et d'un emplacement de hangar, sis au village de Stangmeur et acquis par le dit Pichot de Augustin Hamon, de la Fontaine-Sèche, par. de Trébrivan, suivant contrat du 9 Mars 1624 ; les dits biens tenus sous le roi en sa juridiction de Duault.

12 Juillet 1752 (m. 284). — Pièce d'un procès au Parlement, entre Charles **Le Guernalec**, s^r de Kerambars, et Marie Le Floch, sa f^e, et les consorts Boisedam, au sujet d'un congément exercé contre ces derniers au lieu du Drollo, en Scaër.

XV. s. (m. 285). — Henry de Boys, comme tuteur de Constance **An Heder**, fille de feu Hamon an Heder, d'une part, et Yvon Tfuillau d'autre part, s'accordent par transaction sur un droit de 2 boisseaux froment dus par le dit Yvon.

20 Avril 1563 (m. 286). — N. G. Yvon **Labbé**, fils aîné et héritier n. de feus Jacques Labbé et Ysabelle Thepault, s^r et d^e de Coetguennec, et Hervé Penchoatdic, s^r de Kerfaven, et Françoise Au Abat, sa f^e, s'accordent sur la désignation de la part heritelle advenant à la dite Françoise de la succession des s^r et d^e de Coetquennec.

Fait du consentement de Fiacre Labbé, prêtre, et de Catherine An Abat, oncle et tante au paternel de Yvon Labbé et de Françoise An Abat.

28 Avril 1752 — 3 Novembre 1757 (m. 287). — Procès au siège royal de Morlaix, touchant le testament de éc. Jean **de Parceveaux**, s^r de la Tour, décédé en 1704, entre ses héritiers, à savoir : Michel-Marie Jegou, Comte du Laz, autorisé de Charles de Saisy, son curateur, Jean-B. du Coetlosquet, chev., s^{gr} du dit lieu, Barbe Coroller, d^e de Kerdanneau, éc. Pierre-Marie Coroller, s^r de Kervescontou, Charlotte de Cornouaille, v^{ve} de Jean-F^{çois} Le Borgne, s^r de Trevidic, éc. Jean-Casimir Coroller, s^r du dit lieu, Jean-Marie Denis, s^r de Villeneuve, avocat, époux de Marie Duval, éc. Maudez-Hyacinthe Nouel, s^r de Rochledan, Louise Guillouzou, d^e de Kerjean, Barbe-Julienne de Crec'hquerault, v^{ve} de éc. Yves Tremenec, s^r de la Salle, — et les administrateurs de l'hospice de Morlaix, et Yves Quemeneur, s^r du Plessix, procureur du roi, prenant cause pour les pauvres honteux de la ville. (La sentence manque.)

15 Août 1553 (m. 288). — Nomination par François Parcevaux, chanoine et vicaire général de Léon, de Gabriel Jouan, s^{gr} de Penanchnech, comme syndic et gouverneur de la chapelle de St-Sébastien, près St-Renan.

Lundi après la mi-carême 1346 (m. 289). — Traité en exécution du mariage de Henri **de Locmaria** et Aliz Kerscan, passé entre Hervé Kerscan, père d'Aliz, et fils lui-même de Huon Kerscan, et Haris de Locmaria, elle-même fille de... de Locmaria et Catherine..........

Fait en la cour de Bret (Brest?) en la Vicomté de Léon et sous le scel de Guillaume Le Borne. (Pièce très effacée et de lecture difficile.)

TITRES DE SEIGNEURIES

VANNETAIS

LE GRÉGO

(paroisse de Surzur, évêché de Vannes)

(NOTICE)

La seigneurie du Grégo, comme les peuples heureux, n'a pas d'histoire. Formée sur la limite nord de la paroisse de Surzur, non loin de l'ancienne voie de Musillac à Vannes, elle a grandi insensiblement et sagement au cours des siècles par des apports, des acquisitions, des échanges dont les archives nous ont conservé les titres. Elle atteignit son plus grand développement dans la seconde moitié du xviiie siècle. Les spoliateurs de 1793 voulurent ne pas laisser échapper une si belle proie, mais l'héritière du Grégo, la célèbre Madame Bonté, fut assez heureuse pour empêcher le morcellement de ce domaine.

Surzur, avant que fussent distraits le Hézo et la Trinité, était une des circonscriptions religieuses les plus importantes du diocèse, ayant près de 6.500 hectares. Son territoire faisant partie des régaires de Vannes ne comptait pas moins d'une vingtaine de terres nobles. Il ne semble pas que le Grégo se soit particulièrement distingué des seigneuries voisines ; les vastes bois, relativement jeunes, le superbe château et sa chapelle, construits à la fin du xviiie siècle, révèlent une importance seigneuriale récente. Il n'est pas moins incontestable que le fief est par lui-même d'une haute antiquité.

Les archives du château ne nous permettent pas de remonter au-delà de 1506. Le Grégo était alors aux mains de la famille de Beaumont qui, d'après les montres et les réformations, s'y trouvait déjà au commencement du siècle précédent. Les Du Val succédèrent aux Beaumont vers 1540 ou 1550, puis en 1594 les du Bot en devinrent propriétaires ; voici dans quelles circonstances. Alain du Val, dernier du nom, était décédé sans enfants, l'an de grâce 1590. Un parent du voisinage, André du Bot, de Kerbot en Sarzeau, émit aussitôt des prétentions sur le Grégo du chef de son aïeule Anne du Pont, et prit possession du manoir et de la terre comme seul héritier. Cependant une sœur de Claude du Val, père du défunt, avait fait souche à Paris d'une alliance, peu digne de son rang il est vrai, qui semble l'avoir séparée de sa famille en Bretagne. André du Bot jouissait en paix depuis cinq ans, lorsque survint Jacques le Maire pour faire valoir des droits sur la succession de son oncle du Grégo, assisté de son ancien tuteur, Antoine Lambert, maître boulanger à Paris. Un procès long certainement, coûteux probablement, et d'une issue problématique pour André du Bot, allait s'ouvrir. Les parties convinrent qu'un arrangement était possible, et, par transaction du 20 août 1594, Jacques le Maire et sa sœur Perrine se dessaisirent de leurs prétentions moyennant 4.000 écus que devait verser le sieur de Kerbot.

André du Bot donna au Grégo sept générations de du Bot, qui progressivement augmentèrent leurs possessions dans le Vannetais oriental. Charles, le dernier de cette lignée, s'intitulait seigneur du Grégo, Sullé (Surzur), Kersapé (Theix), Caden (Surzur), Kerglas (St-Nolff), Trefinec (Surzur), le Vaujour (Surzur). Il recueillit des biens considérables du fait de son aïeule maternelle, la Marquise de La Bedoyère, qui, en mourant, lui laissa les seigneuries de la Roche, Laz et Gournois en Cornouaille, le Curru, Keruzas, Coetéves, Penanech et Langueouez, dans le Léon. Son alliance avec l'héritière du Vaudequy et de Botblay (1), vint encore augmenter sa richesse foncière. Il ne profita guère de tous ces biens, lui-même en commença la dispersion, la Révolution le déposséda, si bien qu'il mourut dans une situation gênée.

Le Grégo possédait un grand nombre de tenues à domaine congéable, presque toutes dans les limites de Surzur ; sa justice s'exerçait au siège paroissial, et celle-ci, dont l'appel était aux régaires et au présidial de Vannes, nous fournit de nombreux exemples de la lutte du régime seigneurial et de l'esprit public dans les campagnes, à la fin du XVIIIe siècle. Le seigneur du Grégo est à cette époque en procès perpétuel avec ses vassaux qui refusent l'aveu, font des déclarations incomplètes, empiètent sur le domaine, viennent à main armée et en troupe renverser les clôtures, négligent de payer leurs rentes, se font assigner pour fournir les corvées, discutent sur la valeur des édifices ou sur la qualité de leur tenue, etc., etc. Bien

---

(1) Voir l'histoire de ces deux seigneuries dans notre *Inventaire des archives de Trédion*.

éloignés sont les temps où de bon cœur et avec « moult joyeuseté » les fidèles vassaux acceptaient les devoirs féodaux les plus singuliers ; ils y voyaient, en même temps qu'un amusement, le moyen facile de se libérer d'obligations qui auraient pu se traduire par le versement d'écus sonnants et trébuchants. Tout le monde riait ; personne n'avait la pensée de se formaliser, ni de trouver un caractère vexatoire à ces usages.

Le fief de Kersapé, dont le seigneur du Grégo était titulaire, portait un de ces droits seigneuriaux, curieux à noter. La veille de la fête de la Nativité, les détenteurs de la tenue Levardon, en Theix, devaient se rendre au manoir de Kersapé porteurs d'un imposant « tison de Noël », déposer la bûche avec trois deniers dans le foyer de la cuisine, puis embrasser la cuisinière. Si celle-ci se dérobait, ils baisaient le manteau de la cheminée. (Aveu du 20 avril 1646.) Bien qu'il ne soit pas dit que le seigneur offrait une servante jeune et accorte, vraisemblablement beaucoup de tenanciers pour « toutes charges et devoirs » eussent ambitionné une aussi simple formalité.

Ce droit de Noël à Kersapé nous remémore une non moins plaisante obligation vis à vis de la seigneurie de Thymadeuc en Brehant-Loudéac. La nuit de Noël, deux hommes, vassaux de Bodegat, étaient tenus, au nom de leur seigneur, de se présenter après minuit à la grande porte du manoir de Thymadeuc. Ils frappaient plusieurs coups,... enfin de l'intérieur on criait : « Qui est là ? »... les envoyés répondaient : « Devoir de Bodegat ! » Sur quoi il leur était ouvert ; alors ils entraient, mettaient les pieds sur le tison de Noël, faisaient trois sauts, trois pets et trois coups de sifflets, tout ceci dans le plus grand silence ; ensuite ayant jeté sur table trois sous monnoie ils sortaient. A peine avaient-ils franchi le seuil qu'on les rappelait pour savoir qui officiait à la messe de minuit de Credin.

Rien de ce qui précède n'est inventé ; nous trouvons la mention du devoir de Bodégat dans l'appropriement de cette seigneurie, en 1733, au profit du comte de Grénédan (1). Joseph Josset de Kervillart, seigneur de Thymadeuc, fit à cette occasion des remontrances sur papier timbré, aux fins que la déclaration de son droit figurât dans l'acte en question, non tant assurément pour perpétuer la forme que pour maintenir la vassalité et l'hommage de Bodegat.

(1) Extrait des archives du château de la Ryaie.

Seigneurs du Grégo

REGNAULT **DE BEAUMONT** (Reformation de 1427 et Montre de 1464).
YVON (Montres de 1477, 1481. Acte des archives du Grégo, 1506).
PIERRE (Acte de 1515).
éc. JEAN (Acte de 1530).

n. h. RENÉ **DU VAL**, époux d'Antoinette Lespart (Acte de 1558).

CLAUDE, époux de Barbe de la Houlle (Acte de 1563).

ALAIN, époux de Suzanne de Kermeno (Acte de 1580) († 1589 s. h.)

JEANNE DU VAL, sa sœur, ép. Jehan Le Maire (dont le fils, Jacques, conteste à André du Bot la possession du Grégo).

éc. ANDRÉ **DU BOT**, sr de Kerbot.
(Actes de 1590, 1594) († vers 1626).

PIERRE († 1647).

CHARLES († vers 1650).

VINCENT († 1706).

JEAN († 1736).

THOMAS-SCOLASTIQUE († 1768).

CHARLES-FRANÇOIS-JULES († 1812).

LOUISE-EXUPÈRE († 1826),
ép. 1°) Antoine-Henry d'Amphernet de Pontbellanger (1787).
2°) Michel Bonté (an VI).

Des Pontbellanger la terre du Grégo est passée aux Virel, représentés aujourd'hui par les enfants du comte André de Virel († 1908) et la comtesse de Poligny (1).

---

(1) Voir la généalogie de la famille de Virel dans l'*Inventaire des Archives de Trédion*. De son mariage avec Antoine d'Amphernet de Pontbellanger, Louise du Bot, eut un fils, Charles-Félix (1788-1827) qui épousa Monique-Zulmée Quesnel de la Morinière (1819), dont naquirent deux enfants : Michel-Louis (né en 1820), qui devint propriétaire de Trevarez et vendit cette terre à M. Monjarret de Kerjégu, et Antoinette-Marie (née en 1822) qui après son mariage avec Henri du Fresne de Virel (1839) recueillit le Grégo et le Vaudequy.

SEIGNEURIE DU GRÉGO

2 Février 1432 (m. 290). — Contrat de vente par Rolland de Rosnarho, à Alain de Kerguizec, fils de Jehan de Kerguizec, d'une tenue de 25 sous de rente sise au village de Kerauffret en Surzur.

Signé : de Lesnaie et du Hendreuff, passeurs.

5 Juin 1506 (m. 291). — Contrat de vente faite par Yvon de Beaumont, s^r du Grazigo, d'une tenue à Kerlamio en Surzur, au profit de n. h. Jean Droillart, s^r de Kerlen, pour 645 ₶ 19 s. 10 d., à la suite d'un accord précédemment conclu entre le dit Beaumont et défunte Jehanne Cardun, d^e de Kerlen, mère du dit Droillart.

Botrel et Mahé p. p.

19 Juin 1515 (m. 292). — Procès concernant la propriété des landes du Grazigo, entre Pierre de Beaumont d'une part, et la famille Corno. Guillaume de Puhiac figure comme procureur de n. h. écuyer Jehan de Brignac, s^r du dit lieu.

1516 (m. 293). — Acte de procédure et accord (17 septembre) entre les mêmes, touchant les droits des landes du Grazigo et de la Trinité.

11 Janv. 1530 (m. 294). — Vente à titre de cens, d'une tenue à la Trinité, en Surzur, consentie par n. h. Yves du Plessis, éc., s^r du dit lieu et du Pont, au profit de Jehan de Beaumont, s^r du Grazigo.

10 Juillet 1533 (m. 295). — Acquêt d'une tenue à Porzgrois, en Surzur, portant 10 ₶ de rente, fait par éc. Jean de Beaumont, s^r du Grazigo, sur n. Jehan de Noyal, s^r de Kersapez.

24 Mars 1540 (m. 296). — Déclaration d'une tenue située à Cliscouet, en Surzur, par Michel Bobes et consorts, à Jehan de Beaumont. Cette tenue doit annuellement la quatrième gerbe, 2 # de monnaie, et 2 chapons.

24 Mars 1542 (m. 297). — Déclaration d'une tenue à domaine congéable, au village de Kerjano, en Surzur, fournie par Vincent Kercadio au Grazigo.

12 Juin 1545 (m. 298). - Acquêt d'une tenue au village de Cosqueric, en Surzur, fait par n. Jehan de Beaumont, s^r du Grazigo, sur n. Bernard de Musuillac et Françoise Thebaud, sa femme, s^r et d^e de Vangerux et de Trevally.

24 Mars 1546 (m. 299-304). — Déclarations faites à la cour du Graygo pour des tenues à domaine congéable situées aux villages du Bas-Coetdigo, de Bel, de Cliscouet, de Botermault et de Kerseho, en Surzur.

Ces domaines sont sous l'usement de Broerech et doivent généralement à leur seigneur un cens (une, deux, ou trois livres), des chapons (deux, trois, même quatre), et la quatrième gerbe de tous grains (excepté sur les jardins et les vignes), corvées, obéissance, suite de cour et de moulin. En outre, elles sont tenues, vis-à-vis l'évêque de Vannes, à un cens en deniers payable en trois fois, (le dernier dimanche de Janvier, le dernier dimanche d'Août, à la fête de St-Lucas), et à un nombre variable de bassines d'avoine (deux à dix), plus une maille par bassine.

Février 1558 (m. 305-317). — Douze déclarations faites à n. h. Regne (René) du Val, s^r du Graygo et de la Bivallière, pour des tenues à domaine aux villages du Bas-Coetdigo, Cosqueric, Quenfferch, Kerlemio, Quénicouches, Querveno, en Surzur.

Les obligations du tenancier sont d'un cens, de la quarte gerbe, et des corvées. On n'y voit pas figurer de devoirs vis-à-vis de l'évêque.

Mai 1563 (m. 317-331). — Quatorze aveux de tenues à domaine sises aux villages de Cliscouet, Bas Couetdigo, Kerlamio, Kerjano, Cosqueric, Quinicouche, Brizon, Canfern, Kerseho, en Surzur, fournis à n. h. Claude du Val, s^{gr} du Graygo et de Kerdu.

30 Juin 1569 (m. 332). — Bail à ferme consenti par n. h. Jacques Gueillaume, s^r du Paty, garde naturel de Perrine Gueillaume, sa fille, d'une tenue à héritage, située à Venehy, en Surzur.

9 Octobre 1571 (m. 333). — Aveu d'une tenue au Bas Couetdigo, en Surzur, rendu par Jean et Bertrand le Perrigault, à la seigneurie de Grazigo.

12 Décembre 1571 (m. 334). — Acquêt de la moitié de la tenue à héritage de Blevenée, au village de Brizon, en Surzur, fait par n. da^{lle} Barbe de la Houlle, d^e du Graygo, tutrice de son fils, d^t au Graygo, sur n. g. Amaury Jubellot et Ysabeau de Colleno, s^r et d^e de Kernely et de Glanignac, d^t en ce lieu, par. d'Ambon, pour la somme de 150 #.

12 Décembre 1571 (m. 335). — Bail à titre de convenant (domaine congéable) de la tenue Jean Perrigault, au village de Cliscouet, en Surzur, consenti par n. Barbe de la Houlle, dame du Graygo.

Les baux de domaines congéables sont habituellement de 9 années.

18 Février 1574 (m. 336). — Acquêt d'une tenue à héritage, au village de Brizon, en Surzur, fait par n. Barbe de la Houlle, sur n. h. Amaury Jubello et Isabeau de Colleno.

20 Octobre 1580 (m. 337). — Aveu fourni par Mahé Le Gallic, à messire Alain du Val, éc., s^r du Graygo et du Lic, pour trois tenues à domaine, au bourg de Surzur.

Ces héritages joignent en plusieurs points les terres de la s^{gie} de Kerguizec.

Juin et Juillet 1584 -(m. 338-340). — Trois aveux de tenues à domaine, aux villages de Quenjer, Kerjano, et Cliscouet, en Surzur, fournis à éc. Alain du Val, s^r du Graygo et du Lic.

1588 (m. 341-349). — Neuf déclarations de tenues sises à Cliscouet, Kerseho, Quenicouches, Cosquer, Querneuff, Couarder, Graygo (métairie), Kerlamio (métairie), fournies à n. h. Alain du Val.

Ces tenues joignent les terres des seigneuries de Chamballan, Lespinay, Kerguizec, Kerguehant.

27 Mars 1588 (m. 350). — Vente par éc., Jean de Kermeno, s^{gr} de Kerallio, de Châteauderec, etc., d^t au manoir de Kerallio, en Noyal-Musuillac, à Alain du Val, éc., s^r du Graygo, d^t au Graygo, de la maison et métairie noble de Treherman et de la métairie noble de la Ville-Janvier, toutes deux paroisse de Quinstambert, et tenues de la s^{gie} de Rochefort, à devoir de foi, hommage et rachat.

La vente est faite pour la somme de 30.000 écus sol, devant être payée à Rolland Fourneau, s^r du Coudray, marchand à Vannes, à qui le vendeur la devait. Pour dédommager l'acquéreur de la non jouissance de la Ville-Janvier, hypothéquée durant huit ans, le vendeur lui cède pour le même laps de temps la propriété de la métairie de Kerjuhel en Quinstembert sous Rochefort. Fait au manoir de Kerallio.

16 Décembre 1590 (m. 351). — Accord relatif à une vente, consenti entre éc. François de Serent, s^r de la Rivière et de la Ville-Guerif, d^t en la ville close de Vannes, d'une part, et éc. André du Bot, s^r de Kerbot, d^t au dit lieu de Kerbot, en Sarzeau d'autre part.

Le 1er Sept. 1586 François de Serent avait acheté de Alain du Val, s^r du Graigo, trois métairies nobles (l'une à Trebilaire, et les deux autres à Kerlamio, en Surzur, pour 1038 écus); André du Bot s'opposa, par droit de premesse à la certification des bannies faites aux régaires de Vannes, et à la suite de cette opposition, le s^r de la Rivière « en considération de l'amitié qu'il porte à son parent n. h. Jean Moro, s^r de Sullé, beau-père du s^r de Kerbot », consent au retrait des trois métairies à condition que André du Bot lui rembourse le montant du contrat d'acquêt.

20 Août 1594 (m. 352). — Transaction entre h. h. Jacques Le Maire, demandeur, d^t à Paris, et André du Bot, éc., s^r de Kerbot, touchant la succession de déf. Alain du Val, s^r du Graigo, décédé sans hoirs, depuis cinq ans.

Jacques le Maire soutenait qu'il était héritier de Jehan le Maire et de Jeanne du Val, ses père et mère, laquelle Jeanne était fille de n. René du Val et d'Audmette Lespart, s^r et d^e du Graigo, et sœur de Claude du Val, époux de Barbe de la Houlle ; ces derniers père et mère de Alain du Val, dont le demandeur se trouvait ainsi être cousin germain et fondé, comme plus proche parent, à recueillir la succession. André du Bot prétendait à la même succession comme héritier de Anne du Pont, son aïeule, qui avait recueilli le Grégo de Jehan de Beaumont. D'ailleurs du chef même du défunt du Val, ses prétentions étaient non moins justifiées, parce que le dit Alain possédait le Graigo des Beaumont, par représentation d'Anne du Pont, fille de Françoise de Beaumont.

Jacques le Maire et Perrine, sa sœur, assistée d'Antoine Lambert, son tuteur, maître boulanger à Paris, se dessaisissent de leurs prétentions moyennant 4.000 écus sol, que leur versera le défendeur.

30 Décembre 1599 (m. 353). — Bail d'une ferme à Querveno, en Surzur, consenti par André du Bot, s^r du Graigo, et d^t à Kerbot, en Sarzeau.

10 Mars 1600 (m. 354). — Bail par le même, d'une tenue à domaine sise à Goursaho.

4 Novembre 1604 (m. 355). — Bail à ferme par le même, d'une tenue à Kerseho.

16 Septembre 1607 (m. 356). — Bail à ferme d'une tenue à Couetdigo, consenti par le même, au profit de Gilles Le Quinio.

1er Septembre 1616 (m. 357). — Bail à ferme d'une tenue à Kerseho, consenti par le même.

Ont signé : André du Bot, Pierre du Bot, Le Digabel notaire.

8 Septembre 1616 (m. 358). — Transport à titre de cens d'une tenue à la Trinité de la Lande, en Surzur, fait par André du Bot, au profit de maître Alain Allain, procureur postulant au présidial de Vannes, en compensation et récompense de l'assistance prêtée par celui-ci dans plusieurs procès qu'eut le s^r du Graigo, tant aux régaires de Vannes, qu'au Parlement de Bretagne.

La tenue cédée par le s^r du Graigo, à charge de payer une rente de 6 # 10 s. mon., deux pairées de froment, quatre chapons, était occupée par les prédécesseurs et parents du dit Allain.

Ce fut fait au village de la Clarté, par. de Lauzac, en l'assemblée tenue devant l'église et chapelle de la Clarté. Nevel et Balley notaires royaux.

19 Mars 1618 (m. 359). — Déclaration d'une tenue à Queraure en Surzur, sous la seigneurie de Querguehault, qui doit 25 sous annuellement au Graigo.

1618-1621 (m. 360-363). — Baux à ferme de trois tenues à domaine sises à Trebillaire, Kerjano, Bas-Couetdigo, en Surzur, consentis par éc. André du Bot.

1622-1628 (m. 364). — Cahier portant relevé des baux consentis par éc. Pierre du Bot, s^r du Graigo et de Kersapé, stipulant pour n. h. André du Bot, s^r de Kerbot, son père.

5 Mai 1622 (m. 365). — Cession faite par m^{re} Jacques de Gourvinec, s^r du dit lieu, Le Bezit (ou Beizit), Kerdani, etc..., d^t au Bezit, en St-Nolff, à éc. Pierre du Bot, s^r du Graigo, d^t au Graigo, d'une demi tenue située à Ténoubillier (sans doute Trebilaire), en Surzur, d'une tenue à Saint-Léonard, en Theix, d'une rente de 30 sous sur la maison de Poulbignon, en Ambon, et d'une autre rente de 10 # mon. sur la maison noble de Bonnervault, à Theix, moyennant 960 #.

Le s^r du Grégo est subrogé par le s^r du Bezit à la suite d'une sentence des régaires du 10 novembre 1610, prononcée au profit du s^r de Bezit, à l'encontre d'éc. Pierre de Francheville, s^r de la Rivière, Kergo, Bonnervault, et de feu Jean de Francheville, s^r de la Motte-Rivault, garant de Pierre. Il est tenu compte des réserves faites par accord préalable entre Bertrand de Quifistre, et Ysabeau de Callac, mère du s^r de Bezit.

1622-1625 (m. 366-370). — Baux à ferme de la métairie du Grégo, dite métairie Neuve, et de tenues à Cliscouet, Trebillaire, Kerjano, le tout en Surzur et à domaine congéable, consentis par Pierre du Bot, qui agit pour son père.

1626-1628 (m. 371-373). — Baux de tenues à domaine congéable, situées à Kerlamio, Querveno et Kerjano, en Surzur, consentis par éc. Pierre du Bot, en son seul nom.

4 Janvier 1627 (m. 374). — Déclaration d'une tenue au Bas Couetdigo, faite à éc. Pierre du Bot.

6 Avril 1628 (m. 375). — Contrat d'échange entre éc. Pierre du Bot, s^{gr} du Grégo, Kerbot, Kersappé, d'une part, et h. h. Jean Kermasson, notaire royal d^t en Arzal, faisant tant pour lui que pour n. h. Jean de Kerallain, son beau-frère.

Le dit Kermasson abandonne une maison avec ses dépendances au bourg de Surzur, sous les Régaires, contre la tenue Kermasson au village de Bourgerel, en Arzal, sous la s^{gie} de Kervezo.

30 Décembre 1629 (m. 376). — Echange entre éc. Pierre du Bot, s^{gr} du Grégo, et Jan de Quifistre, s^{gr} de Trémouhart, d^t à Trémouhart, en Berric, lequel abandonne une tenue à la Trinité de la Lande, en Surzur, contre deux tenues en Sulniac (l'une au Bois de la Salle, l'autre appelée la tenue Pabec, sous le Grégo).

Les terres abandonnées par le s^r du Grégo joignent les moulins de Tremouhart et du Plessis Josseau.

29 Avril 1630 (m. 377). — Prisage d'une huitième partie de tenue, située à Kerseho, en Surzur, fait à la requête d'éc. Pierre du Bot, s^r du Graigo, demandeur en congément.

1632 et 1633 (m. 378-379). — Baux à ferme, à titre de domaine congéable, de tenues à Goursaho et Kerlamio, en Surzur, consentis par éc. Pierre du Bot.

L'une des tenues est abandonnée aux conditions annuelles de 5 perrées de seigle, 1 perrée de froment rouge, 18 sous tourn., 2 chapons ; l'autre, moyennant « la tierce et quarte gerbe » de tous grains.

2 Février 1634 (m 380-384). — Aveux rendus à éc. Pierre du Bot, s^{gr} du Grégo, pour des tenues à Renihy, Kergall, Petit-Cosquer, en Surzur.

24 et 29 Juin 1634 (m. 385). — Contrat d'échange passé entre éc. Pierre du Bot et Bertranne Gouyon, sa f^e, s^r et d^e du Grégo, Kerbot et Kersappé, d'une part, et m^{re} René Le Senéschal, s^{gr} de Treduday, Kerguizec, Kergoff, Bonnepart, et n. d^e Julienne Peschart, sa femme, d^t à Treduday, en Theix, d'autre part.

Pierre du Bot abandonne le village du Haut-Couetdigo, en Surzur, dépendant du Grégo, contre le village du Petit Bensac, en Surzur, dépendant de Kerguizec.

3 Décembre 1634 (m. 386). — Echange entre éc. Pierre du Bot et n. h. Jean Le Gouëllo, s^r de Rosmeur, de rentes (12 sous), aux villages de Brizon et de Tremais.

Jean Le Gouello est marié à Perrine de la Couldraye.

1635-1646 (m. 387-402). — Baux à titre de convenant de tenues à Cliscouet, le Ros, Kerseho, Pentes, Kergall, Couetihuel, La Trinité de la Lande, le Materan, Cosgueric, Trebillaire, en Surzur, consentis par éc. Pierre du Bot, s^{gr} du Grégo.

25 Mai 1636 (m. 403). — Vente d'une quatrième partie de la tenue Grégoire, à la Trinité, en Surzur, consentie par Pierre du Bot, au profit de François Grégoire.

24 Août 1640 (m. 404). — Acquêt fait par éc. Pierre du Bot de la 4e et de la 6e partie de la tenue Grégoire, à la Trinité, en Surzur, sur François Belleguic, vendeur.

1641-1648 (m. 405-412). — Déclarations faites à Pierre du Bot, s^r de Kerbot, Le Grégo, Sullé et Kersappé, à cause du Grégo, de tenues à domaine congéable à Cliscouet, Quenicoucher, Kerlamio, le Ros, en Surzur.

Les obligations ordinaires sont des perrées de seigle, de froment rouge, d'avoine, un cens en argent, des chapons. Parmi les notaires : n. h. Jacques Gouyon, s^r de la Villemorel et de Launay.

6 Octobre 1644 (m. 413). — Echange entre éc. Pierre du Bot, d'une part, et éc. Julien du Rocher, s^r de Beaulieu, du Letier, Boisrio, et de la Provostaye, d^t au Letier, en Begane, et Catherine Demaigné, sa f^e, d'autre part ; lesquels s^r et d^e de Beaulieu abandonnent une tenue au village de Kervicquel, en Surzur, contre une métairie au Brambis et une petite tenue au bourg de Loqueltas, le tout en Plaudren.

Ec. Vincent de Saint-Pern, s^r de Kergo, comparaît dans cet acte.

4 Janvier 1648 (m. 414). — Vente d'une tenue dite « le Couarde », en Surzur, faite par éc. Charles du Bot, au profit de Pierre Rousseau, et moyennant 312 #.

1649 et 1650 (m. 415-430). — Baux, à titre de convenant, de tenues aux villages de Cliscouet, Cosquer, Petit Cosquer, Kerlamio, Quenicoucher, Kerjano, Kerseho, Petit Benezac, Keraufret, Cosqueric, en Surzur, consentis par n. messire Charles du Bot, s^gr de Kerbot, le Graigo, Sullé, fils aîné, héritier principal et noble de déf. messire Pierre du Bot.

1652-1653 (m. 431-432). - Baux, à titre de convenant, de tenues à Cliscouet, en Surzur, consentis au profit de André Merian, par h^te et p^te d^e Jeanne Duboteru (de Botderu), douairière du Grégo et y d^t, tutrice de Vincent du Bot, son fils.

Jeanne de Botderu est autorisée de Charles de Rosnevenen, son mari, s^r du dit lieu, de la Haye, Latillay, Rohéan.

1659-1660 (m. 433-437). — Baux à titre de convenant de tenues aux villages de Kerjano et de Kerseho, en Surzur, consentis par messire Jacques de Secillon, s^gr du Blanc, La Villeneufve, d^t en sa maison de la Villeneufve, en Guérande, tuteur de éc. Vincent du Bot, fils mineur de feu Charles du Bot.

26 Mars 1661 (m. 438). — Bail d'une tenue à Briczon, en Surzur, consenti par messire Vincent du Bot, chevalier, s^gr de Kerbot, le Grégo, Sullé, Kersapez, assisté de n. h. Pierre Kermasson, s^gr de Bourgerel, avocat à la cour de Vannes.

1663-1665 (m. 439-443). — Baux, à titre de convenant, de tenues au Cliscouet, et bail à titre de ferme de cinq ans du moulin à vent du Grégo, à Kerseho, consentis par éc. Maurice du Bot, s^gr de Kersapé, Kerbot, Kerbiscont, tuteur de Vincent du Bot, héritier de Charles du Bot.

1665-1667 (m. 444-449). — Baux de tenues à Veneshy, au Parc Vaujour, Cosqueric, et de la métairie du Grégo, consentis par Bertranne Gouyon, d^e propriétaire de Kersapé et de Sullé, douairière de Camarec et du Grégo, veuve en secondes noces de messire Bertrand de Rosnivinen, s^gr du Plessix-Bonanfant, Pirré, Camarec, Tremelgon, et a. l., conseiller au Parlement de Bretagne, et en premières noces de messire Pierre du Bot.

1667-1706 (m 450-493). — Baux consentis par messire Vincent du Bot, s^gr du Grégo, Kerbot, Sullé, Kersapé, le Lic, pour des tenues au Petit Cosquer, à Kerlamio, Briczon, Kerseho, Vinchy, Cosquer, pour le parc de Vaujour (landes), à Liscouet, La Trinité de la Lande, Quenicoucher, Couetihuel, pour la métairie noble du Grégo, à Kerjouano, Pentes, Keraufret, Kermatevan, Quelescouet, Cosqueric, Kervicquelen, Guenahel, en Surzur, et à Kerlocoq, en St-Nolff.

1673-1769 (m. 493-513). — Aveux rendus au même seigneur du Graigo, pour les tenues ci-dessus.

1687 (m. 514). — Debornement et mesurage d'une tenue à Trebillaire et sous le Grégo.

4 Novembre 1693 (m. 515). — Acquisition des édifices de la tenue Mittouart, à Trebillaire, sur Vincent du Bot.

1709 (m. 516). — Aveu rendu à messire Jan du Bot, chevalier, s^gr du Grégo, Sullé, Kersapé, Le Lic, héritier de feu Vincent du Bot, son père, et tuteur de mesdemoiselles ses sœurs, nées du second mariage du dit Vincent avec Jeanne Valentine de Talhouet.

1709-1736 (m. 517-537). — Baux des tenues ordinaires sous le Grégo, consentis par Jean du Bot.

1710 (m. 538). — Pièce relative à un procès intenté par Jean du Bot contre certains vassaux du Grégo.

19 Mai 1719 (m. 539). — Transaction entre Julien Coffournic et Silvestre Le Gac, domaniers, d^t à Lambré, en Surzur, (l'un sous les héritiers Le Prevost, l'autre sous le marquis du Cambout), touchant un droit de passage que réclame le dit Le Gac sur une pièce de terre que le dit Coffournic a enclose.

1720 (m. 540). — Procès féodal entre messire Jan du Bot et Jean Leménean et autres.

1729-1736 (m. 541). — Procès, au présidial de Vannes et au Parlement de Bretagne, entre Jan du Bot, s^r du Grégo, garant de Sébastien Le Metouart, d'une part, et Olivier Chiron, Louis Mériau, et autres.

Le sieur du Grégo, à cause de ses terres du Grégo, est inféodé vers le domaine du roi, à Vannes, des villages de Quenecouché et de la Trinité, par. de Surzur, et d'un grand terrain vague, nommé la Lande de Lanlac, enclavé entre ces villages. En sa qualité de seigneur foncier, il permit à Le Metouart, pauvre journalier, de prendre dans la dite lande, une parcelle de terre pour la défricher et s'y créer un asile. Mais, en 1729, cet homme s'étant mis en devoir d'enclore sa portion de terre avec des épines et des saules qu'il planta à l'entour, Olivier Chiron et consorts « aussi mutins que jaloux de cette permission » arrachèrent de nuit les saules et les épines... pour les brûler au milieu de la lande.

Olivier Chiron et les siens soutenaient que le s^r du Grégo n'avait pas la disposition de la lande Lanlac, tandis que celui-ci soutenait que, de temps immémorial, les villages de Quenecouché et de la Trinité et leurs dépendances ont relevé du Grégo ; les aveux en font foi, et les deux chapelles de la Trinité et de la Lande attestent par les armoiries du s^r du Grégo qu'il est unique prééminencier et seul seigneur.

1737-1768 (m. 542-561). — Baux et aveux relatifs aux métairies et tenues sous le Grégo et Sullé ; messire Thomas-Scholastique du Bot, chev., héritier p^{al} et n. de Jean du Bot, étant seigneur du Grégo, Sullé, Kersapé, et autres lieux.

Ces tenues sont situées aux villages de Cosquerie, Kerauffret, le Cosquer, Briczon, Kerseho, le Venehy, Materan, Couetihuel, Pentes, Petit Cosquer, Kerlamio, Cliscouet, Petit Benezac, Kerjano, Kerviquel, Liscouet, en Surzur, au bourg même de Surzur. Les métairies sont les métairies de la Porte, et du moulin du Grégo.

Certains de ces aveux sont rendus à Jeanne-Charlotte Huchet, d^e de la Bedoyère, épouse de Thomas-Scolastique.

24 Mai 1748 (m. 562). — Mémoire pour messire Olivier de la Connerre, recteur de Surzur, Vincent le Thic, drapier, Vincent Moriant, et autres ; messire Scolastique du Bot, s^r du Grégo ;

messire François de Lescouet, s^r de la Guerrande, et Luc-Julien, Le Sénéchal Carcado, d'une part, — contre n. h. Joseph Kermasson, s^r de Riniac, d'autre part.

Le 11 sept. 1731, messire Antoine Fagon, évêque de Vannes, et en cette qualité seigneur de fiefs des régaires et de Kaer, afféagea au dit Joseph Kermasson, un tiers lui appartenant des landes de Lemblac, Riniac, Borne et Surzur, à charge d'en faire lief avec le général de la paroisse de Surzur et tous ceux qui pouvaient y avoir droit, par mesurage ou autrement, à ses frais, et même de se faire payer les rentes dues aux régaires par divers particuliers. Or Kermasson, sans prévenir, sans assigner le général, ni qui que ce soit des habitants du bourg ou des cantons voisins, fit faire des fossés et des chemins dans les landes en question, ce qui priva les habitants et riverains du pâturage et de la coupe de la lande.

Ce mémoire révèle une grande division dans les droits de propriété des villages riverains des dites landes. Le village de Tremoiec dépend des sieurs de Rosmadec, du Lescouet, de Gouvello-Kerantré, de Kerguisé, de Glavignac, et des héritiers de Collarel de Penerf ; — le village de Penher dépend des sieurs de la Coudrays, de Gouvello-Kerantré, et du Fossé d'Auzon ; — le village de Kernan dépend des sieurs du Fossé d'Auzon et de Kermasson, beaux-frères, du chef de l'épouse de ce dernier ; — le village de Riniac dépend des sieurs de Rosmadec, de Gouvello-Kerantré, et de Kerron Kermasson ; — le village de Kerniquel ou Kemero dépend des sieurs de Rosmadec, du Bot du Grégo, et de Kerguizé ; — le village d'Epinay dépend du sieur de Rosmadec ; — le village de Gonsar dépend des sieurs de Villeneuve, de Sécillon et de Kerguizé ; — enfin les marais salants de Riniac dépendent de demoiselle de Rosmadec, et du sieur de Kerguisé, partables entre eux.

1769-1791 (m. 563-577). — Baux et aveux relatifs aux tenues ordinaires du Grégo ; messire Charles-François-Jules du Bot étant seigneur du Grégo, Marquis de la Roche, Baron de Laz, Cte de Gournois, Vte du Curru, héritier p^{al} et n. de feue la Marquise de la Bedoyère, son aïeule maternelle, d^t en son hôtel, place des Lices, à Vannes, et actuellement en son château de Trevaré, en St-Goazec, diocèse de Cornouaille.

En 1791 les actes sont passés par François-Augustin Mahé de Villeneuve, d^t au Grégo, agissant pour Charles du Bot.

3 Mai 1763 (m. 578). — Sentence prononcée par Jean-Augustin Launay, avocat au Parlement, sénéchal et seul juge de la juridiction des régaires de Vannes et fief de Kaer, du procès pendant entre le seigneur du Grégo et Joseph-Urbain Lambault, perruquier, et Catherine Le Floch, sa f^e. Elle condamne les époux Lambault à rendre aveu des maisons et jardins qu'ils possèdent à domaine congéable, dans le bourg de Theix.

A cette pièce est jointe une consultation donnée le 1er Mai 1763 par M. de la Haye Jousselin, avocat à Rennes.

2 Avril 1770 (m. 579). — Procédure pour le seigneur du Grégo contre un vassal qui a omis dans son aveu de déclarer l'origine de ses biens.

22 Janvier 1776 (m. 580). — Aveu rendu par Jean Pedron, drapier, et Louise Pedron, sa f^e, à h^t et p^t m^re Charles-François-Jules du Bot, s^gr du Grégo, le Vaujour, Kersapé... pour une maison avec jardin à la Trinité en Surzur, relevant à domaine congéable du dit s^gr du Grégo, acquise de Jean Nicolas et Claudine Holard.

Le s^gr du Grégo fournit au présidial de Vannes les moyens d'impunissement contre cette déclaration, pour les raisons suivantes : par acte du 9 Juillet 1765, il n'avait été accordé à Jean Nicolas et Claudine Holard sa f^e, de construire sur leur domaine, qu'une maison en terre couverte de paille, or, à l'encontre de la coutume qui ne permet au domanier d'édifier sur sa tenue sans l'autorisation du seigneur, l'aveu des Pedron portait déclaration de deux maisons de pierres.

11 Janvier 1777 (m. 581). — Procédure pour le M^quis du Grégo, contre Anne Guyot, veuve Allain, à l'effet de fournir aveu d'une maison au bourg de Surzur.

1777-1779 (m. 582-591). — Neuf pièces de procédures, ou simples assignations, relatives à neuf procès différents à l'effet d'obtenir aveux de tenues (maisons et terres) sous le Grégo.

22 Mars 1777 (m. 592). — Procédure pour le s^gr du Grégo contre Jean et Vincent Le Blevennec et autres qui n'ont pas fait une déclaration suffisante de leurs biens.

Ces biens à convenant sous le Grégo, doivent porter l'obligation à cour et moulin, les corvées naturelles et la déclaration de l'usement. L'aveu doit en outre spécifier la longueur et la hauteur des édifices, le nombre et la qualité d'arbres dans le jardin.

1778-1790 (m. 593). — Lettres d'affaires concernant la gestion du Grégo, du Vaudequy et de Botblay, adressées à la Marquise du Grégo.

11 Déc. 1779 (m. 594). — Procédure pour le s^{gr} du Grégo, contre Vincent et Symphorien Chiron, de Kerfiquant, qui avaient étrepé et enlevé de la lande, appartenant au dit seigneur, près le château du Grégo.

16 Mai 1780 (m. 595). — Requête adressée par le seigneur dn Grégo, au présidial de Vannes, à l'effet d'être autorisé à assigner Pierre Le Blanc, du bourg de la Trinité, qui, le 7 du même mois, accompagné de deux autres hommes, avait forcé l'une des barrières de la lande du Fodo et en avait arraché la serrure.

La lande du Fodo dépendait de la terre du Grégo et joignait, au midi, une autre lande nouvellement close dite du Vaujour ou de Kerjano.

17 Juin 1780 (m. 596). — Acte passé entre le s^{gr} du Grégo et Jean Le Derf, d^t à Trevister en St-Nolff, pour annulation de bail.

12 Janvier 1781 (m. 597). — Acte par lequel le s^{gr} du Grégo et Marie Meran, v^{ve} de Julien Noblet, vivant, aubergiste à la Trinité en Surzur, résilient à cause du décès du dit Julien un marché verbal des bois taillis du Grégo, du Vaujour, de Borgard, Codescodec, Kerbihé, le Pin, Bois-du-bois, Talhouet, et Groslard, situés en Lauzac et Surzur.

2 Avril 1781 (m. 598). — Assignation par les régaires et à la requête de mademoiselle du Grégo, d^t à Vannes, rue des Lices, avec son père, faite aux époux Le Pahun, à l'effet d'un retrait féodal que désire exercer la dite demoiselle sur les édifices de la métairie de la Porte Neuve, en Surzur, qu'avait vendus le M^{quis} du Grégo aux dits Le Pahun. Cette métairie de temps immémorial avait fait partie du Grégo.

Le retrait fut accordé à mademoiselle du Grégo le 12 Mai 1781 et Julienne Le Luherne, veuve de l'acquéreur, fut remboursée du montant du prix de vente.

10 Mars 1783 (m. 599). — Assignation à comparaître devant les régaires de Vannes, adressée sur requête du M^{quis} du Grégo à Louis Le Gueranic qui n'avait pas fourni déclaration par tenants et aboutissants des biens qu'il tenait sous lui à domaine congéable.

28 Octobre 1784 (m. 600). — Procédure à l'effet de voir juger le congé d'une tenue à domaine congéable au bourg de Theix, sous le Grégo.

Le jugement est prononcé le 27 novembre.

1 Mai 1786 (m. 601). — Procès-verbal dressé par Jean Le Viavant, garde particulier des eaux, bois et forêts de la maîtrise de Vannes, contre Jean Guilbery, tenancier du s^{gr} du Grégo, lequel Guilbery avait « écouronné et émondé » des chênes fonciers sur sa tenue.

Le s^{gr} du Grégo poursuivit le tenancier pour avoir violé l'ordonnance de 1669 concernant les bois et « la loi particulière portée dans la baillée. » Il lui demanda 90 # 6 s. 2 d. de dommages et intérêts.
Xavier Guillo du Bodan est maître particulier de la maîtrise de Vannes.

30 Décembre 1787 (m. 602). — Procédure pour le s^{gr} du Grégo contre Joseph Dréan, tenancier de Kermatevan, en Surzur, et aux fins de faire vendre les édifices du dit tenancier, parce que celui-ci avait quitté sa terre sans payer sa rente foncière.

26 Janvier 1788 et 6 Juillet 1789 (m. 603-604). — Pièces de procédure pour le s^{gr} du Grégo, aux fins d'obtenir payement de deux rentes féodales.

11 Octobre 1788 (m. 605). — Assignation à Jean Mahéo, tenancier de Kermatevan, à l'effet de transporter 5 perrées de seigle, du château du Grégo, à Vannes.

Suivant l'usement de Broerech, les tenanciers étaient astreints aux corvées naturelles de l'usement, au nombre de six, et le défendeur n'en avait fait aucune de l'année.

22 Novembre 1788 (m. 606). — Pièce d'une procédure aux régaires de Vannes aux fins de payement d'une rente foncière due au s^{gr} du Grégo, sur deux tenues à domaine congéable.

26 Septembre 1789 (m. 607). — Procédure pour le seigneur du Grégo afin d'obtenir le départ de Vincent Pédron et consorts, d'une métairie, au Cliscouet, en Surzur.

Le dit Pédron n'achevait pas de payer son bail et ne délogeait pas de la métairie, si bien que le nouveau fermier ne pouvait entrer en jouissance de la ferme en question.

28 Décembre 1789 (m. 608). — Procédure pour le s^{gr} du Grégo, contre François Oliviero, pour obtenir l'aveu d'une maison, sise au bourg de Theix, et le payement de la rente de cette maison durant 29 années d'arriéré.

1790 (m. 609). — Deux procès pour fournissement d'aveu au Grégo.

4 Janvier 1792 et 5 Floréal an VI (m. 610-611). — Baux de deux tenues dépendant du Grégo, consentis par François-Augustin Mahé Villeneuve (ou de Villeneuve), fermier général de la terre du Grégo, et demeurant au château de ce nom.

Années VI, VII et VIII (m. 612). — Rachat de la terre du Grégo, par mademoiselle du Bot et le citoyen Bonté, son mari, terre vendue nationalement comme bien d'émigré (le père de m[elle] du Bot ayant passé à l'étranger).

Liasse de 46 actes de ventes faites par l'administration départementale.

Années VII et VIII (m. 613). — Obligations de l'Etat sur la citoyenne Bonté, ou son mari, d[t] à Quimper, acquéreurs de domaines nationaux, situés communes de Theix, Surzur, Plaudren, Sulniac, St-Nolff et Sarzeau (biens provenant de l'émigré du Bot du Grégo), suivant les adjudications faites à Vannes les 5 floréal, 15 pluviôse, 15 fructidor an VII et 15 pluviôse an VIII.

Du 6 Mai 1815 au 28 Février 1818 (m. 614). — Etat des biens vendus par M. et Mme Bonté dans le département du Morbihan, communes de Lauzac, Surzur, Theix, St-Nolff (dix-huit ventes se montant à 75.680 francs).

Vers 1819 (m. 615). — Etat des biens, dans le Morbihan, appartenant à M. Michel-Louis-Joseph Baron de Bonté, maréchal de camp des armées du roi, chevalier de St-Louis, officier de la légion d'honneur, chevalier de la couronne d'Autriche, et à Mme Louise-Exupère-Charlotte du Bot du Grégo, M[quise] de la Roche, et de Coatarmoal, Baronne du Laz, Ctesse de Gournois, V[tesse] du Curru, son épouse.

Nomenclature de 43 tenues.

8 Mars 1826 (m. 616). - Lief, à la requête de Félix Damphernet, fils de Louise-Exupère du Bot, des scellés apposés au château du Grégo, après le décès de la dite dame, accompagné de l'inventaire et prisage fait à ce château (10 et 13 mars), lequel s'élève à 6.060 francs.

Les archives étaient ainsi classées : 60 liasses, cotées A, concernaient les titres de la terre du Grégo ; 13 liasses, cotées B, étaient considérées comme inutiles; deux liasses de procédures étaient cotées C et D ; six autres liasses, inutiles mais à conserver, étaient cotées E.

XIXe siècle (m. 617). — Lettres relatives aux affaires de M. et Mme Bonté.

Procès à Redon touchant une prime de 50.000 fr. réclamée par les héritiers de M. Riou Kerhallet (1826-8).

XIXe siècle (m. 618). — Gestion de la terre du Grégo sous le régime Bonté (baux, ventes, etc.).

DIVERSES TERRES AU DIOCÈSE DE VANNES

Trevinec et le Vaujour, EN SURZUR.

1653 (m. 619-625). — Déclarations de tenues sises aux villages de Caudrée, Groslard, et de la métairie noble du grand Treffuinec, le tout en Surzur, fournies à h^t et p^t m^{re} René du Cambout, chevalier, s^{gr} M^{quis} du dit lieu, de Carheil, Villeneufve, Caden, Le Vaujour, Treffuinec, et Kermadec.

Les contenances des tenues ont été certifiées par n. h. Jacques Gouyon, s^r de la Ville-Morel, priseur noble.

6 Janv. 1666 (m. 626). — Bail d'une tenue au village de Beauregard en Surzur, consenti par M^{tre} Chotard, s^r de la Touche, d^t à Sarzeau, agissant pour h^t et p^t René du Cambout, gouverneur de Succinio.

1673 (m. 627-628). — Déclarations pour deux tenues à domaine congéable sous Treffinec, sises à Graulard et Petit Treffinec, en Surzur, fournies à René du Cambout.

1680-1691 (m. 629-633). — Baux relatifs à des tenues situées à Branrun, Lambré, Treffinec, en Surzur et sous Treffinec, consentis par h^t et p^t Jacques du Cambout, chevalier, M^{quis} du Cambout, Vte de Carheil, s^{gr} de Langle, le Vurisac, (ou Vrizac), Lespinay, Chaffaut, Caden, Le Vaujour, Villeneuve, Treffinec, Kermadec, les Métairies, etc., démissionnaire de René du Cambout, son père.

Jacques du Cambout est, en 1680, commandant de cavalerie au régiment du Dauphin, résidant au château de Succinio en Rhuys, — en 1681, commandant d'une compagnie de chevau-légers dans le régiment de Mgr le Dauphin et résidant à Carheil, — en 1691, colonel du régiment de dragons de Bretagne.

1681-1686 (m. 634-639). — Aveux de tenues sous Treffinec, sises à Caudrec, Talhouet, Trefinec, Groslard, en Surzur, rendus à Jacques du Cambout.

4 Janv. 1688 (m. 640). — Aveu d'une tenue à Beauregard, en Surzur, sous le Vaujour.

1691 (m. 641-646). — Baux de tenues sous le Vaujour et Treffinec, situées à Tregoff, Quennoget, Tregoet, Groslart et Beauregard, en Surzur, consentis par Jacques du Cambout.

1693 (m. 647). — Vente de la coupe du bois taillis du Vaujour consenti par m^{re} Vincent du Bot, s^{gr} du Grégo.

Ce bois proche la maison n. du Vaujour et dépendant du Grégo est vendu 240 #.

8 Sept. 1694 (m. 648). — Bail d'une métairie à Beauregard, en Surzur, sous le Vaugour, consenti par n. h. Claude Hervé, s^r de Beaulieu, et y d^t en Plessé, évêché de Nantes, fondé de pouvoir de Jacques du Cambout, gouverneur de Rhuys, Houat, et Hoedic, brigadier des armées du roi, et colonel du régiment de dragons de Bretagne.

1697 (m. 649-652). — Baux de tenues à Guenoger, Caudré, Graulard, en Surzur et sous le Vaujour, consentis par Armand-Joseph du Cambout, chevalier, fondé de Jacques du Cambout, brigadier des armées du roi, colonel du régiment de Bretagne, inspecteur général de la cavalerie en « Catholoigne », d^t au château de Carheil, en Plessé.

Ce sont des tenues à domaine congéable, cédées moyennant une redevance annuelle en grains ou en argent. L'une de ces tenues est assujettie à la 4e gerbe sur toutes les terres labourables.

1698 (m. 653-656). — Baux de tenues à domaine congéable, sises à Branrun, Treffinec, Beauregard, en Surzur, consentis par Jacques du Cambout ou sa femme, Renée-Marie Le Marchand, M^{quise} du Cambout. Certaines tenues sont à la quarte, d'autres à la tierce gerbe.

1722 (m. 657). — Ferme de la métairie n. du Vaujour, dépendant de la maison noble du Vaujour, consentie par Pierre Armand du Cambout, M^{quis} du dit lieu.

1723-1733 (m. 658-662). — Baux à ferme de tenues sous Trevinec, sises à Trevinec, Tregarff, Talhouet, Lambré, en Surzur, consentis par Pierre Armand du Cambout, M^{quis} du dit lieu, Vte de Carheil, d'Epinay, Chaffaut, Pontcorhaix, Malary, Caden, Le Vaujour, Trevinec, Kermadec, et a. l., capitaine de dragons au régiment d'Orléans, autorisé de Félix Pouget, son curateur, fondé de François-Anne-Guillaume du Cambout, évêque de Tarbes.

1738-1740 (m. 663-666). — Baux de tenues sous le Vaujour, sises à Lambré, en Surzur, consentis par Jacques du Bot, chevalier, s^{gr} de Caden, le Vaujour, Trevinec, et a. l.

15 Octobre 1762 (m. 667). — Bail d'une tenue au village de Talhouet, sous Trevinec, consenti par Jean-Louis du Bot, chevalier, s^{gr} de Talhouet, Caden, Trevinec, Le Vaujour et a. l., d^{t} au château de Talhouet, en Pluherlin.

Caden (EN SURZUR).

Août 1616 (m. 668-670). — Aveux de tenues à domaine congéable, sous Beauregard, sises aux villages de Lambré, en Surzur, fournis à éc. Phelippe de Montigny, s^{r} de Beauregard.

Ces tenues doivent la 4e gerbe de tous grains, une rente en argent, et des chapons. L'une de celles-ci relève en partie de la s^{gie} de Caden, appartenant alors à n. h. Prigent de Kerveno, s^{r} de Botbilio et de Caden.

6 Juin 1641 (m. 671). — Bail à convenant d'une tenue au village de Lambré, en Surzur, consenti par da^{lle} Marye de Montigny, résidant au manoir de Bertaudière en Plouane, év. de St-Malo.

La tenue est chargée de la quarte gerbe de tous grains, 1 chapon, 6 sous, par an, et le preneur a versé 13 # tourn. pour « nouveauté et courtoisie » ; elle est indivise entre Marye de Montigny et le s^{gr} de Cambout.

16 Juin 1648 (m. 672). — Bail à ferme et à domaine congéable d'une tenue à Lambré, consenti par n. et discret Pierre de Montigny, s^{r} de Kerrebat, chanoine de la cathédrale de Vannes, prieur de St-Nicolas et de Langlenoc, stipulant pour les s^{r} et d^{e} la Cotarday.

1er Août 1649 (m. 673). — Bail à ferme et à domaine congéable d'une tenue, appelée Largouet, à Lambré, en Surzur, dépendant de Caden, consenti par h^t et p^t m^{re} René du Cambout, M^{quis} du dit lieu, s^{gr} de Carheil, Villeneufve, Caden, Le Vaujour, Trevinec, Kermadec, étant à présent au château de Succinyo en Lisle, par. de Sarzeau.

4 Janvier 1663 (m. 674). — Bail pour 9 ans, d'une tenue à Tregorff, sur Caden, consenti par M^{tre} Gilles Chotart, s^r de la Touche, d^t au château de Succinio, stipulant, pour h^t et p^t René du Cambout, gouverneur de Succinio « costes et isles de Rhuys ».

5 Janv. 1688 (m. 675). — Aveu d'une tenue à Lambré, fourni à René du Cambout.

1700-04 (m. 676-677). — Baux d'une tenue à Lambré, en Surzur, sous Caden, et de la métairie du Vaujour, consentis par h^{le} et p^{te} Renée-Marie Le Marchant, veuve communière de Jacques du Cambout, M^{quis} du dit lieu, chevalier, Vte de Carheil.... etc., s^{gr} de Caden, le Vaujour, gouverneur de Succinio, et tutrice de leurs enfants mineurs, résidant ordinairement à Vannes.

1737-1738 (m. 678-680). — Aveux et baux relatifs aux tenues sous Caden, situées à la Trinité, Graulard, Branrun, en Surzur, et à la métairie de la Porte-Beauregard ; messire Jacques du Bot, chevalier, étant s^{gr} de Caden, le Vaujour, Trevinec, et a. l.

5 Août 1770 (681). — Assignation à Yvonne Le Gallic, veuve de François Craneguy, la veuve Pédron, et Silvestre Le Bodo, d^t à Quiberan, en Surzur, qui, malgré l'avertissement du s^{gr} du Grégo, n'ont pas accompli les charrois de pierres pour la reconstruction du moulin de Caden. Il est de coutume incontestable que les sujets détraignables d'un moulin sont tenus aux corvées pour les réparations de ce moulin.

1777-1785 (m. 682-683). — Pièces d'un procès féodal, entre Mre Charles-François-Jules du Bot, M^{quis} du Grégo, et Mathurin Le Corre, Jean Colleno et autres.

Il s'agit de savoir si une tenue, sous Caden, située à la Trinité, en Surzur, est ou n'est pas domaine congéable. On y soutient que dans l'usement de Broerech, le seigneur d'un convenant n'a ni juridiction sur son domanier, ni lods et ventes, ni rachats, mais que le domanier est tenu de suivre le moulin du seigneur et de déclarer l'obligation à sa cour qui ne s'entend que d'une obligation de respect.

La tenue en question appartenait pour le fonds, en 1697, à Mre de Maumerchin du Lac et la dame de Cleguennec, son épouse.

1777 (m. 684). — Procès au présidial de Vannes, entre le s^gr du Grégo, d'une part ; Jean et Vincent Le Blevennec, d'autre part, ces derniers contestant la qualité de domaine congéable à leur tenue sise à la Trinité, en Surzur.

Les Le Blevennec soutiennent que, suivant l'article 9 de l'usement de Broerec, les maisons situées dans les villes et bourgades du territoire de Broerec ne sont point tenues à domaine, mais à héritage ; que leur fonds appartient aux occupants, et que les prestations versées par ceux-ci se distinguent par leur nature des obligations convenancières. Le sieur du Grégo par contre affirme que la Trinité n'est ni bourg, ni bourgade, ni trêve, mais simple village ; il dit en outre que l'usement de Broerech n'exige pas qu'on soit seigneur de fief pour avoir des domaines congéables ; très peu de titulaires de fiefs, au territoire de Broerech, ont des domaniers, même le s^gr le Largouet qui possède le fief le plus étendu n'a pas un seul vassal congéable. Il suffit de payer des rentes pour être censé domanier de celui qui les reçoit (sic).

Pour soutenir son affirmation que la Trinité n'est qu'un village siège de frairie, le s^r du Grego dit qu'en la chapelle du lieu on célèbre la messe les dimanches et fêtes ordinaires, mais jamais les quatre fêtes solennelles de l'année, que le desservant réside au bourg de Surzur, qu'aucun acte curial n'y est fait ; on n'y trouve ni Saint-Sacrement, ni saintes huiles, ni registres particuliers, ni fonts baptismaux.

5 Août 1779 (m. 685). — Pièce de procédure contre les sujets et « détraignables » du moulin de Caden, qui ne s'acquittent pas des corvées pour la réparation du moulin.

Autres terres en Surzur.

25 Janv. 1621 (m. 686). — Bail à ferme de 9 ans, d'une tenue à domaine congéable à Kerviquel, en Surzur, consenti par da^elle Perrine de Maigné, d^e du Guernic, douairière de Probriendo, d^t en sa maison du Guernic, en Ploescob (Plescop), en faveur de François Botherel.

Le 10 Mai a lieu le prisage des édifices et superfices d'une tenue au même lieu par de Callac, priseur noble, et des Testars, qui ont signé.

13 Février 1622 (m. 687). — Bail à ferme d'une tenue à domaine congéable, située à Petit-Benezac, en Surzur, consenti par René le Sénéchal, s^r de Kerguézec, d^t au manoir de Kerguézec (Kerguizec), en Surzur.

1er Octobre 1673 (m. 688). — Transaction entre vénérable et discret missire Guillaume Pongerard, l'un des aumôniers de l'évêque de Vannes, fondé aux droits de lods et ventes dues à illustrissime Sébastien de Rosmadec, vivant évêque de Vannes, d'une part, — et Mre Vincent, s^{gr} du Grégo, fils unique de Mre Charles du Bot, qui était fils aîné de Pierre, d'autre part.

Il s'agit des lods et ventes dus aux régaires sur la tenue Kerviquel, en Surzur, baillée, le 16 Octobre 1644, par éc. Julien du Bochier, s^{gr} de Beaulieu, à Pierre du Bot, en échange de la métairie de Brambis et sur la tenue de Kerauffret, en Surzur, échangée par n. et discret missire Nouel Jocet, avec la maison n. du Rayno en Pleucadeuc (5 avril 1630).

Sébastien de Rosmadec avait subrogé dans ses droits, messire Pierre Senant (26 Juin 1646), lequel avait lui-même subrogé illustrissime Charles de Rosmadec évêque de Vannes (29 Sept. 1649), qui lui-même avait cédé ses droits au dit Pongerard (29 Juillet 1654).

5 Juillet 1707 (m. 689). — Bail à ferme de la métairie noble du Grand Ros, proche le bourg de Surzur, dépendant de la succession de da^{elle} Basseline, consenti par Marie-Olive Le Mintier, veuve de feu éc. Jean-B. Gouyon, s^r de Couespais, tutrice de d^{elle} Andrée Gouyon, sa fille, celle-ci héritière de feue Janne Basseline.

30 Nov. 1729 (m. 690). — Aveu de François Colleno, marchand de draps, d^t à Surzur, rendu à messire Joseph de la Coudrays, chevalier, s^{gr} de la Villeneuve, con^{er} du roi, et maître en la chambre des Comptes de Bretagne, pour une demi tenue à domaine congéable, sise à Keranré, en Surzur.

16 Juin 1734 (m. 691). — Bail de la métairie n. de la Porte Neuve ou du Grand Ros, au bourg de Surzur, consenti par Gilles-Marie de Gouyon, chevalier, s^{gr} de Coipel, d^t à Coipel, en Renac, à Jan Dano, valet domestique chez Gildas Pedron, en la maison n. de Kerguizec, par. de Surzur.

17 Août 1738 (m. 692). — Déclaration d'une moitié de tenue à domaine congéable sise à Kerbleher, en Lauzac, rendue à messire Thomas du Bot, chevalier, s^{gr} du Grégo, Kersapé, Sullé, Bray, et a. l.

1755 (m. 693). — Bail d'une tenue au village du Bois, en Lauzac, consenti par François-Gabriel du Bot du Grégo, d^t en son hôtel, par. St-Pierre de Vannes.

30 Mars 1764 (m. 694). — Billet passé entre messire Jean-B. Gouyon, chevalier, s^{gr} de Coipel, et Marie-Félix de Foucher, d^t en leur château de Coipel, en Renac, d'une part, et Mre Thomas Scholastique du Bot, chevalier, s^{gr} du Grégo, d'autre part ; par lequel les s^{gr} et d^e de Coipel reconnaissent au s^{gr} du Grégo une somme de 1200 livres, contre la promesse de bailler à celui-ci, dans un délai de trois mois, les métairies nobles de la Porte Neuve, en Surzur (rapportant 270 # de rente), et celle du Puille, en Lauzac (rapportant 230 # de r.), un taillis attenant à cette dernière et une rente sur une maison du bourg de Lauzac. Le prix de la vente de ces biens s'élèvera à 9000 #, sur le payement desquelles sera déduite la somme de 1200 #.

La vente fut signée par acte du 30 Mai de la même année. On y voit que les dits biens sont échus aux vendeurs de Gilles-Marie Gouyon, père de Jean-B. En 1745, la métairie de la Porte Neuve était aux mains de Catherine Gouyon.

20 Sept. 1787 (m. 695). — Bail d'une moitié de tenue sise à Lambré, en Surzur, consenti par Mre Joseph-Pierre de Gouvello, chevalier, s^{gr} de Kerantré, d^t au château de Kerantré.

Le Granil, EN THEIX.

13 Janv. 1644 (m. 696). — Bail d'une tenue à Blavasson, en Surzur, consenti par h^{te} et p^{te} d^e Esther de la Chapelle, douairière de Chamballan, le Granil et Lohan.

1648 (m. 697). — Déclaration de la tenue Guégan, à Theix, faite à messire Henry, chef de nom et d'armes de la Chapelle, chevalier des o. r., Marquis de la Rochegiffart, Fougerée, Caraheil, Montbarot, de la Martinière, Le Granil, etc., et Marguerite de Chamballan, à cause de la s^{gie} de Granil, en Theix.

22 Sept. 1653 (m. 698). — Bail d'une tenue à Lhoumellec, en Surzur, consenti par h. h. Julien Le Bacle, fermier général de la s^{gie} de Granil, agissant pour Marguerite de Chamballan, v^{ve} de Henry de la Chapelle.

1682-96 (m. 699-700). — Déclarations de tenues à domaine congéable, en Surzur, faites à messire René de Montigny, Comte du dit lieu, chevalier, s^gr du Granil et y demeurant, et baux concernant ces mêmes tenues (à Clerigo, Blavasson, etc).

1695 (m. 702-706). — Baux de tenues à Louellec et de la métairie n. de Clerigo, en Surzur, dépendant du Graneil, consentis par Louise Coulange, damoiselle Dumay, d^t au Graneil, et agissant pour René de Montigny, chevalier, Comte du Graneil.

9 Oct. 1700-1738 (m. 707-712). — Baux de tenues à domaine congéable, sises à Blavasson et Louellec, en Surzur, et sous le Granil, consentis par Louise Coulange, damoiselle Dumay, d^t à Vannes, agissant pour messire Gilles Charette, chevalier, s^gr de Montebert, con^er au Parlement, mari et procureur de Gabrielle-Elisabeth de Montigny, d^t à Nantes.

1711 (m. 713). — Prisage et partage des édifices, superfices, et autres droits convenanciers, d'une tenue à Lambré, en Surzur.

1750 (m. 714-720). — Baux de tenues sous le Granil, consentis par Gabrielle-Elisabeth de Montigny, veuve de Gilles Charette, chevalier, seigneur de Montebert, la dite damoiselle étant propriétaire du Granil.

1758-1777 (m. 721-723). — Baux de tenues sous le Granil, et de la ferme de Clerigo, en Surzur, consentis par Elisabeth Charette de Montebert, baronne de Montmorency, propriétaire du Granil.

Dans un de ces actes, la dite dame est représentée par n. h. André Vauquelin, s^r de la Rivière, d^t au château de la Morlaie, près Malestroit.

Kersapé, EN THEIX.

12 Juin 1639 (m. 724). — Déclaration d'une tenue au village de Kerlocoq, en St-Nolff, fournie par Julien Lamour, à éc. Charles Gouyon, s^r de Hellic, Kersapé, et a. l.

20 Avril 1646 (m. 725). — Aveu d'une tenue au village d'Anerdon, en Theix, (sans doute Laverdon), et sous le fief de Kersapé, rendu à messire Pierre du Bot, s^gr du Grégo et de Kersapé.

Il est dû à la s^gie de Kersapé, savoir : « le jour de la veille de Noël que les possesseurs doivent aller en la maison de Kersapé mettre le tison de Noël dans le feu ou fouyer de la cuisine mesme, payer trois deniers de rente qu'ils mettront le dit jour sur le tison de Noël par eux mis au feu, et baiser la servante domestique du dit lieu de Kersapé, ou en défaut de trouver la dite servante baiser le manteau de la cheminée, pour toutes charges et debvoir deubs au dit lieu de Kersapé. » La tenue avait d'autres obligations et charges vis-à-vis de la s^gie de Randrecar et de la chapellenie de Rebestan, et les déclarants s'engagent à tous ces devoirs sur garantie de leurs meubles et immeubles, jusqu'à l'emprisonnement même de leurs personnes.

30 Juillet 1657 (m. 726). — Bail d'une tenue à Anverdon en Theix, sous Kersapé, consenti par Bertranne Gouyon, veuve de feu Mre Jacquet Sorel, vivant s^gr de Salarun, dame propriétaire de la maison noble de Kersapé, douairière de Sullé et du Bois de la Salle, résidant au Graigo.

9 Déc. 1675 (m. 727). — Aveu rendu à éc. Vincent du Bot, s^r de Kerbot, à cause de Kersapé, par Jean Le Vicquel, pour certains biens à Trebrat, en St-Avé.

Le Vicquel doit à la St-Gilles pour sa tenue : 10 perrées de seigle, 3 perrées de froment rouge, une perrée de mil, 72 sols tournois, 2 chapons, corvées et obéissance.

13 Juillet 1679 (m. 728). — Aveu rendu à écuyers Vincent du Bot, s^gr de Kerbot, et Morice du Bot, s^gr de Kersapé, pour la tenue Bodo, à domaine congéable, sise à Kerbescont, en Surzur.

Cette tenue doit à la St-Gilles, par moitié aux dits seigneurs, une perrée de froment rouge, 32 sols, 2 chapons, un mouton avec sa laine, 2 corvées à bras, l'une à faner, l'autre à battre.

26 Janvier 1771 (m. 729). — Bail par le s^gr du Grégo, à Claude Le Chantaux et Françoise Boterel, sa f^e, du moulin de la s^gie de Kersapé pour sept ans, moyennant 26 perrées de seigle et un gâteau à Noël.

1781-1789 (m. 730). — Procédure relative à la propriété de maisons et jardins tenus au bourg de Theix, sous Kersapé, à titre de domaine congéable ; entre Charles-François-Jules du Bot, d'une part, et Joseph Lambault, maître perruquier à Vannes, et Catherine Le Floch, son épouse, d'autre part.

XVIIIe siècle (*m. 731*). — Aveu pour des biens situés en Sulniac et relevant de Kersapé, rendu à Jan du Bot.

Autres terres, EN THEIX.

1er Avril 1673 (*m. 732*). — Aveu d'une tenue sise à Kéribert, en Surzur, dépendant de la s^{gie} de Kernicol, en Theix, rendu à dame Anne de Goulaine douairière, v^{ve} de déf. messire Sébastien de Rosmadec, M^{quis} du Plessis-Josso, et tutrice des enfants mineurs de leur mariage.

1673 (*m. 733*). — Déclaration de la tenue Brestevant, en Theix, fournie à Julien le Sénéchal, chevalier, s^{gr} de Tréduday, Bonnepart, Kergouac, Le Clerigo, et a. l. ; à cause de Tréduday.

17 Novembre 1686 (*m. 734*). — Vente de terres à Lambré, en Surzur, sous le fief des régaires et celui de M. de Gouvello, s^{r} de Querantreih.

1733-1757 (*m. 735-736*). — Aveux de tenues à Lanvedic et Kerreben, en Surzur, rendus à h^{t} et p^{t} messire Michel-Anne-Sébastien de Rosmadec, M^{quis} de Goulaine-Rosmadec, s^{gr} des Ferrières, le Plessis-Josso, Lepinay-Kernicol, d^{t} à Nantes, héritier principal et n. de déf. Anne de Goullaine, M^{quise} du dit lieu, sa « mere ayeule », à cause de la s^{gie} Kernicol.

La Haye, EN LARRÉ.

8 Février 1573 (*m. 737*). — Aveu rendu à Jean de la Haye, éc., s^{r} du dit lieu, et y d^{t}, paroisse de Larré, pour différentes pièces de terre à domaine, sises proche Kerlagadec, en Larré.

Juillet 1602 (*m. 738*). — Devant les notaires de Rochefort, aveu par F^{çois} Poysemeult, F^{çois} Le Pichon et autres Pichon, à h^{te} et p^{te} Anne M^{quise} d'Allègre, douairière, comtesse de Laval, au nom et comme mère de Guy, comte de Laval, Montfort, Quintin, Harcourt, baron de Vitré, v^{te} de Rennes, sire de Rieux, Rochefort, Largouet, Avaugour, la Roche-en-Nort, pour une tenue à Kerguelobé, sous le fief de Rochefort.

Les devoirs sont : 47 s. 5 d., le « menage » de six « chartes » de bois au château de Rochefort, un « avenage » de dix quarts d'avoine grosse, mesure de Rochefort, la « gerbe au chien », une poule, le guet, obéissance à cour et moulin.

14 Juillet 1624 et 4 Août 1647 (m. 739). — Aveu d'une terre à Kerlagadec, rendu à éc. Vincent de la Haye, s^r du dit lieu.

13 Juin 1628 (m. 740). — Afféagement d'une terre à Kerlagadec, en Larré, fait par n. h. Pierre de Lespinasse, s^r de Polignac, procureur de h^t et illustre Charles de Lorraine, duc d'Elbeuf, s^{gr} de Rochefort et a. l.

1645 (m. 741-742). — Aveu de la tenue Pichon en Larré, par Alain Pichon et consorts, et Mathurine Legal, femme séparée de biens de n. h. Yves Chapelle, s^r du Val, d^t à Rochefort, à Mgr Charles de Lorraine, duc d'Elbeuf, pair de France, c^{te} d'Harcourt, s^{gr} de Rieux, Rochefort, Largouet, Malestroit en Quidis et Rox.

22 Mai 1661 (m. 743). — Aveu rendu par Alain, F^{çois} et Julien Pichon, et Jacques Feilafeix, cordonnier, à messire Jan de la Hays, s^{gr} du Closo et a. l., résidant au manoir de la Hays, en Larré, pour une tenue à héritage sise à Kercolobé, et sous la seigneurie de Rochefort, acquise par le dit s^r du Closo, des duc et duchesse d'Elbeuf.

1663 (m. 744-745). — Aveux de tenues à domaine congéable, proche Kerlagadec, et sous la Hays, rendus à Jan de la Hays, s^r de la Hays en Larré, Ville-Janne, Budy, Closo, et a. l.

Bray, en Sixt.

25 Juillet 1663 (m. 746). — Vente, entre messire François de Bezic, s^{gr} de Bignon et de Ronceray, mari de Valence Le Berruyer, d^e de Bray, d^t à Rennes, rue des Foulons, et messire Saldebreil de Bezic, s^{gr} de Bray, fils des précédents, mari de Julienne de Querveno, d^t en leur manoir de Bray, par. de Sixt, vendeurs ; et messire Charles de Rosnivinen, s^{gr} de Rosnivinen, Dasbille, St-Rémy, La Haye d'Irée, etc... acquéreur ; — portant 1°) sur la maison noble, terre et seigneurie de Bray, avec sa chapelle, fuie, etc... les métairies de la Porte, de la Quimeraie et l'Abbaye Mouraud, le moulin à eau de l'Abbaye Mouraud, avec les rôles de Bray, de Trélo et Bocudon, de l'Abbaye Mouraud, et de Rengervé, — 2°) sur les rôles de la châtellenie de Boffour et du Fau, qui ont droit de haute, basse et moyenne justice, plus le moulin à vent de Boffour, les métairies de Boffour et Branfeu, — 3°) sur trois sous de rente sur le presbytère de Sixt et 12 deniers de droit payables sur les offrandes du jour de St-Sixt, — 4°) sur les rachats dépendant de Bray et Boffour relatifs aux terres de Noyal, fiefs, dimes, et tout ce qui relève de Boffour, aux maisons de la Guerche en fief commun avec le fief de Maure, à la métairie du Haut-Pommery, à la maison de la Saudre avec la métairie située dans le bourg de Sixt, au fief et à la dime de la Corbelais, à la métairie de la Roche, au fief que possède le sieur de Rengervé, à une partie de la maison de Marcille, à la maison de la Châtaigneraie, — 5°) sur les droits honorifiques et les prééminences dans l'église de Sixt qui consistent en deux écussons aux armes de Malestroit, de Coisquin et de Coëtlogon en alliance, parce que la châtellenie de Boffour a été anciennement possédée par ces seigneurs, plus un enfeu blanchi par dedans au milieu du chanceau de l'église de Sixt, trois tombes de la maison de Bray dans le dit chanceau du côté de l'évangile, avec droit de banc. Tous les biens ci-dessus relèvent des s^{gies} de Renac, de Sixt et du Boisguerin, et la vente est consentie pour 64.000 livres.

Le rôle et fief de Bray vaut 27 # 18 s. 7 d., 5 chapons, 1 poule, 2 journées de corvées en Août. Le rôle de Trelo et Bocudon vaut 12 # mon., 5 poules, 8 corvées d'Août. Le rôle de l'Abbaye Mouraud vaut 9 # 2 sous par deniers, une paire de gants blancs à la messe de minuit, 2 poules, 2 journées d'Août. Le rôle de Rengervé ayant droit de haute, basse et moyenne justice, vaut 6 # 3 s. tour., 5 journées d'Août et 14 sous payables au 1er janvier, à la St-Aaron, à la Quasimodo, et à la Pentecôte, plus 7 s. mon. sur la tenue du bourg de Bruc, 4 sols sur la tenue du fief commun. Les « dimereaux » de Bray valent 2 mines de grains. La chatellenie de Boffour vaut 35 # 13 s. 2 d., 4 gelines, 12 pots d'avoine. Le rôle du Fau vaut 14 # 11 s. 4 d. mon., et au dimanche après l' « angevinne » 3 deniers de rente, au 1er de l'an 3 deniers, 11 journées d'Août, une journée à charruer, 4 poules et 22 pots et demi d'avoine. Le prix de la vente sera ainsi versé : 1°) 16.066 # au président de Brequigny, créancier ; 2°) 8.700 # au sieur du Tertre Peschart ; 3°) 3.400 # au sieur de Beauvais-Halgaot ; 4°) 2.500 # au sieur du Deron ; 5°) 3.000 # aux religieuses de Nazaret à Vannes ; 6°) 3.500 # au sieur de Beauvais ; 7°) 1.200 # au chapitre de Vannes ; 8°) 2.400 # à la dame de Villechauve ; 9°) 900 # au sieur de Boisbriand Charette ; 10°) 6.000 # à la dame Louise du Bezic, d^e du Coudray, dues par le dit sieur de Bray en exécution du contrat de mariage de la dite d^e de Coudray ; 11°) 2.000 # à Madame de Druse ; 12°) 2.000 # aux religieuses de Josselin ; 13°) 1500 # au sieur de Croslais, sénéchal de Ploermel ; 14°) 2.213 # 12 s. à M^(tre) Robinais Goubin, procureur au présidial, comme tuteur des enfants de feu Jacques Blondel, marchand à Rennes ; 15°) 1.000 # au sieur de Lehelec Le Mintier de Beganne ; 16°) 1.000 # au sieur de Brecéan Beraye ; 17°) 1.000 # au sieur Gardin, banquier à Rennes.

Ce fut fait devant Berthelot, notaire royal à Rennes.

28 Juin 1673 (m. 747). — Aveu pour les terres et s^(gies) de Bray, rendu par messire Charles de Rosnyvinen, chevalier, s^(gr) du dit lieu, Bray, Bauffour, St-Remy, La Haye d'Iré, etc., d^t à la maison de la Haye d'Iré, par. St-Remy, év. de Dol, à messire Damian Martel, baron de Renac.

2 Juin 1733 (m. 748). — Aveu pour la s^(gie) de Bray, par messire Jan du Bot, chevalier, s^(gr) du Grégo, Sullé, Kersapé, Valjouan, Merlan, Boffour, Bray, Boismourault, fiefs de Rengervé, Trelo, Bocudon, du Fau, etc., à Messire Damien-Charles de Martel, baron de Renac.

11 Août 1747 (m. 749). — Pièce de procédure féodale à la requête de Thomas-Scholastique du Bot, s^(gr) du Grégo, Kersapé, Bray, etc., relative à une dime dans la paroisse de Sixt.

Joseph Meslin fermier occupant la maison de Villeneuve, ainsi que les métairies du Bois Guerin et du Clos Grimaud, ayant ramassé ses grains avant que le fermier général des s^(gies) de Boffour, Bray, Trello, Bocudon, n'ait prélevé, pour le seigneur du Grégo, la dime à la onzième gerbe, est condamné par le présidial de Vannes à verser 5 boisseaux de blé noir pour ce droit de dime (récolte de 1746) et 50 # d'amende.

Le Vaudeguip, EN ALLAIRE.

20 Déc. 1602 (m. 750). — Aveu rendu à h^(te) et p^(te) Jacqueline de Bourgneuf, propriétaire du Vaudeguip, épouse de Charles Turcant, conseiller du roi en ses conseils, à cause du fief de Couesnongle.

18 Août 1826 (m. 751). — Le vicomte de Pontbellanger, propriétaire du Vaudequy, afferme pour 9 ans, à Joseph Richard, la retenue du château du Vaudequy, en Allaire, pour 500 fr. par an.

Le dit Richard jouira de la maison principale ou château, des écuries, greniers à foin, remises, hangar, etc., mais le propriétaire se réserve toutes les chambres du premier étage qui ne sont pas pavées de tuiles et tous les greniers à grains, à l'effet d'y rentrer sa récolte.

1er Février 1833 (m. 752). — Madame Monique-Zulmé Quesnel de la Morinière, v^{ve} de M. de Pontbellanger, afferme à Joseph Morin, laboureur, la retenue du château de Vaudequip, aux conditions de la moitié de tous les fruits et de 180 fr. par an.

1835-1837 (m. 753). — Lettres de Mme de Pontbellanger à Joseph Richard, son régisseur au Vaudequy.

Affaires privées et gestion de propriété.

(m. 754-759). — Imprimés trouvés parmi les archives du Vaudequy : Recueil d'un voyage en Terre-Sainte. — Division des pays bas catholiques. Observations sur le mémoire justificatif de la Cour de Londres, par Caron de Beaumarchais (1779). — Bulletin des correspondances réunies du clergé de la sénéchaussée de Rennes (Assemblée Nationale) 1789. — Entretien sur l'assemblée des Etats de Bretagne de 1766. — Lettre du roi pour la convocation des Etats généraux, le 27 Avril 1789. — Répliques pour le maréchal de Duras, 1780.

Autres terres de l'évêché de Vannes.

15 Juin 1617 (m. 760). — Hommage fait au roi, en la juridiction de Vannes, par éc. André du Bot, s^r de Kervezo, pour le lieu de **Kervezo**, sis aux paroisses de Bourpaule et Mesuillac, qui lui est advenu par le décès de feu Guillaume du Bot, son père, depuis trente années.

2 Avril 1647 (m. 761). — Arrêt de la Chambre des Comptes de Bretagne, qui adjuge la mouvance de la terre de Quervezo (par. de Bourgpaule) à Mgr le duc d'Elbeuf, à cause de son fief de Malestroit en Quidice.

La terre de Kervezo ou Quervezo est alors la propriété de n. h. Jan Quinio, lui ayant été baillée en échange par Pierre du Bot, s^r du Grégo, qui lui-même la tenait de son père André du Bot. Elle figure : 1°) dans le minu des terres dépendant de la châtellenie de Rochefort, sous

Vannes, tombée en rachat par le décès de Claude, sire de Rieux et de Rochefort, minu fourni par Suzanne de Bourbon, le 28 Août 1533 ; — 2°) dans le minu de la châtellenie de Rochefort, tombée en rachat par décès de Jean sire de Rieux et de Rochefort, fourni par Claude sire de Rieux, son fils, en 1519 ; — 3°) dans l'aveu de Rochefort par Suzanne de Bourbon, ayant la garde de Claude de Rieux, en 1542. Il est donc indiscutable que la dite terre est de la mouvance de Rochefort.

5 Juillet 1679 (m. 762). — Arrêt du Parlement rendu entre Messire Pierre du Bot, s^r du Grégo, d'une part, et Charles Beaucé, fermier de la terre de Villeneuve, appartenant à messire Florans-Louis Jacquelot et d^e Louise Cybouault, sa mère, Jean Deshayeux, d^e Marie Coupperye, d^e de la Maillardière, Bernard Foulgères, et Etienne Bugon, syndics des créanciers de Jacques et Lorans Gobert, ci-devant banquiers à Rennes, d^e Adelice Pezron, d^e de Menehouarn.

Arrêt qui condamne Louise Cybouault à payer à Pierre du Bot la somme de 4.913 ₶ 2 d. restant de celle de 14.000 ₶ prix du contrat (22 Juillet 1660), portant vente de la terre de *Villeneuve Quistinic*, consenti par messire Jacques de Cécillon, tuteur du dit du Bot, à feu N... Jacquelot et Louise Cybouault

12 Novembre 1768 (m. 763). — Rôle rentier de la seigneurie de **Tréduday**, s'étendant dans les paroisses de Melrand, Plumeliau, et au bourg trévial de St-Nicolas Blavet, appartenant à M. du Grégo, pour la recette du terme échu le 1er Septembre 1768.

Ce rôle comprend les fiefs de Kerguellen Bras, Talroch, Noquello, Kerguellen Bihan, Collogat, Kervran, Keryvallan, Quello Bihan, Kerdrain, Lopramrum, Manegronach, Pratlivrih, Coetboven, Talvern, Kerlay, Kerbihan, etc..... et s'élève à 736 ₶ 19 s. 3 d.

On voit dans ce rôle les apprécis de Pontivy, en 1768.

La perrée de froment................	28 ₶	5 s.
— de seigle..................	15 ₶	4 s.
— d'avoine grosse............	9 ₶	13 s.
Un mouton réduit.................	9 ₶	
Le couple de chapons....	1 ₶	16 s.
Une poule..................... ..		8 s.

1er Sept. 1774 (m. 764). — Rôle rentier de la s^{gie} de Tréduday, appartenant à M. du Bot du Grégo, s'élevant à 760 ₶ 2 s.

19 Mars 1783 (m. 765). — Requête adressée aux juges particuliers de la maîtrise des eaux et forêts de Vannes, par messire Charles-

François-Jules du Bot, chevalier, s^{gr} du Grégo, Kersapé, Sulé, Caden, Le Vaujour, Kerglas, etc. aux fins de poursuivre Michel Guyot, meunier du moulin de Bilaire, domanier d'une tenue au village du Halleguen, en St-Nolff, dépendant de Kerglas, et Jean Daniel, son fermier.

Le s^{gr} du Grégo réclame 600 ₶ d'indemnité au domanier, parce que Jean Daniel avait coupé 14 plançons de châtaignier, écouronné 3 plançons de chêne, abattu 2 alisiers, un chêne et 2 châtaigniers. D'après l'usement de Broerech, le domanier n'a que la propriété des droits convenanciers qui sont les maisons, murs et fossés sur le fond de la tenue ; les arbres fruitiers sont estimés à la charretée sans que le domanier puisse en disposer.

1er Sept. 1786 (m. 766). — Rôle rentier de la s^{gie} de Treduday, s'élevant à 768 ₶ 11 s. 10 d.

25 Août 1790 (m. 767). — Pièce de procédure de la sénéchaussée de Rennes, pour messire Charles-François-Jules du Bot du Grégo, contre le sieur Bazille Poinsignon, administrateur général des domaines du roi, suite et diligence du sieur Gabriel-Louis Fricot de Maisonneuve.

On réclamait à Charles du Bot les titres de ses héritages relevant noblement du roi à devoir de rachat, au village de Rangliec, en Ambon, et il répondait ne rien posséder sous le roi à Rangliec.

CORNOUAILLE

LA ROCHE-HELGOMARC'H, LAZ ET BOTIGUIGNEAU

(NOTICE)

Les archives du Grégo concernant les évêchés de Léon et de Cornouaille sont principalement constituées par le fonds du marquisat de La Roche et de Coatarmoal et de la baronnie de Laz. Un certain nombre de pièces touchant les autres possessions des marquis de la Roche s'y rencontrent aussi avec des titres provenant des diverses familles, ayant possédé ce marquisat, et demeurés dans le chartrier de La Roche et de Laz. Leur présence au Grégo s'explique aisément. Il n'en est pas de même de certaines liasses — et non des moindres — qui ne semblent intéresser nullement ni le marquisat de La Roche ni ses propriétaires, par exemple celles relatives à la famille Daniel de Coray, aux Augustins et aux Hospitalières de Carhaix, ou encore à la seigneurie de La Haie-Douar et à l'abbaye du Relec.

Le hasard qui a rassemblé ces documents au Grégo a, par contre, dispersé les anciennes archives de La Roche et de Laz. En effet les pièces ci-dessous inventoriées sont loin de constituer le fonds complet de ces seigneuries : une simple notice sur leur histoire ne peut même être entreprise sans recourir à d'autres sources. Et pourtant l'étude de leur administration ne laisse pas de présenter un certain intérêt, tant à cause de leur étendue que des familles à qui elles ont appartenu.

I

Le marquisat de La Roche et de Coatarmoal est d'origine toute artificielle. Il fut créé par Henri III en faveur de l'un de ses courtisans Troïlus de Mesgouez, suivant lettres du 8 mars 1576 publiées au Parlement le 5 octobre suivant (1), et constitué par l'union des seigneuries de Coatarmoal (2), de La Roche-Helgomarc'h (3), de Laz et de Botiguigneau (4). Ces trois dernières terres étaient contiguës et leur réunion forma jusqu'à la Révolution l'une des juridictions seigneuriales les plus importantes de la Cornouaille.

Les documents sont muets sur les origines de ces seigneuries. La baronnie de Laz (5), telle qu'elle était constituée au xve siècle, comprenait la partie de la Cornouaille qui s'avançait en pointe dans le pays de Poher, du bourg de Coray jusqu'à quelques toises de la petite ville de Châteauneuf-du-Faou. Le chef-lieu en était le château

---

(1) *Archiv. du Grégo*, ms. 920.
(2) En Plouzévédé, év. de Léon. Ce manoir était en ruine dès la fin du xviie siècle. *Arch. de la Loire-Inférieure*, B. 1754.
(3) En Saint-Thois, év. de Quimper.
(4) En Châteauneuf-du-Faou.
(5) Nous ignorons à quelle époque remonte cette appellation.

de Laz (1), qui s'élevait au bourg de ce nom, au bord d'un des anciens chemins mettant Carhaix en communication avec la mer. Aucun vestige n'en subsiste ; on n'en retrouverait l'emplacement qu'en prenant pour guides les anciens titres. Il fut en effet de bonne heure abandonné par ses seigneurs qui en arrivèrent à oublier le chef-lieu de leur seigneurie ; les aveux et les minus le passaient sous silence (2), mentionnant en première ligne le manoir de Trévaré (3), qui n'était qu'un arrière-fief de Laz. Possédé en 1486 par un certain Jehan Droniou, ce manoir fut saisi féodalement en 1623 sur les héritiers de Jean de Leinlouet par Anne de Coatanezre marquise de La Roche (4) et désormais conservé dans leur domaine utile par ses successeurs qui en firent leur résidence ordinaire.

Il était construit à la lisière de la forêt de Laz, sur le versant nord des Montagnes Noires, dans une situation très pittoresque d'où l'on découvrait une grande partie de la Haute-Cornouaille et du Poher. Les descriptions données dans les aveux laissent deviner la vie dont il était le

---

(1) Aveu de Charles de Kernezne, vers 1630. *Archives de Kerwazec*. « Maison et baronnie de Laz affermée 18 l. en 1700. » *Arch. de la Loire-Inférieure*. B. 2017. (Communications du Vte du Halgouet).

(2) Aveu de 1486. *Arch. de la Loire-Inf.*, B. 2017. — Minu de 1501. *Arch. du Finistère*, A. 38, f°s 175-176.

(3) Nous n'adoptons pas l'orthographe fautive de Trévarez, que nous avons rencontrée pour la première fois dans une pièce de 1739. (*Arch. du Fin.*, B. 856). La carte de Cassini porte Trévarès. Ogée écrit Trévarez ; cette graphie est devenue l'orthographe officielle. Le nom véritable est Trévarré (1486, 1561, 1601, 1674, 1691, 1759, 1777) ou Trévaré (1681, 1763, 1768, 1775) qui représentent la prononciation actuelle, ou encore Trévaray (1426, 1735), pour une forme plus ancienne Trévarrec, encore employée cependant dans des actes de 1602, 1603 et 1720.

(4) *Arch. du Grégo*, ms. 798.

centre. Outre le château, qui renfermait une bibliothèque choisie (1), et ses dépendances immédiates, il y est parlé d'une boulangerie, d'un four avec fournil, d'un « pavillon pour le carosse », d'écurie, volière, maison à pressoir, étables et autres bâtiments de la métairie, jardin, puits, vivier, etc. : ce n'était pas un simple manoir, c'était comme une petite cité au fond des bois... En 1759, après la mort de Anne-Thérèse de Kernezne, le château délaissé par ses maîtres depuis des années avait besoin de réparations. Mais cet état de choses ne s'était pas amélioré quand, sous la Restauration, le chevalier de Fréminville vint le visiter. Ne nous en a-t-il pas laissé une description peu flatteuse (2) ?

Non loin du Château s'élevait dès 1501 une chapelle sous le vocable de Notre-Dame. Une chapellenie de trois messes par semaine y était desservie, entretenue sur les revenus de la seigneurie (3). Cette chapelle fut reconstruite en 1700 (4) et le clocher, suivant la tradition, ne serait rien moins que l'œuvre de Vauban (5).

Au XIXe siècle, la chapelle était dédiée à St-Hubert, et la baronne Bonté obtint de l'empereur un décret, signé à Tilsitt, le 6 août 1807, l'autorisant comme oratoire domestique (6).

(1) Cambry. *Catalogue des objets échappés au vandalisme révolutionnaire*. Edit. Trévédy, p. 212 et s.
(2) De Fréminville. *Antiquités du Finistère*. II, 197.
(3) Une somme de blé, une somme de seigle et 10 l. mon.
(4) Communication du Vte du Halgouet.
(5) *Notes manuscrites sur Saint-Goazec*, par M. Le Bec, conservées à la mairie de cette commune. — Mais que ne rapporte la légende ? On raconte bien qu'étant à l'école militaire de Brienne, Napoléon venait passer ses vacances à Trévaré chez le baron de Marbeuf, son protecteur, qui ne fut jamais d'ailleurs propriétaire de Trévaré.
(6) Chan. Peyron. *Eglises et Chapelles du Finistère. Bulletin de la Société archéologique du Finistère*, XXXVII, 168.

La baronnie de Laz était d'une consistance très compacte. Elle comprenait la vaste paroisse de Laz, dont Saint-Goazec ne formait qu'une trêve, la presque totalité de Trégourez, où cependant la seigneurie de La Châtaigneraie comptait d'importantes mouvances, et, enfin, une notable partie de Coray (1).

Le proche-fief de Laz ne s'étendait pas sur tout ce territoire : plusieurs seigneuries ou manoirs en relevaient. C'étaient, en Laz, Coatbihan, Kerorhant, Les Salles, Stancorven, Rosilis-Ploué, Guern-an-Bastard, Le Plessis, — dans la trêve de Saint-Goazec, Kerbigodou et La Salle-Penquelen, — en Trégourez, La Villeneuve, Crec'hanveil et Kerguiridic, — en Coray, Keromnès.

Les droits honorifiques ne faisaient pas défaut à un fief de cette importance, et le baron de Laz pouvait se dire premier prééminencier dans les églises ou chapelles de Saint-Germain et de Notre-Dame, au bourg de Laz, de Saint-Augustin, de Notre-Dame de Trévaré, de Saint-Pierre à Saint-Goazec, de la Madeleine, de Saint-Idunet, à Trégourez, et de Notre-Dame de Ponthouar.

Au nord de la baronnie de Laz, mais sur la rive droite de l'Aune, s'étendait la seigneurie de Botiguigneau, en Châteauneuf-du-Faou. Autant ses dépendances sont nettement délimitées, autant ses origines et son développement sont ignorés (2). Dès 1486, elle appartenait à la famille de Laval, comme la seigneurie de Laz dont elle partagea les vicissitudes (3).

La seigneurie de La Roche-Helgomarc'h avait des

(1) Le reste de cette paroisse relevait des Régaires de Cornouaille à cause du manoir des Salles.
(2) La tradition locale affirme que cette seigneurie appartint aux Templiers.
(3) *Arch. de la Loire-Inf.*, B. 2017. (Comm. du Vte du Halgouet.)

limites plus imprécises que Botiguigneau et Laz. Elle était comprise dans les domaines de Châteaulin et de Quimper (1). Un grand nombre de manoirs en dépendaient; c'étaient Poulmorgant et Kernalec en St-Thois, La Motte, Stanglevenen, Kerautret, Parc-Jean, Kervennou, Rosquillec, Roc'hou, Kercalédan, Le Guern, Kerhervé, Kergolhuezen, Kereffran, Lannuchuezen, Kerampeoc'h et Quénec'h-du en Briec, Kerigou et Kervaségan, en Edern.

L'ensemble de cette terre se composait de deux tronçons principaux : l'un, formé par la paroisse de Saint-Thois, environnait le château de La Roche-Helgomarc'h, antique forteresse audacieusement construite sur un roc escarpé, mais démantelée depuis une époque très ancienne. Et là, comme à Laz, on avait oublié le véritable chef-lieu de la seigneurie pour le transporter au manoir du Merdy, où, dès le XVIe siècle, devaient être payées les redevances féodales.

Le second tronçon, séparé du précédent par le fief de Guellevain, dépendant de l'abbaye de Landévennec, couvrait une grande partie de l'immense paroisse de Briec avec ses trêves de Langolen, Landudal et Quilinen. La Roche-Helgomarc'h possédait encore des terres en Landrévarzec, en Edern, en Gouézec, et jusqu'en Pleyben et en Lothey, ce qui lui donnait l'aspect d'une seigneurie déchiquetée par les envahissements de ses voisines. Même en Briec, ses dépendances étaient morcelées et les ligences fréquemment contestées. Un grand nombre de vassaux relevaient d'ailleurs soit du Roi, à cause de ses domaines de Quimper et de Châteaulin, soit de deux hautes justices :

(1) A Châteaulin mouvaient les possessions de La Roche en Saint-Thois, Gouézec, Pleyben et Lothey, ainsi que le manoir de Kerigou, en Edern ; le reste de la seigneurie faisait partie du domaine de Quimper.

Les Salles de Landrévarzec appartenant comme Guellevain à l'abbaye de Landévennec, et Quistinit ou La Châtaigneraie.

Les barons de La Châtaigneraie furent en Briec les adversaires opiniâtres des marquis de La Roche. Profitant de l'enchevêtrement des fiefs, ils soutinrent contre eux, au sujet des prééminences dans l'église de Briec, un procès qui, commencé en 1671, était pendant en 1789 et ne fut par conséquent jamais terminé (1). La seigneurie de La Roche avait encore des prééminences dans les chapelles de Quilinen, Sainte-Cécile, Saint-Guennec, Le Pénity en Briec, N.-D. des Fontaines en Gouézec, en l'église tréviale de Langolen et paroissiale de Saint-Thois.

II

Le procès dont il vient d'être question n'aurait eu, paraît-il, d'autre cause que l'incurie du procureur-fiscal en exercice lors de la démolition de l'église de Briec. Il est en tout cas certain que l'administration de cette partie de la seigneurie de La Roche laissait à désirer à cause de son éloignement du membre principal. Les devoirs seigneuriaux n'étaient pas rigoureusement exigés. Ainsi les sergenteries féodées au nombre de quatre, (Lesmais en Gouézec, Kerigou en Edern, Kerautret et Lannuc'huezen (2) en Briec, deviennent bientôt de simples appellations féodales sans signification pratique (3). Leurs propriétaires sont simple-

(1) *Arch. du Fin.*, B. 484.
(2) Lannuc'huezen ne devait le service que tous les trois ans. *Arch. du Grégo*, ms. 867.
(3) Il est à remarquer que deux des sergenteries féodées sont situées dans une région où La Roche-Helgomarc'h n'avait pas de

ment tenus de se faire représenter aux plaids généraux de la juridiction.

Par contre, les droits immédiatement utiles sont perçus très régulièrement. De nature très diverses, devoirs féodaux, fermes muables, droits casuels, leur multiplicité en rend l'énumération difficile. Mais avant tout, la *suite de cour* est exigée, non pas tant à cause des profits indirects qu'en retire la seigneurie, que parce qu'elle constitue une reconnaissance formelle de la mouvance féodale. Aucune pièce n'est parvenue des greffes de La Roche, de Laz, ni de Botiguigneau, au temps de leur autonomie (1). Après la création du marquisat, la juridiction était exercée par les mêmes officiers, sénéchal, bailli et procureur fiscal, assistés de 5 à 6 sergents et d'environ 18 procureurs qui cumulaient le plus souvent leur charge avec les fonctions de notaire. Les audiences se tenaient assez régulièrement de quinzaine en quinzaine, alternativement à Laz et à Briec, en exécution d'un arrêt du Parlement de 1665. Il y avait un auditoire dans chacune de ces deux localités (2). Les prisons se

mouvances. Il a dû en être différemment dans le principe. Aux plaids-généraux de 1781 il est question d'une sergenterie en Trégourez ; Penguernic, en la trêve de Landudal et Parc-Amou, en Landrévarzec, reçoivent également cette qualification. Par contre, il n'est pas fait mention de Lesmais. — Laz n'avait pas de sergenterie féodée.

(1) Nous savons seulement qu'en 1501 le sénéchal de Laz recevait 5 l. de gages et le bailli 50 s., qu'en 1520 le sénéchal et le procureur de La Roche étaient payés 2 l. par an : ces magistrats recevaient en outre les épices.

(2) De juin 1742 à juin 1743, il y eut 26 audiences (y compris les plaids généraux), dont 18 à Laz et 8 à Briec. De décembre 1748 à juin 1749, il y eut 13 audiences dont 6 à Laz, 6 à Briec et 1 qui fut délivrée près la chapelle de Saint-Yves, en Gouézec : il s'y tenait, en effet, tous les ans des plaids le vendredi après la fête de Saint-Yves (19 mai).

trouvaient à Laz (1). Dans ce bourg se voyait également un poteau armorié aux armes de la juridiction avec cep et collier servant de pilori ; les fourches patibulaires de Laz à 4 piliers s'étaient autrefois élevées à proximité du bourg ; mais depuis longtemps elles étaient ruinées ; de celles de La Roche-Helgomarc'h, on ne trouve aucune mention. Les juges seigneuriaux se déchargeaient en effet très volontiers sur les officiers des sénéchaussées du soin de poursuivre les criminels.

Laz relevait de Quimper, et La Roche-Helgomarc'h, partie de Châteaulin, partie de Quimper. Les seigneurs justiciers étaient convoqués aux plaids généraux de ces sénéchaussées. Dans le principe ils étaient accompagnés de leurs vassaux ; dans la suite ils se contentèrent de se faire représenter par le procureur-fiscal de leur juridiction. Cependant l'ordre de convocation fut toujours jalousement envié et âprement défendu. A Châteaulin, le seigneur de La Roche prétendait être appelé le premier jour des plaids immédiatement après le vicomte du Faou, et à Quimper, le troisième jour, aussitôt après le sieur de Guergorlay, c'est-à-dire après la menée de Laz. Conformément enfin aux règles féodales, lorsque la juridiction tombait en *régale* (2) par suite du décès du

(1) *Extrait du registre d'écrous de la juridiction de La Roche et Laz* : « Concierge des prisons de la juridiction du marquisat de la Roche et baronnie de Laz, *située au bourg de Laz*, vous êtes par moy soussigné Guillaume Villepinte, sergent de la dite juridiction, chargé du cadavre du nommé Luc Lamour du lieu de Rozelis-Bloas, en la paroisse de Laz, et ce à requête de M. le procureur fiscal et en exécution d'ordonnance de M. le Juge de la même juridiction en datte du jour d'hier, duquel cadavre vous faires bonne et seure garde, à Laz le 30 janvier 1785, environt les trois heures de l'après-midi. Villepinte sergent. »

(2) En Cornouaille, une juridiction était dite en *régale* lorsqu'elle était exercée par les juges royaux pendant l'année de rachat.

propriétaire, elle était exercée pendant une année par les juges de Quimper ou de Châteaulin, dans l'étendue de leur ressort respectif. En définitive, et sauf en ce qui concerne les procédures criminelles négligées à Laz comme dans les autres juridictions seigneuriales, la justice paraît y avoir été rendue normalement par des magistrats suffisamment instruits, remplissant d'autant plus volontiers leurs fonctions, qu'ils en retiraient immédiatement un bénéfice, consciencieux, sauf quelques défaillances individuelles.

Les agents seigneuriaux, receveurs, procureurs-fiscaux ou fermiers généraux, donnent naturellement le meilleur de leur temps à la perception des revenus de la seigneurie. Les rentes féodales payables les unes en nature, les autres en argent, ne varient pas, ou du moins très rarement, lors de nouveaux arrentements. Parmi ces droits, certains sont particuliers à une seigneurie : à La Roche on rencontre un droit personnel, appelé *Staulaige* que le seigneur fait percevoir sur les lieux ; mais il n'est dû que lorsque la tenue n'est pas habitée par le *fondateur* (1) lui-même, et à défaut de paiement, le seigneur peut, en certains villages, faire abattre la porte de la maison ; de leur côté, les habitants de Laz doivent à leur baron le *Pucholdeliou*, montant à 8 livres. Plusieurs tenanciers de cette paroisse doivent encore un droit de *verrage* de 10 deniers par ténement.

Outre les droits fixes, il y a les revenus casuels et le produit des fermes muables. Les dîmes inféodées et les moulins sont une importante source de recettes (2). Moin-

---

(1) Nous ignorons le sens exact de ce mot. Actuellement à Gouézec, le mot *propriétaire* se traduit en breton par *fondatour*.

(2) En 1765 le produit des dîmes des parcelles de Laz, Garros, Gorré-Laz et Botiguigneau est de 779 l. La même année les moulins sont loués 2060 l. ; il y en a, il est vrai, 5 à Laz et 3 à La Roche.

dres, mais non négligeables, sont les produits des champarts, des glans et paissons (1), des garennes et des herbages (2), du voyerage et des épaves (3). Le droit de recueillir les successions vacantes est souvent aussi une cause des bénéfices importants.

Les revenus des greffes de la juridiction sont cependant moins aléatoires : au prix de location (4), produit direct du droit de justice, viennent s'ajouter les amendes prononcées par les juges au profit de la seigneurie.

Le seigneur tire parti des richesses naturelles de son domaine. Il a, dans l'Aune et dans l'Odet, des pêcheries louées parfois à un prix élevé. La terre de Laz comprend un certain nombre de forêts, celles de Laz proprement dite, du grand et du petit Runanhay (aujourd'hui Runaire), de Quéinnec, de Roch-Daniel (aujourd'hui Royal), de Saint-Anogot et de Quilvern. Au XVIIIe siècle, la marine, pour ses constructions de Brest et de Lorient, y fait faire des coupes nombreuses et importantes.

Plusieurs carrières sont exploitées. La plus intéressante est l'ardoisière de St-Goazec. Ouverte à l'exploitation dès 1486, elle est louée à des particuliers. Mais le prix de location a beaucoup varié : de 10 l. en 1486, il est de 5 l. en 1501, de 138 l. en 1700, de 60 l. en 1765. En 1790, un mauvais entretien de la carrière mit en procès le marquis de La Roche et son locataire.

Une autre industrie s'est développée à Saint-Goazec au XVIIIe siècle. Près du bourg, se trouve un moulin à papier

---

(1) Droit payé pour l'enlèvement des glands et des faînes et le pacage des bestiaux dans les bois. Il était de 6 l. à Laz en 1501.

(2) De 27 l., 10 s., à Laz, en 1486. *Arch. de la Loire-Inf.*, B. 2017.

(3) Affermés 17 s. 6 d. à La Roche en 1520.

(4) 200 l. par an en 1766.

affermé, en 1765, 217 l. plus quatre rames de papier, qui doivent être fournies au procureur-fiscal.

Ce dernier est chargé de la gestion de la métairie dont il vend les produits. Les prairies donnent un grand nombre de milliers de foin (1) ; on élève des veaux, on engraisse des bœufs, pour être ensuite conduits aux foires des environs. Enfin les habitants de Châteauneuf viennent se fournir des légumes du jardin. Les auberges placées près des auditoires ont des clients assidus : celle de Laz est louée 210 l. à un marchand de vins de Châteauneuf. Luc de Kernezne n'avait pas hésité à faire faire des démarches près du fermier des tabacs à Quimper pour établir un dépôt à Laz, où il y avait plusieurs foires par an. En 1648, son père Charles de Kernezne avait même obtenu des lettres patentes l'autorisant à y faire tenir un marché tous les mardis : il percevait, en effet, la coutume sur les marchandises qui s'y vendaient.

Commerce, agriculture, industrie, rien n'était négligé dans les seigneuries de La Roche et de Laz pour en augmenter les revenus. Quel en était en moyenne le total (2) ? La marquise de La Roche déclarait en 1700 que le revenu de La Roche et Laz était de 4694 l. 10 s. 7 d., mais qu'après défalcation des douaires, soultes de partage, il ne restait net que 1.427 l. 12 s. 6 d. Cette estimation doit être exacte. Charles Colbert évaluait quelques années

---

(1) Vendu à raison de 12 l. le millier.

(2) En 1501, les fermes muables de Laz s'élèvent à 147 sommes 7 boisseaux de froment, 97 sommes 1 boisseau de seigle. Du 1er mai 1518 au 31 août 1521 le receveur de la Roche-Helgomarc'h perçoit en argent 607 l. 8. s. 3 d., en froment 93 sommes 3/8 de la mesure de la Roche, 53 sommes 1 boisseau et quart de la mesure de Brasparts, 844 bassinées et demie de froment, 59 sommes 1 boisseau et quart de seigle, 173 sommes d'avoine, 372 gélines et 9 l. de poivre.

auparavant ces deux seigneuries à 5.000 l. de revenu (1). Ce chiffre n'a rien qui doive surprendre ; car, si leur ressort était étendu, il comprenait une surface considérable de terres incultes dans les paroisses de Laz et de Saint-Thois.

III

Aussi ces deux seigneuries perdues au cœur de la Cornouaille, ne peuvent avoir d'autre histoire que celle des familles qui les ont possédées. Celles-ci, à la vérité, ne furent pas des moindres de la province. Le marquisat de La Roche appartint successivement aux Mesgouez, Coatanezre, Kernezne, Huchet de la Bedoyère, du Bot du Grégo et Pontbellanger. Mais Laz et La Roche avaient eu auparavant leurs seigneurs particuliers.

Au début du xve siècle, la seigneurie de Laz appartenait aux Guergorlay (2). Elle passa dans la famille de Montfort puis dans celle de Laval, par le mariage de Raoul VIII de Montfort avec Jeanne de Guergorlay, fille de Jean de Guergorlay et de Marie de Léon. Son fils, Jean de Montfort, épousa Anne de Laval, et, après la mort de son beau-père,

(1) « Le marquis de La Roche-Conchar, gouverneur de Quimper, à cause de la dite terre et baronnie de Laz, a environ 5.000 l. de rente ; il a d'autres terres en Léon et ailleurs. (*Bibliothèque nationale*, ms. 291 de la Collection Colbert, f° 145, v°. — Communication de M. H. de la Rogerie). Voici l'évaluation donnée pour les seigneuries voisines : le marquisat du Tymeur, 10.000 livres de rente ; Kergoat-Trévigny, 10.000 l. ; Trésiguidy, 4.000 l. ; Pommerit ou Boisgarin, 4.000 l. ; Pratulo, 3.000 l. ; Kersalaun 7 à 8.000 l. »

(2) En 1426, nobles et métayers : le sire de Guerncorllé, au manoir de Trévaray, exempt. (*Bibl. nat.*, ms. fr. 3812. Ev. de Quimper. v° Laz.)

Guy XII, en exécution d'une clause de son contrat de mariage, prit les nom et titres de Guy XIII, sire de Laval et de Vitré. Il mourut le 12 août 1414, laissant plusieurs enfants, dont André de Lohéac et Louis de Laval-Châtillon. C'est à André de Laval, maréchal de France, connu sous le nom de maréchal de Lohéac, qu'échut la seigneurie de Laz. Il mourut sans postérité en 1485. Après lui, son frère Louis de Laval-Châtillon, devint seigneur de Laz (1). Né en 1411, il fut successivement capitaine de Jugon, gouverneur du Dauphiné, de la ville de Gênes et de Champagne, puis, en 1466, grand-maître des Eaux et Forêts ; il mourut à Laval le 21 août 1489, sans enfant. Son neveu Guy XV, né à Moncontour en 1435, comte de Laval au décès de son père en 1486, hérita de la seigneurie de Laz et décéda lui-même à Laval le 28 janvier 1501. Son union avec Catherine d'Alençon avait été stérile : la terre de Laz échut donc à l'un de ses neveux, Nicolas, fils de Jean de La Roche-Bernard, qui prit le nom de Guy XVI. Il venait d'épouser Charlotte d'Aragon, princesse de Tarente, fille de Frédéric III d'Aragon, roi de Naples ; il en eut quatre enfants, dont Anne, née à Vitré le 23 septembre 1505, filleule d'Anne de Bretagne.

Anne de Laval épousa, en 1521, François de La Trémoille, prince de Talmont. C'est ainsi que la seigneurie de Laz, comme celle de Guergorlay, sortit du patrimoine des Laval (2) pour entrer dans celui des La Trémoille (3). Pour peu de temps, il est vrai. Ces terres étaient trop éloi-

---

(1) Arch. de la Loire-Inf. B. 2017.
(2) DE BROUSSILLON. *La maison de Laval*, III, 1-17, 212-244, 325-339 ; IV, 5-19, 65, 112.
(3) L. DE LA TRÉMOILLE. *Inventaire de François de La Trémoille et comptes d'Anne de Laval*, 93, 143, 174, 175, 213. — *Les La Trémoille pendant cinq siècles*, III, v-x, 72, 91-96.

gnées des résidences ordinaires des La Trémoille et d'accès trop difficile pour être administrées avec profit. En 1531, François de La Trémoille se déchargea de ce souci sur sa femme. Celle-ci mourut en 1553, ayant survécu onze ans à son mari. Elle laissait huit enfants : un partage intervenu entre eux en 1554 attribuait les seigneuries de Guergorlay et de Laz à Georges de La Trémoille, seigneur de Royan, d'Ollone et de Gençay, abbé de Notre-Dame de Chambon et de Saint-Laon de Thouars. Après s'être démis de ces abbayes, Georges de La Trémoille épousa Madeleine de Luxembourg, fille de François de Luxembourg, vicomte de Martigues et de Charlotte de Bretagne. Il servit très fidèlement Charles IX et Henri III et mourut à Poitiers en 1584.

Il n'était plus depuis longtemps seigneur de Laz. Dès 1558, le dépècement de cette terre était commencé. Le bois de Queinnec était vendu, puis le fonds afféagé (1). Le 8 septembre 1561, la seigneurie de Botiguigneau était aliénée (2). Le même jour, Henry Kersaudy, sieur de Coatarguern, achetait de Georges de La Trémoille les rentes dues sur les terres qu'il tenait de la seigneurie de Laz, en Trégourez et en Coray (3). La vente de cette seigneurie elle-même doit avoir été passée vers la même époque.

IV

De même que Laz, le fief de La Roche-Helgomarc'h fut possédé par des familles célèbres. En 1426, il appartenait

---

(1) *Arch. du Grégo,* ms. 790.
(2) *Arch. de la Loire-Inf.,* B. 2017. (Comm. du Vte du Halgouet.)
(3) *Arch. du Grégo,* ms. 174.

au sire de Rostrenen (1). Il s'agit évidemment de Pierre VIII de Rostrenen, mort à Paris en 1440, et qui épousa Jeanne du Guermeur, dame du Ponthou, nièce du fameux Tanguy du Chastel (2). L'une de ses filles, Jeanne, eut en partage La Roche-Helgomarc'h et l'apporta dans la maison du Faou, par son mariage avec Guyon du Quélennec vicomte du Faou (3). Après elle, les seigneurs de La Roche-Helgomarc'h furent successivement son fils Jean du Quélennec, vicomte du Faou, mort en 1520 (4) et son petit-fils Charles également vicomte du Faou. La fille de ce dernier, Marie du Quélennec, reçut en partage La Roche-Helgomarc'h et épousa Joachim de Sévigné. Pierre de Sévigné, seigneur de Vigneu, baron de Crespon, recueillit la terre de La Roche dans la succession de sa mère. Il la conservait encore en 1559 (5). Mais en raison de sa situation, il ne tarda pas à s'en défaire.

V

Sous le règne de Charles IX, les terres de La Roche-Helgomarc'h et de Laz étaient aux mains de la famille de Mesgouez. Le manoir de Mesgouez était situé à gauche de la route menant de St-Renan au Conquet, dans la trêve de Lamper, en Ploumoguer. La famille qui en portait le nom tenait une place importante dans le Bas-Léon. Au XVe siècle, Bernard de Mesgouez épousa Jeanne, héritière de Coatarmoal, et par son mariage devint propriétaire de cette

---

(1) *Bibl. nat.*, ms. fr. 3812. Ev. de Quimper, v° Santoez.
(2) Elle mourut en 1444 (*Arch. du Grégo*, ms. 1722[20] et 1722[27]).
(3) Ctesse du Laz. La baronnie de Rostrenen, 17, 18, 40.
(4) *Arch. de la Loire-Inf.*, B. 2035. — *Arch. du Grégo*, ms. 843.
(5) *Arch. du Grégo*, mss. 914-918 et 867.

seigneurie (1). Un siècle après, le chef du nom, Guillaume de Mesgouez, de son mariage avec Françoise Campir, eut au moins trois enfants : 1º Françoise de Mesgouez, qui épousa Jean du Dresnay, demeurant en 1574 au manoir de Trédiec, en Riec ; 2º René de Mesgouez, sieur de Kermoalec, qui, pendant les guerres de la Ligue, pilla, comme son frère Troïlus, les biens de l'abbaye de Landévennec (2), et 3º Troïlus de Mesgouez qui recueillit dans l'héritage de ses parents les terres dont fut constitué son marquisat. Sa vie mouvementée et pleine d'aventures attend encore un biographe. Dès 1550, il est page de Catherine de Médicis et en devient l'un des favoris. La protection de cette reine lui vaut tous ses honneurs : de son côté, il ne lui ménage pas son dévouement. En 1568, le poste de gouverneur de Morlaix est créé pour lui. Chevalier de l'Ordre du Roi, il préside la Noblesse aux Etats de Nantes en 1574. A cette époque, il résidait ordinairement au château de Liscuit, en Laniscat, qui appartenait à sa femme Claude du Juch (3). L'érection du marquisat de La Roche et de Coatarmoal date, on le sait, de 1576. En mars 1577, Troïlus de Mesgouez est autorisé à équiper une flotte pour se rendre à Terre-Neuve, et le 3 mars 1578, il en est nommé le vice-roi. Il était, en 1589, gouverneur de Fougères et accourait au secours de cette place menacée par Mercœur, quand il fut fait prisonnier à Sablé ; ses papiers et ses titres lui furent enlevés. Il ne recouvra la liberté qu'en 1596 et en profita aussitôt pour essayer de s'emparer de l'Ile d'Ouessant, mais il échoua. Gouverneur de Saint-Lô et

---

(1) P. de Courcy, Armorial, II, 267-268.
(2) P. DE COURCY. Itinéraire de Nantes à Brest, 321. — H. BOURDE DE LA ROGERIE. Le prieuré de Saint-Tutuarn (Bulletin de la Soc. Arch. du Finistère, XXXII, 148).
(3) Arch. du Grégo, ms. 1080.

de Carentan en 1597, il obtint l'année suivante de Henri IV le titre de lieutenant général « pour la conquête des terres du Canada, Hochelaga, Ile de Sable, La Grande-Baie, Labrador et pays adjacents (1) ». Mais il n'apparaît pas qu'il traversa de nouveau l'océan. Il mourut sans enfant vers 1606. Il s'était marié d'abord à Claude du Juch, puis à Marguerite de Tournemine.

Son marquisat passa donc à sa nièce Anne de Coatanezre, épouse en premières noces de Charles de Kernezne, d'une famille originaire du Bas-Léon, puis en secondes noces de Jean de Carné, seigneur du dit lieu et de Coatcanton. Elle vivait encore en 1624 et habitait en Scaër le château de Trévalot, propriété de la famille de Carné (2). Son fils Charles de Kernezne lui succéda. Marquis de La Roche et de Coatarmoal, baron de Laz, vicomte du Curru, châtelain de Pennanéac'h, Languéouez, Keruzas et Kercharles,

---

(1) D'après Pierre Bergeron, le marquis de la Roche se serait rendu en Amérique sous Henri III ; une tempête le rejeta de l'Ile du Sable sur les côtes de Bretagne, où Mercœur le retint prisonnier cinq ans. Dès sa libération, il s'occupa de faire rapatrier ses compagnons restés à l'Ile du Sable, et obtint une seconde commission, mais la mort mit fin à ses projets. Le récit de Bergeron est inexact en partie. D'autre part, Luc de Kernezne, dans un factum de 1696, prétend que c'est au Canada que son prédécesseur fut fait prisonnier de guerre et que, pendant son absence, le château de la Roche, où étaient conservés les titres de la seigneurie, fut brûlé. (*Arch. du Grégo* ms. 920). C'est une autre erreur : la destruction de ce château est antérieure aux guerres de Religion. M. Le Bec s'est fait l'écho d'une tradition différente dans ses *Notes sur Saint Goazec* ; « La Fontenelle « aurait incendié La Roche, en Saint-Thois, et pillé les posses- « sions du baron de Laz, dont il était l'ennemi personnel. » Voir A. DE BARTHÉLEMY. *Documents sur la Ligue en Bretagne*, 19, 223. — OGÉE. *Dictionnaire* v° *Laz*. — DUSSIEUX, *Les grands faits de l'histoire de la géographie*, III, 23-24. G. TOSCER. *Le Finistère pittoresque*, II, 59.

(2) *Arch. du Grégo*. ms. 779.

vicomte de Carentan et de Saint-Lô (1), il était chevalier de l'Ordre du Roi et gentilhomme ordinaire de sa Chambre. Il fut nommé gouverneur de la ville de Quimper et mourut en 1677, laissant au moins quatre enfants de son mariage avec Robine de Marbeuf, trois fils et une fille.

L'aîné des fils, Charles-Robert, posséda les mêmes biens et jouit des mêmes honneurs que son père : mais il ne lui survécut que deux ans. Sa femme, Marie Barbier, ne lui ayant pas donné d'enfant, sa succession fut recueillie par Charles-Louis de Kernezne, fils de son frère Jean-François-Antoine. Charles-Louis de Kernezne, marquis de La Roche, épousa Gabrielle de Lescu, mais mourut aussi sans postérité en 1687. Sa veuve épousa Jean d'Acigné et se retira au château de La Mancellière en Baguer-Pican (2).

Le marquisat de La Roche fut alors recueilli par Luc de Kernezne, troisième fils de Charles. Déjà âgé quand il hérita de son neveu, il mourut en 1699, laissant quatre enfants de son mariage avec Anne-Françoise de Robien : Joseph-Luc, Anne-Corentine-Thérèse, Marie-Angélique et Luce-Corentine (3).

Joseph-Luc de Kernezne, marquis de la Roche, né en 1692, fit ses études à Paris, puis revint se fixer à Trévaré, d'où il prit part à la conjuration de la Noblesse bretonne. En janvier 1720 il se rendit à Paris pour solliciter, déclara-t-il plus tard, au sujet du procès relatif aux prééminences de l'église de Briec, alors pendant au Conseil du roi. Ses démarches n'aboutirent pas ; il apprit bientôt une nouvelle qui y coupa court : la Chambre royale établie à Nantes depuis quelques mois, venait de rendre contre lui, le

(1) *Arch. de Kerwazec.* Aveu de Laz. (Comm. du Vte du Halgouet.)
(2) CHAN. PEYRON. *Notice historique sur les retraites* de Quimper et d'Angers, 17.
(3) *Arch. de la Loire-Inf.*, B. 2017. (Comm. du Vte du Halgouet.)

12 janvier 1720, un décret de prise de corps. Il gagna donc à Nantes, et le 21 février il fut arrêté « sur le bon plaisir du roi » et confié à la garde du sieur du Clos, major du château. Le même jour, le conseiller Nicolas-François Midorge lui fit subir un interrogatoire. A l'en croire, son voyage à Paris n'avait d'autre but que ses affaires : il y était resté quinze jours seulement, passant tout son temps chez les prêtres de l'Oratoire où il logeait avec son oncle, le président de Marbeuf, venu à Paris pour consulter des médecins. Ses relations fort restreintes se bornaient au prince de Tingry, à la présidente douairière de Marbeuf et aux praticiens ; il n'était question entre eux que des souffrances du malade. Il n'ignorait point (la chose étant de notoriété publique) que la noblesse de Bretagne avait formé une association ; mais il n'en connaissait ni le but ni l'organisation. Midorge s'étonna fort de cette ignorance, l'accusant précisément d'être l'un des trois commissaires de l'évêché de Quimper chargés de correspondre avec Alberoni et la cour d'Espagne et de soutenir le zèle des conjurés. Le jeune marquis de La Roche répondit n'avoir jamais rempli ces fonctions ; il nia de même avoir assisté aux réunions tenues dans les forêts de La Nouée, de Lanveaux ou de Pontcallec. Il s'était bien rendu à la dernière foire de La Martyre, mais pour y acheter des chevaux. Il y rencontra d'autres gentilhommes venus dans le même but et notamment le sieur de Villeneuve-Kersulguen, qu'il avait déjà vu deux fois par hasard à Quimper (1) ; les autres lui étaient inconnus. Midorge se montra de nouveau surpris. Le marquis de La Roche, « né gentilhomme avec de gros biens, « devait s'en faire honneur et connaître les gentilshommes

---

(1) Marc-Antoine de Kersulguen, sieur de la Boissière, demeurant au manoir de la Boissière, en Pluguffan.

« de sa province ! » Celui-ci répliqua que le château de Trévaré était à quatorze lieues de La Martyre et qu'il y vivait très retiré avec sa mère, ne connaissant par suite que fort peu les autres inculpés comme Talhouët-Bonamour et du Groesquer (1), qu'il avait rencontrés quelquefois à Rennes. Du Groesquer était venu cependant au printemps 1719 lui demander l'hospitalité à Trévaré ; mais il partit de très grand matin. De même Pontcallec, accompagné de Muzillac (2), avait dîné chez lui un soir de l'été dernier ; pendant ce repas, il n'avait été rien dit de contraire au service du Roi.

Cet interrogatoire conduit mollement ne fournit aucune charge sérieuse contre le marquis de La Roche : on semblait lui faire surtout grief de ses relations avec Kersulguen ; or à ce dernier aucune question ne fut posée touchant ces entrevues ! Etait-ce à dessein ?... On sait l'horrible épilogue de cette triste affaire de Pontcallec, et comment se termina sur la place de Bouffay l'un des derniers soubresauts de vie de la nation bretonne : en exécution de l'arrêt du 26 mars 1720, Pontcallec, Montlouis, Talhouet-Le Moyne et du Couëdic furent décapités ; seize fugitifs, dont Talhouet-Bonamour et du Groesquer, furent, le lendemain, exécutés en effigie. Joseph-Luc de Kernezne voyait les portes de sa prison s'ouvrir devant lui (3). Il se retira à Trévaré et mourut vers 1737.

Sa veuve, Françoise-Thérèse-Claude-Hélène de Lescouet, beaucoup plus jeune que lui (elle était née vers 1716), lui survécut de longues années. Fidèle à sa mémoire, elle se mêle activement à l'affaire de Bretagne qui, sous le gouver-

(1) François-Augustin du Groesquer.
(2) Seigneur de Pratulo, en Cléden-Poher.
(3) *Bibliothèque de l'Arsenal. Arch. de la Bastille*, cartons 10.685 et 10.687.

nement du duc d'Aiguillon, divisa le Parlement et souleva la Province. Tant au château du Bochet, en Bourg-des-Comptes, qu'à Paris, elle lutte contre le pouvoir royal représenté par le duc d'Aiguillon : comme elle entretenait de Paris une correspondance suivie avec Rennes, on l'emprisonna pour la faire cesser (1). Le 25 juin 1765, en exécution des ordres du roi, Miché de Rochebrune, commissaire au Chatelet, accompagné de l'inspecteur de police Buhot, se transporta à dix heures et demie du soir rue des Grands Augustins, où demeurait la marquise de La Roche. Ses papiers furent mis sous scellés ; ils ne laissaient aucun doute sur ses opinions (2) ; elle fut le soir même conduite à la Bastille. Son état de santé et les attaques de gravelle auxquelles elle était sujette, lui rendirent son incarcération particulièrement pénible. « Si les personnes qui ont la bonté
« de s'intéresser à moi, écrivait-elle le 9 juillet, connais-
« saient l'état où je suis, elles redoubleraient leurs ins-
« tances ; mais on ne sait rien de ce qui se passe ici et j'y
« mourrais, sans qu'on en fût informé..... je ne crois pas,
« ajoutait-elle, que les fautes que j'ai commises ne soient
« pas très expiées par quinze jours de Bastille ». On la laissait bien sortir dans une cour, mais qui était encombrée de matériaux et surplombée de dangereux échafaudages. On lui prêtait des livres, mais quels livres (3) ! De plus, elle avait mille difficultés pour obtenir du linge de rechange, et sa femme de chambre, dont les soins lui étaient si nécessaires,

---

(1) B. POCQUET. *Le duc d'Aiguillon et La Chalotais.*

(2) Rennes, 23 février 1763 : « Mille remerciements, Madame, de « la chanson que vous avez eu la bonté de m'envoyer ; elle est « charmante et fait fortune ici. Vous êtes le seul soulagement à nos « maux. »

(3) Les 14ᵉ et 15ᵉ volumes des voyages de l'abbé Prévost et les voyages de l'amiral Xanton.

lui fut enlevée. A la fin de juillet, sans doute avec l'espoir d'une prochaine libération, sa santé s'améliora. Le séjour de la Bastille lui demeurait aussi odieux ; elle multipliait donc ses lettres pour réclamer son élargissement. Le 10 septembre elle fut enfin prévenue qu'elle allait être exilée à Moulins, et le 19, de bon matin, elle montait dans une berline attelée de six chevaux, qui prenait la route du Bourbonnais, précédée de deux domestiques à francs étriers. Au bout de quatre jours de voyage, la marquise de La Roche arrivait à Moulins et se présentait devant le maire, qui lui délivrait un certificat de présence (1).

Du Bourbonnais revenons en Bretagne. Les trois belles-sœurs de la marquise douairière de La Roche étaient mortes depuis bien des années. La plus jeune, Luce-Corentine de Kernezne, demoiselle du Curru, s'était consacrée aux œuvres de piété et de dévotion. Elle avait fondé une mission qui devait se donner tous les dix ans alternativement à Laz et à Milizac par les Jésuites de Quimper ; la suppression momentanée de cet ordre fit disparaître cette fondation. Mais, délaissant la Basse-Bretagne, Luce de Kernezne s'était retirée à Rennes, dans la communauté de Saint-Yves (2) et était morte en 1743. Sa sœur Marie-Angélique, dame de Coatarmoal, mourut vers la même époque (3). Quant à Anne-Thérèse, l'aînée des filles de Luc de Kernezne, elle s'était d'abord fixée à Rennes, puis à Paris, où elle mourut sans alliance en 1759. En 1737 elle avait hérité, après la mort de son père Joseph-Luc, du marquisat de La Roche.

Sa succession fut recueillie pour la plus grande part par Marie-Aude-Jacquette du Châtel, veuve de Hugues-Humbert

(1) *Bibl. de l'Arsenal, Arch. de la Bastille,* carton 12.263.
(2) *Semaine Religieuse de Quimper et de Léon,* XVII, n°s 13, 14, 15, 17.
(3) *Arch. du Fin.,* B. 64.

Huchet de La Bédoyère (1). Elle résida peu à Trévaré, mais eut à cause de son sénéchal des démêlés avec ses vassaux de Laz. Il fut, paraît-il, question au Conseil du Roi d'exiler les habitants de cette paroisse et de les remplacer par des Canadiens.

La comtesse de La Bédoyère mourut en 1768; sa fille Jeanne-Charlotte, de son mariage avec Thomas-Scholastique du Bot du Grégo, avait un fils, Charles-François-Jules, qui au décès de son aïeule devint marquis de La Roche; il habita le Grégo, Trévaré, et Quimper, où il faisait partie de la Loge maçonnique. Il mourut à Trévaré le 23 mai 1812. Sa fille Louise-Exupère-Charlotte du Bot du Grégo, issue de son union avec Jeanne-Françoise-Vincente Thomas de la Caunelaye, épousa en premières noces Antoine-Louis-Henri d'Amphernet de Pontbellanger, qui succomba dans les guerres de la Chouannerie, puis le général Michel-Louis-Joseph Bonté. Elle mourut au château de Trévaré le 27 janvier 1826, laissant un fils, né en 1788, Charles-Félix de Pontbellanger. Celui-ci ne survécut que quelques mois à sa mère (2). L'aîné de ses enfants, Michel de Pontbellanger, recueillit dans son lot ce qui subsistait, après la Révolution, de l'ancienne baronnie de Laz, groupé autour de Trévaré. Mais ces biens ne tardèrent pas à passer par acquêt dans la famille Monjaret de Kerjégu.

...Le château de Trévaré reconstruit récemment apporte une vie nouvelle dans ces solitudes. Il détache sur les tonalités changeantes des frondaisons du Laz l'harmonieuse

---

(1) Un tiers fut légué à Robert-Toussaint de Kernezne, chef du nom et d'armes de Kernezne. (Communication du Vte du Halgouët.)
(2) Mort en 1827.

silhouette de ses constructions magnifiques..... Mais de ces seigneuries, qui jadis s'étendaient entre Quimper et Châteauneuf-du-Faou, qui furent le patrimoine de grandes familles, constituant comme un petit état avec sa justice, son administration, ses finances et même ses usages particuliers, que reste-t-il aujourd'hui ? A Laz, peut-être une dénomination cadastrale ; à La Roche, un pan de muraille et quelques sapins croissant sur des décombres, çà et là des écussons martelés, une inscription à demi effacée, d'imprécises légendes (1) et, fidèles gardiennes du passé, quelques liasses poussiéreuses d'archives.

(1) On raconte que le seigneur de Kergonniou, en Lennon, avait le droit de pénétrer dans la cuisine du manoir de Trévaré, d'y faire éteindre le feu, d'en faire balayer les cendres et d'y placer un fauteuil pour s'asseoir. Cette tradition doit être le souvenir mal expliqué d'une des *solennités* prescrites par la coutume de Bretagne pour la prise de possession des droits immobiliers : le seigneur de Kergonniou aurait agi à la requête du propriétaire de Trévaré et en qualité de procureur *ad rem*. Cette hypothèse se fortifie de ce fait que, parmi les seigneurs de Kergonniou, on compte plusieurs hommes de loi du xve au xviiie siècle.

Raymond D<small>ELAPORTE</small>.

SEIGNEURIE DE LAZ

(paroisse de Laz et autres)

---

17 Décembre 1521 (m. 769). — Minu par Guillaume du Vieux-Châtel, s^r du Brunault, garde de sa fille Loyse, née de son mariage avec Marguerite Tnomelin, d^e du Brunault, des biens de sa femme, à Keranheliou et Kerazel (Keralen), par. de Trégourez, au fief de Laz, fourni au receveur de Guy Cte de Laval.

27 Mars 1530 (m. 770). — Vente par Henry Le Guillou et Marguerite Bourrebau, de la par. d'Edern, à Hervé Le Guillou, de la par. de Trégourez, de la moitié du lieu de Kerfarau, en Trégourez, pour 70 # mon.

19 Avril 1540 (m. 771). — Aveu par Jehan Perrot et Katherine Le Gall, sa f^e, et Laurens Le Gall, à François de La Tremouille et Anne de Laval, sa compagne, s^{gr} et d^e de La Tremouille, de Laz et Guergorlay, à cause de la s^{gie} de Laz, du lieu de Quenec'hanmelin, en Trégoures.

Keremar et Paige, pp.

24 Mai 1546 (m. 772). — Aveu par... Rousseau de biens en la paroisse de Trégoures (le lieu de Trefflaes, héritages à Kerscauff, Kerynyssan, Kerhelcuff et Kerdu) et en celle de Coray (le moulin près Trefflaes, le village de Treffquelehec, etc).

19 Janvier 1561 (m. 773). — Vente par Hervé Aultret et Hazevise Perrot, sa f^e, d^t à Keranher, par. d'Elyent (Elliant), à Amou Perrot, v^{ve} d'Yvon Gauffnech, d^t à Kernechanmelin, par. de Trégoures, du quart de la tenue de lad. Amou, sous Laz.

Rolland et Fily, pp.

8 Septembre 1561 (m. 774). — Vente par Hiérosme Gendrot, s^{gr} de Billozaye, procureur de Georges de la Tremouille, s^{gr} baron de Royan, Ollone, s^{gr} de Quergorlay et Laz, abbé de St-Laon de Thouars et de Notre-Dame de Chambon, d^t à sa dite abbaye de St-Laon, — à Henri Kersaudi, s^r de Coetanguern, d^t au manoir de Kerbleizec, par. de Gourrein, — de toutes les rentes dues au dit seigneur sur le bois de Coetbouc'h, les villages de Kerfinos, Kermen, Quilbignon, etc., etc., au fief de Laz, par. de Trégourez et de Coray, avec les prééminences et droits honorifiques résultant de ces rentes, moyennant 1160 # mon., avec réserve par le s^{gr} de La Tremouille du droit de rachat, foi, hommage, lods et ventes.

Ces rentes s'élèvent à 6 sommes de froment, 6 de seigle, 1 1/2 d'avoine, 37 # 10 s. 4 d. mon. et 3 gélines.

22 Septembre 1564 (m. 775). — Vente par Hervé Merrien et Françoise Le Gall, sa f^e, d^t par. d'Edern, à Gilles Keremar, d'un champ à Kernechanmelin, sous le ressort de Laz, pour 34 # 3 s. 4 d. mon.

27 Mars 1596 (m. 776). — Vente par Jean et Marie Le Gaunach, à Louis Ouliff, de Keranmenez, d'un champ à Kernechanmelin, sous le fief de Laz, pour 18 écus d'or.

14 Juillet 1603 (m. 777). — Vente par Louis Oliff et sa f^e, à Hervé Kerguiziau, s^r de Kericquart, d^t par. de Trégourez, de Parc an Foennec, pour 36 # tournois.

25 Mai 1606 (m. 777bis). — Contrat d'engagement par Yvon Le Moal, de la moitié d'un parc, sous Laz, pour 69 # t.

3 Novembre 1616 (m. 778). — Ecuyer Philippe Bouhier, s^r de la Melleray, d^t au manoir de Tregonnevel, trêve de St-Goazec, par. de Laz, subroge Henri Annas et autres (moyennant 96 # t., une barrique de vin de Goazcogne et un taffeteaux), dans le contrat de féage d'une maison, au bourg de St-Goazec, anciennement nommée la maison de Kerbigodo, que lui avait consenti le 1er mars 1616 éc. Etienne Botrel, s^r de la Villeneuffve, procureur de Gilloine Danjou, douairière de Beauvoir, propriétaire des lieux de la Chainay-aux-Boutailler, La Villeneuffve, Kermoisan, Querdanjou.

20 Août 1624 (m. 779). — Sentence du siège royal de Châteauneuf, entre Hervé, Jean et Pierre Morvan, défendeurs en opposition, et messire Charles de Kernezne, Jan Toulguengat, et autres, demandeurs en la dite opposition, déboutant ceux-ci et condamnant la dame de Carné (Anne de Coatanezre) à garantir les Morvan, ses afféagistes, pour les lieux de Penanguenquis et Kerbigodou.

La dite sentence fut notifiée à Anne de Coatanezre, en son manoir de Trévalot, par. de Scaër, par Dieulangar sergent royal, résidant au bourg de Cléden-Poher.

21 Novembre 1632 (m. 780). – Vente par Hervé Treberen et Marguerite Le Gauffnech, à éc. Pierre de la Garenne, s^r de Kerollivier Penlan, résidant en sa maison de Kerguiridic, par. de Trégourez, de biens situés à Creachanvellin, sous le fief de Laz, pour 219 ₶ 12 s. t.

15 Août 1633 (m. 781). — Transaction sur procès devant la juridiction des régaires de Cornouailles, entre n. h. Jacques de la Garde, s^r de Keriven, et Nicolas Michelet, Jacob Le Livec et autres, détenteurs du manoir de Stangmeur en Coray, par laquel Jacob Le Livec reconnaît devoir seul au s^r de Keriven, 180 ₶ t. pour arrérages.

18 Février 1660 (m. 782). — Contrat par h^t et p^t Jan-F^{çois}-Antoine de Kernezne, chevalier des ordres du roi, gentilhomme ordin. de sa chambre, Vicomte de Keruzas, et a. l., résidant à Trévaré, par. de Laz, acquéreur d'une part d'héritage au village de Calvincq, sous Laz, et en Corray.

12 Octobre 1660 (m. 783). — Reconnaissance de rentes dues à la s^{gie} de Kerbigodou, par les détenteurs des villages de Kerarégou et de Kerdrein, trêve de St-Goazec.

12 Juin 1665 (m. 784). — Chemise de dossier avec la mention suivante : « Arrêt de la Chambre souveraine de la Réformation des Eaux et Forêts, du 12 juin 1665, au sujet des bois dépendant de la s^{gie} de Laz et Botiguineau, en faveur de Charles de Kernezne.

17 Janvier 1670 (m. 785). -- Quittance par Charles de Kernezne, M^{quis} de La Roche, de 240 ₶ du s^r Crec'heven, pour le rachat du manoir de Kerbigodo, dû par suite du décès de Anne Botrel, propriétaire du dit manoir.

Copie sur original apparu par d^e Claude-Françoise d'Acigné en 1684.

10 Octobre 1678 (m. 786). — Bail par Luc de Kernezne, Comte de La Roche, résidant au château de Trévaré, par. de Laz, du lieu de Crec'hanveil, en Trégoures, à Guillaume Le Bihan, moyennant 39 ₶, le tiers des blés, et à charge de suivre le moulin de Folézou.

16 Février 1683 (m. 787). — Extrait des registres de la Réformation du domaine de Quimper. — Déclaration par messire Charles-Louis de Kernezne, M^quis de La Roche, propriétaire des s^gies du marquisat de La Roche et baronnie de Laz, situés en Briec, Landrévarzec et Laz.

A savoir : le château de Trévaré, six moulins à eau (y compris le moulin à papier), métairie, vivier... etc. Il est fait mention d'un minu du 17 avril 1481 fourni aux fermiers du domaine de Quimper, par éc. Louis de Laval, s^r de Chatillon ; de lettres patentes, de septembre 1648, octroyant foires et marchés à Laz, le mardi de chaque semaine ; des plaids généraux de Châteaulin, du 19 juillet 1674, où le s^gr de La Roche-Gommarc'h prétendit être premier « ménéant » au lieu du vicomte du Faou, etc.

Cette pièce est suivie de la sentence des commissaires de la Réformation déboutant le M^quis de La Roche de la mouvance d'un grand nombre de tenues en Briec.

(Sans date) (m. 788). — Moyens d'impunissement proposés par Charles-Louis de Kernezne... etc., contre le prétendu aveu rendu le 30 mai 1684, pour le manoir de Kerbigodou et dépendances par Jean d'Acigné, s^gr Marquis de Kernavalet ; manoir échu au dit de Kernavalet de la succession de Anne de Boterel, sa mère.

(Sans date) (m. 789). — Moyens d'impunissement proposés par Grégoire Le Guillou, s^r de La Motte, procureur fiscal de La Roche et Laz, contre l'aveu rendu par le s^gr de Kernavalet. « Ce dernier y a employé partie du domaine noble de la s^gie de Laz... »

15 Février 1687 (m. 790). — Pièce concernant un appel porté au présidial de Quimper par Jean d'Acigné, Marquis de Carnavalet, propriétaire de la s^gie de Kerbigodou, par. de Laz, d'une sentence de la juridiction de Laz, du 2 mars 1686.

Les actes suivants y sont mentionnés : partage du 29 juin 1528, entre Julien de Quélen, fils d'Olivier de Quélen, s^gr du Dresnay, transportant à Marie de Quélen, sa sœur, épouse de Jean de Kermoisan, s^r de la Villeneuve, la maison et terre de Kerbigodou. — Divers actes d'acquêts et d'afféagements consentis par le procureur de Georges de La Tremouille, baron de Laz, à Jacques de Kermoisan, touchant le bois de Queinnec, le moulin du Poulhecq ou Neuf, les villages de Toularquas, Prativilly, Trivilly, Le Combout, Kaerbihan, et Ty-Urvoas. — Transaction du 4 octobre 1609, entre Jean Boterel, s^r de Beauvoir, époux de Gilloine Danjou, héritière de Nicolas de Kermoisan, s^r de la Villeneuve, et d'Olivier de Quélen, sᵍʳ du Dresnay, d'une part, et Pierre de Boishuon, sᵍʳ du Cheffdubois, dont le sᵍʳ de Beauvoir avait été tuteur, d'autre part, relative à la dime de la 16ᵉ gerbe sur Kerdrein et Keraregou. — La sᵍⁱᵉ de Kerbigodou a des prééminences et droits honorifiques dans l'église de Sᵗ-Goazec.

1696 (m. 791). — Chemise de dossier avec la mention suivante : « Françoise de Robien, veuve de Luc de Quernesne, appelant de la sentence rendue le 18 août 1696 en l'auditoire de Carhaix par le grand-maître des Eaux et Forêts de Bretagne, au profit de Jean de La Roche-Huon, touchant le bois taillis de Quilvern, près le bois de Queinnec. »

1701 (m. 792). — Chemise de dossier portant la mention suivante : « Arrêts de la cour des 12 mars et 3 juin 1701, au profit de la marquise de La Roche, contre le Marquis d'Acigné de Carnavalet, au sujet du bois de Queinnec et autres. »

16 Octobre 1743 (m. 793). — Minu rendu par Corentin Mahé, à Anne-Thérèse de Kernezne, Mᵠᵘⁱˢᵉ de La Roche, de biens à Kerléonnec, en Trégourez.

1761-1763 (m. 794). — Procédure entre le procureur fiscal de Laz, et éc. Marc-Antoine des Hayeux, au sujet de la mouvance de Trefflez, en Trégourez.

11 Mars 1762 (m. 795). — Déclaration par Ambroise Rospars et consorts, à Marie-Aude-Jacquette du Chastel de la Bedoyère, d'un convenant à Kersilaouen, par. de Laz, tenu à l'usement de Poher, (24 s. t., corvées, suite de moulin et de cour, champart et dime à la 33ᵉ gerbe, sauf pour le blé noir.)

24 Octobre 1765 (m. 796). — Cahier de comptes commencé le 24 octobre 1765 (de l'écriture de Guilloré de la Landelle, procureur fiscal), mentionnant la recette des divers revenus des sᵍⁱᵉˢ de la Roche et Laz, et la vente des produits de la métairie de Trévaré.

On y voit que la « perrière » d'ardoises de Sᵗ-Goazec est affermée 60 ₶ par an.

18 Décembre 1767 (m. 797). — Baillée de 9 ans, à compter du 24 août 1768, accordée par Charles-F.-J. du Bot du Grégo, à Ambroise Rospars et consorts, de deux convenants à Kersillaouen, tenus à l'usement de Poher (pour payer 1 ₶ 5 s. t., 24 ₶ de corvées, la dîme à la 16ᵉ gerbe, et le champart ou cas d'écobue à la 4ᵉ et à la 5ᵉ gerbe).

14 Septembre 1776 — 29 Janvier 1778 (m. 798). — Procès au présidial de Quimper, puis au Parlement, entre Paul-Christophe-Céleste de Robien, président à mortier au Parlement de Bretagne, héritier de Anne-Thérèse de Kernezne, d^elle de la Roche, contre Pierre Guilloré de la Landelle, avocat, époux de Marie-Louise de Leinlouet de Kerbournet, et contre Charles-F^çois-Jules du Bot du Grégo, M^quis de la Roche, h^tier de Marie-Aude-Jacquette du Châtel, M^quise de la Bedoyère, et de Thomas-Scholastique du Bot, son père.

Ce procès roule sur les comptes de Guilloré de la Landelle et sur une revendication formulée par lui touchant une pièce de terre au moulin du Pré. On y trouve mentionnés les actes suivants : aveu fourni à la s^gle de Laz par éc. Jean de Leinloet, pour la terre de Trévaré (24 juillet 1601). — Transaction entre Jean de Linloet, s^r de Trevarrec, et Alain de Linloet, son frère (29 octobre 1603). — Saisie réelle de la terre de Trévaré par Anne de Coatanezre, M^quise de la Roche, contre Marguerite de Kergouet, v^ve de éc. Jean de Leinlouet et de Trévarré, F^çoise de Kerrouart, v^ve de Alain de Leinlouet et tutrice de ses enfants, d^elle Jeanne du Leinloet, Marguerite du Leinloet, épouse de Jean de Plumarc'h, s^r de Gosquellen, toutes deux sœurs de Jean de Leinloet et maître Antoine Breil, opposant à la saisie réelle de Trévarré, sur éc. F^çois de Leinloet, fils mineur du dit Jean et de la dite Kergoet (19 octobre 1623). — Testament de Anne-Thérèse de Kernezne, M^quise de la Roche, daté de Paris les 5 juillet et 38 septembre 1758. — Quittance de 523 # 12 s. 6 d. pour le compte du président de Robien, pour l'entretien de l'hôpital de Laz.

La sentence du présidial condamna Guilloré à payer 513 # et les intérêts, sans statuer sur l'autre point. Appel en fut interjeté ; l'arrêt définitif manque.

20 Juin 1777 (m. 799). — Procédure entre Charles-J. du Bot du Grégo, M^quis de la Roche, et Joseph Le Guevel, de Kerherno, en Coray, au sujet de la mouvance d'héritage à Kernaliou, en Tregourez.

31 Mai 1780 (m. 800). — Bail de la métairie de Kervalaen, par. de Laz, pour 6 ans, par Charles-F^çois Gueguen, d^t au château de Trévaré, agissant pour Charles du Bot, consenti à Corentin Jaouen (pour 117 # 2 boisseaux de blé noir, 3 de seigle et 2 d'avoine).

21 Juin 1780 (m. 801). — Bail de la métairie de Kerverger-Izelaf, trève de St-Goazec, pour 6 ans, par le même, à Henry Diverrès, (pour 184 # 10 s. et 1 b. avoine).

4 Décembre 1783 (m. 802). — Bail de la métairie de Coatborch, en

Laz, consenti par Charles-Antoine Cornet, d¹ à Hennebont, et stipulant pour Charles du Bot, à Corentin Le Dreau (135 #, 2 b. seigle, 12 poulets).

8 Décembre 1783 (m. 803). — Bail de la métairie de Prat-Gouanou, en S¹-Goazec, par le même et pour 6 ans (174 #, 2 b. seigle), à Yves Bleuzen.

18 Octobre 1784 (m. 804). — Bail de la métairie de Kerbilliguet, par. de Châteauneuf, par le même, à Guillaume Kernours, pour 9 ans (180 #).

28 Juillet 1781 (m. 805). — Contrat d'afféagement roturier de la tenue de Kerjelaouen, par. de Laz, consenti à Yves Merrien, par Joseph-F^{çois} Régnier, procureur de Charles du Bot (moyennant une rente de 25 #, 5 s. t.).

9 Février 1786 (m. 806). — Bail des métairies de Croas-an-Pennec et de Kerforch, pour 6 ans, consenti par Charles du Bot à Grégoire Le Gaonac'h (141 #, 2 b. seigle et 2 d'avoine).

9 Février 1786 (m. 807). — Bail de la métairie de Kerverger-Huelaf, en Laz, par le même, à Toussaint Cumunel (120 #, 1 b. seigle et 12 jeunes poulets).

9 Février 1786 (m. 808). — Bail de la métairie de Fautoubraz, en Laz, par le même, à F^{çois} Le Ravallec (140 # et 12 poulets).

27 Novembre 1791 (m. 809). — Bail des métairies de Croix-an-Pennec et Kerforch, consenti par Laurent Mazé, agissant pour Antoine-Henri d'Amphernet de Pontbellanger et Charlotte-Louise du Bot, son épouse, enfants et démissionnaires de Charles-Fr.-J. du Bot, à Grégoire Le Gaonac'h (141 #, 2 bois. seigle, 2 b. d'avoine, 12 poulets).

1792 (m. 810). — Baux des métairies de Kerbalaen, des Salles ou Bolé, en Laz, et de Stangmeur, en Corray, consentis par Laurent Mazé, d¹ à Trévaré, fermier général de Charles du Bot, pour ses biens dans le Finistère.

1791-1792 (m. 811-815). — Cinq reconnaissances de sommes diverses au profit de Charles Guéguen et de Jacques Bernard, son gendre, négociants, d¹ à Chateauneuf, par des métayers de Laz et de Châteauneuf.

17 Octobre 1793 (m. 816). — Charles Guéguen et Jacques Bernard, sous-fermiers du citoyen Mazé, fermier de la terre de Laz et de Saint-Goazec, afferment pour sept ans à Ambroise Le Marchaland, la métairie de Prat-Goannou (147 # et 2 b. seigle).

22 Messidor an IV (m. 817). — Bail pour six ans et moyennant 624 #, de la retenue de Trévaré, par. de Laz, par le citoyen Seré, receveur des domaines nationaux de Châteauneuf, au citoyen Guéguen.

18 Juin 1797 (m. 818). — Louise-Exupère-Fr.-Charlotte du Bot du Grégo, v^{ve} d'Antoine-Henry d'Amphernet de Pontbellanger, d^t à Trévaré, afferme pour 9 ans, à Bertrand Le Balein, le moulin du Pré (400 # et 12 canards).

Septembre et Octobre 1809 (m. 819). — Saisies des revenus de la femme Bonté (Charlotte du Bot du Grégo), en la commune de St-Goazec, faite par l'huissier du tribunal civil de Châteaulin et à requête des créanciers de Kernezne (enfants de Toussaint de Kernezne).

La créance est d'un capital de 100.000 fr. dont les intérêts sont dus depuis trois ans. — Dénonciation de saisie est faite à tous les tenanciers de Mad. Bonté, d^t en sa terre de Trévaré, arrondissement de Châteaulin.

8 Janvier 1814 (m. 820). — Vente de la terre de Trévaré, située pour la plus grande partie dans la commune de St-Goazec, et pour le surplus dans la commune de Laz, — faite par Louise-Exupère-F^{çoise}-Charlotte du Bot du Grégo, épouse non commune en biens de Michel-Louis-Joseph Bonté, au dit Bonté, son mari, général de brigade, baron de l'empire, officier de la légion d'honneur, chevalier de la couronne d'Italie, actuellement en convalescence par ordre ministériel, et moyennant 120.000 fr. qui seront employés à purger les hypothèques existantes.

L'acquisition porte : 1°) sur le château de Trévaré « auquel on arrive par une avenue plantée de 4 rangées d'arbres », et les annexes (écuries, remises, basse-cour, chapelle, pavillons, jardins) ; 2°) sur la forêt de Trévaré ; 3°) sur le taillis, quatre métairies, domaines, un moulin, le tout, sans réserve, tel que Mad. Bonté l'a reçu de l'héritage paternel. — Copie extraite de l'original.

2 Mars 1826 (m. 821). — Extrait du greffe de Châteauneuf du Faou. — Levée des scellés à Trevarez, à requête du baron de Bonté agissant comme propriétaire, d^t au Grégo, veuf de Louise du Bot du Grégo, et de Charles-Félix d'Amphernet, Vte de Pontbellanger, chef d'escadron, d^t à Redon, fils unique de Madame Bonté, récemment décédée.

Madame Julie-Josèphe Treouret de Kerstrat, v^ve de Mr Herisson de Beauvoir, d^t à Trohannet, en Briec, et cousine de la défunte, est établie gardienne des objets estimés et inventoriés. L'estimation des meubles, effets mobiliers, blés, linges, dépendant de la succession de Mad. Bonté, s'élève à 7.467 fr., non compris les bijoux et l'argenterie.

On y voit que, en vertu du contrat de mariage de Mr Bonté (4 Brumaire an VI), celui-ci devait laisser à Mad. Bonté ou à ses héritiers des biens meubles jusqu'à concurrence de 14.000 fr.

19 Mai 1842 (m. 822). — Conclusion de l'expertise et estimation faite par MM. de Pioger aîné, C. de Gibon, et Armand de Pioger, arbitres, aux fins du partage de la succession du Vicomte de Pontbellanger. Fait à la requête de la V^tesse de Pontbellanger, de Mad. de Virel, et Mr Michel de Pontbellanger, enfants du défunt.

Après certaines observations, la désignation des lots destinés aux deux enfants est ainsi faite :

PREMIER LOT

	Revenu.	Capital.
Terre de Trevarez........	12.396	444.931
Rente Chabannaye........	1.975	40.000
	14.371	484.931

DEUXIÈME LOT

	Revenu.	Capital.
Le Grégo...............	10.308	343.240
Le Vaudeguip...........	5.449	185.432
	15.757	528.672

La différence doit disparaître lors du prélèvement des reprises et de l'usufruit de la V^tesse de Virel, veuve.

Fait à Boro.

(En ce qui concerne Trevarez, les arbitres donnent à cette terre la valeur vénale de 374.909 (le revenu net au denier trente) à laquelle est ajoutée une prime de congément futur de 70.000 fr.)

SEIGNEURIE DE LA ROCHE-HELGOMARC'H

(paroisses de Saint-Thois et autres)

1400 (m. 823). — Extrait d'aveu rendu par Yvon, s^{gr} de Quelen, du Vieuxchastel et de Quistinit, pour le manoir, le moulin, le terroir de Quistinit, sous La Roche, et différentes chefrentes aux villages de St-Drihezre, Kerguenou, Kergroac'h, Kerdeliou, Kergoumelen, Kerspuen, etc... qui s'élèvent à 34 s. 3 d. 24 rez, 9 bacinées et 6 hannapées de froment, 19 rez de seigle, un rez et demi d'avoine, 20 gélines et 12 poussins.

18 Février 1494 (m. 824). — Aveu par Alain Le Du à Jehan du Quelenec, Vte du Fou, s^{gr} du Quelennec et de la Rochelgomarc'h, de ses terres situées aux villages de Kerguillou, Cuzcou, Cnechquatec, Pratbouric, Treberen, Trohelen, en la par. de Saintoes, et au Magor, en Goezec, pour payer sur ses héritages en Saintoes le sixième de 3 bacinées de froment, au manoir du Merdy.

22 Nov. 1501 (m. 825). — Aveu par Jehan Le Dantec, de la par. de Lennon, rendu à Jehan, Vte du Fou, s^{gr} du Quelennec et de la Roche, de la moitié indivise de deux étages à Kerguillou et Cuzcaoul.

1er Octobre 1501 (m. 826). — Aveu rendu par Alain Cariou au même, de la moitié du village de Kercreven, tenu en proche seigneurie sous La Roche-Helgomarch.

15 Septembre 1502 (m. 827). — Aveu rendu au même, par éc. Hervé Poulmic, s^{gr} de Kerguern, et Jehan Poulmic, s^{gr} de Rosgueguen, pour des héritages à Kerguengar, Kerolivier, Kerguillou, Kerhuil..., en Saint-Thois, pour d'autres en Briec et Edern.

14 Mai 1506 (m. 828). — Aveu par Jehan Kerguelen, s^{gr} de Keranrauch, à Jehan, Vte du Fou, pour différents héritages aux paroisses de Landrévarzec et Sanctoes.

Sur l'étage de la Madeleine en Landrévarzec est dû un devoir personnel appelé « *stolaige* », « c'est à savoir plain ung sach d'une aulne et quart aulne de toille, d'avoine, et une géline les allant quérir au mois de janvier sur le dit lieu, et au cas qu'il y aura déffault peult ledit s^r luy ou son commis abattre l'uys. »

25 Septembre 1506 (*m. 829*). — Aveu par Azelice Le Roy, v^{ve} de Jehan Duault, au même, pour des biens en Sainctois.

11 Avril 1507 (*m. 830*). — Vente par Jehan Rozperz, à Nouel Jouhen, de droits à Kerpumerit, moyennant 18 ## mon.

1507-1518 (*m. 831-840*). — Aveux rendus à Jehan, Vte du Fou, s^{gr} de la Roche-Helgomarch, pour des tènements à Kerguillou, en Saint-Thois (par dom Nédelec au Dantec); pour des héritages en Briec et Edern (par Olivier de Quelen); pour des maisons et terres au bourg de Briziec (ou Briec), indivises entre les paroissiens de Briziec et le recteur; pour le manoir de Lanahuezan, etc.

23 Avril 1514 (*m. 841*). — Vente par Pezronnelle Le Gallou, d^t à Huiblou, en Sainctois, à Yvon Guiamarch, du sixième du convenant de feu Jacques Le Gallou et Marie Le Garrec, ses père et mère.

Gréé en la maison de feu Me Henry Capitaine en la ville de Châteauneuf-du-Faou. Christophe Quiniou et Antoine Lohou, notaires royaux.

15 Avril 1520 (*m. 842*). — Vente par Jehan Steryvenou, à Nouel Jouhan, de droits réparatoires d'un pré à Kernechquay, pour 116 s. 8 d. mon.

18 Décembre 1521 (*m. 843*). — Compte de Noël Jouhen, receveur des recettes de la s^{gie} de la Roche-H., du 1er mai 1518 au 31 août 1521, présenté à la Motte du Fou, à Charles du Quelennec, s^{gr} du Fou et de la Roche-H.

On y voit que les *tailles* et convenants en Sainctoes et la trève de Langolen montent pour trois années à 375 ## 12 s. d'argent, 53 sommes, 1/4 de renée de froment, 124 sommes 1/2 d'avoine, 249 gélines, au terme de St-Michel, et à 88 ## 9 s. au terme de Mai. Il existe le *staulaige* (droit annuel payable en avoine et en argent sur chaque étage à la condition qu'il ne soit pas habité [par le *fondateur* (1) et que le receveur aille percevoir ce droit sur les lieux), qui, pour trois années, rapporte 23 s. 6 d. sur quelques villages de Goézec, Lothey, Pleyben, et Landrévarzec, 21 s. 21 sacs d'avoine, 3 renées d'avoine, 120 gélines sur quelques villages en Briziec, Edern et Sainctoes. Il y a en outre des *cheffrentes* pour 32 # 6 s. 11 d., 844 bacinées 1/2 de froment, 9 livres de poivre, 3 renées 6 criblées d'avoine, 3 gelines (3 années); soit un total général après réduction en monnaie courante : 518 # 9 s. 8 d. — Les *Fermes muables* rapportent 58 # 18 s 7 d. ob., 53 sommes 1 boisseau 1/4 de froment, 53 sommes 1 boisseau 1/4 de seigle (3 années).

Le chapitre de la décharge comprend les versements faits à Jehan Vte du Fou (décédé), Charles, Vte du Fou, à Gillette du Chastel, d^e du Quélennec et V^{tesse} du Fou..., etc...

Les gages du receveur montent à 36 # 60 s., ceux du procureur de la Roche-H. à 6 # (pour 3 années), ceux du bailli de la juridiction (Jehan de Botmeur) à 6 # pour le même temps.

Récapitulation. Le total des recettes pour 3 années s'élève à 617 # 8 s. 3 d. ob. (monnaie courante) ; 53 sommes et 3/4 de renée de froment, mesure de la Roche ; 53 sommes, 1 boisseau 1/4 de froment, mesure de Braspartz ; 14 sommes et 4 bacinées 1/2 de froment ; 59 sommes 1 boiss. 1/4 de seigle ; 173 sommes 4 renées d'avoine ; 373 gélines ; 9 livres de poivre. [On compte 2 renées pour 1 somme, et 60 bacinées par somme.]

Les diverses redevances sont estimées 285 # 12 s. 1 d. et 1/2 d. à raison de

7 d.	la géline.	
16 s. 8 d.	le boisseau de froment	en 1520.
8 s. 4 d.	— —	en 1518-1519.
12 s. 6 d.	le boisseau de seigle	en 1520.
6 s. 8 d.	— —	en 1518-1519.
6 s. 10 ob.	le boisseau d'avoine	en 1520.
3 s. 9 d.	— —	en 1518-1519.

Fait à la Motte du Fou, le 31 décembre 1521. Signé de Kerperennes, de Rosmadec-Foucault.

Mai 1524 - Février 1537 (m. 844-853). — Ventes diverses ; droits réparatoires sous La Roche-H. à Nouel Jouhan et Jehan Jouhan, édifices d'un pré à Rozharnic, parties de convenants, etc.

---

(1) Ce terme de fondateur vient sans doute du mot breton *Fondatour* employé dans certaines paroisses avec le sens de *propriétaire*.

9 Avril 1540 (m. 854). — Aveu à la Roche-H., par Yvon Cariou, de Kergreguen.

20 Avril 1540 (m. 855). — Déclaration au s^{gr} de Roscannou, par Olivier Steryvenou, sur diverses terres en Saint-Thois, sous le fief de la Roche-H.

15 Mai 1540 (m. 856). — Aveu fourni à la Roche-H. par éc. Charles Kersulgar, s^{gr} de Kernechdu et de Kernon.

A savoir : 1°) pour Kernec'hdu (rapportant 13 renées combles de froment, 14 de seigle, 10 d'avoine, et 4 # mon.); 2°) pour le manoir de Kerampeuc'h (rapportant 100 s. mon.) délaissé à Marie Kersulgar, v^{ve} de Me Alain Moisan, sœur de l'avouant, pour sa part de douaire; 3°) pour le village de Rosculec (rapportant le quart de tous les blés); 4°) pour Guermeur et Garzongar (16 d. mon. de chefrente dus à la Roche quand le receveur vient les prendre à Rosculec) ; 5°) 14 s. de cens sur un étage au bourg; 6°) le quart du convenant Berre (rapportant 10 s. mon.) (6 s. 4 d. mon. dus à la Roche et payables à la chapelle de N.-D. du Guyodet, à Quimper, le jour de la St-Mathieu); 7°) le village de Kerfaven, en Briec (rapportant 60 s. mon.).

11 Avril 1543 (m. 857). — Minu de terres, rentes, héritages, juridiction, seigneurie de la Roche-Hagonmar, fourni par Joachim de Sévigné, s^r de Sévigné et Tréal, et d^{elle} Marie du Quelennec, sa f^e, fourni au duc devant ses cours de Quimper-Corentin et Châteaulin.

Sous Quimper-Corentin : le congé de sa personne et menée aux généraux plaids, le 3e jour des plaids, après le congé de la personne du s^r de Guergorllay. Héritages et cheffrentes en Briec, Edern et Landrévarzec. — Sous Châteaulin : le congé de sa personne et menée aux plaids généraux, le premier jour, après le congé de la personne du Vte du Fou. Le manoir de la Roche-Helgomarch, dit Merdy. Héritages et rentes diverses dans les paroisses de Saint-Thois, Gouézec, Lothey et Plyben.

1545-1551 (m. 858-860). — Ventes de droits réparatoires sous la Roche-H., à Jehan Jouhen et Nouel Jouhen. Ces droits montent à 12 #, 30 #, 44 #.

24 Janvier 1545 (m. 861). — Echange de biens à Kerollier, en Sainctoes, entre Jehan Le Gall et Alain Sterynevou.

25 Novembre 1551 (m. 862). — Copie de minu fourni par Joachim de Sévigné, s^r de Sévigné, Vigneu, Tréal, garde de Pierre, son fils, s^r de Vigneu, baron de Crespon et s^r de la Roche-Helgomarch, pour la Roche-H.

23 Février 1554 (m. 863). — Vente par François Caryou, à Isabelle Capittaine, d^t à Kerpeumeurit, en Sainctoes, de ses droits à Kergreuuen, pour 29 #.

1er Novembre 1554 (m. 864). — Vente par Joachim de Sévigné, s^r du dit lieu, Vigneu, Trcal, Bodégat, stipulant pour lui et pour son fils aîné, Pierre de Sévigné, s^{gr} de la Roche-H., à Isabeau Capiten (ou Capittaine), v^{ve} de Jehan Jouhen, d^t à Kerbeurit, de différents convenants à Kerbeurit, Kernechguay, Vagué, Kerrozperz, Kerprimel, et de terres aux dépendances de Poulmorgant, de Rosarnic et de la Villeneuffve, le tout en Saint-Thois, pour 100 # mon.

12 Juillet 1554 (m. 865). — Aveu fourni à Joachim de Sévigné, garde de son fils, par Guillaume Gleongar, d'un convenant à Kolyer (Sainctoez) sous la Roche.

24 Juillet 1557 (m. 866). — Aveu fourni à Pierre de Sévigné, par Jehan Duigou, d'un étage à Kergreven et de terres à Kerhuil, en Sanctoes.

19 Juin 1559 (m. 867). — Aveu au même, par Catherine de Kergoet, d^e du dit lieu, de Mengueffuet, tutrice de Jehan du Quellenec, pour des terres et maisons au bourg de Briec, sur Rosbriant, Kerouem, le manoir de Lannauezan (chargé tous les trois ans de l'office de sergent féodé de la cour de la Roche), le village de Kervézégan en Edern, le manoir de Kervézégan, Keramellen, Keranrest, Guerballay, Keranmarec, et deux parcs du manoir de la Boixière.

9 Mai 1566 (m. 868). — Baillée à l'usement du terroir, consentie par Pierre de Sévigné, à Denys Le Du et consorts, d'un convenant à Kerolier (Sainctoes) moyennant une rente annuelle de 40 s. 7 d. mon. 1 boisseau de froment, 1 renée d'avoine, 1 géline, et une commission de 20 écus sol.

1568-1602 (m. 869-877). — Acquisitions de droits réparatoires par Jehan de Sévigné (d^t au manoir du Plessix en Tréal), de tenues, pièces de terres ou rentes, en Sainctoes, par Maître Alain Jouhen et Catherine Jouhen, d^t au manoir de Keriagu, le tout sous la Roche-H.

16 Novembre 1580 (m. 879). — Aveu par le *procureur-fabrique* de

Briec, à Troilus de Mescouez, Marquis de Coatarmoal, baron de Laz, Vte de Trevallot, s^{gr} de la Roche-Helgomarch, Kermoalec, Botiguigneau..., etc..., de maisons et terres au bourg et dans la paroisse de Briec.

27 Mai 1592 (m. 880). — Cession par Jehan Jouhan et Catherine Jouhan, sa mère, d^t au manoir de Keriégu, près le bourg de Saint-Thois, à Laurens Kerguz, de Rosporden, de ses droits dans la succession de Laurans Jouhan, pour 177 écus d'or sol.

11 Octobre 1598 (m. 881). — Vente par Me Juguel Lysyen et Catherine Kerguz, sa f^e, à Jean Jouhen de leurs droits dans la succession de Marie Jouhen et de Noel Laurans et Isabelle Jouhen, moyennant 8 s. 4 d. de rente sur Kernechguay et sur Guernanmilin, en Saint-Thois.

1er Juillet 1608 (m. 882). — Transaction entre Charles et Jeanne Clec'h, de Kerédern, et Guillaume Le Guillou, de Keraultret-Rivoalen, lequel acquiert un lieu à Kerautret, au fief de la Roche-H., sous le s^r de Kersaudy.

Signé : Pierre de la Lande, s^r de Kerautret, pour les parties.

26 Juillet 1609 (m. 883). — Aveu par Catherine Le Gallou, v^{ve} de Yves Le Goaffec, à Anne de Coatanezre, d^{me} de Carné, h^{tière} du marquisat de Coatarmoal, baronnie de Laz, Vicomté de Trévalot, Saint-Lô, Carentan, des seigneuries de la Rochelgoumarch, Gournoez, Kernivalen, Botiguineau, etc., douairière de la Vicomté du Curru, Keruzas, Languéouez, Penanknech, Kercharles, Kergaravat, etc..., héritière de Troilus de Mezgoez, chev. o. r., conseiller en son Conseil d'Etat et privé, capitaine de 50 hommes d'armes de ses ordonnances, pour le lieu et manoir de la Roche, tenu à domaine congéable, sous l'usement de Poher, pour 27 s. 6 d. mon., 1 boisseau ras de froment, 2 boiss. combles d'avoine mesure du roi, 1 géline, de rente annuelle.

11 Avril 1610 — 4 Mai 1614 (m. 884-890). — Procès devant la cour de la Roche-H. entre le procureur fiscal et Catherine de Kerret, veuve d'Isaac du Quélennec, s^r de la Villeneuve, et tutrice de ses enfants mineurs, relatifs aux lods et ventes dus à La Roche sur deux contrats de vente des 9 décembre 1605 et 13 mars 1606, consentis par écuyer Pierre de la Lande et d^{elle} Louise Coadic, s^r et d^e de Kerautret.

18 Mars 1611 (m. 891). — Aveu par Guillaume Guillou et ses consorts, par Pierre de Kersaudy, s^r du dit lieu, de Penguilly, Trohannet, à cause de Trohannet, d'un lieu à Kerautret-Rivoalen, devant à Trohannet 5 renées rases de froment, 5 de seigle, 5 combles d'avoine foulée, et à La Roche 23 d. mon.

Le s^r de Kersaudy est dit cause ayant de F^çois de la Lande, éc., s^r de Kerautret.

En 1691, 1698 et 1699 furent rendus des aveux semblables.

20 Novembre 1611 (m. 892). — Vente par Yvon Kerbourc'h, de la par. de Briziec, à Jan Moreau, conseiller au présidial de Quimper-Corentin, d'un lieu au village de Gouillic, sous la Roche.

13 Juin 1613 (m. 893). — Minu fourni au roi par Renée de Quélen, épouse de Claude de Lannion, chevalier de l'o. du r., s^gr et d^e du Cruguil, Lisandré, La Noverte, Les Aubraies, etc., d^t au manoir de Cruguil, par. de Brélévénez, des seigneuries possédées par Marie de Quélen, douairière de Quénépily, propriétaire de Quélen, Vieux Chastel, Trochran, Plonévez-Quintin, Le Mouster, Trefflech, Coataven, le Plesseix, Le Rest, Cozkaer, Quistinict, Keranou, etc...

Sous le ressort de Quimper : le manoir et seigneurie de Quistinict, et des rentes s'étendant à Saint-Drihier, Kerarzan, Lanyzien, Kerguennou, Kergroac'h, Kernec'hquiric, Kerdelyou, Kerourmelen, Kerspernen, Mesmeur-Uhelanf, Mesmeur-Iselaf, Kernonen, Kerguynies, Keranchoalyec, Benseudic, Kercaradec, Toulansay, le bourg de Landudal, Kergouziern, le manoir du Merdy, Bécherel, Kernec'hbodou, Keraudren, Kercren, Kerascoet, Mynbran, Kerenéguen, Runangat, dans la par. de Briziec ; — en Trégourez, le manoir de Folézou, et des rentes à Keroret, Kerdunevat, Kernechniridic, Mouden (La Motte), Kerléonec, Kervidan, Keralan, Kergarryc, Kermadec, Kernecuezec, Kermadoret, le manoir de Kergus ; — en Ergué-Gabéric, rentes à Kerdéast, Kerchenaff, Kerurvaz ; — en Edern et Landrévarzec, d'autres rentes. Les redevances avouées montent à 270 # 16 s. 6 d. en argent, 85 gélines, 170 chapons, 55 poussins, 8 moutons, 1 paire de gants, 1 paire de gants à « authour », 1 corne pour la chasse, 2 sonnettes, 3/4 de livre de poivre, 27 journées de corvées ; en avoine, 74 rez, 2 rez combles, 2 boisseaux et 20 troncellées ; en froment, 39 rez et demi, 4 rez ras, 3 rez combles, 1 boisseau, 42 bacinées, 5 bigotées, 1 cyphée ; en seigle, 14 rez et demi, 4 rez ras, 3 rez combles, 3 boisseaux. Il faut y ajouter le champart des métairies et des terres qui s'égobuent.

9 Mars 1614 — 7 Avril 1630 (m. 894-898). — Aveux rendus à Anne de Coatanezre, d^e de la Roche-Helgomarch, par divers vassaux de la

Roche; entre autres par Jeanne du Cleuziou, d^e de Couargant (?) pour sa maison de Kerbérennes, par. de Landrévarzec (en partie sous La Roche), et pour d'autres biens au bourg des Fontaines en Gouézec, acquis de Julienne de Kerbérennes, épouse de N... de la Rivière, s^r de Guénégan (1614), — par Hervé Kerguélen, s^r de Penanjeun, pour le manoir de Kerdouualen (ou Kerdoualen), en Landrévarzec (1615), — par écuyer Tanguy de Kerguélen, s^r de Penanjeun, fils de Hervé, pour le même manoir et des héritages près la chapelle de N.-D. de Quilinen, en Briec (1630).

4 Janvier 1639 (m. 899). — Vente de terres à Ty-Cochen, pour 45 # tourn. par sire Antoine Le Feubre, et f^e, d^t à la Villeneufve, en Saintoys, à Missire François Tanguy, recteur de Saintoys.

1640 (m. 900). — Rentier du Marquisat de la Roche, pour l'année 1640.

On y remarque que le manoir de Merdy, en Sainctoys, est affermé à éc. Jean Pic, s^r de la Jannière.

20 Septembre 1636 (m. 901). — Minu par Alain Le Quéau et sa f^e, de maisons et terres au bourg de Briec, fourni à Charles de Kernezne, à cause de la Roche-Helgomarch.

18 Juin 1635 (m. 902). — Réception à la Chambre des comptes de Bretagne de l'aveu fourni par Charles de Kernezne, Mis de la Roche et de Coatarmoal, tant en privé que comme donataire de Anne de Coatanezre, sa mère, pour la s^gie de la Roche.

3 Décembre 1643 (m. 903). — Aveu par Charles de Kernezne, de la seigneurie de la Roche, sous Quimper-Corentin.

On y voit : droit de juridiction, haute, basse et moyenne avec patibulaires ; droit de menée aux plaids généraux, le 1er jour des plaids ; droit d'exercer la juridiction au bourg de Briziec, de mettre des piliers avec colliers de fer. La Roche possède des armes en supériorité dans l'église paroissiale de Briziec, lisière en dedans et au dehors, ainsi que dans les chapelles de N.-D. de Quilinen, de St-Guézénec, de Ste-Cécile, du Pénity; possède droit de lever les coutumes aux assemblées de ces chapelles ; droit d'épaves, de successions de bâtards ; droit de chasse et de pêcherie.

Le fief s'étend sur le bourg de Briziec..., sur le manoir de Lananuezen (ou Lananuen), le manoir de Kervézégan, le manoir de Kerigou (sergentise féodée), le manoir de Guerguélégan (autrefois à François de la Roche, s^r de Carpon, à présent aux enfants mineurs de Hervé de la Roche, s^r de

Guerguélégan, son fils aîné)... le manoir de Lestudoret ou des Salles (à Jacques de Lage et N... Le Heuc, sa femme), le manoir de Kerefran, le manoir de Kervenou, le manoir de Keranlouet, le manoir de Guinigou (à du Perron, chantre de Cornouaille), le manoir de Stanglevené, le manoir de La Motte (à René de Penancoët et Françoise Lorance, s^{gr} et d^e de Kerouazle, Trohanet, La Motte, etc., à cause de la dite dame)..., le manoir de Trohanet et ses dépendances, le manoir de Penguernic et ses dépendances, le manoir de Rosquillec, le manoir de Roc'hou (à Anne de Sanzay, s^{gr} baron de Keryber (Keribert), le manoir de la Villeneuffve, le manoir de Stang-Lezandevez, le manoir de Kerautret (sergentise féodée), le manoir de Parc-Ancou (à N... de Trégouet, douairière de Talhouet, autrefois à Renée Moisan douairière de Liscuit)..., le manoir de Launay, le manoir de Sulien. Tous ces manoirs sont situés en Briec, Edern, Landrévarzec et en la trève de Langolen.

28 Décembre 1648 (m. 904). — Vente par Jacques Derrien à Alain Jouhen, s^r de Keriégu, d^t en son manoir par. de Sainthoys, de différents droits, en Sainctoys, sous la Roche.

8 Août 1656, 24 Août 1659 (m. 905-907). — Aveux à Charles de Kernezne, par Alain Jouhan, s^r de Kerjégu, et par Jean David, s^r de Keranlouet (d^t au Louédec, par. de Briec); ce dernier pour le lieu noble et manoir de Keranlouet, le Louédec et le lieu du Cornel.

25 Août 1659 (m. 908). — Minu rendu au même par Jacques de Lage, baron de la Chatre, Vicomte de Moréac, s^{gr} de Lage, Kergoumar, la Villeneufve, époux de Jeanne Le Heuc, dame propriétaire de Lestialla, Treganne, Penfoul, Lestudoret, Kervenou, Kereffran, pour les manoir, seigneurie, fief et juridiction de Kereffran, et 4 tenues à domaine congéable ; pour le taillis de Kereffran, le village de Kerva ; le manoir de Lestudoret avec sa prééminence et droits seigneuriaux, moulin, 4 tenues ; le lieu de Kerriou et son moulin ; le lieu de Penanvern ; le village de Kermoel avec 2 tenues et un taillis ; le village de Kercreiz à domaine congéable ; le manoir de Kerveno (à féage noble) ; divers héritages à ligence en Briec, Ergué-Gabéric et en Lothey, avec chefrentes ; la ligence sur le lieu de Kervellégan (à Jeanne de la Roche de Carpont).

Tous ces biens sont advenus à l'avouant de la succession de Suzanne de Kerlec, v^{ve} de Charles Le Heuc, s^{gr} de Lestialla, décédée en 1625.

18 Septembre 1659 (m. 909). — Aveu à Charles de Kernezne, par Marc Jouhan, s^r de Poulmorgant, d^t à Poulmorgant, par. de Sainctois, pour le lieu, manoir et moulin de Poulmorgant, différents convenants à Kerburit, Kerospars, et différentes ligences à Kerfignolec, Kernour-Uhélaff, Rosharnic... en Sainctois et Briec.

11 Juin 1661 (m. 910). — Aveu par Mathieu le Grand de la moitié indivise du village de Rosquellet sous la Roche.

9 Janvier 1664 (m. 911). — Aveu par d^{lle} Marie Aultret, d^e douairière de Kernou, propriétaire de Kernechdu, pour ce qu'elle tient de Charles de Kernezne sous La Roche. A savoir : le lieu et manoir n. de Kernechdu, le lieu et manoir n. de Kerampeoch, une tenue à Roscullec, 28 sous de rente sur le village de Runeven.

27 Juin 1668 (m. 912). — Sentence du présidial de Vannes, annulant la saisie féodale opérée à la requête de Charles-Robert de Kernezne, sur le manoir de Lanhenuen ou Lanneuen en Briec, appartenant à Agnès et Louise de Cardoze. Ce procès se termina par un arrêt du Parlement attribuant à Charles-Robert la mouvance du manoir (22 Mai 1674).

16 Juin 1671 (m. 913). — Pièce concernant un procès entre le M^{quis} de Pontcallec et le M^{quis} de la Roche, touchant l'église de Briec.

19 Janvier 1674 — 12 Juillet 1678 (m. 914-918). — Aveux rendus à Charles-Robert de Kernezne, s^{gr} de la Roche-H., d^t au château de Trévaré, — héritier de Charles, son père, décédé en Octobre 1777 — par différents vassaux, entre autres par Mathias Le Grand, Guillaume Bourriquen, s^r de Queneachdu (pour les manoirs de Queneachdu et de Kerampeoch).

25 Octobre 1678 (m. 919). — Donation par Jean Le Piquart, de Quimper, à Yves Cosquéric, vicaire perpétuel de Briziec, d'une maison, sise au bourg et sous La Roche, pour la célébration d'une messe par semaine.

4 Août 1681 — 19 Décembre 1696 (m. 920). — Pièces concernant les procès soutenus à l'occasion de la Réformation du Domaine, entre Charles-Louis de Kernezne, puis Luc de Kernezne, d'une part, et François Simon de la Haye, puis Charles Bougis, fermier des domaines, d'autre part, au sujet de la terre de la Roche, sous les juridictions de Quimper et de Châteaulin.

Principaux points contestés : 1°) La mouvance du manoir de Kerriou, en Gouézec. Actes mentionnés : Aveu par Olivier de Lesbescat et Anne de St-Alouarn, s^r et d^e du Brestier, Lesmais, du Parc et Querguenval, pour la ligence du manoir de Queriou, sous la Roche (1530) ; partage entre Gabriel de Goulaine et Mauricette de Goulaine, épouse de Vincent de Plœuc (1587) ; aveu au roi pour Keriou, par Mauricette de Goulaine, douairière de Plœuc (19 Juin 1602); aveu à S. M. pour Keriou, par Jean de Plœuc, s^r de Kergorlay (18 août 1636); partage entre Jean de Plœuc, fils de Vincent de Plœuc, et sa sœur Marie de Plœuc d^e de Pratmaria (1639) ; aveu au roi par Alain de Lesquen, s^r de la Villeneuve, époux de Marie de Plœuc, pour Keriou (16 Juin 1642) ; arrêt du Parlement maintenant le M^{quis} de la Roche dans la mouvance de Keriou, contre Nicolas Riou, s^r du Ros, époux de Françoise de Plœuc et de Joseph de Lesquen, s^r de la Villeneuve, et contre éc. Claude Marigo, s^r de la Villeneuve (19 Janvier 1672). — 2°) Terres dépendant du manoir de Roscannou en Gouézec. Actes mentionnés : Aveu à la Chambre des Comptes par Alain de Lesmais pour le manoir de Roscannou (1472) ; aveu par Gilles de Lesmais (1480) ; aveu par Guillaume de Lesmais (1541) ; aveu au roi par Jean de Guermeur, s^r de Corroar, pour Roscannou (1639) ; déclaration aux commissaires du roi par Christophe Le Guermeur pour Roscannou (26 Juin 1681). — 3°) Le manoir de la Boixière, en Edern. Actes mentionnés : aveu au s^r de Quistinit rendu par Jean de Quélen pour le manoir de la Boixière (1541) ; — 4°) Le droit de pêcherie et de gorets dans l'Aulne, « ces gorets font un préjudice notable à la pesche des saumons de la ville de Châteaulin, qui est royale et domaniale ».

Le M^{quis} de la Roche appela au Parlement des sentences rendues par les commissaires de Quimper et de Châteaulin en 1683. L'arrêt manque.

Cette procédure mentionne encore les lettres d'érection du Marquisat de Coatarmoal avec l'union à cette seigneurie des châtellenies de Laz, Botiguigneau et La Roche (8 Mars 1576). Elle apprend que « durant les guerres civiles, le château de la Roche, où étaient les titres, fut pillé et volé, en l'absence du s^{gr} de la Roche, fait prisonnier de guerre dans les Isles du Canada où il était vice-roi ».

3 Février 1682 — 15 Juillet 1684 (m. 921-923). — Aveux rendus à Charles-Louis de Kernezne, s^{gr} de la Roche, d^t au château de Trévaré, par Suzanne Jouhen pour le manoir de Poulmorgant (1682), par Marc Le Gall, pour des terres à Ty-Cochen (ou Kergréven), en Sanctois (1684), par Corentin Gouesnou, s^r de Kervern, pour le manoir et métairie noble et moulin de Lannehuen (1684).

8 Décembre 1690 (m. 924). — Pièce concernant un procès entre Charles-Louis de Kernezne, et les fermiers du domaine du roi, au sujet d'une pièce de terre aux issues de Kernaou, trève de Langolen, vendue le 11 Septembre 1679 à Henri Le Cleach par Pierre du Disquay, s^r de Kervent.

On y mentionne un aveu fourni en 1583 à Troylus de Mesgouez, M^{quis} de la Roche, par François Lesandevez.

15 Janvier 1691 — 14 Octobre 1695 (m. 925-935). — Aveux rendus à Luc de Kernezne, s^{gr} de la Roche-Helgomarch, par Alain Scordia (1691) ; par Joseph-Corentin Goueznou, s^r de Kervern, pour le manoir de Lanechuen, en Briziec, et tenues au même lieu (1691) ; par le même jour le même objet et autres tenues en Briec (1695) ; par Suzanne Jouhen pour le manoir de Poulmorgant (1695).

23 Juillet 1692 — 17 Mars 1764 (m. 936). — Procès au sujet des prééminences en l'église paroissiale de Briec, entre les s^{grs} de la Roche, d'une part, et les s^{grs} de la Boixière et de la Châtaignerie (Jean B. de Penandreff, s^r de Keranstret, puis son fils Charles-Louis de Penandreff, lieutenant de vaisseau du roi et chevalier de Saint-Louis) d'autre part.

La sentence du présidial de Quimper rendue le 22 Janvier 1697 fut entreprise par le M^{quis} de la Roche. L'arrêt du Parlement manque.

Cette procédure mentionne : l'exercice de basse justice de la Boixière en 1495, — un procès-verbal des prééminences en l'église de Briec l'année 1668 (on y remarque alors un écusson d'or à 3 pommes de pin, un autre écusson d'azur à 3 quintefeuilles d'argent, réclamé par la s^{gie} de la Châtaigneraie et par celle de Trohannet, — un autre burelé d'argent et de gueules aux armes de François des Yvons, jadis s^{gr} de la Châtaigneraie, — un autre, d'or à 3 pommes de pin, attribué non plus cette fois à Tregain, mais à la Boixière, — autre, chargé de 3 quintefeuilles, que personne ne réclama, le procureur fiscal de la Roche faisant défaut. Au dessus de la maîtresse vitre se trouvent les armes de la Roche : 3 coquilles et un lion rampant de droite à gauche sur fond de sable) ; — un aveu de 1502 par Alain de Trégain pour Kerampeoch, en Briziec ; — un aveu de 1543, par Jehan et François de Quélen, s^{grs} de Quistinit et du Vieux-Chastel, employant partie de la Boixière comme arrière-fief de la Roche, à cause de Quistinit ; — un aveu à la Roche par Olivier du Quélennec (1508), puis par Philippe du Quélennec, sieur de Kerjoly et de la Boixière. Plan du bourg de Briec en 1762.

12 Octobre 1693 (m. 937). — Vente par François Barré, de Kergalleden, à Françoise Barré, des deux tiers de droits réparatoires tenus à l'usement de Cornouaille, au village de Kergariou, sous le Cte de Kermeno, au fief de la Roche, pour 609 #.

18 Janvier 1697 (m. 938). — Attestation établissant que le lieu du Bignat, au bourg de Briec, dépend de la s^{gie} de la Roche.

2 Octobre 1701 (m. 939). — Vente par Charles Pezron, à Pierre Penanreun et f^e, de droits à Kergariou et Goascaradec, en Briziec, tenus à domaine congéable sous la s^{gie} de L'Estang, Trémarec et Troc'hannet, au fief de la Roche, pour 1530 #.

28 Août 1718 — 12 Juillet 1735 (m. 940-943). — Aveux rendus à Joseph-Luc de Kernezne, s^{gr} de la Roche-Helgomarch, par Alain Le Goguay, pour Roscullec en Briec (1718), par Jean Corvaizier et Françoise Goueznou, sa f^e, pour le manoir de Lannehuen (1718), par Marie-Hyacinthe-Andrée Goueznou, épouse de Jacques Bulhier, s^r de la Baudrassière, h^{tière} de F^{çoise}-Toussaint Goueznou, sa sœur, pour le manoir de Lannehuen (1734), par Pierre Le Gourlay, d^t au manoir de Keredern, en Langolen, pour des maisons et terres à Kerahap et au bourg de Briziec, sous La Boixière et au fief de la Roche, par Pierre Dévot, d^t au manoir des Salles en Landrévarzec, pour un jardin à Kerampeoch.

1716-1734 (m. 944). — Rentier de la Roche pour les trèves de Langolen, Landudal ou Trividec, en Briec, la paroisse de Landrévarzec, la trève de Quilinen, en Briec.

4 Juillet 1729 — 31 Mai 1734 — 24 Juin 1736 (m. 944bis). — Ventes entre particuliers sous le fief de la Roche.

L'une est faite par Jacques du Disquay, s^{gr} de Kervent, y d^t par. de Ploneis, à Corentin et Alain Pennanrun.

1761-1765 (m. 945). — Lettres patentes de dispense d'âge accordées par le roi à Yves Le Vigouroux, fils mineur de feu François Le Vigouroux et Marie Le Grand, âgé de 24 ans, 3 mois, 24 jours, à Charles Péron, baptisé à Tregourez le 16 octobre 1747, à Pierre Mahé et Marie Le Dé.

9 Mars 1763 — 15 Avril 1765 (m. 946-947). — Deux pièces concernant un procès entre la M^{quise} de la Roche et les propriétaires de Kerahap (Briec) en impunissement des aveux des 30 sept. 1734 et 12 Juillet 1735.

24 Août 1763 (m. 948). — Aveu par René Le Berre et f^e, rendu à la Comtesse de la Bedoyère, M^{quise} de la Roche, pour le lieu de Rosculec.

18 Janvier 1768 (m. 949). — Aveu par François Mévellec, tailleur d'habits, à Briec, rendu à Charles-Jules du Bot, Comte du Grégo, M^{quis} de la Roche, pour une maison et ses dépendances au bourg de Briec.

20 Juillet 1771 (m. 950). — Sentence du siège royal de Châteaulin, confirmant une autre sentence de la juridiction du Marquisat de la Roche, du 27 Juin 1766, rendue entre Guillaume et Laurent Cévaër, Yves et Guillaume Douguedroit, d'une part ; et Charles-Jules du Bot, h^{tier} p^{al} et n. de Marie-Aude-Jacquette du Châtel, v^{ve} de Hugues-Humbert Huchet, Cte de la Bédoyère.

Il s'agit d'un aveu défectueux concernant le lieu de Goas-an-doaré.

On y voit que le 19 Janvier 1499, Nicolas Le Teaudec fournissait aveu à n. h. Jehan du Quellennec, Vte du Fou, et que le 7 Février 1538, missire Hervé Le Teaudec, prêtre, rendait aveu, pour le même lieu de Groas-an-doaré.

1771 (m. 951). — Requête adressée aux juges de la juridiction royale de Gourin, par Charles J. du Bot, contre Pierre Guilloré de la Landelle, avocat, et Pierre Sérignac, greffier de la Roche et Laz.

Il s'agissait d'un ancien registre d'audience que Sérignac avait égaré.

3 Septembre 1777 (m. 952). — Lettres d'émancipation accordées par le roi à Alain Rannou, fils de Pierre Rannou et de Catherine Darcillon.

24 Juin 1780 (m. 953). — Bail du moulin de la Roche en Sainctois, accordé pour 6 ans par Charles Guéguen, d^t à Trevarré et agissant pour le marquis de la Roche, à Henry Bohan, moyennant 509 # par an.

XVIIIe siècle (m. 954). — Papiers du greffe de la juridiction du Marquisat de la Roche et de la baronnie de Laz. (Inventaires, partages, ventes, échanges, poursuites, sentences, scellés, etc...)

Affaires du Greffe de la juridiction de Guiscriff, sous le Comté de Gournois (Scaer, Gourin, etc...)

Juridiction unie de la Roche-Helgomarc'h et de Laz.

10 Octobre 1618 (m. 955). — Arrêt du Parlement réformant une sentence du siège de Châteaulin, déclarant que les juges de la Roche ne pouvaient connaître d'une inscription en faux relativement à un acte dressé par les notaires de la juridiction royale de Châteaulin quand un acte de cette nature leur était produit.

27 Février 1738 (m. 956). — Sentence condamnant Yves Le Garrec à payer à Jean Ligaour 2.501 # 8^d, Joseph-Henry de Puyferré étant bailly.

22 Juillet 1742 — 17 Mai 1743 (m. 956bis). — Registre des audiences civiles ; Jean de Kernezne, s^r de Penanech, sénéchal et seul juge.

8 Juin 1746 (m. 957). — Emancipation de Anne-Marie-Jeanne Le Corre, fille de René-Maurice Le Corre et d'Anne Turquet.

6 Décembre 1748 — 23 Mai 1749 (m. 958). — Registre des audiences civiles.

16 Mai 1760 — 3 Octobre 1760 (m. 959). — Poursuites exercées contre Corentin Héméry pour des dégâts causés dans les taillis du Grand et du Petit Runaire, de St-Anogat et du Petit Quilvern. Julien Le Thou, s^r du Hambout, sénéchal et seul juge gruier ; Hervé-François Lurgant, s^r de Tregonnevel, procureur fiscal.

29 Décembre 1762 — 7 Septembre 1764 (m. 960). — Pièces relatives à des difficultés entre la M^{quise} de la Roche et Sauvage, sénéchal de la Roche et Laz.

3 Juin 1767 (m. 961). — Affirmation de compte par Hervé Le Guédez, devant Sauvage, ancien juge de Laz et exerçant cette juridiction pendant l'année du rachat.

4 Août 1767 (m. 962). — Affirmation de compte par René Héméry et sa femme, devant Sauvage.

6 Septembre 1768 (m. 963). — Lettre au procureur fiscal, d^t au château de Trevarré.

16 Novembre 1769 (m. 964). — Sentence condamnant Joseph Le Poriel, à payer 18 # à François Dallayeun.

7 Février 1771 (m. 965). — Pièce concernant un procès au Parlement entre le M^{quis} de la Roche·et Mathieu Troalen et autres appelants comme de juges incompétents de décret rendu en la juridiction de la Roche.

9 Décembre 1772 (m. 966). — Lettres de bénéfice d'inventaire accordées aux héritiers de Jacques Morvan et de Adelice Tricher.

15 Novembre 1775 (m. 967). — Emancipation de Marie-Anne-Laurence Pelicard.

1776-1777 (m. 968). — Procès entre Pierre Michelet, procureur fiscal, et Louise Quelfen... etc., touchant la succession vacante de Jean Salaun.

10 Septembre 1778 (m. 969). — Pièce concernant un procès entre le procureur d'office et Jean Le Cornec, au sujet de la succession vacante de François Le Bris.

SEIGNEURIE DES SALLES ou CHATELLENIE DE CORAY

(sous les régaires de Quimper)

16 Mai 1643 (m. 970). — Quittance d'une somme de 1.400 # tournois versés par éc. Jean de Dammartin, époux de Louise Gourrein, s^r et d^e de Trégastel, d^t à Coray, à éc. Louis Frollo de Kerlivio, conseiller au présidial de Quimper, pour le retrait lignager exercé au nom de éc. Morice Dammartin, leur fils, du lieu de Trévénily (1), par. de Coray, qu'ils avaient vendu le 4 septembre 1643.

4 Janvier 1649 (m. 971). — Contrat d'engagement consenti par éc. Jean de Dammartin et Louise Gourin, s^r et d^e de Trégastel, d^t à Tréffényly, en Coray, à Olivier Le Meur, de Kervenigan, même par., d'un champ situé au dit village et sous le fief des régaires, moyennant 180 # t., et la rente annuelle de 60 s. t.

16 Avril 1662 (m. 972). — Contrat d'engagement consenti par les mêmes à Guillaume Le Scoazec et Etiennette Gestin, sa f^e, d^t à Kerdavid en Coray, au lieu appelé Goarem Treviou, tenu sous le fief des régaires, moyennant la somme de 198 # tourn.

15 Août 1662 (m. 973). — Contrat d'engagement, consenti par les mêmes, aux mêmes, d'un champ situé aux issues du village de Larragen, moyennant 149 # t.

2 Avril 1733 (m. 974). — Estimation des droits réparatoires de deux champs situés à Henquizou, en Coray, à l'occasion du congément exercé contre Jeanne Le Quiniou, v^{ve} d'Alain Le Guillou et F^{çois} Le Duigou, par Pierre Daniel, s^r de Kerary, avocat, époux de Jeanne-Renée de Dammartin, d^t à Trévénilly, en Coray.

---

(1) Trévénily, originairement Tref-Guénily, tenue roturière dépendant des Salles de Coray.

3 Octobre 1735 (m. 975). — Quittance générale consentie par les consorts Le Guillou et Le Duigou au sieur de Kerary Daniel.

11 Février 1740 (m. 976). — Assignation donnée à la requête de l'évêque de Quimper au propriétaire du manoir de Trévinily, de comparaître à l'audience de la juridiction des régaires, pour s'entendre condamner à fournir aveu.

19 Juillet 1740 (m. 976 bis). — Aveu fourni par Marguerite-Olive de Dammartin et Pierre Daniel, s^r de Kerary, avocat, époux de Jeanne-Renée de Dammartin, du lieu de Trévinily, par. de Coray, tenu sous l'évêque de Quimper, à foi, hommage, sans rachat, et pour en payer la dîme à la 11e gerbe et un quarteron de froment.

27 Août 1747 (m. 977). — Bail, consenti par Pierre Daniel... à Louis Morvan et Michel Le Pétillon, de la métairie de Kerdavid, pour 105 # par an, avec condition d'acquitter les charges et impositions et de payer 18 # de commission.

2 Août 1749 (m. 978). — Subrogation de Guillaume Le Scars, de Kerdavid, par Louis Morvan, dans le précédent bail.

9 Mars 1749 (m. 979). — Bail à métayage, pour 6 ans, consenti par Pierre Daniel, s^r de Kerary, du lieu de Trévénily, à Louis Le Pichon et sa f^e.

4 Juin 1751 (m. 980). — Déclaration faite à la subdélégation de Quimper, par Jacques-René Daniel, s^r de Trévénily, pour lui et ses cohéritiers, en exécution de l'édit de mai 1749.

Le manoir et la métairie de Trévénily valent, après déduction des charges (1 quarteron de froment et la dîme à la 11e gerbe à l'évêque) 120 #. La déclaration porte en outre sur des biens à Kerescant (3 #), la tenue de Kerdavid, affermée 105 #, des biens à Kerliganou (19 # 10 s.), le Bois-Quélen en Coray afféagé par l'évêque 30 # par an

19 Août 1751 (m. 981). — Quittance par les fermiers de la châtellenie de Coray, à Louis Le Pichon, fermier de Trévénily, de 36 # pour moitié de la dîme de ce village, et 30 # pour la ferme du Bois-Quélen.

15 Juillet 1752 (m. 982). — Déclaration à la subdélégation de Quimper par Guillaume Le Scars d'une tenue à Kerdavid, en Coray, qu'il tient à féage sous les héritiers du s^{gr} de Kereneisant.

1782-1788 (m. 983). — Trois quittances de dîmes et de chefrentes, consenties à Daniel de Trévénilly, par Le Guillou de Kerincuff, receveur à Coray.

28 Décembre 1758 — 21 Mai 1759 (m. 984). — Pièces concernant une procédure de retrait lignager exercé par Jacques-René Daniel, s^r de Trévénily, contre Louis Hily, relativement à deux pièces de terre situées aux villages de Kerdavid et de Larragen, en Coray.

4 Décembre 1761 (m. 985). — Bail à « ferme partiaire et microist » consenti pour 9 ans, par J.-R. Daniel, s^r de Trévénily, notaire royal, d^t à Kerdavid-Huellaff, à Louis Hilly, de la tenue de Kerdavid.

1766 (m. 986). — Pièces concernant un procès en demande d'exécution des clauses du bail du 4 décembre 1761, intenté par le s^r de Trévénily contre son fermier.

La sentence manque.

1767-1781 (m. 987). — Procédure de retrait lignager exercé par René Daniel, contre les héritiers de Pierre Floch et Marguerite Le Roux, relativement à un champ engagé en 1669.

Dans l'instance, on voit intervenir Alain-Gilles Le Rouxeau, s^{gr} de St-Dridan, époux de Marie-Josèphe Daniel.

ABBAYE DU RELEC

(Possessions en Berrien)

---

5 Août 1552 (m. 988). — Déclaration par Guillaume Le Bourhis, de Run-an-Yot, en Beryen, à l'abbaye du Rellec, de terres et héritages, situés au dit village, pour en payer 25 s. mon., 1 journée de corvée au foin, etc... (comme ci-dessous).

5 Août 1552 (m. 989). — Déclaration par Jacques an Guern, faite à l'abbaye de N.-D. du Rellec, de l'étage où il demeure à Run-an-yot, en Berrien, chargée de 17 s. 6 d. mon., une journée de corvée au foin, la 7e gerbe de tous les blés et *gaigneries*, le charroi d'une pipe de vin tous les ans avec les autres habitants de Run-an-yot, à charge par l'abbaye de fournir à chaque charrette « sa dépense honnestement » et au retour sept pains des pains de l'abbaye et 20 d. mon. (l'abbaye est tenue au double si le charroi au lieu de se faire de Morlaix, se fait du hâvre de Saint-Pol. L'abbé et le couvent sont tenus de fournir à leurs hommes « toutes les foys et quantes que leurs femmes soient en couches d'enfants, une quarte de vin et deux muiches de pain de l'abbaye. »

17 Avril 1572 (m. 990). — Vente par Jean Helias et Marguerite Le Guern, de Penanguern-Bihan, par. de St-Martin (év. de Léon), à Ollivier et Jean Le Guern, de Keranglas (ou Run-an-Iout), des droits de la dite Le Guern, dans la succession d'Alain, son père, tenus à cens sous l'abbaye du Rellec, pour 10 # mon.

3 Septembre 1601 (m. 991). — Déclaration par Pierre Le Bourhis, d'un convenant sous l'abbaye, chargé de 20 s. mon. 20 œufs, la 7e gerbe entre l'abbé et le recteur, 1 journée de corvée du foin, 1 journée de sommuraige, 1 journée de charroi de bois (mais l'abbaye fournit les vivres, 8 pains de froment et de seigle par moitié, et aussi un pot de vin et un pain lorsque la femme du convenancier sera en couches).

12 Novembre 1601 (m. 992). — Déclaration par missire Nicolas Le Guern, prêtre, à René des Rieux, abbé commendataire du Rellec, d'un convenant à Run-an-Iot, en Berrien.

Il s'agit de la même tenue que dans la déclaration de 1552, cependant il faut y ajouter ici « le somuraige d'un quartier de blé de Morlaix au Rellec » ou 14 d. mon. pour être quitte du charroi, et de plus un charroi de bois une fois l'an. Vingt œufs peuvent racheter la journée de fenage.

16 Juin 1615 (m. 993). — Vente par le même, à ses beaux-frères, Thomas et Jean Le Bourlles, d'un convenant et quevaise à Runaryot, à charge par ces derniers de loger, nourrir et entretenir le vendeur, jusqu'à sa mort, et de payer à l'abbaye les redevances suivantes : 21 s. t. ; 1 saulmuraige ou l'apprécis, soit 20 s. ; 1 journée de corvée ou 6 s. ; 20 œufs ou 5 s. ; 2 chapons ou 20 s. ; le tiers de 2 charrois de vin et de bois ou 30 s. t. ; la 7e gerbe de tous les blés et *gaigneries* ; et de suivre l'usement de quevaise. Lors de l'homologation de l'acte de vente, les acquéreurs paieront à l'abbaye 240 # t. pour division de la quevaise.

19 Août 1630 (m. 994). — Déclaration par Jean et François Le Bourlaix, du convenant des Bourlaix, à Run-an-iout, tenu à l'usement de quevaise, sous l'abbaye du Rellec, pour payer 21 s. et les mêmes charges que ci-dessus ; fourni à Mre René de Rieux, évêque, comte de Léon, abbé du Rellec, Daoulas et Saint-Pierre d'Arbois.

27 Décembre 1630 (m. 995). — Déclaration à René de Rieux, du convenant Pierre Le Bourhis, tenu à quevaise, pour payer 30 s., 20 œufs, 1 journée de corvée à bras au foin, 1 saumuraige, 1/3 de charroi de bois et d'une pipe de vin, la 7e gerbe entre l'abbé et le recteur, suite de cour et moulin. « Faisant les corvées, Le Bourhis sera nourri et entretenu suivant sa qualité et condition ».

23 Avril 1642 (m. 996). — Baillée à quevaise d'un demi-convenant à Runiou, consentie par l'abbé à Guillaume Le Bourhis, moyennant 900 # de commission et l'acquit des rentes et redevances annuelles.

20 Mai 1660 (m. 997). — Commutation en féage de deux tiers de convenant tenu à quevaise par François Le Bourlaix, portant 10 # 16 s. t. d'augmentation de la rente annuelle.

20 Mai 1660 (m. 998). — Commutation en féage du tiers d'un convenant tenu à titre de quevaise par Nicolas Guyomarc'h, à charge de payer 5 # 8 s. t. de nouvelle chefrente.

6 Janvier 1661 (m. 999). — Déclaration par Guillaume Le Bourhis, du convenant Le Bourhis, tenu à quevaise (voir ci-dessus).

16 Janvier 1670 (m. 1000). — Commutation de féage en quevaise du tiers d'un convenant, tenu par Nicolas Guyomarc'h, pour en payer 12 #.

11 Octobre 1671 (m. 1001). — Vente moyennant 1200 #, par éc. René de Bouvans, s^{gr} de Keradennec, procureur général de François de Pas, abbé du Relec, à Guillaume Thomas et sa f^e, de deux tiers de quevaise au Reuniou, échus à l'abbaye par suite du décès de leur fils Guillaume, mort sans enfants.

Suivant l'usement de quevaise, à la mort des époux Thomas, tous leurs droits passeront au plus jeune de leurs fils et à défaut de fils à leur plus jeune fille. A défaut d'héritier direct, la quevaise fait retour à l'abbaye.

Les époux Thomas font déclaration pour ladite tenue en 1675.

8 Septembre 1680 (m. 1002). — Aveu par Guillaume Le Borhis, à l'abbaye, d'un demi convenant au Reuniou, d'un demi convenant à Guermaria, et d'héritages au bourg de Berrien, le tout tenu au titre de quevaise.

17 Janvier 1681 (m. 1003). — Déclaration d'un tiers du convenant Izelanf au Runiou, par Nicolas Guyomarc'h, à titre de quevaise, pour payer sa part de 5 # et 2 quartiers d'avoine.

22 Janvier 1681 (m. 1004). — Aveu par Guillaume Thomas de 2/3 de convenant au Reuniou pour payer 14 # 2 s. 6 d. m., les 2/3 de deux chapons et sa part d'avoinage dû par tous les détenteurs du village.

18 Juillet 1684 (m. 1005). — Déclaration par Isabelle Le Lagadec, v^{ve} Guillaume Le Bourhis, à François de Pas de Fouquières, abbé du Relec, des droits quevaisiers faisant l'objet de la déclaration du 8 septembre 1680.

Chaque quevaisier pour une quevaise entière est tenu d'aller une fois l'an avec son cheval à 10 lieues de l'abbaye porter ou quérir une charge à ses frais, « fors qu'il reçoit une miche de pain au départ et une autre au retour ».

4 Novembre 1698 (m. 1006). — Aveu par Ysabelle Le Lagadec, pour son fils juveigneur, François Le Bourhis, rendu à Hardouin Rouxel de Medany de Grandçay, abbé du Relec, d'un demi-convenant au Runiou, et de biens au bourg de Berrien, tenus à quevaise.

6 Novembre 1698 (m. 1007). — Aveu par Guillaume Thomas pour 1/16e de convenant au Reuniou, et 1/8 de convenant à Quinioualc'h.

3 Avril 1699 (m. 1008). — Vente moyennant 952 # 10 s. par Jacques Lorphelin, sr du Chezne, intendant et procureur général de l'abbé du Relec, à Anne Le Borhis, d'un demi-convenant, au Reuniou, échu à l'abbaye par suite du décès de Guillaume, frère de la dite Le Borhis, mort sans enfants.

27 Avril 1701 (m. 1009). — Vente d'un tiers de quevaise au Runiou, pour 378 #.

12 Avril 1708 (m. 1010). — Vente par Guillaume Thomas et sa fe, à Guillaume Izac et fe, d'un sixième de convenant 180 # t.

26 Septembre 1719 (m. 1011). — Vente par Guillaume Isac et fe, du consentement du fermier général de l'abbaye, à Pierre Offret, de Berrien, pour 181 # d'héritages au Reuniou, chargés de 15 # 5 s. de chefrente.

27 Janvier 1721 (m. 1012). — Vente moyennant 396 # par les mêmes, à Pierre Quéméner, d'une demi-quevaise, au Runiou, chargée de 14 # 6 s. 6 d. de rente quevaisière.

1722-1725 (m. 1013-1015). — Aveux pour des parties de convenants à quevaise, rendus à François-Elie de Voyer de Paulmy d'Argenson, archevêque de Bordeaux, primat d'Aquitaine, abbé de Preuilly et du Rellec.

1731-1737 (m. 1016-1019). — Aveux pour des parties de convenants à quevaise, rendus à Antoine de Charpin, ancien évêque de Limoges, évêque et comte de Léon, abbé du Rellec.

29 Avril 1749 (m. 1020). — Vente de terres au Reuniou, sous l'abbaye du Rellec.

HOPITAL ET AUGUSTINS DE CARHAIX

(Carhaix)

10 Octobre 1657 (m. 1021). — Requête présentée à la communauté de Carhaix, par Claude du Perrier, pour obtenir l'autorisation aux dames de la Miséricorde de l'Hôtel-Dieu de Quimper, de s'établir dans cette ville.

18 Mai 1663 (m. 1022). — Autorisation ci-dessus accordée.

3 Juillet 1663 (m. 1023). — Délibération de la communauté de Carhaix, relative à cette autorisation.

14 Juillet 1663 (m. 1024). — Prise de possession par les Hospitalières de Jésus, de Quimper, de l'église de Ste-Anne, hôpital, et maison de Dieu de Karahès, en présence de Claude du Perrier, s^{gr} du Menez, Le Perier, Toulgoat, Boisgarin, fondateur de l'hôpital, de René de Canaber, châtelain de Kerlouet, baron de Coateloret et du Rully, Le Plessix, La Haye, etc..., gouverneur de Carhaix, F^{çois} Gobé, s^r de Rosverniou, procureur du roi à Carhaix, de Charles de Kerampuil, s^{gr} de La Haye, de François Touchard, s^r de Reguinnel, syndic des habitants de Carhaix.

Les religieuses sont au nombre de cinq : Françoise-Corentine de Kermenou, Marie du Cambout, Jeanne et Françoise Le Gualès, Françoise de Kerret.

18 Octobre 1664 (m. 1025). — Vente par Me Jan Eudo et Marguerite Quervetter, sa f^e, d^t à Carhaix, aux religieuses de la Miséricorde de Jésus, à Carhaix, de la maison où ils demeurent, avec son jardin derrière, et ses dépendances, le tout situé au haut bout du Marhallac'h de Carhaix, moyennant 900 # t. avec l'obligation de servir la rente foncière de 14 s. t. due à la chapellenie de l'Estang.

Prise de possession du 24 octobre 1664.

18 Octobre 1664 (m. *1026*). — Vente par François Le Roux, s⁀. du Runiou, du Mezec, etc..., d¹ au manoir de Kerguicher (Gourin), aux mêmes religieuses, pour 4.800 #, d'une maison avec dépendances, vieilles mazières, etc..., à Carhaix.

6 Août 1666 (m. *1027*). — Vente par Guillaume La Vollée et sa fᵉ, de Carhaix, aux mêmes religieuses, moyennant 1.296 # t. de maisons, cours et jardins, à Carhaix.

17 Octobre 1666 (m. *1028*). — Vente, moyennant 1578 # t., par Guionne Le Bigoignon, vᵛᵉ de George Henry, et consorts, aux mêmes, d'une maison et dépendances à Carhaix.

14 Décembre 1666 (m. *1029*). — Vente par Marguerite Douguedroat, veuve Le Dreau, aux mêmes religieuses, de la moitié d'un jardin, pour 325 #.

29 Août 1667 (m. *1030*).. — Vente par Michel Le Louarn, prêtre, aux mêmes, d'une maison et ses dépendances, à Carhaix, pour 650 # t.

30 Novembre 1668 (m. *1031*). — Vente par Michel Le Goff, du bourg de Plounévézel, aux mêmes religieuses, de la moitié d'une maison et d'un jardin, à Carhaix, moyennant 60 # t.

21 Février 1672 (m. *1032*). — Vente par Marguerite Douguedroict, vᵛᵉ Le Dréau, aux mêmes religieuses, d'une moitié de jardin à Carhaix, pour 420 # t.

23 Juin 1673 (m. *1033*). — Arrêt du Parlement condamnant François Le Coz, sʳ de Bourgerel, avocat, gouverneur de l'hôpital Sᵗᵉ-Anne, à Carhaix, à rendre compte de sa gestion devant le sénéchal de Quimper.

11 Février 1675 (m. *1034*). — Evaluation pour la fixation de la somme accordée pour la révocation des édits des francs-fiefs et des nouveaux acquêts et taxes des officiers en Cornouaille, de la maison conventuelle des Religieuses Hospitalières de Carhaix et de ses dépendances, le tout estimé 300 # par an.

2 Novembre 1679 (m. *1035*). — Vente par Françoise Le Rest, épouse de Claude Varine, et ses consorts, aux mêmes religieuses, d'un jardin Carhaix, pour 12 # t.

1er Octobre 1676 (m. 1036). — Ratification par François de Coëtlogon, évêque de Quimper, de l'autorisation donnée par son prédécesseur, René du Louet, aux Hospitalières, de s'établir à Carhaix. Le couvent compte 23 professes.

21 Février 1680 (m. 1037). — Vente par missire Nicolas Tanguy, chapelain des dames religieuses de l'Hôtel-Dieu, aux dites religieuses, d'une maison avec ses dépendances à Carhaix, pour 600 # t.

28 Février 1680 (m. 1038). — Vente par Louise Le Nevez, d^e de Veller Quersallaun, Lesnevez, d^t à Carhaix, aux mêmes religieuses, d'un courtil, pour 300 # t.

1er Mars 1680 (m. 1039). — Vente par Reine des Germaine, d^e du dit lieu, Barbe des Germaine, d^e de Parc-en-feunteun, et Marie des Germaine, d^t à Carhaix, aux mêmes religieuses, d'un courtil à Carhaix, pour 400 # t.

11 Juillet 1680 (m. 1040). — Enregistrement au Parlement, à Vannes, des lettres patentes du 16 avril 1680, autorisant l'établissement des Hospitalières à Carhaix, et confirmant l'amortissement de leurs biens.

1692 (m. 1041). — Pièces concernant l'évaluation des droits à payer, par les Hospitalières de Carhaix, en exécution de la déclaration du roi du 5 juillet 1689, par les ecclésiastiques, communautés, séculiers et réguliers, et autres gens de mainmorte, pour les droits de nouveaux acquêts et d'amortissement.

7 Juin 1694 (m. 1042). — Sentence du siège de Carhaix, condamnant Guillaume de la Boissière à payer aux dames Hospitalières, la somme de 760 # pour arrérages de dotations moniales de Catherine et de Marie-Madeleine de la Boissière, ses sœurs, religieuses à l'Hôtel-Dieu de cette ville.

17 Octobre 1699 (m. 1043). — Sentence du siège de Carhaix, condamnant Louis Turgot, perruquier, administrateur de l'Hôpital général, à payer aux religieuses 100 # 8 s.

26 Janvier 1702 (m. 1044). — Sentence condamnant éc. Yves Garjan, s^r de Troguindy, et Jeanne Veller, son épouse, à payer aux Hospitalières de Carhaix les arrérages dus sur la pension de Catherine Veller, religieuse, et continuer le paiement d'une somme annuelle de 200 #.

2 Avril 1744 — 12 Janvier 1745 (m. 1045). — Quittances de médicaments fournis aux Hospitalières de Carhaix par Pelé, droguiste à Nantes.

⁎ ⁎ ⁎

4 Octobre 1521 (m. 1046). — Donation de 5 s. de rente sur une maison à Carhaix, par Marguerite Cudel, v^{ve} de Jehan Monfort, à Pierre de Haye, prieur des Augustins de Carhaix.

30 Août 1630 (m. 1047). — Lettres recognitoires de 5 s. mon., ou 6 s. t., de rente sur une maison à Carhaix, fournies à Augustin Delaporte, prieur des Augustins, par Louis Janvier, de Kernéguès en Ploukerkarahes, et Madeleine Janvier, de Carhaix.

7 Avril 1727 (m. 1048). — Pièce concernant une procédure entre les Augustins de Carhaix et François Le Louarn, représentant les héritiers de Marguerite Cudel.

6 Avril 1730 (m. 1049). — Quittance consentie aux Augustins, par le fils du procureur Merrien des sommes dues à son père, dans les instances contre le sieur de Kervillerm et François Le Louarn.

20 Mars 1747 (m. 1050). — Sentence du siège de Carhaix, condamnant Sébastien Morvan et Germain-Joseph Le Gallic, s^r de Kergonan, garde des enfants nés de son mariage avec Marie-Louise Morvan, à payer aux Augustins 29 années de la rente de 3 ₶ due sur le convenant Emarch à Kernevez, trève de St-Quijeau, par. de Plouguer, et à fournir lettres recognitoires.

SEIGNEURIE DE LA HAIE-DOUAR
(Berrien)

---

8 Septembre 1598 (m. 1051). — Vente, moyennant 450 écus sol, par Jacques de Boeberil, s^{gr} du dit lieu, du Molant, de Lisle, époux de Marguerite de Coëtlogon, d^t au château du Molant, par. de Bréal, év. de St-Malo, à Yves de Coatanscour, s^{gr} du dit lieu, de Kerbuzic, d^t au manoir de Coatanscour, par. de Plourin, év. de Tréguier, du manoir de la Haie-Douar, par. de Berrien, [affermée 60 s. m., 1 somme d'avoine, 4 chapons, 3 corvées, outre l'acquittement de 10 bigotées de froment et de 2 s. 6 d. dus au roi, en son bailliage de Huelgoat] ; trois convenants au bourg de Locmaria [rapportant 112 s. 6 d., 1 somme d'avoine, 6 chapons, 1 géline et 6 corvées] ; 1 tenue à Kernévez, [rapportant 100 s. mon. 1 chapon, 1 geline, et 3 corvées] ; enfin 94 s. 6 d. de rente et 5 corvées sur diverses terres.

18 Décembre 1609 (m. 1052). — Prise de possession par Yves de Coatanscour, du manoir de la Haie-Douar (affermé alors à Noël Boutin, s^r du Rochier, 19 # 4 s., 12 douzaines d'anguilles, outre l'acquit de 10 bigotées de froment et de 3 s. m. dus à la d^e de la Couldraye, cause-ayant du roi, en la juridiction du Helgouet, et la nourriture d'un bœuf).

10 Février 1633 — 19 Janvier 1635 (m. 1053). — Copies de reçus de redevances payées au receveur du roi à Huelgoat, par le domanier de la Haie-Douar.

16 Février 1635 — 31 Décembre 1640 (m. 1054). — Procès terminé par arrêt du Parlement, du 11 Janvier 1641, entre Jacques Urvoaz, s^r de Kerannou, fermier du domaine du roi à Huelgoat, et Lucas Le Cozic, domanier de la Haie-Douar, puis Yves de Coatanscours, appelé en garantie par son colon, et Hélène du Bouexic, d^e du Mollant, v^ve de Jean de Bobreil et tutrice de ses enfants mineurs, mise en cause par le s^r de Coatanscour, sur le point de savoir si les redevances dues au roi doivent être acquittées d'après la mesure du moulin ou celle de la juridiction, cette dernière double de l'autre.

L'arrêt fut défavorable au fermier du domaine. La procédure mentionne une enquête du 14 septembre 1540, édifiée par Pierre de Callac, de la chambre des comptes, établissant que « la mesure de Karahes, Uhelgoat, Chateauneuff et Landeleau est tout un » ; — et un aveu du 2 Juin 1540 du manoir de la Haie-Douar, fourni par Jeanne Le Rouge, épouse de François Le Barrach et d^e de la Haie-Douar.

7 Avril 1649 (m. 1055). — Règlement de comptes entre Alexandre de Coatanscour, s^gr du dit lieu, Kerdu, Kergaradec, La Haye, etc. conseiller au Parlement de Bretagne, et Jacques Urvoaz, s^r de Kerannou, ancien fermier du domaine du roi à Huelgoat, d^t à Karahès.

24 Juillet 1653 (m. 1055bis). — Reçu de dix demi-boisseaux, ou bigotées de froment payés par le domanier de la Haie-Douar, à Jean Veller, fermier du domaine de Huelgoat.

Sans date (m. 1056). — Pièce relative à un procès entre Me Julien Le Pontois (vers 1653), fermier du manoir de la Haie-Douar, et Jeanne Provost, dame du Cloistre, fermière du domaine du roi à Huelgoat, accusée d'avoir remplacé la mesure du moulin par une autre plus grande.

7 Février 1683 — 23 Juin 1683 (m. 1057). — Procès entre Charles Bougis, chargé de la réformation du domaine du roi à Huelgoat, et Alexandre de Coatanscour, chevalier, s^r du dit lieu, détenteur du manoir de La Haye-Douar, etc... Le s^r de Coatanscour est maintenu dans la mouvance proche et noble du manoir de La Haie-Douar et dépendances, mais débouté de ses prétentions à la ligence sur héritages à Huelgoat et à Poullaba.

10 Janvier 1684 (m. 1058). — Procès devant la cour d'Uhelgoet, entre Alexandre de Coatanscours et Jeanne Breniyou (?), v^ve de Yves Guillaume, s^r de Kervégant, procureur en la cour.

2 Juin 1685 (m. 1059). — Aveu rendu au roi par messire Alexandre de Coatanscour, chevalier, s^gr châtelain, chef de nom et d'armes de Coatanscour, Kerdu, Kerbusic, La Haye-Douar, Goazvizien, Kerriou, Launay-Barach, etc. pour sa terre et seigneurie de la Haye-Douar, tenue de S. M. sous sa juridiction de Huelgoat, et située en la trève de Locmaria, par. de Berrien.

Le manoir et maison de la Haye-Douar est tenu sous le dit avouant, à domaine congéable, par éc. Pierre de Kerousil (?), s^r de Trezel.

Le s^{gr} de Coatanscour a seigneurie de ligence et 30 s. m. de chefrente, avec droit de lods et ventes et tous droits seigneuriaux au lieu n. du Menec, en Berrien, appartenant à d^{elle} Jeanne Brenichou (ou Breniyou), v^{ve} de n. h. Yves Guillaume, s^r de Kervégan, tutrice de ses enfants. Il a le fief et ferme droit sur la maison qui sert de logement au curé de la trève de Locmaria, et droit de 33 s. 6 d. et 3 corvées sur la fabrique de Locmaria. Il est s^{gr} fondateur de l'église de ladite trève, et les armes de la Haye-Douar se voient sur le premier pilier du chœur du côté de l'évangile, au premier pilier de la chapelle du même côté, et sur les deux portes de l'église. La dite s^{gie} lui est advenue par suite du décès de son père, messire Alexandre de Coatanscour.

6 Juin 1703 (m. 1060). — Extrait du minu fourni en 1679 par Alexandre de Coatanscour après le décès de son père, conseiller au Parlement, portant 212 # 5 s. 5 d., avec recharge du 21 sept. 1691 pour articles omis au minu, s'élevant à 129 # 18 s.

11 Octobre 1742 (m. 1061). — Appropriement de la Haie-Douar aux généraux plaids d'Huelgoat, par Marie-Marthe Huon, ayant exercé le retrait lignager de cette terre, pour le compte de François-Marie de La Lande, chevalier, s^{gr} de Calan, époux de Anne-Suzanne Mahé, sur François Le Jeune, marchand à Morlaix, acquéreur de Alain du Parc, époux de Jeanne-Madeleine Huon, suivant acte du 23 mars 1742.

Opposition de la part du s^r de Lesquellen et de la d^e des Isles de Tourance.

30 Août 1746 (m. 1062). — Aveu par François-Marie de la Lande, chev., s^{gr} de Calan, époux de Anne-Suzanne Mahé de Kermorvan, d^t au château de Mezelcun, par. Scrignac, au roi sous Châteauneuf-Huelgoat-Landeleau.

L'aveu porte sur le manoir de la Haie-Douar qui est affermé 150 #, et doit de chefrente au roi, 2 bigotées de froment et 2 s. 6 d. ; — quatre convenants au bourg de Locmaria, affermés 70 # 4 s., 8 bigotées d'avoine, 3 chapons, et 30 l. de beurre ; — un convenant à Kernévez, rapportant 9 ₶ 12 s. ; — 19 s. 18 d. de rente feagère ; — 70 s. 6 d. de chefrente et 3 corvées, sur Le Mennec, aux héritiers du s^r de Kervegan Guillaume... etc. On y trouve mentionné : des préeminences en l'église trêviale de Locmaria (armes de la Haie-Douar : d'argent à 3 faces d'or chargées d'un lambel d'argent) ; du droit de pêche dans la rivière dévalant de l'étang du Huelgoat, depuis Pont au Vicaire jusqu'au moulin de Kerviniou. Madeleine Huon, épouse de Alain-Joseph du Parc, est l'une des héritières de Françoise-Marguerite de Coatanscour, sœur de la mère de Anne-Suzanne Mahé.

SEIGNEURIES DIVERSES

Montafilant (EN SCRIGNAC).

8 Février 1681 (m. 1063). — Sentence notifiée par un sergent des cours de Penc'hoat, d^t à Morlaix, à la requête de Corentin de Penfeunteunyo, s^{gr} de Kermoru, capitaine au régiment de Picardie, à un procureur au bourg de Scrignac.

9 Février 1681 (m. 1064). — Vente moyennant 2.200 # par Corentin de Penfentenyo, chev., s^{gr} de Coetanlan (pour Coetalan), capitaine au régiment de Picardie, à Maurice Mahé, chev., s^{gr} de Kermorvan, Kervéguen, d^t au manoir de Meselcuff, par. de Scrignac, des fonds et rentes de 3 convenants à la Roche-Tanguy et de 4 autres à Guillivel-Uhellaff, et autres lieux, le tout en Berrien et Scrignac, au fief de Montafilant; les dits biens provenant de la succession de sa mère, Marie Fleuriot, d^e de Kermorru.

Prise de possession le 16 avril 1681.

14 Août 1681 (m. 1065). — Sentence d'appropriement rendue par la juridiction de Kerbrat, Hellès et Montafilant, au profit du s^{gr} de Kermorvan, acquéreur du chevalier de Kermorru, suivant contrat du 9 février 1681.

19 Juin 1683 (m. 1066). — Procuration donnée par Corentin de Penfeuntennio, chev., s^{gr} de Coatanlan, d^t au manoir de Kerveriquin, par. de Loctudy, à Jean Huet, procureur au présidial, pour toucher de Maurice Mahé, chevalier, s^{gr} de Kermorvan et de Kervéguen, et de Louise de Coatanscour, son épouse, 1.800 # dues sur le contrat de vente du 9 février 1681 avec les intérêts.

19 Juin 1683 (m. 1067). — Lettre de Corentin de Penfeuntennio à messire de Kermorvan, d^t à Misercu.

29 Août 1731 (m. 1068). — Signification au procureur de François-

Marie de la Lande, s^r de Calan, époux de Suzanne Mahé, de la déclaration fournie au domaine de Carhaix, le 11 mars 1681, par Alain de la Marre, concernant la s^{gie} de ligence de la s^{gie} de Montafilant sur le lieu de Linguern (Scrignac), appartenant à Yves-Olivier de la Rivière, Mis du Plessix, avec sommation de fournir déclaration de ce convenant.

Kerrain (Scrignac).

6 Novembre 1742 (m. 1069). — Sentence de la juridiction de Kerrain, condamnant Pierre Pezron à fournir déclaration au s^{gr} de Calan.

3 Décembre 1742 (m. 1070). — Déclaration par Pierre Pezron, à François-Marie de la Lande, Cte de Calan, Pennanech, Penquelen, La Roche-Tanguy, Coatquéau..., etc..., époux de Anne-Suzanne Mahé, d^t au manoir de Mezelcun, trève de Coatquéau, de terres dépendant du convenant Bihan, à Foennangoff, sous la juridiction de Kerrain, à charge de 5 s. de rente, suite de cour et de moulin.

1er Mars 1759 (m. 1071). — Baillée à l'usement de Poher, des convenants de Guernangroas et de Guernanhezer, aux dépendances de Kerrain, par. de Scrignac et de Berrien, pour une rente de 43 # 4 s., outre les corvées, consentie pour 9 ans, par Marie-Marthe Huon, stipulant pour François-Marie de la Lande, chevalier, Cte de Calan, époux de Anne-Suzanne Mahé de Kermorvan, à Vincent Le Morvan, et consorts.

14 Juillet 1760 (m. 1072). — Aveu par Pierre Lozach et consorts, à Marie-Joseph de Rebec, marquise du Bourg, tutrice de ses mineurs, propriétaire de Kerrain, d^t à Paris, d'un convenant à Lescombleis, tenu sous la s^{gie} de Kerrain, pour en payer 3 bigotées et 4 écuellées de froment.

Sans date (m. 1073). — Rentes de la s^{gie} de Kerrain, suivant les aveux de 1683 et de 1762. Villages mentionnés : Quenecoular, Le Guern, Lescombleis, Le Rest, Kergoat, Kerampage, Kerensaux, Le Hinguer, le bourg de Scrignac, les moulins de Kerrain, Kerdanam, Pennanech, Foenangoff.....

Sans date (m. 1074). — Mémoire des frais dus à Lefebvre, procureur de Melle Huon, pour l'appropriement de la terre de Kerrain, acquise par les s^{gr} et d^e de Calan (105 # 7 s.).

Gournois (Guiscriff).

1777 (m. 1075). — Rôle rentier de la s^{gie} de Gournois.

On y voit figurer le manoir, moulin et métairie de Kervenozael ou Kevenoal, autrefois à n. h. Louis Le Cochenne, s^r du Lescoat, et actuellement au s^r de Kergus de Kerstang, à charge de 10 s. 9 d. ; — une tenue au bourg de Guiscriff, autrefois à d^e Marie de Tromelin, puis au dit s^r du Lescoat ; — une tenue à Trefuret, sous le duc de Lorge, possédée par Yves Le Du, à charge d'un sou de rente à la s^{gie} de Gournois, etc... — Incomplet.

Sans date (m. 1076). — Rentier de Gournois : rôle de Guiscriff.

Dans le rôle de Guiscriff figurent les villages de la par. de Châteauneuf-du-Faou, constituant la s^{gie} de Botiguigneau.

Sans date (m. 1077). — Déclaration par Mauricette-Catherine Hyrœ, v^{ve} de Jacques Denys, s^r du Cosquer, d^t au bourg de Guiscriff, de terres et héritages au Cosquer-Saint tenus à féage roturier sous Marie-Aude-Jacquette du Châtel, Ctesse de la Bédoyère, M^{ise} de la Roche, Ctesse de Gournois.

Kergoat-Kerviniou (possessions en Scrignac).

8 Juillet 1715 (m. 1078). — Déclaration par Pierre Berréhar et consorts d'héritages au Henguer, par. de Scrignac, tenus à domaine congéable, à l'usement de Poher, sous Marianne Pellissier, v^{ve} de Charles Ferret, conseiller au Parlement, s^{gr} du Tymeur, propriétaire de la s^{gie} de Kergoat-Kerviniou, d^t à Rennes, pour en payer 4 # 4 s., 2 boiss. d'avoine, 1 géline, corvées.

21 Avril 1740 (m. 1079). — Aveu de Pierre Berrec'har et consorts, du village de Heinguer, par. de Scrignac, tenu sous Françoise, Charlotte Ferret, M^{ise} du Tymeur, baronne de Kergorlay, propriétaire des châtellenies de Plouyé, Quinimilin, Kergoat-Kerviniou, Rosquijeau, etc..., v^{ve} de Louis-Gabriel de la Bourdonnaye, chev., s^{gr} de Blossac, d^t à Rennes.

La Forest (Plomeur).

3 Mai 1559 (m. 1080). — Vente par Claude du Juch, d^e de Pratanroux, de Lescuyt, de la Forest, etc...., d^t au manoir de Pratanras, par. de Penhars, à Guillaume Le Coguen, marchand, d^t à Quimper, des biens suivants, moyennant 2.000 # mon. :

Le manoir de la Forest, par. de Plomeur, rapportant de rente convenancière 20 rez combles de froment, 16 de seigle, 12 d'avoine ; — un étage à Crénivily, même par., rapportant 26 s. 8 d. mon. et 1 chapon de rente ; — un étage à Kerouredec, même par. (70 s. mon. et 2 chapons) ; — un étage à Lestremeznou, id., (35 s. mon. et 2 chapons) ; — le manoir de Kermatehanno, par. de Beuzec-Cap-Caval (11 rez et demi de froment, 16 rez combles et foulés d'avoine, 4 chapons, et 47 s. 7 d. d. mon.) ; — un étage au même village (14 # 15 s. mon., 1 rez comble et foulé d'avoine, 8 chapons) ; — le manoir de... (effacé), même par. (3 rez et demi de froment, 1 rez comble et foulé d'avoine, 1 chapon) ; — deux renées de froment sur des terres à Kerengar en Plomeur ; — le manoir de Lestreguenoc, par. de Languern (12 rez combles de froment, 2 de mil, 2 chapons). Le tout sous le fief de Quimper, en la recette de Beuzec-Cap-Caval, sans charge. La vente s'étend en outre à la ligence sur des terres à Leslannou, par. de Tréoultré (17 # 10 s. 4 d. de chefrente), sur des héritages à Kerhezrec, même par. (21 s. 8 d.) sous la cour du Pont ; ligence sur des convenants à Kervilou, par. de Beuzec-Cap-Caval, sous Quimper.

18 Décembre 1681 (m. 1081). — Obéissance féodale à la Chambre des Comptes par Charles-Louis de Kernezne, pour le manoir de **Penanlan** et ses dépendances, les villages et garennes de Gouzabat, s'étendant en plusieurs par., sous la juridiction de Carhaix.

23 Mars 1541 (m. 1082). — Vente, moyennant 20 # m. par Béatrix de Kerourfil, d^e de Pratmaria et du Grannec, en vertu de procuration de son mari Guillaume de Coatanezre, chev., s^{gr} de Pratmaria, du Grannec et de Kerpaen, d^t à Pratmaria, au fief des régaires, à missire Yves Le Baud, prêtre, agissant pour son neveu Jehan Le Baud, d'un lieu au village de Kerguémarhec, tenu sous la s^{gie} de **Plouyé**.

1er Septembre 1778 (m. 1083). — Apprécis de la juridiction de Gourin de 1747 à 1778.

1746-1755-1756 (m. 1084). — Apprécis de la juridiction de Concarneau.

LÉON

KERUZAS

(en Plouzané, sous le fief du roi)

(NOTICE)

Dans un accord, en date du 19 novembre 1493, entre Jehanne du Pont, dame de Keruzas, et les religieux de Saint-Mahé (St-Mathieu), on voit que Keruzas était une ancienne seigneurie, qualifiée de « châtellenie », et jouissait de privilèges importants, entre autres, de congé et de menée le troisième jour des plaids généraux de la cour souveraine de Saint-Renan, tandis que les religieux en question ne se délivraient que le quatrième jour (1).

Dès cette époque, Keruzas, dont le siège était en Plouzané, s'étendait en domaine et fief aux paroisses voisines : Ploumoguer, Plougonvelin, Lochrist, Trebabu, St-Renan, Lambezellec. La haute justice s'exerçait dans l'auditoire de la « ville » de St-Renan, et possédait 4 pots ou piliers patibulaires dans le « Parc des Justices », au terroir de

(1) Une histoire de l'évêché de Saint-Pol, écrite en 1650, cite comme « méneants » de la barre de Saint-Renan : le vicomte de Coatmeal, le s^{gr} du Châstel, le s^{gr} de Keruzas, et l'abbé de Saint-Mathieu. (B. N. ms. fr. 11.551.)

Quilvierzen, paroisse de Plousané. Le seigneur pouvait, en outre, tenir ses plaids aux bourgs de Ploumoguer et de Plousané, quand ses officiers le jugeaient à propos ; il avait sous sa ligence toutes les maisons de ces deux bourgs, qu'on appelait encore Guymoguer et Guysané, et les églises paroissiales le reconnaissaient comme leur supérieur et fondateur. Il faut encore noter les premières prééminences auxquelles il avait droit dans l'église de Trebabu, et dans la chapelle de Notre-Dame-du-Val, également dans la chapelle Saint-Sébastien de Saint-Renan. En ces lieux, le roi seul était au-dessus de lui, et d'ailleurs toute la seigneurie dépendait directement de Sa Majesté.

On trouvera, jointe à cette notice, la succession des seigneurs de Keruzas ; nous n'y reviendrons pas. Au cours de l'année 1578, la transmission héréditaire fut interrompue par un contrat de vente. Marie de Guengat et Guy d'Avaugour, sgr et de de Voyes, abandonnèrent Keruzas et Languéouez (paroisse de Treouergat) à un gentilhomme du voisinage, Charles de Kernezne, sr du Curru et de Pennanech, pour 15.000 écus sol. De cette acquisition, date le principe d'une union de ressorts, entre les quatre fiefs de Charles de Kernezne.

Nous n'avons pu malheureusement trouver un état général et complet des revenus de Keruzas, ni même le prix à ferme de la seigneurie. Lors de la vente, Keruzas est aux mains d'un fermier général, noble homme Jean Kerbescat, qui a succédé en 1568 à Tanguy Touronce, sgr de Coetmanach. C'est dire que les seigneurs ne résident plus sur la terre ; aussi, quand Charles-Louis de Kernezne fait sa déclaration à René de Lohéac, commissaire pour la réformation du domaine royal, le manoir de Keruzas n'existe plus, il n'est question que des « ruines de l'ancien château » (30 septembre 1687). L'aveu dont il s'agit fournit en détail l'étendue du fief (1). Nous en donnerons une idée en mentionnant les terres nobles sur lesquelles portaient les droits de ligence, de lods et ventes, rachats et chefrentes. En Plousané figurent les manoirs et lieux n. de Brandégué aux héritiers de Jacques de Kerguisiau, s^r de Kervasdoué ; de Brandégué-Bihan à F^{çois} de Kerguisiau, s^r de Kerscao ; de Brehelen-Bihan aux héritiers de René de Kerléan ; de Coetomnes au s^r de Keraustret et autres (les héritiers de Béatrice de Kermorvan, F^{çois} de Penmarch, s^r de Coetenes, Thérèse Guiomarch, Hervé de Kerlech, s^r de Kermoisan) ; de Coetmanach à Vincent de Kerléan, s^r de Kerhuon ; de Coetenes aux héritiers de Lorans Hubac ; du Dreseuc à n. Ambroise Le Barzic, s^r de Kerbrat ; de Feunteun Sané ; du Halgoet à Messire de Poulpiquet ; de An Hospitallou aux héritiers de n. h. Renan Charles, s^r de Kerniou ; de Keriunan à éc. Claude Carn, s^r de Keryven et aux héritiers de éc. Hervé de Kerguisiau, s^r de Kerricart ; de Kernazec-Bras et de Kernazec-Bihan aux héritiers de n. h. Hervé Pezron, s^r de Lesconnel, et de Jeanne de Kerannou, épouse de éc. Alain Huon, s^r de Lannouardon ; du Grand Kerscao et du Petit Kerscao à François Kerguisiau, s^r de Kerscao ; de Keranliou au même et aux héritiers de la dame de la Chasse d'Andigné ; de Keriestin au même ; de Kergouasdoué aux héritiers de n. h. Charles Kerguiziau ; de Keryvelen autrefois à n. h. Lorans Kerguisiau, s^r de Kervasdoué ; de Kerisgonarch aux héritiers de Guillaume Arret et à Jeanne de Kergroades douairière de Laoster ; de Kerriezle ou Kerriel à Gabriel de Kersauzon, s^r de Rozarnou ; de Kermerien aux héritiers de n. Nicolas-Joseph-Daniel

---

(1) Archives de la Loire-Inférieure, B 1.058. Nous avons maintenu l'orthographe des noms propres d'une façon absolue.

de Kerseré et à Jeanne Pontois, v^ve de n. h. Georges Charles ; de Keramboez ou Kerambertz aux héritiers de René de Kerléan ; de Kernevez ou La Villeneuve aux héritiers de Germain de la Roche et Louise Le Vert et aux héritiers de Hervé Poulpiquet, s^r de la Rochedurant ; de Kersauset à Gabriel de Kersauzon, s^r de Rozarnou ; de Kerscifit ou Kerguivit aux héritiers de Hervé Poulpiquet et de René de Kerlean ; de Kerancorre à la v^ve d'Yves Le Corp ; de Kerandantec à Louis de Poulpiquet, s^r de la Rochedurant et Julienne de Kerloch ; de Kerlech aux héritiers de Marguerite du Garo, dame de la Chasse d'Andigné ; de Keredec-Bihan ; de Kerelean aux héritiers de Marguerite de Kermorvan ; de Keranstang à Yves du Poulpry, s^r de Keranaones ; les hôtels n. de Kerusaouen autrefois à n. h. Guillaume Poulpiquet, s^r du Halegoet, et de Kerjan ou Keriehan aux héritiers de F^çoise de Kermenou ; les manoirs et lieux n. de Lesfizigan au s^r du Halgoet de Poulpiquet et aux héritiers de n. h. Hiérosme de Kerlean ; de Langongar à la d^e Duplessix-Quelen ; du Louch aux héritiers de Renan de Kermorvan ; de Mesaubras ; du Moguer à Claude de Kerléan, Julienne Gillart, Thérèse Guimarch douairière de Kergroades ; de Penancoët et de Penhoët au s^r de la Porte-Blanche-Le Gac et aux héritiers de René de Kerléan ; de Pennanech aux héritiers de René de Kerléan ; de Pratlez autrefois à n. h. Guillaume de Kerléan ; de Penpoul, autrement Penfoul, aux héritiers du s^r du Halgoët de Poulpiquet ; de Penanpont ou Kerpont ; du Poulpiquet à Louis-François de Poulpiquet, s^r du Halgoët ; de Ranguindy à Gabriel de Kersauzon, s^r de Rozarnou ; de Tynevez aux héritiers de Hiérosme de Kerléan ; de Antycoz aux héritiers de René de Kerléan ; de Trevesquin à n. Gabriel Sauvage, à la fabrice de l'hôpital de St-Renan, à éc. F^çois de la Bouexière et Catherine Jouan, sa f^e ; de Trebauc aux héritiers de n. h.

Sébastien de Kerlec, s^r de Pennanech; de Trevia, à Claude Carn, éc., s^r de Keryven; — en Ploumoguer, les manoirs et lieux n. de Brenterch à Claude des Bois, douairière de Kernaouet, et à Jeanne de Mesnoalet (autrefois à François Tronson, s^r de Kerduot et Jehanne de Langalla, sa f^e, tuteurs de Robert Le Douget); du Châstel à éc. Yves Courtois, Eléonore Torledan, et François Poncelin, éc., s^r de Traourivily; de Coatinsaux à Tanguy de Penfentenio et à Jeanne de Meznoalet; de Cosgartz ou Coethartz au s^r de Coethartz; de Feuntunlech (1); de Guymauguer aux héritiers de Nicolas et Marguerite Jourdren; de Coëtlesguer à Marie de Poulpiquet, v^{ve} de n. h. Hervé Billouart, et à éc. Christophe Kergoelo; de la Haye à n. h. Renan de Keroulatz, s^r de Kerescart; de Kerguelen à n. h. F^{çois} Keroulas, s^r de Cohars et Hervé Pormorguer (sans doute Porzmoguer); de Kerbérenez à François de Kerguisiau; de Kerlouazou à Claude de Kerguisiau, douairière de Penfentenio; de Keriaouen à François de Kerguisiau; de Kerevas à Yves du Poulpry, s^r de Keranaouet et aux héritiers de Jacques de Kerguisiau, s^r de Kervasdoué et de Jeanne Le Jeune, d^e de Botiguery; de Kerourien, ou Kerourian, à Madeleine de Porzmoguer, v^{ve} de Gabriel du Drenneuc; de Kerbirion à René Penandreff, s^r de Keraustret, Bernard Bizien, Agathe Angard, femme de éc. François Fontenay; de Kerdaznou, ou Kerdantnou, à n. h. Robert Le Bouget, s^r de Kerdaznou; de Kerangroaz aux héritiers de éc. Nicolas Poulpiquet, s^r de Kerangroaz; de Keruzoret à éc. F^{çois} Le Douget et autres; de Kerezan ou Kerezen, au s^r de Keraustret; de Kergos; de Kerbroen aux héritiers de François Poncelin, s^r de Traourivilly; de Kerleau aux héritiers de Gabriel du Drenec et à

(1) Sur ce manoir, est dû « un gant à homme pour l'oiseau, et une paire de gants à femme ».

Madeleine de Porzmoguer; de Kerouman aux héritiers de n. h. Guillaume de Keroulas, s^r de Lanfrest, n. h. Hamon Le Harquin; de Keranguen aux héritiers du s^r de Cavoste; de Kerseosel aux héritiers du s^r de Lavoster; de Kerarnou à Madeleine de Portzmoguer, v^{ve} Le Drenec; de Kerandraon à Scholastique Dumans, v^{ve} du s^r du Cosquer; de Kerineuff, aux héritiers de Christophe de Kergoleau; de Kermenguy à n. h. Olivier Courtois, s^r de Lezeret, et à éc. François Kerjan; de Keronel à éc. Hervé Porzmoguer, s^r de la Villeneuve; de Kerescarts aux héritiers de n. h. F^{çois} Keroulas; de Kerouhant aux héritiers de n. h. F^{çois} Porzmoguer, s^r de Keruel; de Kerouzien aux héritiers de Claude Le Harquin, s^r de Kerouzien; de Kergoluen ou Kerholuen à n. g. Charles et Nicolas Marion et aux héritiers de n. h. François Keroulas; de Lanfeust à éc. Guillaume Keroulas et Annette Tourouze, sa femme; de Lannigou aux héritiers de Françoise Poulpiquet et autres; de Lezeret ou Lezerech à Yves Courtois et Eléonore de Torledan, sa f^e; de Measmiolen aux héritiers de n. h. Jacques Barbier et Claude Lescoët, sa f^e, s^r et d^e de Kernaou; de Mesgouez, à Balthazar Berthe et Jeanne Le Roy sa f^e, (autrefois Marguerite de Kermorvan); de Mesouflain aux héritiers de éc. François Poncelin, s^r de Trourivily, et éc. Claude Le Harquin; de Pont-an-Hospital aux héritiers de n. h. Jacques de Kerguisiau, s^r de Kervasdoué; du Pouldu aux héritiers de n. h. Tanguy Mestrius; du Quenquis ou Le Plessix à Paul de Kerlech du Chastel, baron de Tresiguidy; de Tremillan à René de Penandreff, s^r de Keraustret; du Vall aux héritiers du s^r de Keryouallen, de la Villeneuve; — en Treffbabu ou Trebabu, les manoirs et lieux nobles de Keruan aux héritiers de écuyer Guillaume Perichon, s^r de Kerverzant et Catherine Jouan, sa f^e, éc. Hervé Pezron, s^r de Lesconnel et autres; de Lansilien ou Ansilien aux héritiers de Renan de Kermorvan, s^r de Keruson; de Kernilis aux mêmes; de Kerlean aux héritiers de n. h. Jan Kermeno et Catherine Jouan, sa f^e, éc. Michel-Corentin Kernatouz, s^r du Predic, n. h. Tanguy Penfeuntenio, s^r de Kermorvan, Prigent Lanuzel, prêtre, F^çoise de Rodellec; de Kerjan à Renan Mol; de Kerdouar au même et aux héritiers de n. h. Christophe Kermorvan; de Kergougar à n. h. Jan de Kersulguen, s^r de Kerdute; de Kerellech aux héritiers de n. h. Tanguy Penfeuntenio; de Kervenigan aux héritiers de n. h. Jan Pezron et de Hervé Le Fol; de Kermorvan à Suzanne-Corentine de Penfeuntenio, héritière de Kermorvan; de Keruzon aux héritiers de Renan de Kermorvan; de Kervengant ou Kervergant à Anne de Tromelin, d^e de Poulconq; du Petit Keruzon aux héritiers de Renan de Kermorvan; — en Saint-Renan, les manoirs et lieux n. de Coëtanet aux héritiers de n. h. Jacques de Kerléan et Geneviève Touronce, sa f^e; de Cheffdubois à Charles de Kergoat, s^r de Tronjoly; — en Lochrist-Plougonvelen, le manoir et lieu n. de Poulconq, autrefois à François Bernard Marchand (1).

Qu'entendait-on dans le Léon, par la désignation de manoir? Nous ne traiterons pas ici cette question, mais il paraît vraisemblable qu'il s'agit dans cet aveu, non seulement des « demeurances nobles » avec les privilèges seigneuriaux afférents : chapelle, colombier, bois, garennes, avenues, rabines, etc..., mais encore de simples lieux nobles avec édifices plus ou moins importants, car si non comment expliquer, par rapport aux autres régions de la Bretagne, cette multitude d'habitations seigneuriales dans la même paroisse.

(1) Nous avons omis, pour éviter les longueurs, les simples tenues nobles, les moulins, convenants, etc.

Seigneurs de Keruzas

Annette de **DYNAN** (aïeule de Eon Foucaut).

n. h. Eon **FOUCAUT**, sr de Lescoulouarn.
(rend aveu en 1416, après le décès de son aïeule).
Yvon FOUCAUT (acte de 1426).
Eon FOUCAUT (1433).
Yvon FOUCAUT (1447, 1461).

n. d^{elle} Jehanne **du PONT**, d^e de Kerlizien (1469, 1494).

n. Gauvain **de LANGUENOEZ (ou LANGUEOUEZ)**, sr de Lescolouarn et de Langueouez (actes de 1500 à 1503 †).
Jehan de LANGUEOUEZ (fils du précédent), (actes de 1503 à 1510).
Nicolas de LANGUEOUEZ (1515, 1517).

n. Pierre **de TALHOET**, époux de Jehanne de Langueouez, héritière de son nom. (actes 1524, 1529).

n. Jacques **de GUENGAT**, époux de Jehanne de Langueouez, appelée aussi Jehanne de Talhoet, sgr et d^e de Guengat, Langueouez, Lescoulouarn, etc... (actes de 1537 à 1548).

n. Hervé **de la CHAPELLE**, époux de Marie de Guengat, (1558, 1559).

n. Guy **d'AVAUGOUR**, époux de Marie de Guengat, sgr et d^e de Guengat, des Voyes, Spinfort, Langueouez, etc. (1570, 1578), lesquels vendent Keruzas et Langueouez, le 11 novembre 1578, aux ci-dessous dénommées.

n. Charles **de KERNEZNE**, sgr du Curru, Coatguennec, Pennanech (1578, 1610), et Anne de Coatanezre, son épouse, d^e de Coatarmoal, La Roche, Laz, Trevallot, Gournois, héritière de Troilus de Mesgouez, tutrice de ses enfants (1610, 1635).
Charles de KERNEZNE (fils du précédent), (1635, 1670).
Charles-Robert de KERNEZNE (fils du précédent), (1670, 1679).
Charles-Louis de KERNEZNE (neveu du précédent), (1679, 1688).
Luc de KERNEZNE (oncle du précédent), (1689, 1699), et Anne-Françoise de Robien, son épouse, tutrice de ses enfants (1700, 1714).
Joseph-Luc de KERNEZNE (fils des précédents), (1715, 1737).
Anne-Thérèse de KERNEZNE (sœur du précédent), (1737, 1759 †).

Marie-Aude-Jacquette **du CHATEL**, v^{ve} de Hugues-Humbert Huchet, comte de la Bedoyère, héritière de la précédente (1760, 1769).

Charles-François-Jules **du BOT du GREGO**, héritier de la précédente, son aïeule maternelle, sgr de Coatarmoal, La Roche, Laz, Gournois, Le Curru, Pennanech, Langueouez, Coatevez, etc... (1769-....).

SEIGNEURIE DE KERUZAS

(Plouzané, Ploumoguer et a. p.)

1426 (m. 1085). — Contrat de féage consenti par n. h. Yvon Foucaut, s^{gr} de Lescoullouarn et de Keruzas, du lieu de Kerouchant, et autres héritages en Plousané.

Fait devant la cour de St-Renan.

Janvier 1433 (m. 1086). — Par devant Eon Foucaut, s^{gr} de Lescoulouarn, chevalier, contrat par lequel Hervé Sayer, à l'occasion du mariage de sa fille Azelice avec Yvon, fils de Even Kerouryan, baille en perpétuel héritage à sa dite fille « le Tiorent... nommé Kerrouel en la paroisse de Ploumoguer, avec son aere, vaux, courtils, clotures... etc., avec la charge due dessus ces choses à Yvon Le Drenneuc, qui monte à cinquante sols huit deniers mon. de rente payable à son manoir de Kerouryan, sous peine du double en cas de défaut ». Cependant le donateur se réserve sa vie durant à chaque terme d'Août deux boisseaux froment « pour aider à sa soutenance ». Hervé Sayer s'oblige en outre à livrer aux mariés huit bêtes, dont six vaches à lait et deux juments.

Signé des parties de J. du Drenneuc, et de Marie Sayer, sœur aînée de Adelice ; Bernard Kermelegan passe.

18 Mars 1447 (m. 1087). — Féage consenti par n. h. Yvon Foucault, s^{gr} de Lescoulouarn et de Kerambec, d'une terre au village de Landonoy, en Ploumoguer.

28 Avril 1448 (m. 1088). — Aveu rendu à noble et puissant s^{gr} Monseigneur de Lescoulouarn, à foi et rachat en fief lige, par Jean Kerribin et Catherine, sa femme, pour des terres relevant de Keruzas, au terroir de Kernevez, en Plousané,

Simon Rannou passe.

1455 (m. 1089). — Aveu à Keruzas, rendu par Anne an Mat, d'une terre à Kergonan, en Plouemoguer.

Juillet 1455 (m. 1090). — Reconnaissance faite au s^{gr} de Lescoulouarn, par les héritiers de défunt Bernard Cozic, d'un devoir de cent sous mon. de rente sur un étage au village de Tremeyt, en St-Renan.

Fait à la suite d'un procès pour obtenir le payement de la dite rente. Jehan Le Veyer étant procureur de n h. Geffroy de Plusquellec, s^r de Kerdanet.

1er Novembre 1455 (m. 1091). — Donation par Guillaume Quilbignonet femme, à Beunou (?) Kermorvan, f^e de Bernard Jouhan, d'un boisseau de froment de rente annuelle à lever sur les héritiers de Guiomarch an Hostis, prêtre.

3 Octobre 1461 (m. 1092). — Contrat de féage du Teven (ailleurs Traven ou Tranen du Conquet), consenti par n. h. Yvon Foucault, s^{gr} de Lescoulouarn et de Keruzas, à Yvon Kermorvan.

« Le dit s^{gr} en retenant la seigneurie, à tenir de lui prochement à foy et rachapt à l'usement du pays..... abandonne le fond de tevent et tennement de terre assis et situé entre Blanc Sablon et le terroir de Lanfeust, d'une part, et le hâvre du Conquet, d'autre part, et aboutissant à l'Isle du Conquet d'un bout et de l'autre bout sur le russel d'eau qui descend du moulin Daznaou à présent à Kermorvan..... et ce, pour payer 30 s. mon. de cheffrente... »
Passé par Robert de Kerleach, Bernard Jouhan et Robert de Kernezne.

1476 (m. 1093). — Procès intenté par Jehan Le Veyer, s^r de Kerandantec, receveur de la s^{gie} de Keruzas, contre un tenancier, aux fins du payement d'une rente de 20 s. mon. et boiss. froment.

Fait à la requête de da^{lle} Jehanne du Pont, d^e de Keruzas, de Kerlizien, le Vigné, etc...
Intervient également Jean Le Veyer, s^r de Langongar.

8 Décembre 1476 (m. 1094). — Minu fourni par Jean Le Guerene, à n. et p^{te} da^{lle} Jehanne du Pont, d^e de Keruzas et de Kerlizian, pour une maison et terres à Pennenprat, en Trefbabu, une vieille mazière avec courtil au village de Kervan, en Trefbabu, et autres biens à Kerpasguezen en Ploermoguer.

J. Perscau et Robert Kermorvan, passeurs.

SEIGNEURIE DE KERUZAS

17 Février 1477 (m. 1095). — Aveu fourni à da^{lle} Jehanne du Pont, d^e de Keruzas, par Tanguy Le Scovez, pour différents héritages aux villages de Lanfeust, Kervellouarn, Lezeret, en Ploemoguer.

10 Juin 1478 (m. 1096). — Aveu à la même, par Aczelice (pour Adelice) Rannou, tutrice et garde de Jehan Le Measgoez, son fils, pour des terres au village de Kerrengueneau, en Plouemoguer.

9 Novembre 1478 (m. 1097). — Aveu à la même pour différents héritages au village de Landonnoy en Plomoguer.

J. Perscau et Robert Kermorvan, pp.

1478 (m. 1098-1102). — Aveux à la même par Richard Corre et Hacmice Gourhant (pour héritages aux villages de Kerprat, Kerdourguer et Keryven, en Plouemoguer), par Jehan du Bois et Prigent du Bois, son fils, et Marguerite Penanchoet, femme de ce dernier (pour différents héritages), par Jan Kergollias (pour héritages à Lanfeust, Pouldu, Kermelouarn, Pratnon, Kergolleau, Coatgars, Kermagean, en Ploemoguer), par Morice Kerreuc (pour héritages à Kercheron, Keralzy, Kerouhant, en Ploumoguer).

Robert Kermorvan, Jean Labbé et Neussaff, Le Veyer, Jouhan, passeurs.

8 Mai 1490 (m. 1103). — Procédure en la cour du Chastel, entre Jehan Labbé et Jehan Mengant, relativement à l'aveu de ce dernier.

François Kerlech, notaire.

19 Novembre 1493 (m. 1104). — Accord judiciaire passé devant la cour de St-Renan, entre h^{te} et p^{te} da^{lle} Jehanne du Pont, d^e de Kerlizien et de Keruzas, d'une part ; et les religieux de l'abbaye de St-Mahé, d'autre part.

On y voit que Keruzas est une ancienne chatellenie ayant plusieurs privilèges et prééminences en la juridiction de St-Renan, entre autres le droit de se délivrer à congé de personne et de menée et d'avoir ses plaids au tiers jours des plaids ordinaires de St-Renan, et d'avoir son congé et menée au dit jour et jours suivants sans interruption. Keruzas possède haute, moyenne, et basse justice, avec sénéchal, bailli, procureur et greffier et cela de tout temps.

Les ducs Jean et François de Bretagne accordèrent à l'abbaye de St-Mahé, le privilège de se délivrer à congé de personne et de menée le quatrième jour des mêmes plaids après dîner.

R. Jouhan, passe.

4 Avril 1494 (m. 1105). — Maître Guillaume Kerrannou, receveur de Keruzas, fait sa plainte à la cour de Keruzas d'avoir été détenu par les gens d'armes de la garnison de Brest, en 1489, et d'avoir été mis par ceux-ci en demeure de leur verser l'année des recettes de la dite seigneurie. (Pièce déchirée et en mauvais état.)

« Aujourd'hui céans maître Guillaume Kerrannou dit et exposa en jugement.... devant Alain Kerguiziau, procureur et receveur de la cour de céans.... que il a été par aucun temps receveur de la dame de cette cour (il s'agit sans doute de Jehanne du Pont) en ses fiefs et seigneuries de Keruzas, et durant le temps de sa recette les gens d'armes de la garnison de Brest jouirent... pour un an des terres, levées et revenues de plusieurs seigneurs et gentilhommes qui étaient absents de cet archidiaconné d'Acre-Léon et qu'ils eussent terres et revenues en ce dit archidiaconné, disant le faire par confiscation ; et entre autres Jehan Courault, Bertram Gérard, et Jehan Champion, gens d'armes d'icelle place de Brest firent la levée pour un an entier des terres et revenus de ma dite dame de cette cour,..... prirent le dit Kerannou de son corps en la dite place de Brest jusques à leur bailler les enseignements à faire la recette des dites terres et revenues. Suppliant monsieur lieutenant de céans faire information sommaire pour y faire valoir et servir quand métier en aura. A laquelle supplication..... en présence du dit maître Alain Kerguiziau, procureur de ma dite dame..... enquit et examina Nouel Poncelin, Yvon Kerdignan, Yvon Heussaff, et Robert Le Dreaneuc, lesquels et chacun, après être jurés de dire la vérité, recordent par leurs serments que les hommes d'armes de la garnison de Brest firent les levées des terres et revenues en icelle juridiction .... aux seigneurs, dames, et gentilhommes, d^t hors cette juridiction et dont..... paroisses étaient absents ; et disent que ce fut en l'an mil quatre cent quatre vingt neuf ; recordent être certains les dits Courault, Champion et Bertram, et disent qu'ils virent les dits nommés par eux faire recette des revenues de la seigneurie de Keruzas pour le dit an. Et à tout disent les dits témoins avoir vu le dit Kerrannou détenu à Brest, par les dits nommés jusques à payer ce qu'il avait reçu de ladite recette pour le dit an..... Et de tout ce le dit Kerrannou demanda avoir procès et relation pour lui valoir et servir sur ses comptes d'icelle recette et ailleurs, ou besoin en aura pour lequel eut cettes. Fait en la lieutenance de Keruzas le quart jour d'Avril 1494. » Signé : R. Jouhan, p.

5 Avril 1494 (m. 1106). — Aveu à n. et p^t da^{elle} Jehanne du Pont, d^e de Keruzas et de Kerlizien, par Jean Mahé et sa femme, pour les héritages qu'ils possèdent au village de Kercheron, en Ploemoguer. Le Veyer et Robert Kermorvan, p. p.

5 Avril 1497 (1107). — Aveu pour différents héritages aux terroirs de Kerézan, Keranton, Kerrescant, en Ploemoguer, et aux terroirs de Treffizquin et de Mean an Jar.

Certains héritages doivent une redevance de froment au couvent de Saint Mahé.

R. Jouhan et L. Pennancoet, p..p.

1er Juillet 1501 (m. 1108). — Ferme du moulin Rolland, par. de Ploemoguer, consentie par Gauveing, s^r de Langueoez, Lescolouarn, Keriuoalen, Sévérac et Keruzas, à Guillaume Le Chaucec, pour 6 ans, moyennant 7 # mon. par an.

Signé : Ganney de Langueuoez.

28 Juillet 1502 (m. 1109). — Féage d'un « estaige et hostel » situé à Kerguillou, en Ploemoguer, consenti par n. et p^t Gauven, s^r de Langueoetz et a. l., à Jehan Le Moign.

Jouhan et Le Veyer, p. p.

5 Février 1503 (m. 1110). — Déclaration faite à n. et p^t Jehan, s^{gr} de Langueouez, Lescoulouarn, Keruyuelen, Keruzas.. .. pour des héritages à Kersalsy, en Ploemoguer, par Yvon Cleyret.

Le Veyer et Le Dymoine, p. p.

9 Septembre 1503 (1111). — Aveu fourni au roi « à cause de la reyne duchesse de Bretagne, notre souveraine d^e », par. n. h. Guillaume de Langueoez, s^{gr} de Damany, curateur de n. et p^t Jehan, s^{gr} de Langueoez, Lescoulouarn, Keriuallen et Keruzas.

L'aveu porte sur le manoir de Keruzas, en Ploesané, avec le bois y attenant, avec toutes les terres, prés, fermes, moulins et autres appartenances quelconques ; — sur la métairie du manoir tenue à ferme ; — en général sur toutes les rentes, chefrentes, héritages, seigneuries, noblesses, prééminences, privilèges, et possession, du dit s^{gr} aux paroisses de Ploesané, Plomoguer, Ploeconmelan, (Plougonvelin) et St-Renan, tant à cause de la s^{gie} de Keruzas que autrement. Keruzas donne au titulaire privilège de se délivrer, lui et ses sujets, à congé et menée, en la cour de St-Renan, droit de justice avec fourche patibulaire, et est chargé de 59 s. mon. par an, de chefrente, au roi.

Kerguiziau et Le Veyer, p. p.

30 Octobre 1503 (m. 1112). — Quittance de Robert Bayhiec,

receveur du roi, à Brest et St-Renan, pour le rachat de Keruzas, après le décès de n. et p^t Gauven, s^r de Langueuoez, délivrée à Thomas Le Veyer, receveur de n. et p^t Jehan, s^r de Langueuoez, de Lescoullouarn, Sévérac, Keruzas, lequel a fait pour le roi les levées des terres et héritages du s^r de Langueuoez, pour un an entier.

1505-1506 (m. 1113-1120). — Aveux rendus à n. et p^t Jehan, s^{gr} de Langueoez, Lescoullouarn, Keriuoallen, Sévérac, Keruzas, pour des héritages sous Keruzas.

Ces héritages sont situés au bourg de Plouemoguer, aux villages de Kerveat et de Cran, même paroisse (tenus par Robert Le Bescond et Catherine Gestin, de moitié avec Guillaume Kermorvan, et Jehanne Rivoal, sa f^e), — au village de Crémenec en Ploumoguer (famille Cozic), — à Keronc'hant, même paroisse, et Kergrescant (Yvon Marc), — à Kermorvan, à Pengars proche les terres de Hervé Porzmoguer, Keruzoret, Kerededoc, Moulin Martret (Jean Lanahy du manoir de Cozgarez, en Ploumoguer), — à Kergornan, Kerdoulx, Kerprat, La Magdelaine, Kernescant, en Ploumoguer, Kerdeuff en Plousané (Jehan Gourhan et Anne Guerionne, sa f^e, — à Kerfritchan, en Ploemoguer (Jean Querron). Kerlech et Heussaff, p. p.

8 Mai 1510 (m. 1121). — Acte par lequel Prigent Derian, éc., sieur de Kerdeniou, en son nom et stipulant pour n. d^{elle} Marie Parscau, sa f^e, reconnaît avoir reçu de..... Le Veyer procureur de n. et p^t Jehan de Langueouez, ratification par ce dernier, d'un acte d'échange fait entre les mêmes parties, le 30 Mai 1508, par la cour de St-Renan, et passé par Me Christophe Gouriou et Yves Quilbignon.

La ratification est en date du 25 nov. 1508, et signée du s^r de Langueouez et passé par Yvon Quilbignon et Jehan Kerguiziau. L'acte du 8 mai 1510 est passé par la cour de St-Renan et signé : P. Derian ; de Kerbiquet et Pennancoet, p. p.

1512 (m. 1122). — Contrat d'acquet d'un boisseau froment de rente sur tous les héritages du vendeur, consenti par Olivier Kerleuzré, en faveur de Laurans Paris, pour cent sous monnaie.

10 Août 1515 (m. 1123). — Aveu fourni à n. et p^t Nycollas de Langueuoez, s^{gr} de Langueuoez, Keruzas, Keriuoalen, Kerlizian, Le Chastret et Sévérac, pour une vieille mazure nommée Cozmoguer, Treys-Meas et autres biens au terroir de Treys-Meas, en Ploemoguer, et autres terres à Keruzoret et Kerlousouarn, même par.

1517 (m. 1124-1126). — Aveux fournis au même, pour des héritages à Keranfloch, Kercolz, Kervelouarn, en Ploumoguer.

1524-1529 (m. 1127-1129). — Aveux rendus à n. et p^t Pierre Talhoet et d^{elle} Jehanne de Langueuoez, d^e de Langueuoez, Lescoulouarn, Keriuoalen, Keruzas, Sévérac, son épouse, pour des héritages au bourg de Plouemoguer ; à Measgouesel, Meas-prat et Moulin an Roux, en Ploesané, et près le hâvre du Conquet, en Plouemoguer.

Kerouartz et Le Veyer, p. p.

20 Avril 1532 (m. 1130). — Contrat d'acquet entre Missire Goeznou Provost et missire Morice Provost, acquéreur de tous les héritages advenus au dit Goeznou de son père Guillaume.

2 Juillet 1537 — 30 Mai 1555 (m. 1131-1181). — Aveux rendus par les vassaux de Keruzas, à n. et p^t messire Jacques de Guengat, chevalier s^{gr} de Guengat, et Jehanne de Langueuoez, sa compagne, d^e de Langueuoez, Lescoulouarn, Kerivallen, Keruzas, Sévérac (appelée aussi parfois Jehanne de Talhoet, d^e des mêmes lieux).

A savoir : pour des héritages à Kersalsy, en Ploemoguer ou Guymoguer (par Jan Tanguy) 1537 ; — à Kerguynon et Landonoy, même par. ; — à Landonoy (par Robert Quéré) 1539 ; — à Keriezre, en Plousané (par Hervé Le Run et Catherine Héméry, sa f^e, qui doivent outre les charges au s^{gr} de Keruzas, des devoirs vis-à-vis de n. éc. Guillaume Kermelec, s^r de Measheloc et de Touroncze et du s^{gr} de Kerudoné) 1539 ; — à Keruzen et Kerangroas, et Kerhornou en Ploumoguer (par Jan Mellou et Catherine Legal) 1539 ; — à Kercheron et Coetcheron, même par. (par Jean Mahé) 1539 ; — à Kermean, même par., et de la Magdeleine, en Ploesané (par Marguerite Le Saux et Thomas Le Meilleur) 1539 ; — Kerprat et Kerlousouarn, en Ploumoguer (par Guillaume Le Guichoux et Jehanne Tanguy, qui doivent outre les devoirs à Keruzas, une rente à Robert Kermouran, s^r de Keranguen) 1539 ; — à Kerprat (par Marie Jégou, f^e de Jehan Kerambran) 1539 ; — à Keranfloch, en Ploumoguer (par Bernard Logen) 1539 ; — le manoir de Kerlean, en Treffbabu, deux moulins fors le 30e de l'un appartenant au s^r de Kermorvan, un courtil proche la terre de mons. de Coatlosguet, un parc appelé, Parc an Léon, une maison au village de Kerlean, autres terres à Kermegat-Measmeur, et Kerargant, en Treffbabu (par Olivier Le Dymoine) 1539 ; acte gréé en la maison de Marguerite du Breil, à St-Renan ; — héritages à Kermeryen, en Ploesané, entre la terre du s^r de Coetdener et celle de Guillaume Le Veyer (par d^{elle} Marie Brudes, épouse de Philippe Kerbruec) 1539 ; — à

Keruzoret, Kerprat, Keranfloch, Keregueur, en Plouemoguer (par Marie Costiou, f^e de Yvon Le Chauceq et Isabelle Le Myllour) 1539 ; — Kerberyou, Kerlousouarn, Mesguen, même par. (Guyomard Le Trenen et Amyce Tanguy, sa f^e) 1539 ; — le manoir de Coettenes, en Ploesané, avec bois, colombier, jardins, moulin, étang... et dépendances, et le manoir de Pencoët où demeure Olivier Le Harconneur, et terres à Keranmeryen, Kernasec, Coatcomnes, Kerbreust, Measgueffel, en Ploesané (par Charles de Penmarch et d^{elle} Jehanne Guilbignon, sa f^e, s^r et d^e de Coatlestremeur et de Coettenes) 1539 ; — héritages à Kerryven, en Ploumoguer (p. Jean Le Roux) ; — le manoir de Kermelegan, en Ploemoguer (par Hervé du Halegoet et Isabelle Porzmoguer, sa f^e, s^r et d^e de Lannevel) 1539 ; — héritages à Kerehriou et Kerregueneuc (par N... Tresleon et Isabelle Kerzignan) 1540 ; — maison et étage, appelé Kermajan, en Ploemoguer, entre la terre de Robert Kerlech, s^r du Quenquis, et celle de François Kerroullas, s^r de Langongar, et différents parcs à Pennanprat (par Marguerite Kergolleau) 1540 ; — héritages à Kerangroax, en Plouemoguer, avoisinant les terres de Hervé an Halegouet (par n. h. Guillaume Pilguen) 1540 ; cet acte fut fait en la demeure de Mahé Poulpiquet, à Keryven ; — à Keriven et Kervéan (par Jacques Allain) 1540 ; — à Treffguisguyn, en St-Renan (par Jehan an Cornellec) 1540 ; — à Kergonan, en Ploemoguer (par Jan Salaun et Marguerite Mahé) 1540 ; — le manoir et lieu de Trevia, en Plousané, et un ténement à Kerc'hastel, avoisinant le manoir de ce nom, et différentes terres à Kerjuna, Measangoff, Pontan Hospital (par Jehanne du Bois, d^e douairière de Trevia en son privé nom et comme tutrice de Jan Rolland, son fils) 1540 ; — plusieurs parcs avoisinant le manoir de Kerlosouarn, en Lambezre ; — héritages à Kerguillou, en Ploumoguer (par Catherine Tanguy et Yvon Bihan) 1540 ; — à Meastourguer, Kergonnan, en même par. (par Marguerite Kerahes représentée par Robert Kersangily et par F^{çois} Kerhilleuc, représenté par maître Kersangily ; ce dernier pour des terres à Cosquer, même par., avoisinant les terres de Robert Kermorvan, s^r de Keranguen) 1540 ; — le lieu noble de An Castell, avec moulin, étang, en Ploumoguer, deux parcs à Kerguelan, le lieu noble de Kerchuron, plusieurs parcs (par n. h. Christophe Gourio, s^{gr} de Rouazle ; biens de la succession d'autre Christophe Gourio, s^r de Rouazle) 1540 ; — à Lanfeust, même par. (par Clémence Bouilloucze, curatrice de Olivier Briant, qui doit sur les dits biens des rentes à Keruzas, à l'église St-Pierre de Guymoguer en décharge au s^r de Porzmoguer, et deux poulets au s^r de la Rochedurant) 1540 ; — etc. etc... — héritages nobles au bourg de Guymoguer et à Kerouzien (par d^{elle} Marie de Mescouflem) 1541 ; — héritages à Kervelouarn, Kerurgant, Pratuon, en Ploumoguer (par Christophe Riou) 1545 ; — le manoir de Couetgarz et ses dépendances, même par., et autres terres à Cozgars, Pengars, Kerouzian (par maître Bernard Lancelin, s^{gr} de Couetgarz) 1547 ;

— héritages à Kermenouar, en Ploumoguer, et d'autres en Lampezre (par Catherine Kermorvan, f⁰ de Claude Le Grand, dᵗ à Brest) 1554 ; — les héritages advenus à Jan Kerlech, de son père, « décédé il y a moins de 4 ans » et lesquels existe le douaire de Marguerite Guernisac, vᵛᵉ du dit Kerlech; les héritages avoués sont : le manoir du Quenquis, en Ploumoguer, où demeure Jean Kerlech (avec les maisons, étables, aire, granges, jardins, vergers, issues, franchises, rabines, moulin, étang, byé, colombier, bois de haute futaie cernée de murailles), héritages à Kerguaznou, Kerisguin, Gouareun, Brendégué (manoir) en Plousané, à Trémeal, Kerfichant, Kerbrat, Kergonan, Keranfloch, Guerequenec, Poulduc, Kerreguenec, Kerrimoret, Kerrinot, Kervéat, Kergonan, etc., en Ploumoguer, au bourg de Treffbabu, à Kerellec, Kerdolguen, Kernan, Poulmilvau, Le Cran, Feuntun Keruzou, en Treffbabu (24 avril 1555); — les terres, héritages, rentes, chefrentes, de Laurans Kerguiziau, sʳ de Kervasdoué, sous la tutelle de sa mère Catherine Poulpiguet, dᵉ de Kervasdoué, à savoir : le manoir de Kervasdoué en Plousané, où demeure la dite dᵉ, différentes maisons et terres à Kerriovan, Kerruguant, Keryven, en Plousané, à Pont an Hospital en Ploumoguer (30 Mai 1555) ; — terres à Kerouzien en Ploumoguer (par Prigent Causeur et Hezevise An Amour, sa fᵉ) 1555 ; — le manoir de An Guastell en Ploumoguer, où demeure Olivier Kermorgant, le lieu n. de Kercheron, et autres terres (par n. h. Christophe Gourio sʳ du Rouazle, fils d'autre Christophe) 1555.

On voit figurer comme notaires : Harguin, Panahy, en 1538 ; Kerguysiau, Bohier, Pennancoet, en 1539 ; Poulpiguet et Pilguen, Fçᵒⁱˢ Kerroullas et T. Ledrenec, Jehan Le Roux, en 1540 ; Poncelin et Meastryus, en 1545 ; Kersangily et Meastryus, en 1555 ; — comme procureurs fiscaux de Keruzas : Yves Tourronce, en 1540 ; n. Tanguy Tronson, sʳ de Perros, qui fournit une copie en 1555.

28 Août 1538 (m. 1182). — Contrat d'acquêt entre Hervé Kerdignan, sʳ de Kerouman, et Fçᵒⁱˢ Bernard, acquéreur d'un parc au terroir de Landonoy, en Ploumoguer, avoisinant la terre du sʳ de Coatmeur, et sous le fief de Keruzas.

1ᵉʳ Janvier 1642 (m. 1183). — N. h. François Penmarch, sᵍʳ de Coatdenez et du Parc, dᵗ au manoir du Parc, et Marie Mohou, dᵉ des dits lieux, son épouse, vend à Philippe Perrot, dᵗ au bourg de Recouvrance, par. de Quilbignon, le lieu et convenant, sous Keruzas, appelé Kerbleustre ou Kerbreust, en Plousané, où demeure Yves Labbé, pour 648 écus, faisant 1.944 #.

Cinq années sont accordées pour le retrait.

17 Octobre 1543 (m. 1184). — Hervé Kerdignan, sʳ de Kerouman, d^t par. de Saint-Frégan, diocèse de Léon, vend à François Bernard, d^t au bourg de Lochrist-Ploueconuelen (Plougonvelin), d'un parc à Landonoy, en Plouemoguer.

Kersangily, p.

5 Août 1544 (m. 1185). — Contrat de « donaison » faite par n. éc. F^{çois} Keroullas, s^r de Langongar, d^t au manoir de Langongar, par. de Plousané, en faveur d'Olivier Le Bys, d^t au manoir de Penfell, par. de Botgartz, de toutes les rentes et chefrentes, que le dit Le Bys doit au s^r de Langongar, sur sa maison et dépendances, situées à Tuarcalvez, par. de Plousané, relevant de Keruzas, et d'autres charges dues sur une maison située rue Saint-Sébastien, à Saint-Renan.

Fait en présence de Yves Tourronce, s^r de Coetmanach, procureur à la Cour de Keruzas.

2 Février 1546 (m. 1186). — Echanges en Ploumoguer, au fief du Curru et Keruzas, de terres sises à Kerconstantin, entre Jehan Melou et Jehan Brenterch, d^t au « bourg » de Brest.

1558-1559 (m. 1187-1207). — Aveux rendus à cause de Keruzas, à n. et p^t Hervé de La Chapelle et Marie de Guengat, sa f^e, s^r et d^e de Beuvres, Lymoelen, La Ville-Hellio, Keruzas, Langueouez, Vte et V^{tesse} de Plédran, pour différents héritages.

A savoir : le manoir et lieu n. de Kernevez, en Ploumoguer, avec ses dépendances et son bois de haute futaie ; la maison n. de Kerneuff et des terres à Kerrouel, à Guymoguer, et des rentes et chefrentes en Plouemoguer (par n. éc. Hervé Porzmoguer, s^r du dit lieu et de la Villeneufve, qui tient ces choses de son père Yvon Porzmoguer, décédé il y a 35 ans) 1558 ; — le manoir de Kerrouel, en Ploumoguer, et des terres au terroir de Kerrouel et Poullaouec (par n. h. Bernard Porzmoguer, s^r de Kerrouel) 1558 ; — héritages à Kerperiou et Kerlousouarn, en Ploumoguer (par la v^{ve} de Nouel Kerahes, tutrice de son fils) 1558 ; — à Trevisquin (par Catherine Guylbignon, garde de ses enfants et Henri Le Bescond) 1558 ; — les manoir et maison de Kerarmor, maison et lieu n. de Kergressant, étage et lieu n. au bourg de Guymoguer, appelé Ty-an-Breton, maison étage n., dit Portzic, terre à Kerouchant, Pontanroudouze, Kerogueur, en Ploumoguer (par n. .... Dreneuc, s^r de Kerourian) 1558 ; — le lieu n. de Feuteunlech et héritages à Kerizoret, Kerorven, Kerchu, Kerberiou, Kerresan, en Ploumoguer (par n. g. Guillaume Kerbrieuc (fils de feu Kerbrieuc et de Guillemette Gouarnier, d^e de Kermergant) et Catherine Keroullas, sa f^e, s^r et d^e de Keranstreat) 1559.

24 Mai 1563 (m. 1207). — Vente d'un parc au terr. de Kergonnan, en Ploumoguer, sous le fief de Keruzas.

8 Octobre 1570 (m. 1208). — Subrogation relative aux devoirs de bans, ventes, lods, rachats et sous-rachats, convenants, rentes, et chefrentes constitués, tant en blés, deniers, chapons, poulets, moutons, qu'autres revenus de Keruzas et Langueouez, consentie par n. et p^t Guy d'Avaugour et Marie de Guengat, son épouse, s^{gr} et d^e de Voye, Guengat, Langueouez, Keruzas, Keriouallen, et Spinefort, en faveur de n. h. Jean Kerbescat, d^t en la ville de Daoulas, évêché de Cornouailles, fermier des dites s^{gries} de Keruzas et Langueouez, depuis le 17 septembre 1578, succédant comme fermier à Tanguy Touroncze s^{gr} de Coatmanach.

Juin 1571 (m. 1209). — Aveu et dénombrement des terres, héritages, que noble Prigent Poulpiquet, s^r du Hallegoet, au nom de n. Guillaume Poulpiquet, son fils mineur, procréé de lui et de feue d^{elle} Isabelle Mol, sa première femme, tient à devoir de foy, hommage, et rachapt, et autres devoirs seigneuriaux, de n. et p^{te} d^{elle} Marye Guengat, épouse de Guy d'Avaugour, s^r et d^e de Keruzas.

L'aveu porte sur le manoir et lieu n. de Keranchorr, par. de Plouésanné, avec ses « arches, vaulx, vanelles, yssues, franchisses... » avec deux courtils et un parc ; — deux parcs joignant à la terre du s^r de Kerredeuc ; — deux parcs joignant les terres du s^r de Bodriac ; — d'autres parcs au même terroir ; — le lieu noble et manoir An Kernevez en Plousané avec ses crèches, vaux, jardins et plusieurs parcs.

Fait à St-Renan. Kertrenen p.

11 Août 1571 (m. 1210). — Aveu rendu à Marie de Guengat et Guy d'Avaugour par n. h. Guillaume Kerléan, s^{gr} de Kerlean, Kermergan, Kerdreanton, pour les héritages, rentes et chefrentes qui lui sont advenus de son frère, n. h. Jehan Kerléan, s^r en son vivant des mêmes lieux, décédé depuis 14 mois.

L'aveu porte sur le manoir de Kermergan, avec ses dépendances, colombier, bois taillis et de haute futaie, plusieurs parcs, deux moulins, le tout en Guysané, que tiennent par ferme Prigent du Boys, sous d^{elle} Aliette de Lesmaes, d^e de Kerdergan, douairière de Kerléan, v^{ve} de Jehan Kerlean, moyennant 23 ₶ pour le manoir et ses dépendances, et Janes Kermorgant, fermier du moulin, qui doit 23 boisseaux de blé. (Total 25 journaux 1/2 de terre) ; — sur le manoir de Pennancoët, en Guysané, avec ses app. et dép. (un parc nommé parc An Haleguen) affermé 18 ₶ (14 j. 10 sillons) ; — le lieu n. et manoir appelé An-ty-Nevez, affermé

15 #, mon., 5 boiss. froment, un mouton gras, 6 chapons (10 j. 1/3) ; — le lieu n. et manoir appelé An-ty-Coz, affermé 10 #, 2 boiss. froment (8 j. 1/8 et 1/16) ; — le lieu n. avec ses appart. appelé Kerambertz, affermé 12 #, 6 boiss. fr. (14 j.) ; — le manoir de Penankernech « que tient Nicolas An Halgoet, au dit titre de ferme sous le s^{gr} de Kerléan, pour en payer chacun an 16 #, 2 boiss. fr. » (24 j. 2/4) ; — le manoir et lieu n. appelé Meas-Ambras, affermé 10 #, 1 boiss. fr. (11 j.) ; — un autre lieu et étage appelé Kernevez, affermé 20 # m. (12 j. 1/2) ; — le lieu n. et manoir de Pratloes, affermé 15 #, 2 boiss. fr. (3 j. 3/4) ; — quatre journaux 7/8 de parcs affermés 100 sous mon. ; — la seigneurie de ligence due par n. h. Prigent Poulpiquet s^r du Halegoet sur le manoir du Halegoet ; — ligence avec 1 boiss. fr. de chefrente, due par le dit Poulpiquet pour son manoir de Penpoull ou Penfoull en Plousané ; — ligence avec 1 hantercllée froment et 10 d. de chefrente, par n. F^{çois} Kermorvan s^r de Keranguen ; — ligence et 17 s. 6 d. de chefrente, par les mineurs de Poncilin sur héritages en Plousané ; — ligence et 24 d. de chefrente par n. m^e Hervé Le Garo s^r de Kerredec sur son manoir de Kersausset, en Plousané ; — l'avouant doit de chefrente au s^{gr} d'Avaugour, 2 boiss. de froment, mesure St-Mahé, sur le manoir de Meas-an-Bras, et 17 s. mon. sur le lieu et manoir de Brehelen. Les terres et héritages dont la déclaration figure ci-dessus sont tous situés en Plousané.

Fait et greé à St-Renan, en la maison de Marguerite Deryen. Signé : Kerlean ; Kerengar ; Brancilin.

1571 (m. 1211). — Aveu rendu aux mêmes, par Marguerite Briand, tutrice d'Azenore Mahé, sa fille, pour des héritages au terroir de Kersalsy en Ploumoguer. Ces héritages doivent une rente à Keruzas, une autre à la d^e de Langongar, en son manoir de Cozty-an-Saulx, une autre au procureur de l'église de Guymoguer.

Fait en la « demeurance » de n. m^{tre} Jehan Le Hezou, Kerengar et Kersangily pp.

8 Novembre 1572 (m. 1212). — Minu et dénombrement des lieux, manoir, convenant, etage, fief, rentes, etc., tenus de Marie de Guengat et son époux, à cause de Keruzas, par n. h. Olivier Portzmoguer, écuyer, s^r de Portzmoguer et de la Villeneuve, fils aîné, héritier p^{al} et n., de Hervé Portzmoguer, décédé il y a un an.

L'aveu porte sur le manoir et lieu n. appelé An Kernevez en Ploumoguer, avec ses dépendances ordinaires, bois, moulin, étage n. de Kergeuf ; — sur les rentes et chefrentes des terres de Kerguelen (et une maison à éc. Goulfen Lancilin s^r de Coetgartz), Kergoz, Pradigou, Kervenouar, Kerronou, Kerrizien, Kervelouarn. Toutes les choses ci-dessus sont soumises au rachat par suite du décès du s^r de Portzmoguer, excepté ce qui fait partie du douaire de d^{elle} Loyse Rusqueuc, sa v^{ve}. Suivent les biens de feue d^{elle} Constance Kerlyviry, femme en premières noces du dit Portzmoguer, et mère de l'avouant : une rente due par le s^r de Kerscao et un convenant, baillés à lad. d^e, lors de son mariage. Il faut encore tenir compte 1°) du douaire de la d^{elle} Catherine Keranvrays Vve de feu Yvon Portzmoguer, aïeul du présent seigneur, 2°) de 100 s. m. de rente appartenant à feue d^{elle} Fyacra Kerlyviry d^e de Kernechrizian, mère de la dite Constance, 3°) de 40 # de rente dont Olivier Portzmoguer a été contraint faire assiette à n. Yves Portzmoguer, s^r de Kersrourric, fils aîné principal et n. de feu Guillaume P. qui était frère juveigneur de Hervé, « droit advenant du dit feu Guillaume P., ès successions de feus n. g. Yvon P. et Azelize du Boys, s^r et d^e de P. et La Villeneuve, père et mére des dits feus Hervé et Guillaume P. », 4°) de 11 # de rente due à Bernard Portzmoguer, éc., s^r Kerronvel « pour partie de ses droits sur le Porztmoguer et La Villeneuve ».

Fait par Kerangar et Poncelin, passeurs.

4 Août 1574 (m. 1213). — Contrat d'acquêt consenti par Jean Heliot, vendeur d'une maison située en la ville de St-Renan, en faveur de n. h. Jehan....., s^r du Plessix, et d^t en ce lieu, par. de Ploumoguer.

3 Novembre 1574 (m. 1214). — Aveu fourni à Keruzas, par Robert Le Run Marchal, garde naturel de Hervé et F^{çoise} Le Run, pour des héritages situés à St-Sébastien, en St-Renan.

Signé : Kerguiziau.

7 Mars 1578 (m. 1215). — Echange de maisons et terres au terr. de Keranmerien, sous Keruzas, en Plousané, entre n. h. Guillaume Le Drenec, s^r de Kerouyen, d^t par. de Plouegonmelen, (pour Plougonvelin), et n. h. F^{çois} Keranguen, s^r de Kerdevez, d^t au manoir de Brune, par. de Plourin, n. Guillaume Le Veyer, s^r de Keranmerien, d^t à Keranmezec, en Plouemoguer ; le dit Keranguen, comme procureur de d^{lle} Agacze Quilbignon, d^e douairière de Kerbriec.

Ce contrat, devant être ratifié par Magdelaine Mol, douairière de Keranmerien, est suivi d'une ratification de la d^e de Kerbriec, d^t à Kerbriec, par. : de Plouerin.

Signé de n. Robert Kerdignan, agissant à la requête de la d^e de Kerbriec, qui ne sait signer, Kerengar passe.

28 Juillet 1578 (m. 1216-1245). — Aveux fournis par les sujets de Keruzas à Guy d'Avaugour et Marie de Guengat.

A savoir : pour des héritages au bourg de Guymoguer et au terroir de Keriven (par Fçois Brenhert et Charlotte Allain) ; — pour héritages à Kerizien, en Ploumoguer (par Jehanne Melou, veuve d'Yvon Dalideuc représentée par n. Guillaume Gillart) ; — héritages à Landonoy, en Ploemoguer (par Jeanne Le Bihan, veuve de Guillaume Bizian, représentée par n. Me Jehan Rolland, sr de Kercastell) ; — la moitié du moulin Kermoualch « indivis en fye à la seigneurie du Chastel » en Plouemoguer (par hon. marchand Guillaume Julou, dt au Conquet) ; — héritages à Penanprat, en Ploumoguer (par Jean Riou) ; — héritages à Keryvinec, même par. (par Hervé Legal) ; héritages à Kerpiriou même par. dont fait partie « le parc Measguen situé entre terre de Hervé du Halegoet, sr de Lanhenel (par Barba Keraes, vve de Jean Allez).

Actes passés par Kersangily, Kerasquer, et de Poulpiquet, passeurs.

11 Nov. 1578 (m. 1246). — Vente des seigneuries de Keruzas et de Langueouetz, consentie par n. et pt Guy d'Avaugour et Marie de Guengat, sa fe, sgr et de de Voaye, Guengat, Spinefort, Keriouallen ou Kerimoalen, dt au manoir de Keriouallen, en Brech, juridiction d'Auray, à n. h. Charles Kernezne, sr du Curru, de Coatguennec et Penanknec, et dt au Curru, par. de Milysac, juridiction de St-Renan ; seigneuries qui appartiennent à Marie de Guengat et sont acquises moyennant 15.000 écus sol, versés en présence des notaires.

Quatre années « pour racquet », sont accordées. Pour la mise en possession, les vendeurs choisissent comme procureurs n. g. Olivier de la Garenne, sr de Kerguelven, Bernard, Lancelin.

Fait et gréé à Kerivallen, devant Jehan de Kermadec et Pierre Le Liniec, notaires de la Sénéchaussée d'Auray. Les vendeurs ont pour la présente vente élu domicile au manoir de Kergouasdoué, en Plousané, demeure de Me Laurens Kerguisiau, sénéchal de Keruzas et Langueouez.

Sceau de la Sénéchaussée d'Auray : 6 fleurs de lys, avec la date 1562.

La vente porte sur « les lieux, manoirs, pièces, terres et seigneuries de Keruzas et de Langueouetz..... o leurs logeix, vergiers, boys de haulte fustaye et taillys, colombiers, garaines, prés, prairies, moulins, destroit, terres arables et non arables, courtz, juridictions haultes, basses et moienes, justices et fiefs de haulbert, métairies, tenues à domayne congéables, feaiges, censives, rentes, cheffrentes, prééminences, prérogatives, droits seigneuriaulx, obéissances, enfuz, accoudouers, et tous autres droitz, appandances, deppandances, et appartenances quelconques... » le dit lieu et manoir de Keruzas étant situé en Plousané, ses appart. et dépend. aux paroisses de Plouemoguer, Treffbabu, Plouegonuelen, Lochrist, Plouesané, St-Renan, Milisac, et autres par. de l'évêché de Léon ; le dit lieu et manoir de Langueouetz situé à Treffgouezgat, et ses dépend. en la même par. et en Plouéguen (Plouguin), Plouedalmezeau, Plouezrin, et autres de l'évêché de Léon.

La s^{gie} de Keruzas est au fief proche du roi sous St-Renan et Langueouetz au fief du Chastel.

L'acte de vente est suivi d'une reconnaissance de payement.

9-18 Décembre 1578 (m. 1247). — « Acte possessoire » ou mise en possession des s^{gies} de Keruzas et de Langueouetz, en présence de Prigent Pezron, et Henry Pezron, notaires de la cour de St-Renan.

La seigneurie de Langueouez, comporte : manoir, jardins, courtils, vergers, vaux, aire, rabines, issues, franchises... et dépendances ordinaires, (affermé 22 # m. à Guillaume Gouzian, d^t au dit manoir) ; le moulin (aff. 13 #), le manoir et lieu n. de Keruzec et dépend. (aff. à titre de convenant congéable, 9 # m. et 6 chapons) ; le lieu n. de Kerbezret (aff. 17 # m. ; 2 boiss. fr. ; 6 chapons) ; le tout en Treffouez-cat. Au bourg paroissial l'acquéreur est mis en possession réelle de l'église qui est « entièrement fondée et édifiée » par les s^{grs} de Langueouez, prédécesseurs de la dame de Voye, et à laquelle appartiennent armoiries dans la grande vitre, enfeus, et accoudoirs ; d'un étage noble tenu à domaine congéable (moyennant 4 # 10 s. m. par an), dans la même paroisse se trouvent encore la métairie n. de Kergoff, (30 # m. 6 chapons, un mouton gras, 1 boisseau froment mesure Gouéznou) ; la métairie noble de Kersabiec, à titre de convenant congéable (70 d. m. 1/2 boiss. mes. G.) ; le lieu n. et manoir de Kermelin, à d. c. (10 # 10 s. m.). — Le nouvel acquéreur est mis en possession dans la par. de Plouéguen : d'un étage ruiné et une maison à forge, à Kerchel (affermés 12 #, 1 boiss. fr.), de l'étage de Kerancalvez, à Kercalvez (aff. 18 # m. 1 boiss. fr.), d'une maison noble ruinée à Keryvason avec un étage (aff. 25 # 1 boiss. avoine, 2 chapons) ; — dans la par. de Milisac : d'une maison à Kergoff tenue à titre de convenant congéable (10 # 1/2), du lieu noble de la Motte ou du Mouden, (25 # 1 boiss. fr.), de la métairie n. de Kergoual tenue à titre de ferme (17 # m. 1 boiss. fr.).

La seigneurie de Keruzas comporte, le manoir et dépendances, et le moulin, tenu à domaine congéable (17 # m.), une maison à Kanroux (4 # m.), le parc An Justiczou, le tout en Plousané, dont l'église paroissiale, a été fondée par les s^{grs} de Keruzas qui y possèdent, supériorité, armoiries, enfeus, accoudoirs, de même que dans l'église N.-D. de Locmaria, fondée par les mêmes seigneurs. Il faut encore noter comme dépendances de Keruzas, une grande terre, le Menez Locmaria (terroir de ce nom), le Menez Rucochart, le Prat Botonnou, le Menez Loquinen, le Menez Traouhonnan, autrement Menez Keruzas, le Menez Measlys (terroir de Mesprat), le Menez an Poulloupry (terr. de Keranroux), le Menez de la Madeleine (près la chapelle de ce nom), le Menez Lesouarn, le tout en Plousané ; le Teuen de Conquet, dans l'île de Kermorvan ou du Conquet, le moulin à eau de la Haye, la mazure de Cotymoguer-Kerguelen, la montagne de Cotzfourn (terr. de Coatgoetz), le Parchou Keruzas (terr. du Heder), le tout en Plouemoguer, trêves de Treffbabu et de Lambezren. Les s^{grs} de Keruzas ont en outre, droit de supériorité aux grandes vitres du pignon de la chapelle de la Madeleine, en Plousané, accoudoirs et prééminences, — même supériorité de fondateurs dans l'église par. de Plouemoguer (armoiries, enfeus, accoudoirs), — même supériorité dans les églises de Monsieur Saint Babu, et de N.-D. du Val, même par. La justice se rend aux bourgs de Plousané et de Plouemoguer.

1578-1579 (m. 1248). — Bannies du contrat de vente de Keruzas et Langueouetz, faites par Olivier Kerannou, s^r de Kerlosou, sergent royal de la cour de St-Renan.

1579 et 1580 (m. 1249-1251). — Ventes de biens sous le fief de Keruzas. [Echange d'une maison située rue Foucher, à St-Renan, contre une rente ; — vente d'un parc à Kerougnam, en Plouemoguer, situé entre la terre du s^r du Quenquis et un pré au s^r de Portzmoguer, par Azavre Quoniam, v^{ve} d'Henri Riou, à Jean Arzel ; — vente d'une rente à Kerjunan, en Plousané, par Jan Le Hir, à Me Jean Rolland, s^r de Kercastel.]

18 Juin 1580 (m. 1251). — Procès entre Charles de Kernezne, s^r du Curru, défendeur, et d^{elle} Jacquette de Langueoet, d^e de la Touche, d^t à Genève, demandeur, représentée par Jean Bouteiller, s^r Deslandes et de Maupertuys, chevalier o. r. et son pensionnaire en Bretagne, laquelle damoiselle prétendait faire le retrait lignager des s^{gies} de Keruzas et de Langueoet (pour Langueoez), comme tante de Marie de Guengat.

Charles de Kernezne disait pour sa défense, que l'opposition venait après le délai légal et que la demande en retrait était frauduleuse, parce que le retrait était formé pour le bénéfice d'un tiers. Une transaction fut signée à Genève entre n. Olivier de la Garenne, s^{gr} de Kergueluen, d^t par. de Plougon, procureur du s^r du Curru, et la dite demoiselle, qui se désiste purement et simplement.

Noel Cornillan, notaire.

4 Novembre 1580 (m. 1252). — Noble maître Claude Kerenguar, s^r de Penankor, et y d^t « treff de Lochrist-Plouecouvelen » signe avec Philippe an Ostis, un contrat de racquet touchant une maison, au terroir de Kervean, en Plouemoguer.

1582-1586 (m. 1253-1272). — Aveux rendus à Charles de Kernezne, s^{gr} du Curru, Keruzas, Langueouez, Penanchreanch (ailleurs Penancreach, Penanknech), Kerareouch (ailleurs Kergaraoch, Kergarane, Kergarare), et à cause de Keruzas.

A savoir : pour des héritages à Guymoguer (par Jehan Lancelin, et Laurens Kerguyziau, notaires de la cour de St-Renan et de Keruzas); — pour des héritages à Kerguillou, en Plouemoguer, (par n. g. Hervé Penmeashir et Jeanne Touronce, sa f^e, s^r et d^e de Penmeashir, par. de Plouerin, et d^t en ce lieu, qui tiennent ces choses de n. g. Allain Touronce et Jeanne Le Veyer, père et mère de la dite Jeanne); — pour des héritages à Keralsy, Kercoz, en Plouemoguer (par Marguerite Briant, tutrice d'Azenore Mahé, sa fille, et sous le seing de Yves Portzmoguer, éc., s^r de Kerneguen); — héritages à An Harczener et à Kerouzien, même par., (par Christophe Colin, et sous le seing de n. Henry Penancoët, s^r de Dervez); — héritages à Keranfloch et Keruzoret, même par., (par Hervé et Bernard Kermorgant, Jan Trepaul, et autres); — le lieu noble de Mean an Jar, en Plouemoguer, (par Claude Kerrannou éc., s^r de Kergoasdoué); — héritages à Toulancoure, en Plousané, (par Jan Le Sergent); — le lieu noble de Treffguisquin, en Plousané, et terres à Keranlezou (par hon. marchand Jan Gaudin); — héritages à Kergonnan, en Plouemoguer, (par Isabelle Le Barzic, v^{ve} de Clément Kerhillec).

15 Avril 1588 (m. 1273). — Minu et dénombrement des terres, héritages, rentes, chefrentes, que n. h. Hiérosme de Kerléan, s^{gr} de Kerléan, Kerdréanton, Kermeryen, tient en fief lige, à devoir de foy, hommage et rachat, de n. h. Charles Kernezne, s^{gr} de Keruzas, et qui lui sont advenus par succession de n. h. Guillaume Kerléan, s^r des mêmes lieux, décédé depuis un an ; sauf à réserver la part de d^{elle} Claude Kerléan, douairière de Keramprat, sa sœur.

Le minu porte sur le manoir de Kermeryen, avec ses colombier, bois, et dépendances (affermé 45 #), le moulin (aff. 20 boiss. blé); — le manoir de Penancoët (30 #); — le manoir d'an Ty nevez (28 #, 3 boiss. fr., 6 chapons); — le manoir d'an Ty coz (26 #); — le lieu noble de Kerambertz (22 #, 2 boiss. fr.); — le manoir de Penanknech que tient Marie Keraudry, v^{ve} de feu Nicolas an Hallegoët (24 #, 2 boiss. fr.); — le manoir et lieu n. de Measambras (19 #, 1 boiss. fr.); — le lieu de Kernévez (19 #); — le lieu n. de Pratloas (29 #, 2 boiss. fr.); — le manoir de Bréhellen, en Plousané (40 # dus à Claude Kerléan, d° de Kermeryen) ; — deux garennes appelées Goaremyou an Moguer, terroir de Moguer, même par., (50 #) ; — le convenant et étage de Bréhellen-Bihan, même par., avec une garenne appelée Goarem Measmein (30 #); — une maison et étage, au Moguer (25 #) ; — convenant et étage, terroir du Moguer (15 #) ; — un boisseau fr. de chefrente dû par le s^r du Hallegoët sur son manoir de Pempoull, et même chefrente sur son manoir du Hallegoët ; — une hanterellée froment et 10 d. de chefrente par n. F^{çois} Kermorvan, s^r de Keranguen ; — 17 s. 6 d. de chefrente par le mineur de Poncilin ; — 24 s. de chefrente par le s^r de Kerredec, sur son manoir de Kersauset. L'avouant reconnaît devoir à Keruzas 2 boiss. fr. sur son manoir de Measambras et 17 s. sur Bréhellen.

Fait au bourg de Brellès. Signé : Hiérosme Kerléan, Kerengar, Poncelin, passeurs.

1592 (m. 1274-1280). — Aveux rendus à Charles de Kernezne, s^{gr} de Keruzas, par Robert Kerhillec (pour héritages à Kergonan, en Plouemoguer), Marguerite Kerhillec (héritages à Edeny (?), en Plousané), Yves Kerhillec, etc...

Penandref, Meastryvis, Cratian, p. p.

30 Janvier 1593 (m. 1281). — Aveu au même par n. h. Jan Kerdiguan, s^r de Landonoy, et y d^t par. de Plouemoguer, pour des héritages au terroir de Landonoy, échus de la succession de n. et vénérable m^{re} François Kerdiguan, prêtre, son frère aîné, fils de feu n. Hervé Kerdiguan, décédé depuis 10 ans.

Kerguyziau et Pezron, p. p.

1597 (m. 1282). — Contrat d'acquêt pour n. h. Thomas Le Gac, s^r de Keraul, d'avec Robert Kerhillec, d'une terre au terroir de Kergonnan, en Ploumoguer.

XVI s. (m. 1283). — N. h. Golven de Kercrist, s^r de Penanlan, d^t en son manoir de Kerbreder, par. de Plougouvelin (ou Plouguin ?), baille et transporte à Jacques Bellec et Jeanne Maczou, sa f^e, deux parcs à Trevisquin, en Plousané, sous Keruzas.

14 Novembre 1601 (m. 1284). — Acquêt du lieu n. de Kernilys situé au bourg de Treffbabu, et d'autres héritages à Lanmeur, par n. h. F^{çois} Kermorvan, s^r de Keruzou, de n. h. F^{çois} Kerléach, s^{gr} du Val et de Kerrouel, d^t au manoir du Plessix, en Ploumoguer.

Copie délivrée à éc. Tanguy Troussan, s^r de Perros, procureur fiscal de Keruzas, par Charles Penfentenyo, sénéchal de St-Renan et Brest, et François de Launay, procureur du roi.

1600-1610 (m. 1285-1300). — Aveux rendus à n. et p^t Charles de Kernezne, marquis de la Roche et de Coatanmoal, vicomte du Curru, s^{gr} de Keruzas, Penanech, Languéouez, Kergaraoc... chevalier de l'ordre du roi, gentilhomme ordinaire de sa chambre.

A noter, entre autres avouants : éc. Guillaume Gilart, s^r de Larchantel, d^t en ce lieu, par. de Quibignon, curateur de n. Nicolas Poulpiquet, fils mineur et seul héritier de feu éc. Guillaume Poulpiquet, s^r de Kerangroas (pour le manoir et lieu n. de Kerangroas, en Ploumoguer, chargés d'un droit de 42 # mon. et d'une journée de charrue) 1601 ; — n. h. Robert Kermorvan, s^r de Keranguen, pour éliger le rachat de sa défunte mère.

Parmi les signataires : éc. Guyon Kermenou, s^r de Troumenec.

23 Janvier 1603 (m. 1301). — Déclaration de rachat fournie par les héritiers de feu René Keriec et Constance Allan, sa f^e, à Charles de Kernezne, pour des héritages sous le Curru et Keruzas (maisons et terres en Plouemoguer ou Guymoguer, qui doivent chefrentes aux seigneurs du Curru, de Keruzas et de Kerourien).

1610-1670 (m. 1301-1352). — Aveux rendus à h^{te} et p^{te} Anne de Coatanezre, d^e de Carné, baronne de Blaison, de Carantan, propriétaire des m^{quisats} de Coatanmoal, La Roche, Laz, Trevallot, douairière de la v^{té} du Curru, de Penanech, Keruzas, Languéouez, au nom et comme tutrice de ses enfants nés de déf. m^{re} Charles Kernezne, s^{gr} du Curru, Penanech, Keruzas ; ou à son fils h^t et p^t Charles de Kernezne, chev. o. r. et gentilhomme ord. de sa Chambre, gouverneur de Quimper-Corentin (à partir de 1635).

Entre autres : (1614) par n. h. F^{çois} Keroullas, s^r de Coatgartz et de Keresguar, d^t en son manoir de Coatgartz, en Ploumoguer, (pour le dit manoir); — (1615) par éc. Robert Kersainct-Gilly, s^r de Kerouhant, Lenzranlemen(?), d^t au manoir de Kerouhant, en Ploumoguer, (pour le dit manoir); — (1616) par éc. Hervé Pezron, s^r de Lesconvel, h^{tier} p^{al} de feu Hervé Pezron, s^r de Kerviziou (pour le lieu de Kerviziou, en Plouéguen, et autres h^{tages}); — par h. g. F^{çois} Gérault et Madeleine Laisné, sa f^e, d^t au manoir de Trivisguin ou Trefvisguin, par. de Plousané, (pour le dit manoir); — (1617) par éc. F^{çois} Kerrannou, s^r de Kervasdoué, d^t en son manoir de Kervasdoué, par. de Plougonvelen, (pour le lieu de Keriven, en Ploumoguer); — par Jacques Kergrach; — par Jan Craouzon; — par Marie Bodigneau, v^{ve} de F^{çois} Kerlech, chev. de l'o. du r., gentilhomme de sa chambre, s^{gr} du Plessix, Tresiguidy, curateur de n. et p^t m^{re} René de Kerlech, s^gr du Plessix, et ses autres enfants, (pour le manoir du Quenquis, en Plouemoguer, et autres h^tages); — (1619) par Catherine Kerbriec, d^e de Berguel ; — par sire Tanguy Petton, marchand, d^t au lieu de Portzmoguer, par. de Plouarzel, époux de Marguerite Portzmoguer (pour h^tages sous Penancch); — (1621) par n. h. Vincent Kerguizieau, s^r de Kersene, curateur de n. et p^t Jan Kerguizieau, s^r de Kerscao, du Vijac, Brenduzual, fils de feu n. et p^t Claude Kerguizieau, (pour le manoir Kerscao, et moulin); — (1622) par éc. Gabriel Mesnoalet, s^r de Kernezne, époux de Barbe Bourdilleau, d^t au manoir de Coatmanach-Bihan, par. de Plousané, (pour des h^tages indivis avec éc. F^çois Delefiste et Catherine Bourdilleau, sa f^e, s^r et d^e de la Palue, Marguerite Bourdilleau, d^e de Keriguen, n. g. Yves Lymon et Jacquette Bourdilleau, sa f^e, s^r et d^e de Penangoar, Yves Tréouret et Geneviève Bourdilleau, s^r et d^e de Penangoartz, Olivier Keropault et Barbe Bourdilleau, Jean Kerdaniel et Marie Bourdilleau, s^r et d^e de Treornou, tous h^tiers de n. g. F^çois Bourdilleau et Catherine Kerbriec, leurs père et mère, (pour le lieu n. de Keranmerien, en Plousané, et autres h^tages); — par Marguerite le Mehou, douairière de Lanhoardon, d^t à Landerneau ; — (1623) par F^çoise Kerlean, d^e de Kerbrozer, d^t au manoir de Kergoët, par. de Guiglan, (pour le lieu n. de Kerbern, en Plousané, et autres h^tages) ; — par F^çoise Le Drenec, d^e de Lezireur, d^t au manoir de Kerourien, en Ploumoguer ; — par n. h. Olivier Kerlech, s^r de Penanknech, d^t en son manoir de Penanknech, par. de Pouguin ; — par F^çoise Kerguiziau, v^ve d'éc. Allain Kevozven, s^r de Kevozven ; — (1624) par Annic Cadrouillac ; — par éc. Nicolas de Poulpiquet, s^r de Kerangroas, (pour le lieu de Kerangroas) ; — (1624) par F^çoise Phelippot, v^ve de F^çois le Hir; — par d^elle Beligant, d^e de Kerverien, d^t au manoir de Kerbabu, par. de Lannilis, (pour h^tages qu'elle tient de Catherine de Lanuzouarn, douairière de Keroulas et Tourronce ; — par éc. Nicolas Poulpiquet et Constance le Douget, sa f^e, s^r et d^e de Kerangroas, d^t au lieu de Gouelletquear, par. de Plouemoguer (pour le dit lieu); — (1624-1625) par Morice Hirgartz, s^r du Hirgartz, d^t en son manoir de Poulen ; — par n. g. Hervé Pezron, s^r de Lesgonvel, Kernaozou, Kernazec ; — par Louis Gouryo, s^r de Lesireur, du Rouazle, le Châtel, d^t au manoir de Lesireur, par. de Taulé, (pour le manoir du Châtel, en Ploumoguer, et autres h^tages); — par éc. Didier Kerguarlen et Louise Bernard, sa f^e, s^r et d^e de Kernéach, d^t au manoir de..., par. de Cléder; — (1626) par n. h. Jacques Barbier et Claude Lescoat, s^r et d^e de Kernaou, Lannorgant, Launay, d^t au manoir de Kernaou, par. de Plouedéniel,. (pour h^tages advenus à la dite Claude Lescoat de Anne Kerloch, sa mère, décédée en 1585, compagne en 1res noces de n. h. Prigent Lescoat, parmi ces h^tages, le lieu n. de Brendégué, par. de Plousané); — (1627) Marguerite le Maigre, (pour h^tages qu'elle tient d'échange de n. h. F^çois Bernard, s^r de Cornargasel); — par n. h. F^çois Keroullas, s^r de Cothartz (pour le lieu de Cothartz) ; — Bernard Mao, d¹ au manoir de Lesven, par. de Plouguin ; — (1632) par éc. Alain le Dymoyne, sʳ de Keravel, tuteur et garde des enfants de mʳᵉ Morice de Hirgartz, sʳ du Hirgartz, Pontlès, Barhuédel, la Palue, Quillien, Kerherz, décédé le 23 mai 1631, époux de Marie de Kerlean, (pour le manoir de Trebaoc, en Plousané et autres hᵗᵃᵍᵉˢ) ; — (1633) par Catherine Kerchilles, vᵛᵉ de Jacob Kergraich ; — Philippe Salaun ; — (1634) n. h. Fçois Portzmoguer, sʳ de Kerouel, Kerouhant, Kervadeza, dᵗ au manoir de Kerouhant (pour le dit manoir) ; — (1643) par Mével, dᵗ au manoir de Keranmerien, par. de Plousané, procureur d'éc. Julien Déniel, sʳ de Kerserre et de Renée du Coetdic, dᵉ de Keranmerien, (pour le lieu n. de Keranmérien) ; — par n. g. Baltazar Berte, sʳ de la Violette, et Jeanne le Roy, sa fᵉ, dᵗ à Brest, (pour le lieu de Mesgouez) ; — (1648) par n. h. Renan Keroullas, (pour le manoir de Coathartz ayant vergers, jardins, rabines, colombier, chapelle, le lieu de Kerguélen, le manoir de La Haye, et autres hᵗᵃᵍᵉˢ), lequel Keroullas est procureur de Marie de Penfentenyo, sa fᵉ ; — n. h. Olivier Courtoys, sʳ de Lezerret, dᵗ à Lezerret, en Ploumoguer ; — (1653) Anne Kerambrant, vᵛᵉ de Paul Lostis, curatrice de ses enfants ; — par h. h. Olivier Sauvage, garde de ses enfants (pour le lieu n. de Trevisquin, en Plousané) ; — par éc. Guillaume Keroullas et Annette Tourronce, sa fᵉ, sʳ et dᵉ de Lanfeust, (pour les biens de Christophe Kergolleau, éc., sʳ de Lanfeust, oncle de la dite Tourronce (pour differents hᵗᵃᵍᵉˢ, dont le manoir de Lanfeust, en Ploumoguer) ; — (1654) par Prigent Lanuzel, recteur de Trefbabu ; — par n. h. Tanguy Meastrius, sʳ du Pouldu, pour l'éligement du rachat de déf. n. h. Fçois Meastrius, son père, portant sur le manoir du Pouldu, (valant 240 ₶ par an) ; — (1655) par Fçois le Douget, sᵍʳ de Kerandraon et Saint-Enec, dᵗ au manoir de Kerandraon, en Ploumoguer, procureur de mʳᵉ Hiérosme de Lanrivinen et de Claude du Bois, sa fᵉ, sʳ et dᵉ de Jeiguen, la Bouexière, etc. (pour le lieu de Lanrivinen lui appartenant par donation faite par la dite du Bois) ; — par Jacquette de Keranrais, fᵉ de éc. Yves Thomas, sʳ de Keroulledic, dᵗ au manoir de Penaneach, par. de Lanédern, agissant pour elle et sa sœur Renée de Keranrais, dᵉ de Penanguear « infirme de corps », et Jeanne de Keranrais, dᵉ de Mesdoun, dᵗ au village de Landonnoy, en Ploumoguer, (pour les biens héritels de déf. Charlotte le Maistre, leur mère, décédée depuis 30 ans) ; — par Anne de Porzmoguer, douairière de la Villeneuve et de Kerneltenan (?), propriétaire de Kergos, tutrice de ses enfants nés de feu mʳᵉ Fçois Penfentenyo, sʳ du dit lieu ; — par Craougat Palier et Jean Floch, gouverneur des biens de la confrérie de Messieurs Saints Cripin et Cripinian (Crepin et Crepinien) desservie en l'église Notre-Dame de Sᵗ-Renan ; — par mʳᵉ Charles Penfentenyo, sᵍʳ du Louch, et n. Georges Charles, sʳ de Kerincuff, gouverneur de l'hôpital de la ville de Sᵗ-Renan ; — par dᵉˡˡᵉˢ Jacquette de Keranrais ; — par Jan Daniel, gouverneur de l'église de

Ploumoguer ; — par Fçois Salaun, Philippe et Louise Salaun ; — (1657) par n. h. Julien Lochan, procureur de Barbe Penmarch, sa fe, sr et de de Kerouriou, dt au manoir de Kerouriou, (pour les héritages advenus à la dite dame, par décès de Barbe Kerlech, douairière de Coatevez, son ayeulle paternelle, décédée depuis 18 ans) ; — par n. h. Jan Le Borgne, sr de Trividy, la Pallue, Kerannily, htier pal et n. de feu n. h. Maurice le Borgne, sr de Trividy, son père, décédé en 1653 ; — par Jean Kerezéon, procureur de Marie Podeur, dt au manoir du Chastel, en Ploumoguer ; — (1658) par Jan Marion, sr du Questel, dt à Landerneau, et Nicolas Marion, sr de Penaru, dt au bourg de Recouvrance (pour des htages à eux advenus de la succession de Marguerite le Maigre, leur mère, décédée il y a 30 ans) ; — par Paul Lucas, dt au lieu n. de Meassouflein, en Ploumoguer ; — par Catherine Dencuff, épouse de Guillaume Huon, éc., sr de Kervasdoué, dt au Cosquer, en Guipavaz ; — (1660) mre Fçois Kerguisiau, sr de Rivinic (pour le convenant n. de Kerjaouen, en Lambezre, et autres choses) ; — par Jeanne de Mesnoalet, de de Cotzquer, Kermagean, Kerchomon, dt au manoir de Belair, en Plouerin ; — (1666) par n. Nicolas, Charles, Bernard Marion, enfants de n. h. Jan Marion, sr du Questel ; — par éc. Fçois de Kerrian, sr de Kerlaouénan, dt en ce lieu, par. de Plouarzel ; — (1663) par n. h. René de Portzmoguer, sr du dit lieu de Portzmoguer, la Villeneufve, Keradenec, dt au manoir de la Villeneufve, par. de Ploumoguer, (pour le manoir de la Villeneufve et ses dépendances) ; — par Catherine Huon, de de Keravellec, dt à Landerneau ; — (1664) par n. h. Vincent Sauvage, sr de Trevisquin, faisant, tant pour lui que pour le sr Jan Audren, époux de Jeanne Sauvage, (pour le lieu de Trevisquin, en Plousané, dont il a hérité avec sa sœur de Madeleine Faudin, sa mère) ; — par éc. Laurans le Voier, sr de Kerarmerien, dt en son manoir de Kerstrat (pour le lieu et manoir de Kerarmerien, en Plousané) ; — par Marie Jestin, dt au manoir de Keroulach, par. de Treouergat (Treouescat) ; — par Claude du Boys, douairière de Kerannaouet, de Kerbescat et Lanengat, faisant, tant pour elle que pour Yves du Poulpry, sr des dits lieux, fils aîné et n. de René du Poulpry, vivant coner du roi et sénéchal de Lesneven (à la suite d'impunissement par le procureur fiscal de Keruzas) ; — par n. h. Tanguy Meastrius, sgr du Pouldu, du Quelen et Kerebert, dt au manoir du Pouldu, en Ploumoguer, (pour le manoir du Pouldu, qui possède grand corps de logis, four, écurie, chapelle) ; — (1666) par Annette Tourronce, de propriétaire de Lanfeust, (pour le manoir de Lanfeust avec moulin) ; — par Marguerite Quéméneur (pour htages échus après décès de n. Fçois Quéméneur) ; — (1669) par delle Françoise de Poulpiquet, douairière de Measanlen, dt à Kerarmerien, en Plousané, (pour héritages qu'elle tient de éc. Nicolas Poulpiquet et Constance le Douget, sr et de de Kerangroas, ses père et mère, décédés depuis 20 ans) ; — (1669) par Fçoise Costiou, vve de Paol Lucas (pour un pré acquis de Fçoise Poulpiquet, douairière de Measanlen).

30 Juin 1611 (m. 1353). — Dénombrement des maisons, terres, héritages, chapelles, colombier, moulins, fiefs, juridictions, prééminences d'églises que tient Mre Allain du Cambout, chevalier des ordres du roi, gentilhomme ordin. de sa chambre, s^{gr} du Cambout, Botillieau, Kerdoret, Langongar, Kerfredin, Kerrost, Kerveryer, Les Illes, Coatinsaoulx, sous le fief proche de Kerudas (pour Keruzas).

La maison et le lieu n. de Langongar, en Plousané, avec sa chapelle, ses allées, bois taillis, colombier, métairie (affermés 180 ₶ et une baratée de beurre) ; une tenue n. (30 ₶ t.) ; une tenue n. (30 ₶ t.) ; un moulin ruiné ; une tenue (30 ₶) ; autre tenue (12 ₶) ; en l'église de Plousané, une chapelle au chœur, du côté de l'Evangile, ou sont « enfeus et pierres tombales de Langongar, savoir : un escabeau et une tombe enlevée et voûtée, ayant une voulte au-dessus de la muraille de lad. chapelle, au-dessus de laquelle voulte il y a une vitre en laquelle, ainsi que en celle située au-dessus de l'autel de la chapelle se trouvent les armoiries de la maison de Langongar, qui est un *lion d'or au champt de gueulles*; le lieu de Kerganou, en Plousané, Ploumoguer et Plougonvelen, avec ses bois, parcs, etc., échangé du s^r de Kergannou Touronce, contre le manoir du Lès, (33 ₶ m.) ; les chefrentes de Langongar qui produisent 108 s. 94 d., une pouquetée de froment, quatre hanterellées de blé, 18 boisseaux froment, mesures de St-Renan ou de St-Mahé. — La seigneurie de Coatinsaoulx, par. de Ploumoguer, avec la maison et la chapelle en dépendant (60 ₶), et le moulin (30 ₶), et les prééminences dans l'église de Ploumoguer, « les armoiries lui appartenant en la maîtresse vitre, savoir : un écusson de *barres d'azur au champt d'argent* qui sont les armes de la maison de Coatinsaoulx, plus deux autres écussons, *un lion d'or au champt de gueulles* qui sont les armes de la seigneurie de Langongar, et *un lion d'argent couronné au champt de gueulles*, qui sont les armes de la seigneurie du Cambout, laquelle maîtresse vitre dépend entièrement de Coatinsaoulx, sauf que, depuis trois ans, par ordonnance de la cour de St-Renan l'on aurait descendu l'un des trois écussons cy-dessus pour y poser un écusson des armes du roi, lequel écusson est mis plus bas, joignant les deux autres ».

Suivent les chefrentes qui rapportent environ 9 s. 97 d. m. plus 12 d. obole, 7 quarts froment, 7 boisseaux 1/2 froment, 1 hanapée froment, 2 écuellées mesure Gaudin. Fait et gréé au manoir de Botillieau.

20 Juin 1617 (m. 1354). — Contrat d'acquêt entre vénérable personne messire Yves Foll, recteur de Trefbabu, acquéreur, et éc. Jan Jouhan, s^r de Kervinygan, vendeur.

3 Juillet 1617 (m. 1355). — Retrait fait par n. et p^t Guillaume

Penancoët, s^gr de Kerouaz, Le Kerboronne, La Villeneuffve, Coatsaliou, de différents héritages, sur lesquels sont dus des « cordaiges » pour les chevaux et les puits du seigneur.

30 Mars 1629 (m. 1356). — Acquêt d'un parc, sous Keruzas, par Hervé Lebartz, d'avec éc. Olivier Courtoys, s^r de Lezeret.

15 Janvier 1631 (m. 1357). — Afféagement par Jean de Kergorlay, s^gr de Kersalaun, le Resto, Kerglaz, et y d^t en la ville de Guingamp... à Jean Moisan, boucher, d'un lieu dit Kerferez, à Croas an Tanvé, par. de Plouzané, à charge de 30 # t. et de suivre le moulin de Kersalaun.

L'affeagiste devra payer de rente annuelle : 33 s. t. à la seigneurie de Keruzas, une hanterellée comble de froment à la s^gie du Louch, 10 s. t. et 1 boiss. froment au s^gr de Kerarguez et de Lanester ; et verser 364 # t. de droit d'entrée.

10 Septembre 1633 (m. 1358). — Confirmation de vente, d'une rente de 18 # 15 s. t. sur le lieu et manoir de la Villeneuve, par. de Plousané, par François Poulpiquet, éc. s^r de Poulpiquet, d^t à Kerancore, en Plousané, à Philippe Perrot.

Cette vente avait déjà été consentie par les mêmes, en 1630, avec un terme de trois ans pour racquêt.

Fait devant les notaires de la cour du Châstel ; signé : François de Poulpiquet.

28 Mai 1636 (m. 1359). — Aveu de h^te et p^te Renée Le Rousseau, d^e douairière du Cambout, pour Langongar et Coatinsaoulx, sous Keruzas, « propriétairesse » desdites choses, comme mère de messire Maurice du Cambout, chevalier des o. r., gentilhomme ord. de sa chambre.

(Voir l'aveu de 1611.)

12 Novembre 1648 (m. 1360). — Acquêt d'une pièce de terre par n. h. Olivier Courtois, s^r de Lezerret, d^t en son manoir de Lezerret, par. de Plouemoguer, d'avec éc. François Kerrannou, s^r de Kervasdoué, et y d^t.

1648 (m. 1361). — Contrats d'acquêts entre n. Gabriel Le Drennec, s^r de Kerourien et m^re Jean Marion, s^r du Questel, suivis d'un retrait fait par Jan Marion, sur Madeleine de Portzmoguer, d^e de Kergourien (1662).

10 Juin 1650 (m. 1362). — Acquêt entre Guillaume Gillart, éc., s^r de Larchantel, résidant par. de Quilbignon, vendeur, et Gabriel Le Billant, d^t à Guiller.

Vers 1650 (m. 1363). — Déclaration de rentes, maisons, terres et héritages, que messire François Le Veyer tient sous h^t et p^t m^{re} Charles de Kernezne, chevalier des o. r., gentilhomme ordinaire de sa chambre, gouverneur de Quimper, s^{gr} de Keruzas, etc., comme époux de Marie-F^{çoise} de Penmarch, d^e du Parc, Coatenez et Kerandantec, héritière de François de Penmarch, son père, décédé s^{gr} des dites seigneuries, et de Jean-B. son frère.

A savoir : Le manoir n. de Coatenez, et ses dépendances, bois de haute futaie et de décoration, (tenus à titre de ferme pour 420 #, 2 rais Damany de froment dus au roi pour dîme en Plousané, 2 boisseaux de blé noir, mesure Mahé, et deux charretées de foin rendues au manoir, corvées ordinaires, et 360 # de commission avec deux poids de lin peigné). — Une autre ferme de quelques pièces dépendant du manoir et du colombier (10 # et le soin de donner du grain à manger en hiver aux pigeons.) — Le moulin (54 #, 12 poulets, et de commission 21 # et dix livres de beurre). — Le convenant n. de Kerbleuste (qui doit 120 #, 12 poulets, et de commission 73 # et une pistole d'or). — Le lieu n. et manoir de Penchoat à Plousané (42 #, 12 boisseaux froment, 12 boisseaux avoine blanche mesure de St-Renan, un mouton gras et 6 chapons, les corvées, la suite du moulin de Coateven, et 120 # de commission). — Un parc (12 # et dix livres de beurre). Signé : François Le Veyer.

20 Novembre 1657 (m. 1364). — Acquêt de différentes terres, par messire Claude Harquin, s^{gr} de Carpont, Kerouzien et du Chastellier, d^t à Rennes, de Hervé Podeur et Marie Kerebel, sa f^e, vendeurs.

Fait au manoir de Kerouzien, en Ploumoguer.

22 Septembre 1660 (m. 1365). — Vénérable personne missire Jacques Léon, prêtre, chapelain de la chapellenie dépendant de la maison de Kerbalre, en Ploumoguer, baille à titre de ferme, moyennant 63 # par an, la dite chapellenie, consistant en maisons et terres, au terroir de Penanprat.

19 Janvier 1661 (m. 1366). — Arrêt de la Chambre des Comptes de Bretagne, concernant la mouvance du lieu du Quinquis, par. de Ploumoguer, relevant de Keruzas, rendu à la requête de messire Charles de Kernezne, chevalier des o. r., gentilhomme ord. de sa chambre, m^quis de la Roche, s^gr de Keruzas et a. l., gouverneur de Quimper.

Messire René de Kerlech, s^gr de Trésiguidy, ayant refusé de rendre aveu à Keruzas pour le lieu et manoir de Quenquis, par ce qu'il prétendait qu'il relevait du roi, fut poursuivi par le procureur fiscal de Keruzas qui fit saisir le lieu en question, et la Chambre des Comptes, reconnut, d'après les titres produits, la mouvance réclamée par Charles de Kernezne.

30 Janvier 1661 (m. 1367). — Minu fourni à Charles de Kernezne, après le décès de François Ledrenec, s^gr de Kerourien, héritier de son frère Guillaume, fils aîné de Gabriel Ledrenec, s^gr de Kerourien, Kerengar, Kerodern, et a. l., et de Madeleine de Portzmoguer, douairière de Kerourien.

Au minu figure le manoir de Kerourien, un moulin, le lieu du Portzic, cinq convenants à Kercheron, le lieu n. de Kerarnou, maisons au bourg de Plomoguer, le manoir de Kerléan. Le tout rapporte, outre les commissions, 1727 # 15 s. en argent, 60 poulets, 1 mouton, 5 chevreaux, 30 chapons, 75 livres de beurre, 4 boisseaux d'avoine blanche et 12 d'avoine noire.

12 Mars 1661 (m. 1368). — Contrat de vente entre Jan Le Berre, cordier, vendeur d'une terre en Plousané, à messire Charles de Penfentenyo, s^gr du Louch, conseiller du roi, son sénéchal et premier magistrat au siège de St-Renan, et n. George Charles, s^gr de Kerincuff, d^t à St-Renan, gouverneur du temporel de la chapelle de l'hôpital de St-Renan.

29 Mai 1663 (m. 1369). — Assignation à Tanguy Meastrius, s^r du Pouldu, d'avoir à comparaître en la juridiction de Keruzas, pour entendre prononcer la saisie de ses terres sous Keruzas, pour lesquelles il n'a pas acquitté les droits seigneuriaux.

4 Mars 1664 (m. 1370). — Ferme consentie par n. h. Baltazar Berte, s^r du Mesgouez, à Pierre Causeur, du lieu noble de Mesgouez, pour neuf années et moyennant 270 # par an, 4 journées de couvreur d'ardoise, 12 bons chapons, 1 journée de charroi, et outre les corvées ordinaires, planter une douzaine de plants de chênes que le bailleur fournira, acquitter les charges, et payer 270 # de commission.

5 Mars 1665 (m. 1371). — Noble et p^te d^e Anne de Perrien, douairière de Kerpabu, curatrice du s^{gr} de Kerpabu, Keruzaouen, Kergrech, Lesgall, son fils mineur, né de son mariage avec h^t et p^t Olivier Beligant, vivant s^{gr} des dits lieux, désigne vénérable Guillaume Léon, diacre, comme chapelain, pour desservir la chapellenie fondée par défunte d^{elle} Jeanne Beligant, d^e de Kerozern, juveigneure de la maison de Kerpabu, le 18 Septembre 1631.

La fondation consiste dans la célébration d'une messe basse chaque jeudi, sur l'autel de la Vierge en l'église paroissiale de Lannilis, et de services solennels aux jours spécifiés, et à ces fins elle est dotée d'un convenant à Landonoy, en Ploumoguer. Le dernier chapelain était vénérable missire Jacques Léon, décédé depuis deux ans. Par le même acte, Anne de Perrien, suivant la volonté de son défunt mari, augmente la dotation d'un parc et d'une pièce de terre. Guillaume Léon s'engage, outre les obligations de la chapellenie, à assister comme troisième prêtre aux offices qui se doivent dire en la chapelle de Troberou.

Les grands vicaires du diocèse sont priés de délivrer les provisions requises pour la nomination du nouveau chapelain.

Du Boys, notaire.

17 Avril 1665 (m. 1372). — Sentence de la cour de St-Renan et Brest, déboutant Charles de Kernezne de ses prétentions aux lods et ventes sur la moitié de Goarem Dresec, appartenant à Guillaume du Louet, s^r de Lesquivit.

1668 (m. 1373). — Procès entre F^{çois} Le Gall et Jean Coatannea, d'une part, et maître Tanguy Trouzon, éc., s^r de Perros, procureur fiscal de Keruzas, d'autre part, lequel a formulé des moyens d'impunissement contre l'aveu des dits tenanciers.

23 Avril 1669 (m. 1374). — Damoiselle Anne Touronce, d^e de Lanfeust, afin de venir en aide à Gabriel Podeur pour parvenir à la prêtrise, lui donne en usufruit le lieu de Gueletquear, jusqu'à concurrence de 85 #, « un revenu annuel pour l'assurance de l'entreténement étant exigé par décrets de l'église catholique ».

Du Val, notaire.

14 Janvier 1670 (m. 1375). — Arrêt du Parlement de Bretagne, condamnant les vassaux de Coatomnès, en Plousané, à acquitter leurs droits vers Keruzas, à la suite d'un procès entre éc. Jan Le Vayer, s^r du Ster, propriétaire de Coatomnès, appelant de sentence rendue en la juridiction de St-Renan, prononçant la saisie du dit lieu, et éc. Tanguy Trousson, s^r de Perros, procureur fiscal de Keruzas.

1670-1682 (m. 1376-1405). — Aveux rendus à h. et p. m^re Charles Robert de Kernezne, fils démissionnaire d'autre Charles, son père, et comme celui-ci, chevalier des o. du r., gentilh. ord. de sa chambre, et titulaire des mêmes seigneuries.

Entre autres : (1670) par F^çoise du Tramen, v^ve d'éc. Hervé Mesnoallet, s^r de Kerallan, d^t au manoir du Tramen, en Plousané, pour des h^tages qui lui sont advenus de éc. Yves du Tramen, son père ; — (1671) par Catherine Huon, d^e de Keranélec, des h^tages échus de la succession de Marguerite du Val, sa mère ; — par éc. Yvon Kerian, s^r de Tréméan, curateur de Jacquette le Bescond ; — (1677) par Marie du Mans, v^ve de déf. Vincent Sauvage, s^r de Trévisquin, et curatrice de son fils, pour le manoir de Trévisquin et ses dépendances ; — par Louis de Lescu, chev. s^gr c^te de Mancellière, père et garde de Marie-Gabrielle de Lescu, seule fille et h^tière de son mariage avec Anne de Hirgartz, propriétaire des s^gies de Hirgartz, Pontlees, Barvedel, Guerleatres et a. l. (le dit Mancellière d^t en son château de la Mancellière, par. de Baguer-Pican), pour des h^tages qu'il tient de sa f^e ; — (1678) par n. g. Hervé Billoard, et Marie de Poulpiquet, sa f^e, s^r et d^e de Kerogat, d^t au manoir de Trémillec, par. de Plomeur, et F^çois le Grand et Marguerite-Corentine de Poulpiquet, sa f^e, s^r et d^e de la Bouexière, d^t au manoir de Coetbily, par. de Cœuzon, et Marin Audouin et Jeanne de Poulpiquet, sa f^e, s^r et d^e de Keranohlec, d^t en leur maison de la rue de Kéréon, par. de St-Julien, à Quimper, les dites d^elles de Poulpiquet toutes h^tières de déf. Olivier de Poulpiquet, éc., vivant s^r de Kerouletquer et de Kerangroas, décédé depuis 2 ans 1/2, pour des h^tages de celui-ci et le manoir de Kerangroas, en Ploumoguer ; — par F^çois le Ru, d^t au manoir de Keriel, en Plousané ; — n. h. Jan Laudren, garde et curateur de Gabriel Sauvage, fils unique de Vincent et de Marie du Mans, pour Trévisquin ; — Catherine le Gac, v^ve de Jan Coroller, s^r de Kervescontou ; — (1679) Ambroise Salaun et Guillaume le Louarn, marguilliers de la confrérie de Sts Crespin et Crepinien, de l'église N.-D. de St-Renan ; — (1681) par n. h. Jan Laudren, père de Vincent Laudren, et de F^çoise Laudren, épouse de n. h. Gamian Guyot, au service de S. M. sur ses bateaux, en qualité de chirurgien, enfants issus de Jeanne Sauvage, pour Trevisquin.

18 Avril 1679 (m. 1406). — Sentence de la cour de St-Renan et Brest impunissant un aveu rendu par Guillaume Guillozé et consorts, à Carlobert de Carnesne, m^quis de la Roche.

Elle est signifiée à la partie adverse, à la requête de Charles-Louis de Kernezne, assisté de Pierre Jouhan, s^r de la Garaine, s^gr de Kerbezrec, Tregonnevel, etc..., conseiller au préidial de Quimper.

1er Avril 1682 (m. 1407). — Vente de 60 ₶ de rente sur le lieu de

Keranchor, par messire Hervé de Poulpiquet et d[e] Marie Trochon, son épouse, s[gr] et d[e] de la Villeroche, d[t] au bourg de Plouguerneau, à h. h. Yvon Corf, d[t] au lieu n. de Keranchor, par. de Plousané.

1682-1688 (m. 1408-1425). — Aveux rendus à m[re] Charles-Louis de Kernezne, chev., s[gr] des m[quisats] de la Roche et de Coatermoal, baron du Laz, c[te] de Gournois, v[te] du Curru, châtelain de Keruzas, Penanech, Languéouez, héritier de Charles-Robert de Kernezne, son oncle. (De 1682 à 1685 le dit Charles-Louis est autorisé de éc. Pierre Jouan, s[r] de la Garaine, con[er] du roi au présidial de Quimper, son curateur honoraire).

Entre autres : par éc. Christian Mahé, s[r] de Coatquennec, h[tier] p[al] de de déf. éc. Alain Mahé, s[r] de Trézequer, son père, faisant tant pour lui que pour Charles Mahé, s[r] de Keravel, son frère, d[t] au manoir de Trézequer, par. de Plourin, (pour des h[tages] échus du père) ; — (1682) par éc. Philippe Guenoble, s[r] de Kerguern, et de la Villeneuve, d[t] par. de Guizesny (Guisseny), (pour partie d'une rente de 60 # donnée à Renée et Jeanne des Portes, mère et tante de l'avouant, par Louise et Madeleine Hirgartz, d[e] de Tréménec) ; — par Prigent Lamour, gouverneur de l'église de Ploumoguer ; — (1683) par Claude Menier, d[e] de Mesarchant, fille de n. h. Pierre Menier et de Catherine Tourronce, s[r] et d[e] du Cozquer, d[t] à Lesneven ; — h. h. Yves Corp mesnager, d[t] au lieu n. de Keranhorre, en Plousané (pour le manoir de ce nom) ; — n. h. Hervé Deincuff et Anne Kerjan, sa f[e], s[r] et d[e] de Goueletquear, d[t] au manoir de ce nom, trêve de Trezien (?), (pour des biens échus de la succession de éc. F[çois] Kerjan, s[r] de Kerlaouenan, décédé sans hoirs) ; — (1686) par Tanguy Mol, s[gr] de Rumorvan, le Cotzquer, Coathodraon, la Porteneuffve, d[t] au manoir de Rumorvan, par. de Lanildut, curateur de m[re] Renan de Kermorvan, s[gr] de Keruzou, de d[elles] Marie-Michele et Marie-Renée de Kermorvan, enfants mineurs de déf. autre Renan, s[gr] de Keruzou et de Marie de Kernezne, à présent sa veuve, douairière de Keruzou, (pour le manoir de Keruzou, par. de Trefbabu, avec colombier et chapelle, le lieu n. de An Anzilen, le manoir du Louch… etc. ;) — (1687) par Jeanne de Portzmoguer, d[e] de Kermarchar, y d[t] par. de Plouarzel, (pour des biens échus de la succession de Jeanne de Coatguelfen, d[e] de Kerlaouénan, sa tante, décédée depuis 10 ans) ; — par Marie-F[çoise] de Penmarch, épouse séparée de m[re] F[çois] le Veyer, s[r] du Parc, h[tière] de feu éc. Yves de Lohan, décédé sans hoirs ; la dite d[e] du Parc, d[t] en son manoir du Parc, par. de Roslohen ; — par éc. Jean Le Dourguy, s[r] de Loumeral, d[t] au manoir de Lezivy, par. de la Forest ; — par Marie le Bihan, v[ve] d'Yves Corp, d[t] au manoir de Kerancorre, curatrice de ses enfants, (pour Kerancorre).

15 Novembre 1683 (m. 1426). — Arrêt du Parlement de Bretagne, confirmant une sentence du siège de St-Renan et Brest, rendu le 28 Mars 1681, au profit de Louis-Charles de Quernezne, m^{quis} de la Roche, autorisé de Pierre Jouan, s^r de la Garenne, contre son fermier Hamon Guillourmit, de Fondan, en Plourin.

Il semble que Guillourmit avait abandonné le lieu de Querdu, objet d'un bail, et que les terres louées étaient mal cultivées par son sous-locataire Thomas Maguet, ou tout au moins contrairement à l'usage du canton.

20 Janvier 1685 (m. 1427). — Aveu par Charles Prigent, s^r du Cosquer, bailli de la principauté de Léon à Landerneau, rendu à la s^{gie} de Keruzas, pour le lieu n. de Kerlossouarn, en Ploumoguer.

27 Septembre 1685 (m. 1428). — Lettre de commission permettant à Charles-Louis de Kernezne, de faire assigner devant le Parlement, les personnes mentionnées en sa requête.

11 Avril 1686 (m. 1429). — Contrat d'acquêt d'un convenant, au terroir de Lanfeust, signé par éc. Hervé-Christien Mahé, s^r de Coetquennec et de Trezeguer, d^t en son manoir de Trezeguer, par. de Plourin, vendeur, et par François Le Scanff, s^r de Kerambellec, d^t au bourg du Conquet, et Anne Mahé, sa f^e, acquéreurs.

Le s^r de Coëtquennec agit du consentement de Marie Mahé, veuve d'éc. Mathurin du Drésit, vivant s^r de Pratfeunteun, sa tante, et de Louise-Gabrielle de Kerscao, sa femme.

30 Mai 1688 (m. 1429bis). — Aveu rendu à Marie-Gabrielle de Lescu, v^{ve} de Charles-Louis de Kernezne, m^{quis} de la Roche, s^{gr} de Keruzas.

1689 (m. 1430). — Aveux rendus à h^t et p^t m^{re} Luc de Kernezne, chevalier, m^{quis} de la Roche, Coatarmoel, baron de Laz, v^{te} du Curru, châtelain de Keruzas, Penanech, Languéouez, héritier de déf. Louis-Charles de Kernezne, son neveu.

Entre autres par Laurans Lucas, d^t au manoir de Kerbronen, par. de Ploumoguer, — Gabriel Audren, époux de Françoise Lucas, d^t au manoir de Kerbescat en Ploumoguer, — Nicolas Le Run, d^t au manoir de Coatévez, par. de Milisac.

1690-1693 (m. 1431). — « Cahier pour la recepte des chefrentes deubes à Monsieur le Marquis de la Roche, héritier sous bénéfice d'inventaire de défunt Monsieur son neveu en ses terres de Keruzas, Languinoas, le Curru, en l'évêché de Léon, pour servir de mémoire seulement d'une partie des dites chefrentes, d'autant, qu'on a aucun entien rentier ni instruction pour en faire un en deube forme. Les dites chefrentes pour être payées aux feries de Noel. »

25 Février 1696 (m. 1432). — Contrat d'acquêt, entre m^{tre} Jan du Val, s^r du dit lieu, mari de Claude Mesnier et Yvon Léausticq, de la moitié du lieu noble et manoir de Lanfeust, en Ploumoguer, lequel lieu est échu à la dite Mesnier de la succession de Péronnelle Mesnier, sa sœur, en son vivant f^e de Jan Abyven, pour 1800 #.

1700-1714 (m. 1433-1460). — Aveux rendus à h^{te} et p^{te} Anne-F^{çoise} de Robien, veuve de déf. Luc de Kernezne, curatrice de ses enfants,

Entre autres : (1712) par Goulven Kerezeon et F^{çoise} Pillon, sa f^e, d^t au manoir de Keralliou, en Plousané ; — (1711) par m^{re} Sébastien de Gouzillon, s^{gr} de Kermeno, mari de Bonaventure du Menez, fille aînée et h^{tière} p^{le} et n. de Marie de Penfentenyo, du mariage de celle-ci avec autre René du Menez, chev., s^{gr} de Lezurec, ses père et mère, d^t au manoir de Kermeno, en Plougonven, (pour des héritages advenus à Bonaventure du Menez de la succession de sa mère, décédée en 1688, laquelle les avait eus en partage comme fille puinée de la maison de Kermorvan : le moulin de Kermorvan, le manoir de Coatinsaux et autres biens) ; — (1706) par Marie Fontenay, v^{ve} de déf. éc. Hervé du Hallegoët, s^r de Lanhevel, et curatrice de F^{çois} du Hallegoet, son fils unique, éc. s^r de Lanhevel, et y d^t, par. de Plousané, (pour des h^{tages} échus au dit F^{çois} de la succession de F^{çoise} de Kerlech, d^e de Traonchateau : manoir de Kervelegan, en Ploumoguer, et autres) ; — (1701) par Marie-Elisabeth Kergrach et F^{çois} Kergrach, greffier de la juridiction du Châtel ; — par Jeanne Kerezeon, d^t au manoir du Châtel, en Ploumoguer ; — par Jan Kermaidic, d^t au manoir de Kervan, en Trefbabu, et autres ; — par m^{re} Christophe, chef de n. et d'a. de Portzmoguer, s^{gr} de Portzmoguer, la Villeneufve, Penancoat et a. l., d^t en son manoir de la Villeneufve, en Ploumoguer, (pour le dit manoir, avec moulin, et les lieux nobles de Chefdubois, Kerven, Keranfloch, le moulin à eau de Cruguel…, le lieu et manoir de Kermainguy, en Ploumoguer, acquis par le père de l'avouant, de éc. Yves Courtois) ; le dit Christophe est fils de René de Portzmoguer qui, le 29 juillet 1636, avait fait une déclaration pour différentes terres qui, depuis, ont été baillées en partage par lui à éc. Yves de Lesguern, s^{gr} de Keramparcq, son beau-frère, époux de Claudine de Portzmoguer, ces terres appartiennent à présent à Guillaumette de Lesguern, fille et h^{tière} du dit Lesguern ; — par Marie-Charlotte de Poncelin, épouse de m^{re} René-Louis de Troerin, s^{gr} de Kerjan, d^t à Landerneau, tutrice de ses enfants, (pour les lieux et manoirs de Kerbroen, en Ploumoguer, avec chapelle et colombier, et de Mesouflain) ; — par Claude de Keranvran, d¹ au manoir de Keranguen, en Ploumoguer ; — par les enfants de Renan Botterel ; — par n. h. F çois-Claude Léon, sr de Trévéret, avocat au Parlement, fils et unique h tier de Marie Bernard et de n. h. Guillaume Léon, vve en 1res noces de F çois Toucquer, sr de Kerdallas ; — par ec. Allain de Mescam, sr de Mesrioual, d¹ à Landerneau, faisant tant pour lui que pour Eléonore Torlédan, de de Mesrioual, sa mère ; — par Renan Keranvran, d¹ au manoir de Keranmoal.

5 Novembre 1701 (m. 1461). — Assignation de la cour de Keruzas, à Marie-Anne Guégant, douairière du Pouldu, tutrice des enfants de son mariage avec Fçois Meastrius, sr du Pouldu, d'avoir à payer les dépens d'une affaire de justice relative à une omission d'aveu.

M. François Desloges, procureur fiscal, tenant séance en la salle du manoir de Kercharles, en la ville de St-Renan.

30 Octobre 1702 (m. 1461 bis). — Sentence de la cour de Keruzas contre éc. Jean de Lesquen, sr de Lysle, d'avoir à rendre aveu et acquitter les devoirs seigneuriaux pour des héritages qu'il possède au village de Lanilis, faute de quoi il y sera contraint par voies et rigueurs de justice.

Fait à la requête de Anne-Fçoise de Robien, curatrice de Luc de Kernezne, d¹ au château de Trevarré, par. de Laz.

1712-1718 (m. 1462). — Pièces concernant un ordre ouvert sur les deniers provenant de la vente du manoir de Pouldu, par. de Ploumoguer.

On y mentionne : Marie-Anne Guégant, vve du sr du Pouldu, et épouse du sr de Villiers, d¹ au manoir du Pouldu (1708), René-Fçois Meastrius de Pouldu, d¹ à Daoulas (1712), Marie-Anne Meastrius, sa fille, sous la curatelle de René-Louis de Crémeur, sr de Penanprat (1718).

4 Octobre 1714 (m. 1463). — Assignation à Jan L'Hôpital, de Kerscauzet, par. de Plouzanné, à comparaître en la juridiction de Keruzas, pour s'entendre condamner à payer un droit de rachat.

13 Avril 1715 (m. 1464). — Production sommaire de ses droits et actes, que fait et fournit, en la juridiction de Keruzas, maître Sébastien Desloges, sr de Kergonstintin, faisant fonction de procureur fiscal de Keruzas, contre mre Hervé-Urbain de Quélen, sgr de Kerouhant, en la personne de François Quéré, son fermier du manoir de Kerredec Bras, assigné à rendre aveu à Keruzas, pour le dit manoir.

François Quéré avait été condamné à vider le prix de sa ferme (300 #) au profit du procureur fiscal, comme fruits de malefoy, jusqu'à ce que le propriétaire ait satisfait au devoir d'aveu. Le procureur fiscal conclut à la validité de la saisie pratiquée sur les héritages en question, et à la condition pour Quéré de verser le prix de sa ferme, « le tout suivant et au désir de la coutume ».

1715-1737 (m. 1465-1484). — Aveux rendus à h^t et p^t m^{re} Joseph Luc de Kernezne, chevalier, s^{gr} des m^{quisats} de la Roche et de Coatarmoal, baron de Laz, c^{te} de Gournois, v^{te} du Curru, châtelain de Keruzas, Pennanech, Languéouez, Kercharles, et Boteguino, émancipé sous l'autorité de m^{re} Charles de Marbeuf, président à mortier au Parlement de Bretagne, héritier de Luc de Kernezne, son père.

Entre autres : par Gabrielle de Laffond, v^{ve} de Le Duc (pour le manoir de Kerléan, acquis par le dit Le Duc, le 2 juin 1714, pour 2.105 # et dont les lods et ventes ont été versés aux mains de éc. Joseph de Kerscao, procureur fiscal de Keruzas), — par éc. Olivier le Billanic, s^r de Guiquerno, d^t au manoir de ce nom, par. de Plouguerneau, (pour des h^{tages} qui lui sont advenus de Marguerite Leny, sa mère), — (1716) par m^{re} René de Kermoysan, chevalier baron de Trésiguidy, de la Bouexière, du Lée, du Plessix, du Leslech, du Gourmap, du Rossier et a. l. (pour le manoir du Plessix, en Plomoguer, avec le moulin, les lieux de Tréméal-Bihan, le Grand Trémel, Kergonan, le moulin de Kerdouguer, lesquelles choses sont advenues à l'avouant, tant de la succession de Madeleine de Kerlech du Châstel, d^e de Gourmap, sa mère, que de feu m^{re} Paul de Kerlech, s^{gr} de Trésiguidy, son oncle. Cette déclaration est faite par Louis de la Grue, chevalier de la Guerche, d^t au château de la Fruidière, par. de la Chèvrollière, évêché de Nantes, procureur du s^r de Trésiguidy, son gendre.

La déclaration en question est accompagnée de cette curieuse lettre :
« A Nantes, le 7 Avril 1716. — A M^r le chevalier de la Guerche.
« J'ai reçu la lettre que vous m'avez fait l'honneur de m'écrire pour me donner advis que M. le M^{quis} de la Roche faisait des suites contre moi par son fief de Keruzas, en demande d'adveu et minu de ma terre de Quenquis ou du Plessix, en Léon. Comme je ne puis à présent aller en Basse-Bretagne, et n'ay aucun titre de cette terre, je vous prie, Monsieur, d'avoir la bonté, pendant que vous resterez en Léon, de tâcher de connaître les terres qui peuvent dépendre de ce fief de Keruzas et ensuite faire dresser le minu et aveu que l'on me demande... DE TRESIGUIDY. »
— (1717) par n. et vénérable missire Jean-B. du Mescam, h^{tier} p^{al} et noble de déf. éc. Alain du Mescam, s^r de Mesrioual, son père, et éc. F^{çois} du Mescam, s^r de Mesrioual, son frère juveigneur, d^t ensemble au bourg

du Conquet, d^e Marguerite du Mescam, sœur du défunt s^r de Mesrioual, (pour la métairie n. de Pratloas, en Plousané et autres h^{tages}). Signé : Dumescam, prêtre ; Dumescam de Mezrioual. — (1718) par F^{çois} Keranvran, d^t au manoir de Keranguen, en Ploumoguer, — par éc. Tanguy de Keroulas, pour parvenir à l'eligement de rachat après le décès de Marie de Keroulas, sa sœur, tous deux enfants de défunt éc. autre Tanguy et de Jeanne Floch, s^r et d^e de Kermabon, — (1722) par n. h. F^{çois} Lestobec, s^r de Gorréquer, faisant tant pour lui que pour éc. Jean Le Mayer, contrôleur de la marine à Port-Louis, et pour Aliénor Lestobec, v^{ve} de n. h. Charles Cabon, s^r de Keraudren (pour des h^{tages} de la succession de Tanguy Lestobec, leur frère, mort à Vigo, en Espagne, en 1705 et à lui échus de n. h. Michel Lestobec, s^r de Gorréguer, décédé en 1685), — (1727) par m^{re} Alain-Jacques du Poulpry, chev. s^{gr} de Kerillas, sénéchal, de Lesneven, (pour le lieu noble de Keranstanc), — par éc. René Tayrand, enseigne de vaisseau à Brest, père de ses deux enfants mineurs (René-Théophile et Jeanne-Renée-Marguerite), nés de Marguerite Chaix. Celle-ci était héritière de Marguerite Fosse, v^{ve} de Pierre Moret, sa tante, elle-même héritière de Robine Fosse, d^e de Maison-Neuve, (pour une maison à St-Renan). — (1731) Au dos de plusieurs aveux on lit : « Faire impunir à cause des franchises et champarts dont on s'inféode », ou encore : « impunir pour avoir manqué de citer les contributions. »

7 Août 1721 (m. 1485). — Partage entre Nicolas Le Reun, Sébastien Perrot, et autres leurs consorts, d'une part, et François Le Huiton et autres, au sujet du lieu de Penher, en Plousané.

1737-1760 (m. 1486-1503). — Aveux rendus à Anne-Thérèse de Kernezne, héritière p^{ale} et n. de défunt m^{re} Joseph-Luc de Kernezne son frère, titulaire des seigneuries de ce dernier et en outre des Sales, le Merdy, Lestrémeur.

Entre autres : (1738) par h^t et p^t m^{re} Louis-Marie, chef de n. et d'a. du Poulpry, chev. s^{gr} M^{quis} du dit lieu, Trébodennic, Keravel, Coetlestrémeur, Kerourien, Bodilliau, Louvernac, enseigne des gens d'armes d'Anjou, h^{tier} p^{al} et n. d'autre Gabriel-François-Joseph du Poulpry, m^{quis} du dit lieu, chev. de St-Louis, maréchal de camp des armées du roi, son lieutenant des chevau-légers de sa garde, d^t en son château de Trebodennic, par. de Ploudaniel, (pour le manoir n. de Kerourien en Ploumoguer, avec chapelle, affermé 330 # et les h^{tages} de Kerléan, affermés 450 # et autres choses), — (1740) par n. h. Jacques Le Houx, con^{er} du roi, ancien maire titulaire des charges de controleurs de la ville d'Hennebont, dont les enfants sont héritiers de n. et discret m^{re} Jacques-Pierre Faucher, prêtre, leur oncle, absent en Chine depuis plusieurs années, (pour le manoir n. de Mezgouez en Ploumoguer), — (1742) par Olivier Kerrigny (pour des héritages à Keruzoret en Ploumoguer) ; sur le dos duquel aveu on lit : « A examiner les titres afin d'impunir cet aveu où on s'inféode des franchises sans communiquer au soutien ; de plus on ne déclare pas la contenance de chaque pièce de terre par arpent, journal ou cordées, on a mis *in globo* le tout au hasard ». — (1750) par h. g. Guillaume Labbé et Anne Gauvran sa f^e, d^t au manoir de Keranguen, en Ploumoguer, — par Marie-Perrine Moreaux, v^{ve} de m^{re} Joseph-René-Marie de Lesquen et tutrice d'éc. Jean-François, de Jean-Marie, Marie-Brigitte, Marie-Jeanne, Marie-Guillemette de Lesquen, ses enfants, — (1756) par m^{re} Tanguy-Marie de Troerin, chev. s^{gr} du dit lieu (pour le manoir de Kerbrouen en Ploumoguer et a. l.), — (1758) par h. h. F^{çois} Léaustic pour la moitié du lieu et manoir de Lanfeust, — par Jacques et F^{çoise} Jézéquel, d^t au manoir de Kerbrouen en Ploumoguer.

20 Juillet 1737 (m. 1504). — Sentence du siège royal de Brest, condamnant les s^r et d^e Le Cholennec, le s^r Provost de la Croix, propriétaire de Languéro, par. de Guiller, à fournir aveu à Anne-Thérèse de Kernezne.

21 Septembre 1737 (m. 1504 bis). — Sentence du siège de St-Renan et Brest, condamnant Le Hall, fermier des héritiers de Yves Abhervé, à payer ses redevances à Anne-Thérèse de Kernezne, puis à Henry-Claude du Quiville, créancier du dit Abhervé.

1740 (m. 1505). — Procès contre messire Yves-F^{çois} Le Veyer, s^r de Coaténez, du Parc, et a. l., comme propriétaire de Coaténez, pour n'avoir pas rendu aveu et acquitté ses devoirs seigneuriaux à Keruzas.

Fait à la requête de Anne de Kernezne, agissant par n. h. Pierre Lohier, s^r de la Haie, son procureur. Induction signée : de Pennanech et Desloges.

17 Juillet 1749 — 19 Juillet 1753 (m. 1506). — Procédure relative au rachat réclamé par le Marquis de la Roche, sur la vente de Penanprat, par. de Ploumoguer, consentie par Hervé-Jean Duval, héritier de Mr de Penendreff-Dencuff, à Philibert Le Hir, s^r de Hauteville.

Il est question de Marie-Anne de Portzmoguer, v^{ve} de éc. Jean Hervé Dencuff de Penandreff.

1760-1769 (m. 1507-1537). — Aveux rendus à h^{te} et p^{te} Marie-Aude-

Jacquette du Châtel, v^{ve} communière de m^{re} Hugues-Hombert Huchet, chev. c^{te} de la Bédoyère, d^e m^{quise} de la Roche et de Coatarmal, b^{ne} de Laz, c^{tesse} de Gourois, v^{tesse} du Curru, châtelaine de Keruzas, d^e propriétaire des terres, fiefs et sg^{ies} de Pennanech, Languéouez, Coatévez, Kerduas, Kerdualy, Brouillac, h^{tière} p^{le} et n. de feue d^{elle} Anne-Thérèse de Kernezne.

Entre autres : (1760) par Jean-B. Fyot, s^r de Kerouanen, — (1761) Renée-F^{çoise} de Kerléan, d^e juveigneure de Kerhuon, d^t au couvent des dames religieuses de l'Union chrétienne à Brest et au manoir de Langongar, en Plousané, — par Marie-Anne Labbé, épouse de n. h. Jean-F^{çois} le Veyer, ancien échevin de Landerneau : « Aveu à impunir à défaut de déclaration de foy et hommage » — (1762) par Marguerite-Armande Eustache, v^{ve} de m^{re} Guy-F^{çois} de Coatnempren, s^r de Kersaint, capitaine des vaisseaux du roi, chev. de St-Louis, et tutrice de Achille-Jean-B. Guy, Armand-Guy-Simon, Joseph-Guy-Pierre, Jeanne-Armande, Armande-Charlotte, Alexandrine-Gabrielle Coatnempren, ses enfants, d^t à Brest, (pour le lieu n. de Meanarjar, en Ploumoguer), — (1763) par Mathieu Coussais, recteur de St-Sauveur de Brest, Pierre Coussais de Villemon, con^{er} du roi, son avocat, procureur de l'amirauté de Morlaix, F^{çois} Bergevin, con^{er} du roi, procureur au siège royal de Brest, époux de Marie-Charlotte Coussais, Pierre-Auguste Merland de la Blanchelière, con^{er} du roi, procureur de l'amirauté de Léon, établi à Brest, époux de Marie-Catherine Coste, fille unique de Marie-Catherine Coussais, sœur germaine des dits s^r Coussais et d^e Bergevin, et tous enfants de Catherine Laurent, v^{ve} de Pierre Coussais la Feillée, décédé le 14 Mars 1763, — (1764) par Gabriel Gourmel, d^t au manoir de Keredec, en Plousané, — par Mathieu Keraudy, Laurent le Fourn, d^t au manoir du Penquer en Plouescat, — (1767) par Gabrielle Nédellec et Jeanne le Run, sa f^e, d^t au manoir de Coetevez, — par Charles Kerzeon, ménager, d^t au manoir de Keranliou, en Plousané.

9 Mai 1764 (m. 1438). — Vente consentie par Guillaume-Alexandre-Robert de Rougemont, ancien écrivain principal de la marine, à Brest, mari de Daniel Le Vigoureux, le s^r Jean-Pierre Ruinet du Tailly, chirurgien de la marine, époux de Renée-Marguerite Le Vigoureux, au profit de maître François Bergevin, conseiller du roi, procureur à Brest, de la portion du lieu de Mesgouez, qui leur appartient.

1769-1789 (m. 1439-1500). — Aveux rendus à h^t et p^t m^{re} Charles-F^{çois}-Jules du Bot, chef de n. et d'a., chevalier, m^{quis} du Grégo, de la Roche, et de Coatarmoal, baron de Laz, c^{te} de Gourmois, v^{te} de

Curru, châtelain de Keruzas, s^{gr} propriétaire de Penanech, Coetévez, Languéouez, Kerglas, Kerdualy, Bruillac, h^{tier} p^{al} et n. de Marie-Aude Jacquette du Châtel, son aïeule maternelle.

Entre autres : par Joseph Poullaouec, d^t au manoir de Trezeguer, en Plourin ; — (1784) par m^{re} Joseph-René de Lesguern, chev., s^{gr} de Kereatoux ; — (1773) par Laurent Lannuzel, d^t au manoir de Keribin, en Plousané ; — (1780) par d^{elle} F^{çoise}-Joseph de Portzmoguer, d^e de Kermarhar, d^t en son hôtel du bourg de Ploumoguer ; — par Anne du Mescam, v^{ve} douairière de Jean-Guillaume Huon, chev., s^{gr} de Kermadec, capitaine des vaisseaux du roi, d^t en qualité de séculière au monastère des Ursulines de Lesneven ; — (1783) par n. h. Tanguy Moyot, négociant, (pour la 1/2 du manoir et lieu de Lanfeust, et a. l.) ; — (1784) par missire Jean Lédrevez, curé de St-Sauveur de Brest, et consorts, et autres Lédrevez, d^t aux manoirs de Kerouhant et Kerlech ; — par Marie-F^{çoise} Labbé, v^{ve} d'Yves Poullaouec ; — par n. Guillaume le Gal de Lalande, s^r de Kergoet, Kermenguy, tuteur honoraire de Jean-Marie-Henry Salomon de la Tulaye, fils aîné et n. d'autre F^{çois}-Henri de la Tulaye, chev., Cte de la Tulaye et de Coetguelven, capitaine des vaisseaux du roi, brigadier de ses armées et commandant de l'artillerie à Brest, et de déf. Marie-Anne-Corentine de Troirin, d^e de la Tulaye, et de René-Polin, Jeanne-Henriette-Salomé, frère et sœur puinés ; le dit s^r de Lalande, d^t au château du Mur, trève de Landivisiau, par. de Plougourvest (pour le manoir de Mesouflin, en Ploumoguer, et autres h^{tages}) ; — (1785) par Guillaume Labbé, époux de Catherine Salliou, Jean Labbé, époux de Claudine Richard de Keralliou ; — (1786) par Jacques le Glean et Barbe Poullaouec, d^t au manoir de Kerourien, par. de Ploumoguer ; — (1789) par Yves Perrot, d^t manoir de Keruzou, en Trebabu.

21 Janv. 1773 (m. 1501). — Procuration donnée par Charles-F^{çois}-Jules du Bot, chevalier, s^{gr} du Grégo, Kervraz (pour Keruzas) etc., à Joseph-François Burel, notaire royal à Brest, et son procureur fiscal de Kervraz et d^{elle} Laurence Grall, sa femme, à l'effet de toucher toutes les redevances des terres de Kervraz, Penanech, Langueouez, Le Curru, et a. l. situés en Ploumoguer, Plousané, Millizac, Tréouergat, Guipronvel, Saint-Renan, et autres paroisses.

1774-1777 (m. 1502-1505). — Quatre féages, consentis par le M^{quis} du Grégo, de terres sous Keruzas.

1784 (m. 1506). — Publication de la mise en vente des terres de Kerusas, le Curru, Penanech, Languéoues, Coateves, Kerivot, Coatarmoal, appartenant au M^{quis} du Grégo.

« La Terre de **Keruzas**, à haute justice, avec juridiction exercée en la ville de Saint-Renan. Elle consiste en domaines et fief relevant du roi sous le ressort de la sénéchaussée de Saint-Renan et Brest, et est située sur les paroisses de Ploumoguer, Plousané et Tribabu.

Le domaine, y compris les greffes, donne 580 ₶ par an, ci.	580		
Les commissions ou pots-de-vin des baux 1048 ₶ arrentés, donnent pour un neuvième 116 ₶ 8 s. 10 den., ci....	116	8	10
Le fief consiste en 545 articles de mouvance, sur lesquels le seigneur a droit de lods et ventes et rachats. 211 de ces mouvances donnent de rente annuelle 48 boisseaux de froment, mesure royale de Brest, du poids de 120 ₶ le boisseau, et ont produit, faisant des dix années dernières, une commune, à raison de 12 ₶ 8 s. 6 d. le boisseau, suivant les apprécis, 596 ₶ 8 s.	596	8	
Les chefrentes en argent donnent par an 91 ₶ 5 s. 9 d. ci.	91	5	9
Les rachats ont produit, faisant des trente années dernières, une commune, 1873 ₶, ci.....................	1873		
Total du revenu de la terre de Keruzas, ci......	3257	2	7

La Terre du **Curru**, érigée en vicomté en 1500, à la moyenne justice exercée par les juges de Keruzas. Son fief relève du roi sous le ressort de Saint-Renan et Brest, et le domaine du fief du Châtel. Le seigneur est fondateur de l'église de Saint-Renan et a droit de prendre sur les cabaretiers et aubergistes de la dite ville, les derniers jours de chaque année, un pot de vin et deux sols de pain. Son fief et son domaine s'étendent sur les paroisses de Milizac, Guiller et Lambézellec.

Le domaine produit annuellement 3726 ₶ 15 s., ci.....	3726	15	
Les commissions sont de 9806 ₶ qui donnent de rente annuelle 1089 ₶ 11 s. 1 d., ci......................	1089	11	1
Le fief consiste en 34 mouvances sur lesquelles on perçoit les ventes et rachats, et dont 24 articles en chefrentes donnent 8 boisseaux et 1/8 froment dite mesure, qui valent de rente à 12 ₶ 8 s. 6 d. le boisseau, 100 ₶ 19 s., ci.....	100	19	
Les chefrentes en argent produisent par an 540 ₶ 14 s. 2 d., ci	540	14	2
En faisant de trente année une commune, les rachats ont produit 41 ₶ 7 s. 5. d., ci.........................	41	7	5
Total du revenu de la terre du Curru, ci......	5499	6	8

La Terre de **Penanech** a la moyenne justice. Sa juridiction s'exerce par les juges de Keruzas. Son fief et une partie de son domaine relèvent du roi, l'autre partie relève du fief du Châtel. L'une et l'autre s'étendent dans les paroisses de Milizac et de Plouguin.

Le domaine donne par an 1690 ₶ 15 s., ci............	1690	15	
Les commissions des baux font de 5232 ₶, et valent de rente annuelle 581 ₶ 6 s. 8 d., ci.....................	581	6	8
Le fief consiste en 47 mouvances, dont 27 donnent 14 boisseaux et 1/8 de froment dite mesure royale de Brest, évalués comme dessus, donnent 175 ₶ 10 s., ci.........	175	10	
Les chefrentes en argent produisent par an 256 ₶ 18 s. 8 d., ci...	256	18	8
Les rachats ont produit, en faisant de trente années une commune, 15 ₶ 9 s. 4 d., ci........................	15	9	4
Total du revenu de la terre de Penanech, ci...	2719	19	8

La Terre et Fief de **Languéouès** ayant moyenne justice, relèvent du fief du Châtel ; sa juridiction s'exerce par les juges de Keruzas. Ils s'étendent dans la paroisse de Milizac.

Le domaine donne ci............................	500		
Les commissions 2400 ₶ arrentées 266 ₶ 13 s. 4 d., ci.	266	13	4
Le fief consiste en 67 mouvances, dont 24 donnent 12 boisseaux 3/4 froment même mesure, et valent par an, à raison de 12 ₶ 8 s. 6 d. comme devant, 158 ₶ 8 s. 3 d..	158	8	3
Les chefrentes en argent produisent 268 ₶ 9 s. 3 d., ci.	268	9	3
Les rachats, faisant de 30 années une commune, dondent 169 ₶ 8 s., ci................................	169	8	
Total du revenu de la terre de Languéouès, ci..	1362	18	10

La Terre et Fief de **Coatévès** arrière-fief de la juridiction du Châtel, s'exerçant par icelle, s'étendent en Tréouergat et Milizac.

Son domaine donne 1725 ₶, ci....................	1725		
Les commissions sont de 4856 ₶ arrentées 539 ₶ 11 s. 1 d., ci..	539	11	1
Le fief consiste en 31 mouvances, dont 23 donnent 9 boisseaux 3/4 et 1/16 de froment dite mesure, ce qui produit annuellement 121 ₶ 18 s. 3 d., ci...............	121	18	3
Les chefrentes en argent, 11 ₶ 16 s. 6 d., ci.........	11	16	6
Les rachats produisent 90 ₶ 12 s. 1 d., faisant de trente années une commune, ci............................	90	12	1
Total du revenu de la terre de Coatévès......	2488	17	11

Le Manoir et moulin de **Keryvot** situés en la paroisse de Milizac, tenus du fief des regaires de Léon à Gouesnou, produisant de revenu 408 ₶ et 1284 ₶ de commission, donnent, commission arrêtée. 550 13 4

Domaines dans le Haut Léon ès paroisses de Plouzévédé et de Guiquart (Plougav), du fief de Maillé ; les manoir, moulin et métairies de **Coatarmoal**, *Saint-Laurent, Poularzal, Polcoster, Trémagan et Gourillac* donnent 1465 ₶ de rente et 2601 ₶ et deux poids de lin, de commission, produisent en total de revenu, commission évaluée 1754 ₶ 1754

Domaines et rentes à Saint-Renan, sous le fief du Roi, exempts de rachat :

La métairie de *Toulanaoun*, commission évaluée, donne.	181	13	4
Une maison près la Halle au blé, commission arrêtée.	53	6	8
Autre maison près la même Halle et le droit de minoge, affermés 500 ₶ par an et 500 ₶ de commission, donnent de revenu...	1055	11	1
Autre maison, rue de St-Mathieu, 75 ₶, ci.............	75		
La moitié de *Penanru*, 36 ₶, ci......................	36		
La moitié de cinq parcs à *Lescar*, 33 ₶, ci...........	33		
Idem de deux parcs audit *Lescar*, 35 ₶ 6 s. 8 d., ci.....	35	6	8
Idem d'une garenne et prairie à *Trouncalvés* en *Plouzané*, sur lesquelles est dû rachat, 15 ₶, ci...................	15		

NOTA. — *Ces quatre derniers articles sont indivis avec les enfants de M. de Lisle de Penfeunteniou, qui touchent pareille somme pour leur moitié.*

Rentes foncières à Saint-Renan, aussi exemptes de rachat :

Le four banal chargé de payer 180 ₶ par an, ci........	180		
La moitié du moulin, l'autre appartenant à M. de Préfigny.	224		
Sur une maison, 18 ₶, ci............................	18		
Sur une autre maison, 50 ₶, ci......................	50		
Sur une autre maison, 15 ₶, ci......................	15		
Sur une autre maison, 7 ₶ 4 sols, ci.................	7	4	
Trois maisons chargées chacune d'un sol de rente, ensemble 3 sols..	3		
Total des Domaines et Rentes à Saint-Renan, ci........	1979	4	9

TOTAL général de tous les revenus compris au présent.. 19612 ₶ 3 s. 4 d.

Observations.

Les Manoir et métairie de Coatévès sont chargés de 283 ₶ 10 sols de rente viagère à Mlle Penanech, ci...................... 283 10

Le manoir de Penanru est chargé de 20 sols de rente foncière à la seigneurie de Keroulas, ci................ 1

Les dites terres sont susceptibles d'augmentation, soit sur le prix des baux, évaluations de rachats et les afféagements des communes ou franchises qui en dépendent.

Le bois du Curu, faisant partie de cette terre est planté de jeunes plants et en partie sous semis ou en pépinière ; on y trouvera en quelques années des plants pour planter les rabines des dites terres.

22 Février 1786 (m. 1507). — Bail du manoir de Keruzas, pour 9 ans, et moyennant 177 ₶, consenti à Sébastien Jézéquel et Marie-Louise Labbat, par Olivier-Louis de Trogoff, éc., s^r de Coatalio, avocat au Parlement, demeurant en son hôtel de la ville de Saint-Renan, faisant et garantissant pour le M^{quis} du Grégo, aux fins de procuration du s^r Leridand, son régisseur général, datée de Trévarré.

16 Novembre 1786 (m. 1507bis). — Aveu de Marie-Renée-Gillette de Portzmoguer, épouse de m^{re} Guenolé-Marie du Lorent, chevalier de Montbrun, lieutenant des vaisseaux du roi, chev. de St-Louis, d^t en son hôtel de Brest, pour les héritages que celle-ci tient de Keruzas.

Le manoir de la Villeneuve, avec chapelle, bois, terres en Ploumoguer, (affermés 300 ₶). — Le lieu noble du Chef du Bois ou de Penancoat, le lieu de Kerven, des terres à Keranfloch, le tout en Ploumoguer (affermé 400 ₶). — Le moulin de la Villeneuve (200 ₶). — Le moulin de Coatinsaux (108 ₶). — Les prééminences en l'église de Ploumoguer : « deux tombes basses du côté de l'Evangile, dans l'enclos du balustre, proche le grand autel de lad. église, armoyées des armes de Porsmoguer et de la Villeneuve, l'une desquelles touche le pilier Saint-Pierre ; un écusson timbré des mêmes armes au haut de la voûte qui conduit dans la sacristie ; la chapelle du Rosaire de Saint-Pierre proche la sacristie et les dites tombes ; la chapelle de Porsmoquer ; la tombe élevée étant sous l'arcade ; écusson en relief étant au-dessus de la dite arcade soutenu de deux suports ; aux deux côtés de la dite arcade, deux autres écussons en relief gravés des dites armes ; écussons tant des Porsmoguer que de la Villeneuve, et autres, dans la vitre au-dessus, avec alliance de Porsmoquer et de la Villeneuve. Ecusson à côté du petit autel dans la petite vitre où il y a un écusson des mêmes armes, au bout de la dite chapelle écusson des mêmes armes étant sur autre vitre qui est dans le cu de lampe, et tombe au-dessous, la tombe élevée qui est sous l'arcade qui sépare le chœur de la chapelle de Porsmoguer armoyée en relief ; autre tombe basse aussi proche armoyée, avec quatre tombes basses l'une armoyée étant dans la dite chapelle dessous l'arcade qui sépare le chœur de lad. chapelle ; un banc à queue qui est sur lesd. tombes, sous lad. arcade, avec un écusson timbré, au haut de lad. arcade, un écusson étant à l'autel de N.-D. de Pitié du timbre au-devant armoyé des armes de la Villeneuve ; un écusson au haut sur le boisage ; trois autres tombes en la nef proche l'arc d'en bas, l'un armoyé avec un escabeau dessus ; un écusson des armes de Porsmoquer étant au pilier, proche le dit banc ; une tombe basse armoyée des armes de la Villeneuve étant au côté de l'arc vers la nef ; la chapelle de St-Servais située dans le cimetière de lad. église et marques y étant, savoir au devant de lad. chapelle au pignon au rez, trois écussons embossés des armes de Porsmoguer, l'un au pignon, les autres au côté en dehors, et dans la grande vitre armoyée des armes de Porsmoquer et de leurs alliances, la tombe élevée étant au milieu du chœur de lad. chapelle armoyée des armes de Porsmoguer, deux autres tombes vers le Nord, entre le marche-pied de l'autel et de l'arcade de Kerourien. » Tels sont les droits confirmés par arrêts des 14 Janvier 1658, 18 Juillet 1659, 23 Juin 1660 et 21 Juillet 1761, rendus contradictoirement avec feue Madeleine de Porsmoguer, d^e de Kerourien, tutrice des enfants de son mariage avec m^{re} Gabriel du Drévès, s^{gr} de Kerourien, et feu René de Porsmoguer, et sur lesquels intervint un acte de transaction entre m^{re} Cristophe de Porsmoguer et Guillemette du Drévès, veuve d'Urbain de Tintiniac, s^{gr} de Bodillio, en date du 21 octobre 1694. — L'avouante possède encore le fief de Kermenguy, en Ploumoguer, qui peut être estimé, en rentes, chefrentes et casuels à 14 ₶, en taillis à 18 ₶. Les objets de la déclaration proviennent de la succession de m^{re} Ollivier de Porsmoquer père de l'avouante (époux de F^{çoise} Fyot) et de Jean-Baptiste de Porsmoguer, décédé enseigne des vaisseaux du roi, le 4 octobre 1778, frère de la dite Marie-Gillette. Le domaine produit mille vingt six livres de revenu, sur quoi il faut déduire 181 ₶ 17 s. 4 d. pour vingtièmes et charges.

30 Novembre 1786 (m. 1508). — Pièce concernant un procès en impunissement d'aveu, entre Olivier-Louis de Trogoff, procureur fiscal de Keruzas, et Alain Lunven, avocat.

1786-1789 (m. 1509). — Liasse d'assignations aux vassaux de Keruzas d'avoir à fournir aveu à la dite seigneurie.

Fait à la requête de messire Olivier-Louis de Trogoff, avocat au Parlement, d^t en son hôtel de la ville de Saint-Renan.

10 Août 1787 (m. 1510). — Vente d'une franchise au terroir de Coatévès et sous Keruzas, par Vincent Causeur et sa femme, consentie à René-François Le Rodellec, chef de nom et d'armes, s^{gr} de Porsic, Kerléan, Kermerrien..., ancien lieutenant des vaisseaux du roi, chevalier de Saint-Louis, d^t au château du Porsic, par. de Quilbignon.

S. D. (m. 1511). — Partage entre les filles de éc. Olivier de Poulpiquet : Marie de Poulpiquet, épouse de Hervé Billoart, s^r de Kerogat, Marguerite-Corentine de Poulpiquet, épouse de François Le Grand, s^r de la Bouexière, Jeanne de Poulpiquet, épouse de Marin Audouin,

Pièce incomplète ; il y est fait mention du manoir de Gouletquer, par. de Plomoguer, et des rentes dues à la sg^{ie} de Keruzas.

S. D. (m. 1512). — Mémoire des frais dus à maître Sébastien des Loges, dans une instance contre les détenteurs de Kerlossouarn-Bihan, en Ploumoguer.

Nota. — Les Archives de la Loire-Inférieure fournissent cinq aveux de Keruzas ; il est intéressant de les mentionner ici. Le 28 Septembre 1416, n. h. Eon Faucaut, s^{gr} de Lescoulouarn, rend aveu par la voie de Even Foucaut, son curateur, pour le manoir de Keruzas, ses deux moulins, ses tailles, ses chefrentes (parmi ceux qui en doivent : Olivier de Kernezne, Le Corre de Kerscunc, le Halegoët... etc.) tombés en rachat par suite du décès de Annette de Dynan, aïeule de l'avouant. — Le 8 Août 1469, n. d^{elle} Jehanne du Pont, d^e de Kerlizien, rend aveu pour Keruzas, s'étendant en Plousané, Ploumoguer, Treffbabu, St-Renan, Lambezere, Ploegonvelin, Lochrist ; (parmi les vasseaux : Jehan Le Veyer, Robert Kernezne, Even Kermeryen, Jehan Kerscau, etc). — En 1500, n. et p^t Gauvain de Langueoez, s^{gr} de Lescoulouarn, Langueoez, Keruzas, rend aveu pour cette s^{gie} qui compte parmi ses vasseaux : Jehan Halgouet et f^e (15 s.), Yvon du Halegoet (5 s.)... etc. — En 1503, n. et p^t Jan, s^r de Nevet et n. h. Guillaume de Langueoez, s^r de Damany, curateurs de Jan, s^r de Langueoez, Lescoulouarn, Kerivallen, Severac, Keruzas, rendent aveu pour cette s^{gie}. — Le 30 Septembre 1687, Charles-Louis de Kernezne, rend aveu pour Keruzas ; parmi les vasseaux, en Plouzané : éc. Jan du Halgouet pour une vieille mazière nommée Le Cosquer, Nicollas Lallegoet pour le lieu n. de Feunteun Sané, — les héritiers de Prigent Quilbignon, pour Gouarem an Meillour qui appartenait autrefois à d^{elle} Catherine Poulpiquet, — Mr de Poulpiquet pour le manoir du Halgoet, ses terres, colombier, moulin, métairies et dépendances

« sous la prochaine ligence des héritiers de René de Kerléan, qui tient la dite ligence sous Keruzas » ; — le possesseur de l'hôtel et étage n. de Kerusaouen, appartenant autrefois. à n. h. Guillaume Poulpiquet, sieur du Hallegoët, — les héritiers de messire Hervé Poulpiquet, sieur de la Rochedurant, pour le manoir et lieu n. de Kernevez, autrefois possédé par m^{re} François Poulpiquet et autres, — les mêmes héritiers pour le lieu n. de Kerscifit ou Kerguivit, — Louis-F^{çois} de Poulpiquet, s^r du Halegouet, pour une tenue à Kergalet ou Kerchalet, — la veuve d'Yvon Le Corp, pour le manoir et lieu n. de Kerancorre, qui l'a acquis de Hervé de Poulpiquet, s^r de Villeroche, — Louis Le Poulpiquet, s^r de la Rochedurant, et Julienne de Kerloch, pour le manoir de Kerandantec et dépendances, — Louis-F^{çois} de Poulpiquet, s^r de la Rochedurant, pour les lieux n. et convenants de Keriougan et Keranmestre, — Bernard Huon, pour une tenue à Locmaria, sous Catherine de Poulpiquet, tutrice de n. h. Laurans Kerguisiau, son fils, — le s^r du Halgoet de Poulpiquet et les héritiers de n. h. Hierosme de Kerléan, pour une partie du manoir de Lesfizigan ou Lesifigan, — Louis-F^{çois} de Poulpiquet, s^r de la Rochedurant, pour le lieu n. de Lesnirigan, — messire Prigent de Poulpiquet, s^r de la Rochedurant, pour la montagne de Coëtcastel, — les héritiers du s^r du Halgoet de Poulpiquet, pour le manoir de Penfoul, — Louis-F^{çois} de Poulpiquet, s^r du Halgoet, pour le manoir et terroir de Poulpiquet, — parmi les vassaux, en Ploumoguer : Marie de Poulpiquet, v^{ve} de déf. n. h. Hervé Billouart, et autres, pour le manoir et terroir de Goetlesguer, — les héritiers d'éc. Nicolas Poulpiquet, sieur de Kerangroaz, et autres, pour le manoir et terroir de Kerangroas, — Françoise de Poulpiquet, pour le manoir et lieu n. de Lannigou, — etc..., etc... (1). [Arch. L. I., B. 1.038, 1.047, 1.058.]

Les Archives du château de Kerwazec, en St-Goazec, renferment différents titres relatifs à Keruzas. (On y voit entre autres que, en 1760, le manoir de ce nom était affermé 132 ₶ à Yves Hallegot.)

On trouve également dans le fonds du Bot du Grégo, aux Archives du Finistère, quelques titres de Keruzas : rentier de 1773, aveux, etc... [E. 206^1 et E. 206^2.]

---

(1) Les erreurs et l'hésitation qu'on remarquera dans l'orthographe des noms propres de cet aveu proviennent de l'inexpérience du scribe du xviie siècle qui a copié l'acte original.

LE CURRU

(paroisse de Milizac, sous le fief du roi et la seigneurie du Châtel)

(NOTICE)

Le nom de Castel-Pharamus, ou Castel ar roué Pharamus donné dans le Bas-Léon au manoir du Curru, est la preuve la plus évidente que la seigneurie avait appartenu à la famille Pharamus ou Faramus (1).

Les Kernezne, qui sont indiqués comme seigneurs du Curru dans le fonds inventorié ci-après, se réclament sans cesse, pour le maintien de leurs prééminences d'églises, des Pharamus, leurs prédécesseurs. Yves, l'un de ceux-ci, contribue, en 1438, à la fondation du couvent des Dominicains de Morlaix et deux siècles plus tard le s^r du Curru requiert le présidial de Quimper-Corentin de verbaliser sur les écussons et les « marques de fondation » qui subissent les outrages du temps. Marie de Pharamus apporte le Curru dans la famille de Kernezne (Quilbignon), en épousant, vers 1360, Gestin Kernezne, fils d'Olivier, dont les successeurs ont possédé le fief jusqu'à l'extinction de leur lignée, en 1759. A cette époque il passa hérédi-

---

(1) Cette famille existait encore lors de la réformation de 1668 et portait : d'argent au lion de sable, lampassé et couronné d'or.

tairement sur plusieurs têtes, pour finir aux mains de Charles du Bot M^quis du Grégo (1).

La seigneurie du Curru avait ceci de particulier qu'elle était à l'origine le gage d'office d'une prévôté ducale. Les devoirs du titulaire étaient au milieu du xive siècle d'administrer la justice dans l'étendue des paroisses de Ploevaz, Lambezeleuc, Saint-Goueznou, Botgars et Tresnuez (2), et de percevoir les redevances dues au duc par ses tenanciers appelés mottiers ou mottoyers. De cette recette, le prévôt devait verser au receveur ducal de Brest, la somme de 120 ℔ 3 s. par an ; mais en compensation des peines et comme privilège de sa charge, il retenait pour lui le dixième des deniers de la recette, prélevait de l'avoine et des gélines sur certains étages, et la quatrième gerbe de blé « sur les terres frostes. »

Ces renseignements nous sont fournis par des lettres patentes données par Charles VIII à Jehan de Kernezne, deuxième du nom, lettres qui nous apprennent encore comment les Kernezne furent troublés dans la possession du Curru (3).

(1) Voir la généalogie des Kernezne et la suite des seigneurs de Keruzas.

(2) Guipavas, Lambezellec, Goueznou, Bohars et Trenivez, ancienne trève de Brest. M. Rosenzweig, dans son article sur les *Prévôts féodés* (Société Polymathique, année 1871), laisse entendre que les fonctions judiciaires de ces officiers se réduisaient à l'exécution des mandements et des ordonnances ; leurs attributions auraient été principalement financières. Concédé temporairement à l'origine et seulement pour la durée de l'exercice de la charge, le fief ne tarda pas à devenir héréditaire comme la charge elle-même, et pendant plusieurs siècles la prévôté ou sergentise, attachée au fief et non à la personne, se perpétua dans les mêmes seigneuries.

(3) Ces lettres sont citées par M. Charles de Keranflech-Kernezne dans le second tome des *Mélanges d'Histoire et d'Archéologie Bretonnes*, année 1858.

Le 18ᵉ jour d'octobre 1486, François duc de Bretagne, « mal informé, dit l'acte, des bons droits qu'avait Jehan de Kernezne en ladite prévôsté » — en réalité pour un motif qui nous échappe — délégua des commissaires pour bailler, à féage et au plus offrant, les terres et domaines de la prévôté. Conformément au mandement, les commissaires mirent aux enchères le bail des terres en question, mais Jehan de Kernezne se porta opposant et adressa au conseil du duc une requête afin d'obtenir qu'il fût réservé une partie des terres de la prévôté suffisante pour le dédommager de ses droits. De nouveaux commissaires furent nommés et déterminèrent la portion qui devait lui être adjugée.

Cependant la guerre entre le roi de France et le duc François II ayant commencé sur ces entrefaites, et le seigneur du Curru ayant pris parti pour le premier, la décision des commissaires n'eut pas d'effet. C'est pour le faire rentrer dans ses droits que Charles VIII, devenu duc de Bretagne par son mariage avec la duchesse Anne, fit expédier les lettres patentes qui ordonnaient aux procureurs et receveurs du domaine de Brest de lui remettre la jouissance des terres dont il avait été frustré par suite de son dévouement à la cause royale (1).

Les fonctions prévôtales ne survécurent pas au XVIᵉ siècle, la plupart des avantages pécuniaires de la charge se perdirent ; il ne resta aux mains du titulaire que le gage foncier, considéré comme seigneurie ordinaire.

L'arrière petit-fils de Jehan de Kernezne qui faillit être évincé de ses droits sur le Curru, Charles de Kernezne, grossit ses possessions territoriales de deux fiefs importants : Keruzas (en Plouzané) et Languéouez

---

(1) De Keranflech.

(en Tréouergat). Vingt ans après cette acquisition, il obtint du roi, en 1598, l'union des terres du Curru, de Keruzas, Languéouez, et Pennanech, sous le titre de Vicomté du Curru. La qualité de Vicomté fut dans la suite contestée par les commissaires de la réformation de 1682, sous prétexte que les lettres royales n'avaient été enregistrées, ni au Parlement, ni à la Chambre des Comptes, mais définitivement un arrêt de la Cour, en date du 17 janvier 1698, reconnut l'érection. Cependant il fut jugé que celle-ci n'avait pas eu pour effet l'union des juridictions, ni l'extension de leurs degrés. Le Curru, Pennanech et Languéouez, n'avaient jamais eu que moyenne et basse justice (maintenue par arrêt du 15 janv. 1697), tandis que Keruzas, jouissant du degré supérieur, devait conserver sa juridiction particulière ; toutefois les mêmes officiers pouvaient être soumis aux cours des quatre seigneuries. Malgré cette distinction de principe, les justices et les fiefs du Curru, Pennanech, et Languéouez, tendirent à se confondre, si bien que, dans les aveux du XVIIIe siècle et de la fin du XVIIe siècle, il n'est plus possible de déterminer les limites du ressort de chaque seigneurie.

En 1689, le ressort du Curru, Pennanech et Languéouez, s'étend aux paroisses de Milisac, Saint-Renan, Plousané, Trefbabu, Plourin, Ploueguen (Plouguin), Plouyen (Plouvien), Ploudalmezé (Ploudalmezeau), Ploumoguer, Lambezellec, Plougonvelen, Guiller, Plabenec, Plouarzel, Plouenent (Plouënan), Trefglosnou, Kersaint, et Brest (1). A cette époque on parle encore d'un « chateau » au Curru, entouré de bois, et de manoirs à Pennanech et à Languéouez, mais pour le souvenir et la conservation des droits seigneuriaux, car le chef-lieu de chacun des fiefs

(1) Archives de la Loire-Inférieure, B 1058.

est occupé par un fermier qui tient à bail l'ancien domaine propre.

Le Curru et Pennanech relevaient du roi, sous Saint-Renan et Brest; et Languéouez, pour la plus grande partie du Chastel (1).

La petite ville de Saint-Renan a été le siège d'une barre royale qui succédait à une juridiction ducale pour le Bas-Léon. Elle avait une importance que nous ne lui soupçonnons plus aujourd'hui. Brest, qui lui fut d'abord adjoint, finit par l'absorber en 1681, lorsque la juridiction fut transférée en cette localité. Sous la censive de la ville, y compris le faubourg de Pen-Ar-Pont, le Curru possédait un grand nombre de maisons et d'héritages, soumis à l'hommage, mais exempts de rachat, entre autres sur la place du Marhallach (marché aux chevaux) et sur la place du marché au blé, où se trouvaient les prisons, et sur différentes rues.

La justice de la Vicomté se rendait généralement dans les salles du manoir de Kercharles.

Au seigneur du Curru appartenaient encore le four banal, sur lequel était dû au roi 12 sous m. de rente censive, la cohue qui donnait droit à un minage d'une écuellée (2) sur tous grains, pois et fèves, la moitié indivise avec le roi des moulins de Saint-Renan, et la supériorité dans l'église paroissiale, de même que dans les chapelles de Notre-Dame et de St-Sébastien (3).

---

(1) Penannech ou Pennanech, et Languéouez, ont donné leurs noms à deux familles qu'on trouve dans l'*Armorial* de Courcy.

(2) 24ᵉ partie d'un boisseau.

(3) L'aveu du 23 août 1789 porte : déclare qu'il est « fondateur et patron de l'église de St-Renan paroissiale dudit lieu, et pour marque de son droit a seul ses armes dans la maitresse vitre du grand autel en plusieurs écussons avec les alliances de sa famille, tant dans

L'arrêt du 17 janvier 1698 confirma le seigneur du Curru dans le droit de percevoir annuellement un pot de vin et 2 sous de pain de chaque débitant de vin de Saint-Renan, et d'obliger tous les habitants du village de Kerliverien à venir dans l'aire du Curru battre les grains de la seigneurie (1).

ladite vitre, qu'en plusieurs autres, et en bosse dans les murailles et charpentes, une grande thumbe eslevée et armoyée dans le cœur, proche du balustre du grand autel, bancs et accoudoirs, et en outre a chapelle particulière du costé de l'épitre. Et dans l'église ou chapelle Notre-Dame dans ladite ville, l'avouant a les premières prééminences après le roi, tant aux murailles, aux boisages, qu'aux vitres, deux pilliers, deux grandes thumbes eslevées et armoyées, bancs et accoudoirs... » « fondateur de la chapelle de St-Sébastien, avec armes en bosse et couleur dans les murailles et pignon, sur le grand portail et dans les vitres, le pourpris et issues appartiennent audit seigneur ». — Ajoutons que le sgr de Languéouez était « fondateur de l'église paroissiale de Trefgouescat... et avait droit à la présentation du recteur comme patron laïque. La chapelle Saint-Jacques de Milisac avait été érigée sur le fonds des seigneurs de Pennanech. Et « pour cause des sgies du Curru et de Pennanech » l'avouant avait la supériorité dans l'église paroissiale de Milizac avec armes en tous lieux et tombe élevée proche le balustre devant le grand autel.

Pour compléter les renseignements fournis par cette déclaration, il convient de mentionner les manoirs qui figurent sous le fief uni du Curru, Pennanech et Languéouez. En Milizac : les manoirs de Keravel, de Kerborzec (affermé par Gabriel de Lestang) ; en St-Renan, les manoirs de Kercharles (affermé par Mr du Louch), et de Toulanhanf ; en Plouzané : les manoirs de Trémen (autrefois à Fçoise de Trémen, vve d'éc. Hervé de Mesnoalet), de Dehelleuc (autrefois à éc. Jan Gouriot, sr de Kerdevez), de Kersalaun. Les domaines non cultivés dépendant de Keruzas, le Curru, Pennanech, en Plouzané, sont de 1.367 journaux de terre : la lande du Tenen (282), celle de Boudonnou (202), le Ménez-Locmaria (110), le Ménez-Keranzoff et Coetiboch (100), etc., etc.

(1) Il semble que certains droits conservés au Curru jusqu'en 1789 : la perception sur le vin, le minage, la part dans les moulins

En 1784, les terres de Keruzas, le Curru, Penanech, Languéouez, furent mises en vente par le marquis du Grégo. Elles étaient alors estimées du revenu suivant :

Keruzas....................	3257 ♯	2ˢ	7ᵈ
Le Curru..................	5499	6ˢ	8ᵈ
Pennanech	2719	19ˢ	8ᵈ
Langueouez..............	1362	18ˢ	10ᵈ

Nous renvoyons le lecteur au détail très intéressant de cette publication de vente qui donne la situation exacte des fiefs de l'ancienne Vicomté du Curru à la veille de la Révolution (1).

du roi, aient eu leur origine dans les privilèges attribués à la charge de prévôt.

Le seigneur de Carcé, prévôt féodé de l'évêque de Rennes, pouvait aussi lever un droit « sur les vendans vins et autres breuvages » en la chatellenie de son ressort.

(1) Voir l'Inventaire de Keruzas.

SEIGNEURIE DU CURRU

6 Avril 1414 (m. 1513). — Aveu rendu par Jehan An Dreffuez, à Olivier de Mauny (ailleurs de Manay), à cause de da^{elle} Marion du Pont, sa f^e, pour un parc au terroir de Kerleisic, en Milisac, situé entre la terre de Jehan de Kernezne, la terre de Hervé Grall et celle de Henry du Chastel.

Yvon Mesnoalet, témoin, et J. Kerozerch, passeur.

25 Juillet 1422 (m. 1514), — Even Castelleuc, vassal de feu Olivier de Kernezne, étant décédé sans héritier, Jehan de Kerlozreuc, ayant cause du dit Olivier, transporte en féage à Yvon Maugou les biens tombés en deshérence et situés au terroir de Kerlouénan, par. de Ploearzmel (Plouazel).

Bernard Kermelegan, p.

22 Octobre 1438 (m. 1515). — Aveu fourni à noble écuyer Jehan Kernezne, par Yvon An Bourg (ailleurs Bouc'h) de ses terres, hôtel, étage, situés aux villages du Bourg et Kermengant, paroisse de Trefbabu.

21 Septembre 1441 (m. 1516). — Echange entre Prigent Nevent et Marie Calamaign, de terres à Saint-Renan.

R. de Kernezne et Olivier Le Veyer, passeurs.

13 Avril 1448 (m. 1517). — Aveu rendu à Robert de Kernezne, s^{gr} du Curru, pour des terres à Kergoazec, en Ploeguen.

Accompagné d'une autre reconnaissance, au même, par Hervé Nédellec, du 23 mars 1456.
G. de Kerannou et Y. Maisantguen, p. p.

1453 (m. 1518). – Féage consenti par Jehan de Kernezne, à

Jouhan du Eznez, d'une vieille mazière à Kergoasers, Treff de Penguill, en Plousané.

Bernard Kermelegan, p.

2 Février 1560 (m. 1519). — Aurigine (?) Cazre et Jehan Kermedic abandonnent au s^{gr} du Curru un droit foncier sur le champ Kermoadec, en Milisac.

1462 (m. 1520). — Jehan Causeur vend à Yvon Causeur, ses héritages au terroir de Kermemes et Kerouzy, en Milisac.

2 Août 1464 (m. 1521). — Contrat de vente de 10 s. de rente en Milisac, fait par Jan Anes à Prigent Raoul.

Guyon de Pfily et Y. Kerangar, p. p.

1474 (m. 1522). — Yvon Boulain s'oblige à payer à Morice an Drenes, 4 s. mon.

1475 (m. 1523). — Contrat au sujet d'une mazière en la ville de St-Renan et sous le Curru.

3 Janvier 1482 (m. 1524). — Contrat de vente d'une maison sur la grand'rue de St-Renan, consenti par Olivier Pillen à Yvon Bollan et Prigent Jestin.

8 Juin 1484 (m. 1525). — Transaction entre Nicolas, Jan, Marc et Yves Quéméneur, pour leur partage.

28 Novembre 1484 (m. 1526). — Vente entre Henri Le Chocart et Yvon Kerizanet, d'héritages en Milisac.

Kerguiziau et Telangalla, p. p.

7 Juin 1483 (m. 1527). — Féage consenti par Robert Kernezne d'un parc appelé Parc-An-Born, situé entre Kerveniou et Kerbodignen.

3 Avril 1492 (m. 1528). — Robert, fils de feu Mahé Kernezne, vend à n. écuyer Jehan Kernezne, s^r du Curru, d^t en son manoir du Curru, en Milisac, une rente sur le manoir du dit Robert, situé au village de Kercazle, en Ploekerneau.

Telangalla, p.
Le 26 juin 1505, cette vente est confirmée entre Robert Kernezne et

Hervé Kernezne, sieur du Curru, devant R. Jouhan et Kermelec, passeurs.

5 Septembre 1493 (m. 1529). — Devant la cour de Lesneven, Isabeau de Kerroent, v^{ve} de feu Jehan Eucuff et exécutrice de son testament, donne à Prigent Le Roux et Jehanne Eucuff, sa f^e, un étage appelé An Sceal.

Kernezne, passe.

1494 (m. 1530). — Transaction entre n. g. François de Tournemine, tant en son nom que comme curateur de Guillaume de Tournemine, son neveu, fils de feu Olivier, s^r de Tuonfilit, frère aîné du dit François, d'une part ; Prigent Campir, s^r de Kerozal, et Hervé Kerlech, s^{gr} de Kerlech, relative à un droit de chefrente.

1495 (m. 1531). — Procès entre n. g. Hervé Kernezne, s^{gr} du Curru, et Hamon Kergadiou, s^r du dit lieu, touchant certains héritages en Plouarzel ; le dit Kergadiou agissant en son nom et comme garde de Madeleine et Marie, ses filles.

14 Novembre 1496 (m. 1532). — Transport à titre de censive, d'une maison située dans la grand'rue de St-Renan, fait par le s^{gr} du Curru à Laurans Paris.

30 Juillet 1496 (m. 1533). — Censive faite par Robert de Kernezne à Guillaume Thorin, d'une maison avec son courtil situés à Saint-Renan, au bout du pont de la dite ville.

1496 (m. 1534). — N. et p^t Yvon de Roserff, chevalier, s^{gr} de Roserff, vend à Guillaume Marec un hôtel situé au Quenquis, en Milisac.

30 Décembre 1496 (m. 1535). — Echange entre Hervé Kernezne, s^r du Curru, et Yvon Daniel, de terres situés à Dreffues An Penalan, en Milisac.

20 Mars 1497 (m. 1536). — Transaction, sur procès relatif aux héritages provenant de la lignée Kergadiou, entre Hervé Kernezne, éc., s^r du Curru — fils de Jehanne de Kergadiou, sœur de Hamon, tous deux enfants de feu Hervé de Kergadiou, et de Aiz Le Barbu, s^r et d^e de Kergadiou — d'une part ; et n. Hamon Kergadiou, en son nom et comme garde naturel de Madeleine et Marie, ses filles, lequel est représenté par Guyon Kergadiou, d'autre part. Fait devant François de Kerlech, sergent de la cour de S*t*-Renan, et Keranraes, notaire. Passé par Kerennancoet et Louis Kercourfil.

Aux fins d'un partage noble, Hamon Kergadiou avait baillé en assiette de 45 ₶ de rente, à éc. Jean de Kernezne, s*r* du Curru, son beau-frère (époux de Jehanne), le manoir de Kergadiou et une métairie n. à Kerduan, en Ploearzel. Prisage avait été fait de ces biens par Guyomarch Gouzern, Guyon du Val, pour Hamon Kergadiou et Olivier Rannou, s*r* de Kerybert, pour Jean de Kernezne. Depuis ce temps, ce dernier était décédé, et son épouse s'était désistée de tous droits dans la succession en faveur de son fils aîné Hervé de Kernezne. Un procès avait été alors engagé entre Kernezne et Kergadiou, touchant le prisage et l'assiette des 45 ₶ de rente.

9 Avril 1497 (m. 1537). — Féage consenti par Hervé Kernezne, éc., s*gr* du Curru, en faveur de Michel de Saint-Do, d'une vieille mazière et d'un courtil avoisinant les terres des enfants de Bernard du Val, à S*t*-Renan, chargés de 18 s. 4 d. m. de chefrente. Michel de Saint-Do paiera 10 écus d'or ou construira des édifices montant à cette valeur.

Signé : R. Jouhan, L. Penancoet, M. de Saint-Do.

1498 (m. 1538). — Echange entre Hervé de Kernezne et Jehanne de Kermorvan, sa f*e*, d'une part, et Guen Bohic, éc., s*r* de Kerléan, Hamon Bohic, son fils, et Olive de Rosnivinen, épouse du dit Hamon.

30 Novembre 1498 (m. 1539). — Echange entre Hervé de Kernezne et Guyomarch Floch, en son nom, et stipulant pour Thébaulde An Abbat, femme de Philippe Le Ros, d'héritages au Sauty et Coëtguenec, en Milisac.

Kermorvan et Kernizian, p. p.

1er Décembre 1498 (m. 1540). — Vente entre Marie Le Penneuc, venderesse, et Hervé Kernezne, éc., s*r* du Curru, d'une terre à Meskeraulin, en Milisac.

J. Kermorvan et T. Keruzian, p. p.

24 Juillet 1499 (m. 1541). — Accord entre Hervé Kernezne et Jehan Labbé, touchant un chemin conduisant de Coetguenec à Guerbihan, avec échange de terres.

Tanguy et R. Jouhan, p. p.

1500-1516 (m. 1542-1563). — Aveux rendus à Hervé Kernezne, s^r du Curru, par Bertrand de St-Gouesnou (pour 1 boiss. fr.), — par Catherine et Marie Kerleizic (terres à Kerleizic, en Milisac), — Bernard, Catherine Salliou, d^t à St-Renan (pour 1/2 boiss. fr., sur une maison à St-Renan), — Jan et Hamon Causeur (terres à Kervenyou, en Milisac, avoisinant les terres de Olivier An Halegoet), — Olivier Le Halegoet (rente de 10 s. m. sur héritages à Kervenyou), — Jehan et Guillaume Floch (maison à St-Renan), — Yvon Salaun (maison à Coetguennec), — pour une maison à St-Renan, place du Marché, aux Chevaux, etc.

Penancoët et Guy de Kergadiou, p. p. (1500), — Jouhan et Keranraes, p. p. (1506), — Jehan du Val, p. (1506), — Rodelec et Kernizian, p. p. (1507).

1501 (m. 1564). — Transaction entre n. écuyer Hervé de Kernezne et n. da^{elle} Jehanne de Kermorvan, sa f^e, s^r et d^e du Curru, d'une part, et Jehan Lescart, procureur de maître Mathieu de Kerguern, curateur et garde de n. h. Louys de Rosserff, s^r du dit lieu et du Bois de la Roche, d'autre part ; pour terminer un débat sur la possession d'une pièce de terre à Runluier, en Logonna.

Kergoët et du Menez, p. p.

1502 (m. 1565). — Pièce touchant les prééminences de l'église Notre-Dame de St-Renan (très effacée et à peine lisible).

Procès-verbal par le sénéchal de Léon des écussons qui figurent dans les vitraux. On y remarque l'écusson du s^{gr} du Chastel, des Coëtivy, du s^r de Keroulas, les armes de Robert Jouhan, le nom de Yvon de Kerambarz. Hervé Kernezne, s^r du Curru, dit être héritier et successeur de Le Born Faramus, dont il tient le manoir de Toulaffroy, et autres héritages.

1502 à 1523 (m. 1566-1574). — Féages consentis par n. h. Hervé Kernezne, éc., s^{gr} du Curru, d'un hôtel et étage à Lanhir, en Plousané, pour 50 s. de chefrente (en faveur de Dom Guillaume Leraill), d'une mazière à St-Renan (en faveur de Bernard Helduc), d'une maison sous la censive de St-Renan, etc., etc.

H. Kernaseuc et Le Dymoine, p. p.

29 Novembre 1502 (m. 1575). — Nomination de la tutelle de Pierre, Vincent, Amice et Marguerite An Dreffues, enfants de Catherine Keranmoal et de... An Dreffues, devant Bertrand de

Saint-Goeznou, procureur de la cour du Curru et Guyon Kergadiou, sénéchal, et sur l'avis de Jehan Keresleou, Jehan Keranflech, Dom Olivier Le Guyon, prêtre, Robert Kerlezroux, Hervé Le Dreffues, Christophe Keranmoal, tous parents des mineurs.

La tutelle est confiée à la mère.

1503 (m. 1576). — Acquêt d'un boisseau froment de rente, par Olivier Poullouhec, d'avec Guillaume Coatanhay.

2 Décembre 1503 (m. 1577). — Transport fait par André An Halegoet, Olivier An Halegoet, Jan Man, procureur de Azelice An Halegoet, sa fe, à Prigent Measou, d'une pièce de terre située proche la Croix Neffrer, en Milisac, pour en payer 20 s. de rente.

Ont signé : Poulpiquet et Penancoët, p. p.

1504 (m. 1578). — Hervé Kernezne, éc., sr du Curru, rend aveu au roi en sa cour de St-Renan, pour le manoir de Dehellec, avec ses moulins, vergers, jardins, porte, franchises et largesses, dans la par. de Plousané, — un étage où demeure Prigent Campir, à Meascletz, avoisinant les terres des enfants de Guillaume An Halegoet (malgré que la pièce soit effacée, il paraît lisible que ce Guillaume avait un fils, Yvon An Halegoet), — un étage où demeure Jehan Jestin, à Kerygomarch, — un étage où demeure Guillaume Le Segalem, à Kerausur, — en général tous les biens de l'avouant à Ploavas (Guipavas).

12 Novembre 1504 (m. 1578 bis). — Ferme d'un étage et tènement au terroir de Camean, par. de Loconna, év. de Cornouaille (aujourd'hui Logonna-Daoulas), consenti par Hervé de Kernezne, à Jehan Mat ; biens qu'il tient de sa femme Jeanne Kermorvan.

R. Jouhan et Campir, p. p.

4 Juin 1505 (m. 1579). — Aveu rendu à n. éc. Alain Tépault, d'un parc à St-Renan.

H. du Val et Rodelec, p. p.

Suivi d'un autre aveu, du 4 juin 1516, rendu au même par Hervé Kernezne.

20 Octobre 1505 (m. 1580). — Partage entre Hervé, Vincent, Marguerite Le Dreffuez, cette dernière épouse de Yvon du Boys, enfants de Jehan Le Dreffuez et Catherine Marzin, de la par. de Milisac.

1506-1516 (m. 1581-1585). — Acquêts par Hervé Kernezne, éc., s^{gr} du Curru, de différentes rentes en grains ou pièces de terres, par. de Milisac.

Guimarech Floch et Thébaude An Abbat, — Yvon du Boys et Marguerite Le Dreffuez, sa f^e, — Guillaume Kermorvan, s^r de Keranguen, et autres... vendeurs.

1506 (m. 1586). — Vente par Hervé Kernezne, à maître Christophe Gourio, s^r de Rouazle, de 45 s. de rente, pour le prix de 45 ₶ mon.

1505-1519 (m. 1587-1604). — Echanges entre Hervé Kernezne, s^r du Curru et différents personnages.

Avec n. h. F^{çois} de St-Goeznou, s^r de Breingnou (terres en Milisac), 1505, — Jehan Labbé, s^r de Coetquennec, avec consentement de Alain, son fils, (terres à Coetquennec) 1505, — Vincent et Marie An Eas, avec assentiment de Jehanne Salaun, leur mère, sœur de Hervé Salaun, (terres à Coetquennec) 1507, — Morice Keranflech, éc., s^r de Keranflech, (terres à Penancoet) 1507, — Yvon Lescazoal, s^r de Coetanhaz et Marguerite Touronce, sa f^e (lesquels abandonnent un étage à Kergoznou, en Ploemoguer, contre une rente de 112 s. 6 d.) 1505, — F^{çois} Kermorvan, 1505, — Henri Pezron, s^r de Keruarz, stipulant pour Marguerite Mangeron, sa mère, (terres à Measoumeur) 1506, — Yvon Jouhan, s^r de Penannech, 1509, — Jehanne Keriell, 1509, — Jehanne Labbé, fille de Jehan Labbé et Amice Kernezne et frère d'autre Jehan (qui abandonne tous ses droits sur le manoir de Coetquennec, en Milizac) 1510, — Jehan Quenel, (terres à St-Sébastien et Kerainbezon, en St-Renan) 1511, — Hamon Corpel, tuteur de François, fils p^{al} et n. de Tanguy Keriezre, 1514, (lequel échange est consenti et contresigné par N... de Langalla, s^r de Langalla, cousin-germain du mineur, Prigent Deryan, s^r de Kerdenyou, Jehan Keroullas, s^r de Coetquennec, aussi cousins-germains, Pierre et Yvon Le Tremeur), — Jaffray Mignon, 1516, — Hamon Rolland, éc., s^r de Keribin, fils aîné et n. de Eléonore Campir, (terres à Kergordu, en Plousané), 1519, etc. — Tous ces échanges fondés sur des biens, en Milisac, Ploumoguer, St-Renan, Plousané.

18 Mai 1507 (m. 1605). — Déclaration de majorité pour les enfants de Jan Stéphan, par la cour du Curru.

26 Août 1508 (m. 1606). — Vente par Hervé Kernezne, à Françoys du Com, s^r de Kerengar et de Treffily, de son manoir de Dehelleuc, en Plousané.

H. Kernezne et Jehan du Val, passeurs.

2 Février 1509 (m. 1607). — Vente entre Paoul An Lisiou et Marguerite Kermeidic, sa f^e, d'une part, et Salomon Seneau, acquéreur de tous les droits héritels du dit Lisiou dans la par. de Milisac.

De Kerlech, H. du Boys, de St-Goesnou, passeurs.

11 Mars 1510 (m. 1608). — Féage consenti par Tanguy du Chastel, s^{gr} du Chastel, Kersaliou, et a., l. à Hervé Kernezne, de certains héritages, à Kerduvan, par. de Lampaul-Plouarzal, pour 5 s. 6 d. de chefrente.

G. Keranrays et Jehan du Val, p. p.

30 Novembre 1510 (m. 1609). — Echange entre n. g. Hervé du Boys, s^r du Dourdu, et Marie du Boys, f^e de Robert de Kernezne.

Hervé du Boys abandonne à lad. Marie 40 s. m. de chefrente sur des héritages, touchant aux terres de Hervé de Kernezne, s^r du Curru et de Olivier de Launay.

Measanguen et Estienne, p. p.

8 Décembre 1511 (m. 1610). — Reconnaissance du transport, fait en 1493, des héritages de feue Marie Salaun, au terroir de Coetquennec, en Milisac, à Jehan Mareuc et Marie Roudouzic, sa f^e.

Kersangily et G. Kermelec, p. p.

2 Janv. 1512 (m. 1611). — Reconnaissance des droits prééminenciers de Hervé Kernezne, s^r du Curru, dans l'église paroissiale de Milisac.

Jehan Prevost du Lenzor et Tanguy Kerpont fabriques de l'église de Milisac, certifient que le général de la paroisse réuni le dimanche précédent à l'issue de la grand messe (et composé de Morice Keranfleach, s^r de Keranfleach, Jehan Keruhel, Yvon Kerguennic, Guiomarch Guéméneur, Jehan Le Guen, Olivier Poullouhoc, Guillaume Le Huyton, Jehan Causeur, Olivier et Jehan an Hallegoet, Bernard et Nouel an Ananat, Prigent Measou, Olivier an Gual, Jehan Salaun, Alain et Henry Marec, G. Quencquis, Tanguy Salamon, Mahé Omnès, Lucas Salaun, etc. etc...) a reconnu que « de mémoire d'homme l'arch et fenestre au-dessus du dit arch... éstant au pignon de la chapelle maistre Saint Yves éstant devers le midy avec le lieu et emplacement des tombes estant entre le dit arch et le bout sussain de l'aultier Saint Yves avec la fenestre et claye y estant au-dessus et avec le carreau du dit aultiel o leurs franchisses, appartiennent au s^r du Curru, sans ce que esdites fenestres ni aucune d'icelles aucun ayt droict d'y mettre des armes sur l'arch, l'autel, ni ailleurs, ni d'inhumer en ce lieu, sans congé ni licence du dit seigneur, pour ce que le dit seigneur et ses prédécesseurs ont toujours payé 12 d. m. à la fabrique ». Les fabriciens assurent au sr du Curru la jouissance pour l'avenir des mêmes choses, sous la même charge et l'obligation de les entretenir « en valables réparations ».

1515 (m. 1612-1620). — Plusieurs fermes d'« hostels » ou « estaiges » sous le Curru, consenties par le sgr du Curru.

2 Septembre 1515 (m. 1621). — Echange entre n. da{lle} Catherine Foucauld, d{e} de Kermorvan, tuteur de Robert Kermorvan, son fils, né de François Kermorvan, d'une part, et Hervé Kernezne, sr du Curru, de l'autre.

30 Octobre 1515 (m. 1622). — Accord entre Jehan Labbé, sr de Coetquennec et Jehanne Labbé, sa sœur, touchant la succession de Jehan Labbé et Amice Kernezne, leurs père et mère.

Jehanne Labbé, représentée par Hervé Kernezne, sgr du Curru, reçoit 12 # de rente. Grée en l'hôtel de Guillaume Kermeleuc, à Saint-Renan, en présence de Thomas Le Veyer, sr de Kerandantec.

Yves Le Borgne et Bernard Lancelin, p. p.

1516 (m. 1623). — Procès entre Hervé Kernezne, plaidant par Guyon de Kergadiou, d'une part, et Henry Penancoët, sr de Kerioual, tuteur de Jehanne, Marie, Barbe Le Guygneur, filles de feus Hervé Le Guygneur et Loyse Moysan, Robert Elez et Catherine Le Guygneur, sa f{e}, d'autre part. Ces derniers depuis le décès de Hervé Le Guygneur, survenu il y a 60 ans, devaient les arrérages d'une fondation à N.-D. de St-Renan.

On y voit que Hervé Kernezne était fils aîné de Jehan et petit-fils de Robert.

1517-1529 (m. 1624). — Vente par le sr du Curru, à Hervé Kerlech, sr de Kerascoët, du manoir de Trefflech, ou Trefflez, en Milisac.

Kerlozrec et Derian, p. p.

A la suite de cette vente, eut lieu un procès entre l'acquéreur, et Jehanne Kermorvan, f{e} de Hervé Kernezne, puis Jehan Kernezne, son fils aîné, qui attaquaient le contrat, Hervé Kernezne ayant par jugement été déclaré « prodigue » et pourvu d'un « coadjuteur ». Après la mort du dit Hervé (1528) un accord fut signé qui maintint le s^r de Kerascoet dans la possession de Trefflez.

Keranflech et Barbier, p. p.

1er Février 1518 (m. 1625). — Donation et vente par Jehanne Labbé, à n. h. Hervé Kernezne, en son nom, et comme garde de ses enfants Jehan et Marie Kernezne, de tous ses droits provenant de la succession de ses père et mère, à Coetquennec.

Leseleuc passe.

26 Juillet 1522 (m. 1626). — Echange entre le s^r du Curru et le s^r de Penanknech, fils, héritier p^{al} de Robert Jouhan.

Kernezne, p.

1502-1514 (1627-1631). — Féages consentis par n. h. Hervé Kernezne, éc. s^{gr} du Curru, à Dom Guillaume Leraill (un hôtel et étage à Lanhir, en Plousané), à Bernard Helduc (mazière à Saint-Renan), et autres.

H. Kernaseuc et Le Dymoine p. p.

2 Janvier 1523 (m. 1632). — Echange entre le s^r du Curru et Jehanne Jouhan, v^{ve} de Saint-Do, et Robert de Saint-Do, son fils aîné (maisons à Saint-Renan).

F. de St-Goeznou, Kermelec, F. de S^t-Do, passeurs.

24 Mars 1523 (m. 1633). — Autre échange entre le s^r du Curru et Jehan Marec, s^r de Guycquelleau, et Marie Kernezne, sa f^e, lesquels abandonnent leur métairie au terroir de Trefflech en Ploeguen, contre un hôtel nommé An Rost, en Milisac.

4 Février 1524 (m. 1634). — Yvon Jézéquel, Marguerite et Margily de Lanezre, enfants de feue Louise Keranguen, nés de ses deux mariages avec Jean Jézéquel et Ollivier de Lanezre, partagent les biens de leur mère.

Meastryus, p.

3 Octobre 1536 (m. 1635). — Hamon Causeur vend à Yves Mao une rente assise sur un parc en Milisac, près la terre de Olivier an Halegoet.

17 Juillet 1538 (m. 1636). — Transport par n. éc. Jacques Labbé et Ysabelle Thépault, sr et de de Coequennec, aux fins d'un contrat précédemment intervenu entre Hervé Kernezne, père de Jehan, sr du Curru, et Jehan Labbé, père de Alain, sr de Coetquennec, lui-même père du présent Jacques, relatif aux droits héritels de Jehanne Labbé.

26 Juillet 1538 (m. 1637). — N. éc. Jacques Labbé, sgr de Coet-quennec, décrit à n. h. Jehein Kernezne, sr du Curru, l'assiette d'une rente au lieu de Coetquennec.

Yvon Le Tremen, prisager, Kermorvan et Kerguiziau, p. p.

1540-1546 (m. 1638). — Différentes pièces concernant le partage des enfants de Hamon Causeur, dont Yvon est fils aîné, (biens situés à Kervenyou, en Milisac, sous le Curru).

29 Août 1541 (m. 1639). — Devant n. h. maître Jacques Pinart, sr de la Villeneuffve, sénéchal de St-Renan, n. h. Jehan Kerbozrec, sr du dit lieu, et n. h. Jehan Kernezne, sr du Curru, s'accordent sur une vente.

12 Avril 1554 (m. 1640). — N. g. Guillaume Mol, éc., sr de Kerjan, dt à Treffbabu, baille le partage de son juveigneur, Hamon Mol, fils de Bernard Mol et de Catherine Le Veyer.

8 Novembre 1564 (m. 1641). — Accord entre Françoise Labbé femme de n. h. Hervé Penhoadic, sr de Kerfaven, dt par. de Pleyber-St-Egonnec, et Charles de Kernezne, sr du Curru.

Keraudy et Le Mancazre, p. p.

1561-1601 (m. 1642-1658). — Aveux fournis à n. h. Charles Kernezne, sr du Curru.

A savoir : pour des terres à Dreffuez et Kervenyou, en Milisac, — héritages à Kervenyou (par Jehanne Pezel, épouse de Guillaume Kerouryen, et Marie Maou, vve de Jehan Pezel) 1565, — terres à Kervenyou avoisinant celles appartenant à l'église de Monsieur Saint-Pierre et celles de Marguerite an Halegoet (par Jehan an Halegoet, dt par. de Plouyon (Plouvien) 30 mars 1565, — héritages à Kerlesic, en Milisac (par Jehan Cadoudal et Marie Le Bihan, sa fe), 1565, — (par Jehan Morvan de Kerouman, Jehanne Morvan, fe de Guillaume Morvan de Lanher, Marie Morvan, vve de Hervé Mao de Kervenyou) 1601, — etc..., etc...
Keranrays, J. Touronce, J. Rodelec, Kersangily, Taleuc, Henry Penan-

coët, Kerguélen, de Kerdeniel, Kerengar, Bohiez, Kermorvan, etc..., notaires.

3 Décembre 1562 (m. 1659). — Minu des terres et héritages que da^{elle} Marie du Halegoet, d^e du Dellec, tient sous le s^r du Curru, de la succession de n. h. Goulffin (pour Golven) du Halegoet, s^r du Dellec, son père, dont elle hérite principalement et noblement ; à savoir : en Plousané, le manoir et lieu n. du Dellec, avec un vieux moulin ruiné par la mer, et les dépendances du manoir, en outre, différentes terres à Kerangouel et Kerambulgoaz.

Kersangily et Le Hezou, p. p.

1565-1570 (m. 1660-1669). — Echanges entre n. h. Charles de Kernezne, s^r du Curru, et différentes personnes.

Le 5 janvier 1565, n. g. Fiacre Labbé, prêtre, et Catherine Labbé, sa sœur, d^t au manoir de Coetguennec, abandonnent une maison noble où demeure Catherine Le Borgne, v^{ve} de Jehan Kerscaven, à Coetguennec, en Milisac ; — le 1er mai 1570, n. h. Renne Palier, s^r de Trezeguer, abandonne des terres à Coetguennec ; — etc...

Maître Louys du Baudiez, procureur du s^r du Curru, est représenté par Jan Penfentenyo, avocat.

17 Novembre 1565 (m. 1670). — Procuration donnée par Jeanne Labbé, femme de n. Yvon Le Jar, au s^r du Curru, afin que celui-ci donne charge pour intenter et manier, jusqu'à sentence définitive, certain procès que la dite dame Jeanne veut entreprendre contre n. h. Hervé Le Guaro, s^r de Keredec, en demande de délais de certains héritages, tant par voie d'opposition que par retrait lignager ; héritages acquis, tant par Hervé Le Garo, d'avec Yvon Labbé, neveu de Jeanne, que par Sébastien Le Garo, père de Hervé, d'avec Jean Labbé, aïeul d'icelle.

La dite Jehanne est fille de Alain et sœur de Jacques Labbé.
Signé : Kernezne, Kerriec, Kerroullas et Meastryus, notaires.

1565-1571 (m. 1671). — Différentes pièces d'un procès relatif à une chefrente en froment que doivent Catherine et Marie Measou, au s^r du Curru.

21 Juillet 1571 (m. 1672). — Transaction entre n. g. Guillaume Kerléan, s^r de Kerléan, de Kermerven, d^t au manoir de Kerléan, en Plourin, et Charles de Kernezne, touchant le payement des arrérages d'une rente en froment, à laquelle prétendait le sr du Curru, sur le village de Moguer, en Plousané.

1572 (m. 1673). — Accord entre le sr du Curru et Jehan Morvan, en règlement d'un procès sur demande d'arrérages d'une rente impayée depuis 30 ans au dit sr du Curru.

15 Mai 1573 (m. 1674). — Bannies par la cour du Chastel d'une rente consentie par da{elle} Jehanne Le Garo, douairière de Langongar, à Jehanne Le Bihan, f{e} de Charles Riou, de terres à Kerleizic, en Milisac, sous le Curru.

1574 (m. 1675). — Lettres royales pour corriger une erreur de date faite par un scribe, en copiant pour le sieur du Curru un procès-verbal de Jacques Le Maistre, sergent du Chastel.

Un procès avait duré quatre ans, entre Charles de Kernezne et Hervé Pezron, sr de Kervarsou, relativement à la possession d'une terre en Milisac. Après jugement de la cour du Chastel qui maintenait le sr du Curru dans ses prétentions, son adversaire reprit la discussion en s'appuyant sur une erreur de date d'une année.

1581 (m. 1676). — Robert Le Louarn et Jeanne Troccart, sa f{e}, vendent leurs droits, en la ville de St-Renan, à Charles de Kernezne.

22 Février 1586 (m. 1677). — N. h. Jan Jouhan, sr de Kerrohic, d{t} en ce lieu, par. de Plouéguen, vend un parc à Henry Mesou.

28 Mai 1589 (m. 1678). — Devant la cour de Léon, transaction, sur procès, entre n. h. Charles de Kernezne, sr du Curru, demandeur, et F{çois} Le Guen, recteur de Plouearzel, défendeur.

Le demandeur soutenait que sur la maison presbytérale de Plouearzel lui était due une chefrente de 9 d. m. et un raiz de froment ; le défendeur soutenait que son presbytère relevait du roi « comme les autres presbytères du pays ». Par cette transaction, le recteur reconnaît les droits du sr du Curru et s'engage, outre la rente annuelle, de lui payer 150 ₶ d'arrérages.

En 1723, Marie-Ronan de Porsmoguer, recteur de Plouearzel, dut être assigné pour le payement de la même chefrente.

26 Juin 1593 (m. 1679). — Arrêt pour le sr du Curru contre ceux qui ont fait « gaigneries » en la montagne de Losthénès, c'est-à-dire contre da^elle Françoise Keranflech, d^e de Keranflech, Hervé Le Mab, Gabriel Salaun et autres.

30 Juin 1595 (m. 1680). — Acte pour la conservation des droits du s^r du Curru, dans l'église Notre-Dame de St-Renan.

Les « gouverneurs » ou fabriques de la dite église déclarent que, bien qu'ils aient inhumé Guillaume Le Scan, avec l'autorisation du s^r du Curru, dans une tombe « à l'entrée de la porte par où l'on entre du grand corps de la dite église au chœur », ils n'ont aucune prétention sur la tombe en question qui appartient au s^r du Curru, lequel paie annuellement une rente de 5 s. t. à la fabrique. Signé : Estienne, prêtre ; Foulle, fabrique.

1597 (m. 1681). — Partage des successions de déf. Yvon Le Reun et Catherine Late.

24 Septembre 1598 (m. 1682). — Procuration de Charles de Kernezne, s^gr du Curru, qui se trouve en Normandie, diocèse de Lisieux, à sa compagne, n. d^elle Anne de Coetannezre, à n. h. Claude Guerangar, s^r de Penanprat, et à F^çois Guerangar, s^r de Pennanlan, afin de suivre ses procès et ses affaires particulières.

9 Novembre 1600 (m. 1683). — Bail de 9 ans du lieu et manoir n. de Gartz, par. de Milisac, consenti par n. h. Vincent-Guillaume de Kerjaffretz et de Kerdrein, d^t au manoir du Curru, à Robert du Boys, d^t à Milisac (12 écus valant 30 # mon., 2 boiss. fr., 2 boiss. avoine, 1 mouton gras, les corvées ordinaires, et 18 écus de commission).

14 Janvier 1609 (m. 1684). — Bail du même lieu, par le même, pour 9 ans, à Robert Le Coat (36 # t., 4 boiss. fr., 4 boiss. avoine, un mouton gras et 54 # de commission).

1612 (m. 1685). — Bail du même lieu, par Anne de Coattanezre, d^e de Carné et a. l., tutrice de Charles de Kernezne (57 # t., 4 boiss. fr., 1 boiss. avoine, 12 chapons, 12 poussins, une barattée de beurre, un mouton gras, un chevreau, une oye grasse, deux oysons, et 108 # t. ou 36 écus de commission).

1628 (m. 1686). — Bail du même lieu (57 # 12 s., 4 boiss. fr., 1 boiss. avoine, 12 chapons, 12 poulets, 1 barattée de beurre, un mouton gras, une oie, 108 # de commission).

1636 (m. 1687). — Bail du même lieu (75 # 12 s., 4 boiss. fr., 1 boiss. avoine, 12 chapons, 12 poulets, 1 mouton gras, une oie, 2 oisons, 1 chevreau, 1 barrattée de 16 l. et 150 # de commission).

1654 (m. 1688). — Bail du même lieu (120 # t. et de commission 120 # et 2 génisses de 30 # les deux).

15 Juin 1603 (m. 1689). — Déclaration faite au roi par n. et p^t Charles de Kernezne, époux de Anne de Coetannezre, pour le lieu et manoir du Curru, sous la juridiction du roi à St-Renan, avec jardins, vergers, parcs, colombier, boys, forets, juridiction, fief dont il a hérité de son père, Jean de Kernezne ; — pour le lieu n. et manoir de Keruzas, sous St-Renan, acquis de Marie de Guengat, d^e de Voaye ; — pour le manoir de Penanknech, sous St-Renan, échu par décès de Gabriel Jouhan, conseiller du roi au Parlement de Bretagne ; — pour la juridiction royale de Landeleau, sous le présidial de Quimper, avec tout le domaine, et le fief, « ainsi de la manière que les rois de France jouissaient et avaient droit de jouir avant l'aliénation en faicte par les commissaires députés par le feu roi Henri III à haulte et p^{le} d^e Jeanne de Mesgoez, vivante, douairière de Pratmaria, Penanquenquis... de laquelle la dite d^e est héritière » ; ces choses sont situées dans l'évêché de Cornouailles et appartiennent à Anne de Coatannezre.

14 Novembre 1603 (m. 1690). — Sentence du siège présidial de Rennes, pour le s^r du Curru, contre Jean Biet.

1614-1670 (m. 1691-1710). — Aveux rendus à Charles de Kernezne, M^{quis} de Coatanmoal, Vte du Curru, s^{gr} de Keruzas, etc., pour des héritages à Dreffues, Lanicq, Kerlesicq, Coatlazron, Kerveniou, Languero, Lezron, Languerof, en Milisac, au bourg de St-Renan, à Toulalan en Plouguin, à Kerezou en Plousané.

Entre autres : par éc. Jean Silguy, s^r de Coatirbescond (1619) ; — par n. h. Françoys Le Ny, s^r du Penher, Foshuel, d^t en son manoir du Penher, en Trefgouescat, curateur des enfants de feu n. h. Guillaume Kergadiou, s^r de Traomabihan, pour le lieu noble du Dellec, en Plousané, avec un moulin ruiné, afin d'éliger le rachat à la suite du décès de Guillaume Kergadiou (certains des héritages déclarés sont tenus par Jacques An Hallegot et Anne An Hallegot, sa sœur, fermiers), (1626) ; — par Marie du Louet, d^e de Kerdanezan ; etc...

1623-1633 (m. 1711-1716). — Contrats de féages, consentis par Charles de Kernezne, de maisons à St-Renan.

3 Septembre 1643 (m. *1717*). — Requête de Charles de Kernezne au siège présidial de Quimper-Corentin.

« Exposant que les prédécesseurs des s^{grs} du Curru et de Faramus sont fondateurs du chœur, chapistre, sacristie et dortouer, du couvent des révérends religieux de Saint-Dominique, situé en la ville de Morlaix, et pour marque de leur piété et de leurs fondations les armes des dits s^{grs} du Curru et de Faramus sont gravées en relief en plusieurs endroicts du dit couvent avecq des lames de cuivre où les attestations des dites fondations sont escriptes et gravées en lettres gothicques, avecq les dévotions auxquelles les religieux se sont obligés à cause des dites fondations..., et d'autant que par succession de temps, les dites marques et intersignes de fondation et de dévotion pourraient dépérir, à cause de leur grande antiquité, requiert qu'il vous plaise, commettre l'un et chacun de vous sur les lieux pour faire état et procès-verbal des armes du dit suppliant, intersignes, attestations des dites fondations. »

Le présidial par la voix de Pierre Honoré, s^r de Penfrat et de la Forest, con^{er} du roi, décida qu'une commission serait nommée pour faire descente au couvent (le procès-verbal manque).

17 Février 1657 (m. *1718*). — Sentence rendue à la Cour de St-Renan, pour le s^r du Curru, contre Louis Bernier, s^r de la Villette, lequel est condamné au payement de 3 # de rente sur une maison lui appartenant et sise en la ville de St-Renan, rue du Four.

14 Mai 1659 (m. *1719*). — Bail de 9 ans par Charles de Kernezne, gouverneur de Quimper, d^t au château du Curru, à François Calvez, d^t à Coatquennec, d'immeubles à Penc'hoat-Reuné, en Milisac, pour 30 #, les charges anciennes, corvées et suite de moulin.

18 Janvier 1663 (m. *1720*). — Arrêt du Parlement condamnant Charles de Kernezne à payer, à Jéan Bon et autres, 100 #, sauf à les répéter contre Tanguy Trousson, s^r de Perros, son procureur fiscal.

1675-1678 (m. *1721-1739*). — Aveux rendus à Carlobert ou Charles-Robert de Kernezne, s^r du Curru, par différents vassaux du Curru (entre autres par n. h. Yves Prigent, s^r de Pratledan).

23 Octobre 1682 (m. *1740*). — Sentence de la cour de St-Renan rendue contre Laurans Le Bervas et sa f^e, demandeurs en garantie, contre Yves Desbois et César Fiot de la Briantaye, procureur fiscal et receveur de la principauté de Léon, à Landerneau, et la duchesse de Roc'han, adjugeant à Charles de Kernezne la mouvance d'héritages à Toulalan, par. de Plouguin.

1684 (m. 1761-1778). — Aveux rendus à Charles-Louis de Kernezne à cause du Curru.

17 Septembre 1698 (m. 1779). — Arrêt du Parlement portant défense au recteur et aux marguilliers de Milizac d'enterrer qui que ce soit au-dessus des tombes appartenant à Louis de Kernezne, fondateur de l'église de Milizac, à cause de la vicomté du Curru.

1701-1704 (m. 1780-1797). — Aveux rendus à Anne-F^{çoise} de Robien, d^e m^{quise} de la Roche, v^{ve} de Luc de Kernezne, à cause de la s^{gie} du Curru. (Parmi les avouants : Marie Lars, v^{ve} de n. h. François Lestobec, s^r du Plessix, et tutrice de leurs enfants, 1701.)

1715-1721 (m. 1798-1815). — Aveux rendus à Joseph-Luc de Kernezne, chevalier, m^{quis} de la Roche, v^{te} du Curru, à cause du Curru.

Entre autres, par Charles-Louis de Guergorlay, chev. s^{gr} de Trousilit, héritier de Jean de Guergorlay, s^{gr} de Kersalaun, héritier p^{nl} d'autre Jan de Guergorlay, s^r de Kersalaun, et de Marie Kerlech, d^e de Kersalaun, 1718 ; — par Marie-Françoise-Louise Desnos des Fossés, v^{ve} de Charles-Louis de Guergorlay et curatrice de Louis-Florian de Guergorlay, Alain-Marie, Charles-François, et François-Louis, leurs enfants, d^t à Morlaix.

1737-1753 (m. 1816-1825). — Aveux rendus à cause du Curru à Anne-Thérèse de Kernezne, héritière de son frère.

1754-1766 (m. 1826-1840). — Aveux, à cause du Curru, rendus à Marie-Aude-Jacquette du Châtel, v^{ve} de Hugues-Hombert Huchet de la Bedoyère, héritière de Anne-Thérèse de Kernezne.

1760-1789 (m. 1840-1860). — Aveux rendus à Charles-F^{çois} du Bot, m^{quis} du Grégo et de la Roche, v^{te} du Curru.

1784. — (Voir au chapitre de Keruzas, la publication de vente de la s^{gie} du Curru.)

LANGUEOUEZ [1]

(Seigneurie en Treouergat et autres paroisses, moyenne et basse justice, relevant du Chastel.)

---

6 Janvier 1389 (m. 1862). — Devant la cour de St-Renan, contrat d'échange de terres en Treffgouescat, entre Jehan de Lessmez, procureur de Jehan de Langueoez, chevalier, d'une part, et Yvon de Kerambelleuc et Catherine, sa femme, Guen Moche et la femme de celui-ci, fille des dits Yvon et Catherine.

Fait en présence de Morice de Kerlozreuc qui a signé pour Jehan de Langueoez.

Il est question aussi d'échanges antérieurement faits par Yvon de Campir.

1409 (m. 1863). — Echange de 70 s. m. de rente, entre Jehan de Langueoez, chevalier, et Amice Penlan.

1413 (m. 1864). — Echanges entre m^{re} Jehan de Languéouez, chevalier, d'une part, et Yvon de Kermenob, Yvon de Keruzeuc et Marguerite, sa femme.

25 Juillet 1415 (m. 1865). — Devant la cour de St-Renan, Marguerite Kerscab, autorisée, et Alain Asquiez, son mari, transportent « en pure donaison irrévocable » à Jehan de Languéouez, chevalier, représenté par Yvon Gelebert, son procureur, une rente de trois astellées de froment, mesure de St-Renan.

6 Mai 1424 (m. 1865bis). — Donation faite par Jan An Mingam, à Yvon Jouhan, d'héritages sous Languéouez.

16 Juillet 1424 (m. 1866). — Notification de l'appel interjeté par X... de Ploesqueleuc, chevalier, seigneur de Coetmeur, tant en son

---

(1) Formes anciennes ; Langueoez, Langueuouez, Langueouez, Languegoez, etc.

nom qu'en celui de Jeannette de Pencoet, sa femme, et de ses adhérents, contre une sentence de l'officialité du Léon, rendue à la requête de Jehan Languegoez, chevalier ; le dit appel adressé à l'officialité de Tours.

L'acte enregistrant les notifications d'appel est passé par Yves Guydomar, prêtre du Léon, maître ès-arts, notaire impérial. Il débute par la transcription de l'acte d'appel présenté au notaire sur une « cédule de papier » par X... de Ploesqueleuc, et dont voici l'analyse :

Jean Languegoez ayant obtenu de l'official du Léon des monitoires généraux contre ceux qui avaient brisé et déplacé la pierre tombale établie par ledit Languegoez dans l'église Notre-Dame de Coetmel, le seigneur de Coëtmeur protesta aussitôt et fit rappporter les monitoires, mais sans obtenir de dommages et intérêts. Bien plus, Languegoez obtint de nouveaux monitoires qui furent publiés, non seulement dans l'église de Treffgoezgat, mais encore dans celles des paroisses voisines, et par lesquelles Ploesqueleuc, sa femme et ses adhérents, étaient excommuniés. Le seigneur de Coetmeur proteste et fait appel à l'official de Tours.

Tenant en main sa cédule en papier, le seigneur de Coetmeur, assisté du notaire, le dimanche, 16 juillet 1424, lit l'acte d'appel et le notifie successivement au prône de l'église paroissiale de Treffgoesgat, après quoi Yves de Vauguyon, demeurant au manoir de Languegoez, en demande copie, — au manoir de Languegoez, où il ouvre la porte, entre dans la cour, et s'adresse, en l'absence du seigneur du lieu, à Marie, femme d'Yves de Vauguyon, — à Yves Gildebert, « mansionaire » et voisin du manoir, — à la chapelle Notre-Dame de Coetmel, pendant la messe, après quoi Yves Gildebert demanda une nouvelle copie, — enfin à l'église de Guicguen, où la notification fut faite dans le cimetière où l'on venait de faire, conformément à l'usage, la publication des lettres.

8 Décembre 1432 (m. 1867). — Aveu fourni au s^{gr} de Languéoez, par René Kergrieuc, pour des héritages aux terroirs de Knechmahouarn et de Kerohouarn, en Trefgouescat.

1465 (m. 1868). — Aveux fournis à Jehan de Languéouez, par Guillaume Phelep et Bazille An Hostis, sa f^e, pour des héritages au terroir de Kerehat en Ploudalmezeau ; par Jan fils de Paol An Goffic, pour des terres au terroir de Keroulé, en Treffgloeznou.

G. Duval, Keruzonan, Kerguziau, Kernezne, p. p.

1490 (m. 1869). — Echange de terres en Plousané et sous Languéouez, entre Guen Le Run et le sieur Menant, sous le seing de Bernard du Val.

1495 (m. 1870). — Echange de rentes en froment entre Jehan Le Veyer, éc., s^{gr} de Langongar, et Robert Jouhan, éc.

28 Novembre 1497 (m. 1871). — Devant maître Alain Kerguiziau, n. et p^t Gauven, s^{gr} de Lescoulouarn, Langueoetz, Keryvoallen, Le Guerets, Severac, Keruzas, baille aveu des héritages qu'il tient sous n. et p^t Tanguy, s^{gr} du Chastel et de Poulmic.

A savoir : le manoir de Langueoetz, par. de Treffgoezcat, avec ses portes, courtil, vergers, bois, étang de Kerenzeuc, emplacement de moulin, trois métairies proches le manoir, un hôtel à Kersabieuc, un autre à Kerillis Goescat ; — le manoir de la Motte, par. de Milisac, où demeure Yves Mareuc, avec ses dépendances et un emplacement de moulin, une métairie, une mazière près Kergoff... ; en général tous les héritages du dit avouant en Milisac et Treffgoescat. Plus en Ploeguen, une métairie à Kerbigodou. En Ploedalmezeau, différentes pièces de terre à Kerguezres. Plusieurs rentes et chefrentes. Parmi les vassaux : Prigent Campir et Isabelle Kerasquet, Jehan Moign et Catherine Keroulach, sa f^e, Morice Le Bourgne, Jehan du Boys à cause de sa f^e, Guillaume Kermellec, Henry Kerlazreuc, etc...

Touronce, passe.

1498 (m. 1872). — Contrat d'acquêt d'une rente, entre Catherine Marzin et Jehan Salaun.

9 Septembre 1503 (m. 1873). — Aveu fourni à Tanguy, s^{gr} du Chastel, par n. h. Jehan, s^{gr} de Nevet et de Lesargant, Guillaume Languéoez, s^{gr} du Many, curateurs de n. et p^t Jehan, s^{gr} de Languéoez, Kerivallen, Keruzas, Severac, pour le manoir de Languéoez, avec ses dépendances.

Jehan Kerguiziau et Thomas Le Veyer, Robert Jouhan et G. Touronce, passeurs.

24 Mai 1511 (m. 1874). — Aveu de Languéouez pour éligement de rachat à la suite du décès de Jehan de Languéouez, chevalier, s^{gr} de Languéouez, Lescoulouarn, Kerivallen, Keruzas, fourni au s^{gr} du Chastel, par Guillaume de Languéouez, s^{gr} du Many, curateur de Nicollas de Langueouez.

J. Le Roux et Thomas Le Veyer, p. p.

1511 (m. 1875). — Aveu rendu à n. et p^t Nicollas de Languéouez, s^{gr} de Languéouez, Lescoulouarn, Kerivoalen, Keruzas, Severac, pour des héritages à Guyhellé, en Ploedalmezeau.

1515 (m. 1876). — Prigent Deryen, s^r de Kerdenyou, baille à Yvon Jouhan, s^r de Pennanech, fils aîné de Robert Jouhan, certains héritages, situés par. de Treffgoezcat.

Kernezne, passe.

5 Juillet 1520 (m. 1877). — Baillée à titre congéable d'une tenue au village de Kergougan, en Ploudalmezeau, consentie par n. et p^t Pierre de Talhouet et da^{elle} Jehanne de Languéouez, à Hervé Ollivier.

1520 (m. 1878). — Procès entre da^{elle} Jehanne de Languéouez et Tanguy Campir, s^r de Kerosal, relatif à la possession de Menez Marchouarn, en Treffgouezcat.

On y voit que n. et p^t Gauvain de Languéouez, décédé depuis 30 ans, eut pour fils aîné Jehan de Langueouez, chevalier, décédé sans hoirs, auquel succéda feu n. et p^t Nicolas de Languéouez, son frère, décédé également sans hoirs, auquel succéda Jehanne de Languéouez, sœur aînée des dits feus Jehan et Nicolas.

1524 (m. 1879). — Aveu pour des héritages à Coastellou, en Plourin, rendu à Jeanne de Languéouez, d^e de Languéouez, Keruzas, etc...

15 Octobre 1528 (m. 1880). — Echange entre n. et p^t Pierre Talhoet et Jeanne de Langueouez, sa f^e, s^{gr} et d^e de Langueouez, Lescoulouarn, Kerivalen, Keruzas, et Severac, d'une part, et Robert Kerlech, éc., s^{gr} du Quenquis, d'autre part.

Robert Kerlech abandonne des héritages, chefrentes, tailles et convenants, situés aux terroirs de Kerguedelle, Kercarien, Kerberfez, Kermelleuc, en la par. de Beuzec-Cap-Caval, contre des biens de même nature aux terroirs de An Méasmeur, Kerbrat, Treffmeal, en Plouemoguer.

Robert Kerlech, institue Thomas Le Veyer, s^{gr} de Kerandantec, son procureur, et les s^r et d^e de Languéouez donnent leurs pouvoirs à m^{tre} François Kerouartz et à François Le Veyer.

1539-1545 (m. 1881-1900). — Aveux rendus à n. et p^{te} da^{elle} Jehanne de Talhouet, d^e de Languéouez et a. l., épouse de m^{re} Jacques de Guengat, chevalier, s^{gr} de Guengat, pour des héritages aux terroirs de Langueuffeur, en Milisac, etc..., — pour des biens à

Keroulé, en Treffgouesnou, par Yvon Deniel, — pour d'autres biens à Treffgouescat, par Olivier Deniel, — pour des héritages à Traoubouzar, même paroisse, par n. g. Hervé du Vall et Gillette du Bois, s^r et d^e de Kerdriouar, en Lanriouar, — pour des terres à Kerguiziou, même paroisse, par éc. Charles Jaouhen, s^{gr} de Bouriost, — pour des héritages à Kerigonan, en Ploeguen, par Christophe Le Drenec, — pour des héritages à Kerpasquyou, en Treffgoescat, par Nicolas et Hamon Marezin, d^t au manoir de Kerromp, — pour des biens à Cabalant, même par., par Mence An Goff, — etc...

Ces déclarations sont généralement enregistrées aux généraux plaids de la cour de Languéouez..., par Yves Touronce, procureur fiscal.

Fait devant Keranflech, Tresléon, du Boys, Kerstridic, P. Touronce, Coetnemprez, P. Kersaingily.

1558 (m. 1900-1905). — Aveux rendus à h^t et p^t Hervé de la Chapelle et Marie de Guengat, sire et d^e de Beuvres (?), de Lymoalen, de Pledran, de la Villehelyon, de Languéouez, de Keruzas, pour des héritages au bourg de Treffgouescat (par Fiacre Le Marec et Hervé, son fils), — à Cabalan et Keruzec, même par. (par n. éc. François Le Marec, s^r de Penandonn, par. de Plourin).

3 Octobre 1571 (m. 1906). — Devant la cour de Languéouez et Keruzas, n. et p^t Claude, sire de Kerlech, Kerozal, Lanryvon, Lescarval, Campir et de Pontanbleiz, chevalier du roi, d^t au manoir de Kerlech, en Ploudalmézeau, rend aveu à Marie de Guengat, des biens ci-après : le manoir de Campir, où demeure Martin Bilcot, avec ses dépendances et un moulin, en Treffgouescat, — plusieurs terres au lieu de Campir, — hôtels et terres à Keryoual et à Ty-Plourin, — le manoir de Pontanbleiz, où demeure Jan Kerbérenez, — un hôtel et étage nommé Ty Arenys Coetmeur avec différentes terres en ce lieu, — des terres à Kerancruguellan et Kerdedeuc, en Plousané, — le manoir qui autrefois appartint à la d^e de Languéouez, retiré par Tanguy An Ostis (sans doute à Kerdedeuc), — des terres à Measmeur, en Treffgouescat, — le manoir de Kergongar, en la par. de Treffbabu.

Fait à Lesneven, en la demeure de n. Olivier Le Voyer, A. Lesne, et Y. Touronce, passeurs.

Copie collationnée par Tanguy de Chasteauneuf, juge ordinaire de la cour royale de St-Renan et Brest, sur la requête de Tanguy Troussiou, s^r de Perros, agissant pour m^{re} Charles de Kernezne, en présence de éc. Jan Kersulguen, s^r de Kerdutté, garde naturel des enfants nés de son mariage avec Barbe Le Deauguer, le 11 mai 1658.

1572 (m. 1907). — Permission octroyée par n. et p^t Guy d'Avaugour, sire de Vaye, Guengat, Keruzas, Languéouez, d^t en son manoir de Keriovalen, en Bresac, évêché de Vannes, à n. et p^t Claude de Kerlech, de conduire une rabine depuis son manoir de Kerlech, jusque à l'église de Guicguin, à la charge de réparer le chemin en certain endroit.

Signé : Claude de Kerlech et Kerengar, passe.

1578 (m. 1908-1912). — Aveux devant Alain Touronce, notaire de la cour de St-Renan, rendus à Guy d'Avaugour et Marie de Guengat, sa f^e, par n. g. Hervé Le Marec et Laurence Brandagne, sa f^e, s^r et d^e de Keruzec, pour le lieu n. de Parcbohir, en Treffgouezgat, où demeure le dit Marec, — et par Hervé Guillart, pour des héritages, même paroisse.

9 Décembre 1578 (m. 1913). — Prise de possession de la s^{gie} de Languéouez, par Charles de Kernezne, s^r du Curru, lequel, par acte du 11 Novembre 1578, a acquis les s^{gies} de Languéouetz et de Keruzas, de Guy d'Avaugour et de sa femme.

(Se reporter pour le détail au même acte déjà enregistré dans l'inventaire de Keruzas.)

1581-1660 (m. 1914-1938). — Aveux fournis à n. et p^t Charles de Kernezne, m^{quis} de Coatanmoal, v^{te} du Curru, s^{gr} de Penanchneuch (ou Penankneck), chevalier des ordres du roi, gentilhomme ordinaire de sa chambre (à partir de 1635) et gouverneur de Quimper (à partir de 1656), par différents vassaux de Languéouez.

A savoir : par n. h. Jehan Le Marec, s^r de Keruzec, pour une maison à Treffuezcat et des héritages à Cabalant tenus par Yvon Le Menec, — — par Anne Le Marec, pour des biens à Kerusec, même paroisse, — par Robert Kermelec, éc., pour le manoir et lieu n. de Coatouzrach, même par., — par Jan Mol, éc., s^r de Kerdouar, d^t au manoir de Guernelles, en Treffou, pour le manoir de Coathozrach, — par Yvon Thomas et Marguerite Amil, pour des héritages acquis de Jan Le Deauguer, éc., s^r du Billan (1648), — par n. et vénérable missire François Mol, prêtre, s^r de Cotzquer, étant au manoir de Rumorvan, par. de Lanildut, agissant pour Olivier Mol, prêtre, s^r de Coatodrach, éc. Tanguy Mol, s^r de Rumorvan, et Anne Mol, d^e de la Tour, ses frères et sœur (1632), — etc..., etc...

1590 (m. 1939). — Devant Prigent Pezron et Jan Lanselin, notaires royaux, n. Jan Le Marec, s^r de Keruzeuc et y d^t, par. de Trevezcat, vend à Jan Amille deux parcs à Kergoet, par. de Ploabennec, sous le proche fief de la sᵍⁱᵉ de Rohan.

1615 (m. 1940). — Vente par éc. Hamon Le Harquin, sʳ de Kerouzien, dᵗ au manoir de Kerouzien, en Ploumoguer, héritier pᵃˡ et n. de Gillette Kerbezcat, fille de n. h. Jan Kerbezcat, vivant sʳ du Fresque, à Jean Amil, du lieu de Kersabiec, en Plouguen, trève de Trouescat, sous le fief de Languéouez.

Mise en possession par n. h. mᵉ Alain Sanné, sʳ de Lannoon, qui prenant le dit Amil par la main le conduisit sur les lieux.

1ᵉʳ Janvier 1621 (m. 1941). — Mandement pour la nomination à l'office de greffier des juridictions de Keruzas et de Languéouez, de maître Guimarch Le Dréau, accordé par hᵗ et pᵗ Charles de Kernezne, chevalier des ordres du roi, gentilhomme ordinaire de sa chambre, autorisé de sa mère, Anne de Coatanezre, dᵉ de Carné, douairière du Curru et de Keruzas.

Donné au manoir de Kercharles. Signé : Charles de Kernezne, marquis de la Roche-Goumarch, et Anne de Coatannezre.

9 Mars 1635 (m. 1942). — Aveu fourni par hᵗᵉ et pᵗᵉ dᵉ Marie du Louet, mqᵘⁱˢᵉ douairière de Kergroades, baronne de Kerlech, châtelaine de Kerozal, Kerner, Larinou, Lescaluar, Campir, Kerdanet, Gouerbihan, tutrice de hᵗᵉ et pᵗᵉ Renée-Françoise de Kergroades, sa fille, dᵉ propriétaire des dits lieux, dᵗ à Rennes..... à Charles de Kernezne, pour le lieu et manoir n. de Campir, la maison et lieu n. de Campir-Bihan, le lieu et manoir n. de Pontanblez, un étage à Kerioual, le lieu n. de Kerioual, quatre parcs à Quivarch, la montagne de Clostouarne, quelques parcelles de terres et deux chefrentes.

1636 (m. 1943). — Bail du moulin à eau de Languéouez, pour 180 ₶ t.

8 Avril 1642 (m. 1944). — Damoiselle Jeanne Huon, douairière de Pencher, dᵗ au manoir de Pencher, par. de Treffgouescat, curatrice de ses enfants, nés de n. h. François le Ny, sʳ de Pencher, Foshuel, Kervyniou, etc... rend aveu à Charles de Kernezne, des biens suivants :

Sous Langueouez : le manoir de Pencher (avec fuye, chapelle, et dépendances) à charge de 9 s. m. ; — deux garennes quittes de charges, valant 120 ₶ par an, — un convenant dit de Keréon, quitte de charge,

valant 60 # t. par an ; le tout en Treffgouescat. Sous la s^{gie} du Curru : une maison avec jardin à Dreffues, en Milisac, chargé de 5 s. m. de chefrente et valant 18 # par an. Sous Keruzas : une maison et des parcs à Kergounan, en Ploumoguer, chargés de 1/4 boisseau froment, et valant 15 # par an. Sous Pennanech : une maison et des parcs à Kerhuelle, en Milisac, chargés de 20 d., et une maison à Gouelmeur, en Milisac, valant 30 # par an.
Signé : Jeanne Huon.

28 Avril 1651 (m. 1945). — Aveu rendu par Jan Pasteyeur, d^t au manoir de Trézéguer, par. de Plourin, à Charles de Kernezne, de biens situés à Cabalanc en Treffgouescat, chargés de 3 s. t. de chefrente et affermés 12 # t.

19 Avril 1659 (m. 1946). — Minu que fournit à Charles de Kernezne, h^t et p^t m^{re} Alain de Kerlech, s^{gr} du Rusquet, baron de Kerlech, châtelain de Kerozal, Kerannou, Chasteaugaultier, s^{gr} de la Salle, Kerengar, Troillus, Lescarval, Camphir, Lanrinou... etc., pour l'éligement du rachat acquis au dit Kernezne, par suite du décès de René-F^{çoise} de Kergroades, héritière de Kergroades et de Kerlech, — pour le lieu n. et manoir de Camphir (affermé 114 # t. et 180 #, plus une pipe de vin de commission), — un autre lieu n. de Campir (affermé 138 # t. et 2 boisseaux de seigle, avec 300 # t. de commission), — le lieu et manoir n. de Pontanblez (affermé 192 # t., 4 boiss. fr., 8 boiss. avoine, 1 mouton, et de commission 300 # t.), — etc. etc. (Voir les aveux précédents.)

1676-1680 (m. 1947-1952). — Aveux rendus à Carlobert ou Charles-Robert de Kernezne, chev. o. r., gentilhomme ord. de sa chambre, gouverneur de Quimper, pour différentes tenues sous Languéouez.

1680-1685 (m. 1953-1960). — Aveux rendus à Charles-Louis de Kernezne, chevalier, s^{gr} m^{quis} de la Roche et de Coatarmoal, baron de Laz, châtelain de Keruzas, etc..., héritier p^{nl} et n. de Carlobert de Kernezne, autorisé de éc. Pierre Jouan, s^r de la Garenne, son curateur.

Parmi les avouants : Alain Léon et Marguerite Phelep, d^t au manoir de Keroznen, en Lannilis ; — Gabriel Amil, pour le lieu n. de Keruzoc, en Treffgouescat ; — Jan Amil, pour le convenant n. de Campir-Bras, même par. ; — Perronnelle de Kernatous, d^e du Predic, et Marie-Madeleine de Kernatous, d^e de Lesvuern, d^t au manoir de Prédic, par. de Plougonvelen.

17 Novembre 1690 (m. 1961). — Aveu à Luc de Kernezne, par Catherine Le Bihan, v^ve de F^çois Marzin, pour des biens à Mezou.

1692-1699 (m. 1962-1963). — Autres aveux, au même, héritier de Charles-Louis de Kernezne.

Parmi les avouants : Marie Briant, v^ve de Jan Caouce, s^r de Mezelles, pour un convenant n. de Quergoff, en Milisac.

1701 (m. 1964-1970). — Aveux rendus à h^te et p^te Anne-Françoise de Robien, d^e m^quise de la Roche, v^ve de Luc de Kernezne, et tutrice des enfants de leur mariage.

Parmi les avouants : Marie Audren, v^ve de m^re Joseph Hervé de Kersauson, s^gr de Penandreff, curatrice d'éc. François et Joseph de Kersauson, d^t en son manoir de Penandreff, par. de Plourin, pour des terres à Kerbasquiou, en Treffgouescat.

1702 (m. 1971). — Sentence de la juridiction de Keruzas, qui condamne Yves Le Fouet et Anne Gouachet, sa femme, à fournir aveu à Anne-F^çoise de Robien, pour leurs terres relevant de Languéouez, et à s'acquitter du rachat.

1715-1731 (m. 1972-1987). — Aveux rendus à Joseph-Luc de Kernezne, chevalier, m^quis de la Roche et de Coatarmoal, baron de Laz, c^te de Gournois, v^te du Curru, châtelain de Languéouetz, Keruzas et Pennanech, à cause de Languéouez.

Parmi les déclarants : Marie-Renée Marec, v^ve de éc. Charles Dary.

1742-1756 (m. 1988-1996). — Aveux rendus à n. et p^te Anne-Thérèse de Kernezne, d^e de la Roche, c^tesse de Gournois, v^tesse du Curru, châtelaine de Keruzas, Langueouetz, Pennanech, Kercharles, le Merdy, Les Salles, Botteguinau, Coetevez, et a. l. à cause de Languéouez.

1760-1764 (m. 1997-2004). — Aveux rendus à h^te et p^te d^e Marie-Aude-Jacquette du Châtel, v^ve de Hugues-Hombert Huchet, c^te de la Bedoyère, h^tière de Anne-Thérèse de Kernezne.

Parmi les avouants figure la fabrique de Tréouergat, pour deux parcs.

1771-1790 (m. 2005-2020). — Aveux rendus à messire Charles-F^çois-Jules du Bot, chevalier, m^quis du Grégo, de la Roche, Coatarmoal, baron de Laz, c^te de Gournois, v^te du Curru, châtelain de

Keruzas, s^gr de Pennanech, Languéouez, Coeteves, Kerglas, Kerdualy, Bruillac et a. l., héritier de Anne-Aude-Jacquette du Châtel.

1784 (m. 2021). — Requête présentée aux juges de la juridiction de Keruzas, par Charles F. J. du Bot, s^gr de Languéouez, par la diligence de messire Olivier-Louis de Trogoff, avocat, procureur fiscal de Keruzas, aux fins d'impunissement d'un aveu qui ne porte point la soumission à la juridiction de Languéouez, ni la foy et hommage.

« La plupart des vassaux s'attachent à diminuer les devoirs féodaux qu'ils doivent à leurs seigneurs, en s'écartant ordinairement des anciennes inféodations qui doivent faire loi. »

On y voit que la justice de Languéouetz est annexée à celle de Keruzas.

26 Juillet 1787 (m. 2022). — Bail du manoir de Languéouez, en Tréouergat, moyennant 250 # par an, consenti par Olivier-Louis de Trogoff, éc. s^r de Coatalio, au nom de Charles-Jules du Bot, m^quis du Grégo.

11 Novembre 1787 (m. 2023). — Procès-verbal de délibération du corps politique de la paroisse de Trégouescat, assemblé dans la sacristie de l'église. Olivier de Trogoff, procureur fiscal de Keruzas, ayant obtenu sentence de la juridiction de cette s^gte contre les marguilliers de St-Gouescat et Jean Cozian, gouverneur du Rosaire et des Bons Anges, qui ont fourni à Languéouez un aveu incomplet; les dits fabriciens donnent pouvoir à Jean Cozian de réformer l'aveu de 1760.

On y voit que Jérôme Peleau et Gabrielle Ropars, suivant contrat du 9 Novembre 1698, avaient fait une fondation pour établir une confrairie des Saints Anges dans la par. de Trégouescat.

8 Thermidor an IV (m. 2024). — Bail à ferme de 9 ans, de la métairie de Penhoët, en Milisac, par la Nation, à Gilles Menguy.

Le Gonidec, notaire à Brest.

30 Fructidor an V (m. 2025). — Bail de la métairie de Kerivoual, en Milisac, consenti par Louise-C.-F.-Ch. Dubot du Grego, v^ve d'Antoine-Henry Damphernet de Pontbellanger, d^t à Trévarré, à Jean Thomas.

6 Nivose an VI au 5 Vendémiaire an IX (m. 2026-2040). — Baux consentis par la citoyenne Louise-L.-F.-Ch. Dubot du Grego, épouse non commune du citoyen Bonté, chef de brigade, d^t à Trevarré, pour le lieu de Kerduat en Plourin, le lieu de Kerlizic-Bihan, en Milisac, le lieu de Kervisiou en Trévergat, le lieu de Leuré, en Milisac, le lieu de Traou Calvez, en Plousané (indivis avec la citoyenne Penfeunteunio) et la métairie de Penhoat-Bras, en Milisac.

La dite dame est représentée en l'an VII par Alexandre-Théophile Le Bescond Cheffdubois, d^t à Brest, et en l'an IX par Jérôme-François Delaporte, commis, d^t à Brest.

PENNANECH [1]

(Moyenne justice, s'étendant en Milisac et Plouguin, en partie sous
le domaine du roi, en partie sous le Châtel)

19 Juillet 1343 (m. 2041). — Jehannin Pelin, demeurant en la ville de St-Renan, reconnaît sur tous ses biens une obligation de 53 ₶ 4 s. vis-à-vis de N... Jouhan. Dans le même acte, il est fait mention d'une vente d'héritages à St-Renan, par le même Pelin, vente passée par Hervé Kerasquet.

21 Août 1417 (m. 2042). — Echanges de terres au village de Keranmoal, en Milisac, entre André Calamaign et Yvon Jouhan.

5 Janvier 1427 (m. 2043). — A la suite de plusieurs « debatz, pletz et litiges » entre Guiomarch Trevigar, d'une part, et Jehan Ploezmer, tuteur d'Odierne, fille de Jean Cadiou, intervient une transaction dans laquelle B. Jouhan figure comme acheteur de la maison Trevigar à St-Renan et d'autres biens situés entre l'hôtel Nouel, la grand'rue, l'hôpital St-Yves et l'église. Il y est question également de Yvon Kerneau qui possède des biens à Kerdu, en Milisac.

Yvon Bochic a signé pour l'une des parties. Fait et passé par Geoffroy.

26 Janvier 1431 (m. 2044). — Obligation de 30 ₶ de rente obtenue par Yvon Jouhan sur Henri Coetquennèuc.

Jehan Kerlozreuc et Y. de Kermenos, passeurs.

7 Décembre 1433 (m. 2045). — Accord, devant la cour de St-Renan, entre Hervé de Kerdalahez, d'une part, et Teffaine Kerdanet, épouse de Prigent, fils de Jehan Campir, d'autre part.

Teffaine Kerdanet disait contre Hervé de Kerdalahez, son oncle (frère de sa mère), que, à l'occasion du mariage de Tanguy Kerdanet et de

---

(1) Formes anciennes : Penanknech ou Penaknech, Penanech, etc.

Marguerite de Kerdalahez, ses père et mère, les parents de la dite Marguerite lui baillèrent plusieurs héritages dont un hôtel et « thorent » nommé An Enes, situés paroisse de Elestreuc, et bien qu'elle fût principale héritière de Tanguy Kerdanet et de Marguerite Kerdalahez, Hervé de Kerdalahez détenait le thorent An Enes et d'autres biens de la succession Kerdanet. On y voit, entre autres, que Marguerite de Kerdalahez et Hervé, son frère, étaient issus de Guen de Kerdalahez et de Marguerite ....

3 Mai 1437 (m. 2046). — Féage consenti par Marie Calamaign, épouse de Yvon Guiomarch, à Henry Coetqueneuc, d'une maison et ses appartenances situées au village de Coetqueneuc, en Milisac, moyennant 50 sous de chefrente annuelle.

Fait par Olivier Le Veyer, passe, sous la signature de Jehan de Kernezne et de Aes Kerezet, pour les parties.

10 Mai 1437 (m. 2047). — Bernard Jouhan, fils aîné, principal héritier et noble de feu Yvon Jouhan, subroge Yvon Guyomarch en un certain contrat qu'il avait obtenu sur Nicolas de St-Renan.

On y voit 1°) que : Nicolas de St-Renan était fils de Olivier et petit-fils d'autre Nicolas ; 2°) que Marie Calamaign avait épousé en 1res noces Yvon Jouhan et en 2es noces Yvon Guyomarch.

Fait sous la signature de Hervé Kerprizin, pour une des parties et Olivier Le Veyer, p.

13 Novembre 1445 (m. 2048). — « Donaison » faite par Guéguen Treffuen, à Bernard Jouhan, de 18 sous à prendre par an sur tous ses héritages.

Sous le scel de Hervé Le Maucazre, et passé par Henry Penancoët.

30 Août 1449 (m. 2049). — Aveu fourni par Henry Manach, Guillaume An Aorn, et autres, à Guiomarch Tanguy, curateur de Yvon, fils, héritier principal et noble de feu André Le Coz, pour des héritages à Kerechneir et Thy Basal, en Milisac.

Bernard Jouhan et Treviguer, p. p.

20 Avril 1450 (m. 2050). — Contrat d'acquêt d'un parc nommé Ploerin, en Milisac, sous la ligence de Penanknech, consenti par Hervé Treguer, en faveur de Hervé Le Rodelleuc, pour en payer par an 11 s. 8 d. une fois l'an, payés à St-Renan, et à la charge de 4 sous annuellement à Morice Kerasquez.

Sous le scel de Jehan Kernezne, Bernard Jouhan et Olivier Le Veyer, passeurs.

23 Mars 1451 (m. 2051). — Féage et prisage d'un tènement au terroir de Lesagou, en Ploegon, fait par Alain vicomte de Rohan, en faveur de Jean et Alain Jucquel, pour 8 ₶ 17 s. 6 d. m. de chefrente « rabattu de semedroit ».

Passé par Robert de Kerraoul et Guillaume de Kerangar, commis par le v^{te} de Rohan, s^{gr} de Léon, pour estimer et priser les terres données en féage dans le Léon. Suivent deux mandements ; l'un daté de La Chèze, le 19 août 1436, qui commet Robert de Kerraoul et consorts, l'autre donné également à La Chèze, le 19 avril 1445, qui nomme Guillaume de Kerangar et Guillaume Guichoux officiers prisageurs. Le premier en date est ainsi conçu : « Nous, Alain, Vte de Rohan, s^{gr} de Léon..., pour ce qui a été arrêté par la délibération de notre Conseil tenu à La Chèze au mois de mars dernier que c'était nostre prouffils et le prouffils de nos hommes et subgietz et du bien commun bailler de nos terres par tous nos terrouers à tiltre de féage ; Nous avons en ce jour commis et ordonné, commettons et ordonnons Guillaume de Kerraoul, nostre receveur en Léon, Robert de Kerraoul, Jehan An Nobletz, Even Jouhan, ou deux d'eux, afin de priser et estimer les choses et héritages que l'on voudra avoir de nous au dit tiltre, évêchés de Léon et de Cornouaille..., et délivrer les dits héritages à tenir de nous à foy et rachapt..., pourvu que les dits acceptans fassent sur les dits héritages réparation et amendemens d'édifice, savoir est de la somme de cent sous monnoie sur chacun vingt sous de rente, avec nous obéir et nous faire le devoir que vassal doit à son seigneur, et la bannie durant trois dimanche dans la paroisse et une fois en nos pletz... les acceptans en jouiront et leurs hoirs à perpétuité. »

6 Janvier 1452 (m. 2052). — Amice Pachou vend à Bernard Jouhan, le jeune, tous ses héritages situés à Leuzré, Kernobe, Trepaul, par. de Milisac, pour acquitter certaines dettes en argent et rentes, vis-à-vis du dit Bernard.

On y voit que douze « grazellées » froment font une « hesquennée », laquelle vaut et fait un quart de boisseau froment à la mesure de St-Renan, et deux deniers monnaie.

Passé par Olivier Le Veyer et Trevuiguer.

1453 (m. 2053). — Accord entre Henri Bozelle et Bernard Jouhan, relatif à des terres situées à Kergloeguen, en Lanrivouray (Lanrivoaré).

Henri Penancoët et Trevuiguer, p. p.

14 Août 1454 et 2 Août 1461 (m. 2054-2055). — Féages relatifs à des héritages, en Milisac, consentis par Bernard Jouhan le jeune, à Even Le Dreaneuc et Guen Tresléon, moyennant une chefrente.

Olivier Le Veyer, Penancoët, p. p.

13 Novembre 1454 (m. 2056). — Sentence qui condamne Jean Cadiou à payer sur ses héritages 7 s. 3 d. m. et maille de rente, à Bernard Jouhan le jeune.

Signé : G. de Kerudyan.

Le pénultième de Juin 1459 (m. 2057). — Dom Philippe Kergioeger, prieur de St-Renan, transporte à titre d'échange, à Bernard Jouhan, certains héritages du prieuré situés au terroir de Penanknech, contre vingt sillons de pré fauchable.

R. de Kernezne, p.

3 Février 1460 (m. 2058). — A la suite d'un procès, Prigent Nevent s'engage à se libérer vis-à-vis de Bernard Jouhan d'une dette de 26 # de rente.

Sous le scel de Kerneau p. et de Rioallen (?).

1461 (m. 2059). — Censive accordée par Bernard Jouhan, à Sébastien, fils de Guillaume Toeur, d'un courtil à St-Renan, avoisinant l'hôtel de Robert de Kernezne.

Olivier Le Veyer et Treviguer, p. p.

12 Janvier 1462 (m. 2060). — Accord entre Jehan Kerannou, curateur de Jehan Jouhan, fils aîné, h^{tier} p^{al} et n. de Even Jouhan, d'une part, et Bernard Jouhan, stipulant pour Renou Kermorvan, sa femme, Guiomarch Poulpiquet, Guiomarch Quilbignon, d'autre part, touchant certain droit par lequel Bernard Jouhan s'engage à bailler récompense à Jehan Jouhan des rentes que celui-ci prétendait posséder à Treffpans, en Milisac.

Kernezne et G. Brelleuc, p. p.

11 Mars 1472 (m. 2061). — Transport fait par Yvon An Digouroust, autrement Lorfebore, à Bernard Jouhan, des héritages qui lui sont advenus par décès de feu Bernard An Digouroust et Thomasse Mendeury, ses père et mère, aux fins de se libérer de 23 #

que Bernard An Digouroust devait à Bernard Jouhan, en reste d'une somme plus importante.

Hervé Touronce et R. de Kernezne, p. p.

23 Juin 1473 (m. 2062). — « Racquet » (retrait) opéré par Jehan Touronce sur Jan Bernard, de maisons à Kergoff et Kermengou, en Ploearzel (Plouarzel).

B. Jouhan et J. Kerscau, p. p.

27 Juillet 1480 (m. 2063). — Procédure et assignation de Robert Jouhan, fils et h^{tier} p^{al} de Bernard Jouhan, contre Pezron Calamaign, h^{tier} p^{al} de Yvon Calamaign, décédé sans hoirs, depuis 30 ans, relatives au remboursement d'un prêt de 45 #.

23 Mars 1484 (m. 2064). — Vente par Jehanne Le Blouch, à Robert Jouhan, de tous ses droits sur la succession de Harvise Bartz, sa mère.

Olivier Le Veyer et Pamereur, p. p.

25 Novembre 1484 (m. 2065). — Even Nicollas, dit Haiguen, s'oblige à payer à Robert Jouhan, 19 # 14 s. 3 d. m. 10 boiss. fr., 10 boiss. avoine, mesures Goeznou combles, tant à cause des arrérages de la ferme où demeure ledit Even à Penanknech, que à cause d'un poulain, quatre vaches grasses et une charrette vendus et livrés par Robert Jouhan.

Pamareur et de Keribnar, p. p.

26 Janvier 1485 (m. 2066). — Donation pure et simple d'un sou monnaie de chefrente, faite par Jeanne Le Sainct, à Robert Jouhan.

Gréé à St-Renan, en l'hôtel de Guillaume Kermeleuc. Christophe Gourio et Alein de Mescam, p. p.

1491-1507 (m. 2067-2092). — Acquisitions directes ou par échanges faites par Robert Jouhan, s^{gr} de Penanknech (terres, rentes, héritages divers... en Milisac, Treffcouescat, Ploudalmezo), consenties, d'autre part par Jean et Henri Riou (1/2 boiss. fr. de r. pour 2 mailles), Jean Le Guillard, Jehan de Kerdalahez, Bernard Kerebell, Hamon Le Borgne, Guion Goezern, Tanguy An Eznen, Prigent Measou, Marguerite Le Borgne, Jeanne Quéméneur, Sébastien Briand, André Quentreuc, Jehanne Keronnan, Olivier du Tertre et Yvon son fils et Amice Gazlen, femme de celui-ci, etc.

Parmi les passeurs d'actes (notaires) : Penancoët, Kervizian, H. du Val, Keranraes, Kernezne, Bohier, Y. Jouhan, H. Kernezne, Yvon Heussaff, Nicolas, Keroullas, Tuoulin, de S*t*-Goeznou, etc.

3 Juin 1497 (m. 2093). — Echange entre Jehan El Maguet et dom Hervé Kerezcon, prêtre, en son nom et comme procureur de Morice Kerezcon et Margilie Kerezcon, d'héritages en Milisac.

3 Novembre 1495 (m. 2094). — Quittance générale de Tanguy du Chastel, s*gr* du Chastel, de Poulunc et de Kersaliou, donnée à Robert Jouhan.

Bernard Jouhan, receveur du Chastel, père du dit Robert, étant décédé avec un arriéré en faveur du s*gr* du Chastel, son fils dut acquitter cette dette et en versa le montant aux mains de Olivier Rannou, s*r* de Keriber.

14 Mars 1505 (m. 2095). — Acquêt de deux boisseaux de froment par an, pour Jean Jouhan, s*r* de Bouryot, de Catherine Palier.

Signé : Kernezne et Y. Jouhan, p. p.

Pénultième de septembre 1504 (m. 2096). — Olivier du Ros, fils d'Hervé du Ros, agissant en son nom et au nom de ses cohéritiers, abandonne à Robert Jouhan, différents héritages, en libération d'une dette.

Il est question également dans cet acte d'une dette de 110 # contractée par Hervé du Ros vis-à-vis de Jehan Kerloezcat (ou Kerbescat) et Catherine du Refuge, père et mère de Hervé Kerbescat.
Grée en la maison de Robert Jouhan, à S*t*-Renan.
Y. Gourio et Pennancoet, p. p.

1505 (m. 2097). — Recette des fermes de Penanknech, faite par maître Jan Kerbescat, au nom de Charles Jouhan, s*r* de Bourgot.

(En titre au verso d'un parchemin.)

1508 (m. 2098). — Taxe de dépens pour Yvon Jouhan, éc., s*r* de Penanknech, contre Jean Provost.

Devant la cour de S*t*-Renan. Kerbiquet, p.

1509 (m. 2099). — Procédure entre Yvon Jouhan, éc., s*r* de Penanknech, d'une part, et Catherine de Kergonnoarn (ou Kergonnondarn), veuve de Yvon Prigent Campir, d*e* de Pontamblez, représentée par Tanguy Campir, éc , s*r* de Kerozal, son fils, relativement à une obligation assise sur le manoir de Pontamblez, situé en Tréouergat.

Yvon Jouhan, fils héritier principal et noble de Robert et petit-fils de Bernard, disait que le dit Bernard était fils de Yvon Guiomarch et de Marie Calamaign, et que celle-ci reçut de son frère Yvon, en avenant et part hérithelle, une obligation en hypothèque de 45 # sur tous ses biens, dont le manoir de Pontamblez. Or Yvon Calamaign étant décédé sans hoirs, Pontamblez passa à Pezron, son frère, puis à Yvon Michel, héritier d'Yvon et de Pezron, de la possession duquel Yvon Prigent Campir le retira.

On y voit en outre que Marie, Yvon et Pezron Calamaign étaient enfants de Hervé Calamaign et de Harvise Kerambartz.

Signé : de Keranraes, p.

11 Juillet 1509 (m. 2100). — Partage entre Yvon et Marguerite Daniel et autres frères et sœurs, de biens au terroir de Palaren, en Plouéguen et sous Penanknech, et aux terroirs de Kereben, Kergudalen, Keriell, en Treffgouesnou (Trefglosnou) et sous Languéouez.

De Kergadiou et Tresléon, p. p.

21 Juillet 1509 (m. 2101). — Compromis entre Hervé Kernezne, s^r du Curru, et Yvon Jouhan, s^r de Penanknech, touchant la montagne An Roscoat.

20 Novembre 1509 (m. 2102). — Sentence de la cour de St-Renan qui condamne Perric Lestremen à s'acquitter de ses obligations vis-à-vis de Yvon Jouhan, éc. s^r de Penanknech, c'est-à-dire de 25 s. m. de rente, terme de Noël, payés au domicile du dit Jouhan, à Saint-Renan, sous peine du double, et en outre de 6 # 5 s. pour cinq années d'arrérages.

Pennancoët, p.

1510 (m. 2103). — Transaction entre le s^{gr} de Penanknech d'une part, et n. h. Jan Kerlech, s^r du Quenquis, (ou du Plessis) et Marye Kersulguen, d'autre part, relativement à des échanges de terres.

20 Février 1515 (m. 2104). — Transaction sur procès entre le même et les Mao qui s'engagent à continuer le payement d'une rente sur des héritages à Milisac.

1515 à 1521 (m. 2105-2115). — Contrats d'acquêts pour Yvon Jouhan, éc., s^r de Penanknech, de biens en Plourin et Milisac, consentis par Yves et Robert Le Verg, Jean Provost, Jehan Palier n. h., Jehanne Labbé, Laurans Autret.

Le Veyer, du Boys, H. du Val, Kernezne, Treneo, Bohier, Coetuhon, Keriehan, passeurs.

Beaucoup de ces ventes sont faites aux fins de se libérer et en acquit de prêts d'argent faits par les s^{rs} de Penanknech. Il semble que les Jouhan aux xve et xvie détenaient un numéraire assez considérable ; ils prêtaient sur gages fonciers, et comme très souvent les emprunteurs ou leurs héritiers n'étaient pas en mesure de rembourser en écus sonnants, ceux-ci se voyaient obligés de s'acquitter en terres de leurs héritages, d'où le très grand nombre d'actes de vente, transports, subrogations, figurant au fonds Penanknech.

3 Janvier 1518 (m. 2116). — Bail pour neuf ans, à titre de ferme et convenant, d'une maison au village de Kertanguy, par. de Lampezre, consenti par François Kersulguen à Sané Guichoux.

Lancelin et Kersangily, p. p.

12 Avril 1520 (m. 2117). — Accord entre Mahé Lohodan et Jehan Thipault, agissant pour R. P. en Dieu maître Henry Le Jacobin, docteur en Sorbonne, abbé commendataire de St-Mahé (abbaye de St-Mathieu), relativement aux gages d'une ancienne obligation.

On voit dans cet acte que le pénultienne jour de décembre 1518, une transaction intervint entre les religieux de St-Mahé et Mahé Lohodan, s^r du dit lieu, héritier de Jehan Lohodan, et Marie Roussel. Mahé Lohodan réclamait une rente dont feu Jehan Nouel (ou Novel), lors abbé de St-Mahé, avait disposé en faveur de Robert Phelippes, son curateur (acte de 1504, passé par Tanguy de Langalla). La rente en question devait être servie par feus Jehan Portzmoguer et sa femme, Prigent Kersulguen, Jehan et Hervé Langolian. Mahé Lohodan reçut finalement une hypothèque de 40 s. de rente sur le manoir de Penlan, par. de Milisac, qui autrefois fut au s^r de Coetynysan et dont est détenteur aujourd'hui Yvon Jouhan.

15 Novembre 1522 (m. 2118). — Contrat de vente fait par n. h. Hervé Kernezne, s^r du Curru, de la somme de 17 # 2 s. m. de rente sur les héritages et droits héritels du Curru, contre 342 # en argent que lui verse Charles Jouhan, éc. s^r de Bouryot.

Kernezne, p.

11 Mars 1522 (m. 2119). — Accord sur un prisage de terres, entre n. g. Yvon Jouhan, s^{gr} de Penanknech, représenté par Olivier

Lamles, avocat, d'une part, et Mahé Lohodan, s^r de Kersneau, procureur général de Marguerite Jouhan, sa femme, agissant par Robert Kerlech, avocat.

On voit figurer dans cet acte : Jehan Keroznen, notaire de St-Renan, et m^{tre} F^{çois} Kerouartz, s^r du dit lieu, prisageurs, m^{tre} Hervé Kernaseuc, F^{çois} Eucuff, Olivier Lamles, notaires de St-Renan, Prigent Keranflech, etc...

3 Janvier 1523 (m. 2120). — Association entre Charles Jouhan, Henri Penancoët, s^r de Kerouasle, Robert Bohier, s^r de Kerbohier, Jehan Kerguelen, maître Olivier Coroller, pour éliger les biens provenant de la succession de feu Guion Focart.

Barbier, p.

10 Février 1524 (m. 2121). — Aveu fourni par Hervé Tanguy, F^{çois} Quentreuc et Catherine Tanguy, sa f^e, à n. h. Robert Kermelec, pour des héritages au village de Penanpont, près l'église de Monsieur St-Jacques, en Milisac.

Du Boys et P. Lancelin, p. p.

19 Novembre 1525 (m. 2122). — Subrogation faite à Yvon Jouhan, s^r de Penanknech, par Henry Penancoët, s^r de Rouasle.

1528 (m. 2123). — Tutelle d'autorité de la juridiction de Penanknech, de l'enfant mineur de Hervé Cadiou et de Marie Floch, décédés à Kerbarzec, en Milisac.

1533-1534 (m. 2124-2128). — Contrats d'acquêts pour Charles Jouhan, éc., s^r du Bouryot, curateur de Gabriel Jouhan, s^r de Penanknech, son neveu, de terres en Milisac.

Derian et Nicolas, p. p.

Sans date (XVI S.) (m. 2129). — Aveu fourni au roi par n. h. Charles Jouhan, s^r de Bouryot, curateur de n. h. Jan Le Veyer, s^r de Kerandantec, pour le manoir de Coetédern et ses dépendances, en Plousané.

A noter un « devoir et tribu que les précédents seigneurs de Kerandantec et le dit tuteur sont en possession de prendre et lever sur le port et passage de Nevent, en Plousané, qui est affermé 30 sous, avec quoi il doit fournir et entretenir les vesseaulx et bateaux. »

17 Janvier 1552 (m. 2130). — N. h. m^tre Jan Measnoalet, d^t par. de Guiler, transporte à Hervé Tanguy un contrat d'acquêt signé entre lui et ses sœurs.

6 Octobre 1552 (m. 2131). — Partage fait par la juridiction de St-Renan entre Jan et Yvon Quéméner, Hervé Daniel et Catherine Quéméner, sa f^e, des héritages situés aux par. de Milisac et Ploudalmézo, et en partie sous Penanknech.

L. Pezron, p.

2 Novembre 1552 (m. 2132). — Sentence de la cour royale de St-Renan qui désigne messire Gabriel Jouhan, s^r de Penanknech, docteur en droit, et maître Jehan Le Mercier, s^r de Beaurepos, comme curateurs aux biens de feu Charles Jouhan, décédé sans hoirs et « ayant eu plusieurs administrations et maniements des deniers du roi » (commis à la recette ordinaire des juridictions de Brest et St-Renan).

Fait de l'avis et du consentement de plusieurs proches héritiers : Gabriel Jouhan, Jehan Le Mercier, en son nom et comme procureur de ses confrères et cohéritiers de feu Olivier Le Mercier, son père, maître Guillaume Nicolas, s^r de Kerpreder, le chapitre de Léon, damoiselle Jehannic Le Veyer, Maître Michel Stangier, s^r de Kerleguer, n. h. Jehan du Quenquis, d^elle Marguerite Jouhan, d^e de Kerseneau (ou Kersencan), tutrice de Jehan Kerguiziau (ou Kerguizéan), s^r de Kerscau, son « douairain », d^elle Jehanne Keronyant, douairière de Kerandantec, tutrice de son fils, n. g. F^çois Kermelec, et maître Bertrand Coetmanach.

Pour s'excuser, le s^r de Penanknech prétexte qu'il n'est pas au courant des biens et de la gestion du défunt, et que, pendant « son absence aux études », lui-même fut muni d'une curatelle composée de n. g. m^tre Guillaume Nicolas, s^r de Kerpreder, m^tre Jehan de Kerbezcat, chanoine de Léon, et m^tre Jacques Biligant, s^r de Kerbabu.

Duboys, p.

1553-1571 (m. 2133-2163). — Contrats d'acquêts ou d'échanges, pour n. h. missire Gabriel Jouhan, docteur en droits, s^r de Penanknech, et de Kergaraeuc, d^t en son manoir de St-Renan, qualifié conseiller au Parlement de Bretagne à partir de 1571.

Ces acquêts ou échanges, en Milisac, Plourin, Ploudalmézo, Plougonvelen, sont consentis, d'autre part, par n. h. Alain Touronce, s^r du Les (Ploueguin), Morice Salaun, Noel Guyader, Yvon Richart, les hoirs de Bertrand de Coetmanach, s^r de Keranbeugan, Hamon Palier, s^r de Trézéguer, Henry du Val, s' de Pennantnaou, Connelen Kerdonyou, n. h. Guyomarch Labbé, Yvon Le Jar et Jeanne Labbé, Amize Kermelec, Catherine Marec, d° de Guicquelleau, F^{çoise} Labbé, épouse de n. h. Hervé Penhoedic, d^t au manoir de Coetguenec, en Milisac, Ysabelle Treneo, épouse de n. h. Jehan Kerguen, n. h. F^{çois} Kersulguen et Marguerite Kerdiguan, sa f^e, n. et p^t missire Guillaume du Chastel, s^r de Kersimon, Leslem, Poulmic..., etc.,, chev. o. r., d^t au manoir de Guizac, en Lambezellec, lequel cède au dit Jouhan « toutes les rentes, chefrentes, fiefs, droits seigneuriaux, avec le ferme droit des terres et héritages sur lesquels les dits devoirs sont dus par le s^{gr} de Kersimon, acquis de n. h. Olivier Kerbiguet » et ce « en récompense des plaisirs et services que iceluy Kersimon a reçu du s^r du Penanknech et en espère recevoir à l'advenir » (1571). N. h. Louis du Baudiez est, en ce dernier acte, procureur du s^{gr} du Chastel..., etc...

Kermazeuc, J. Touronce, Silguy, Henry, Le Pezron, Jean Rolland, Guiot, Guenvelz, Olivier Poncelin, passeurs.

22 Avril 1564 (m. 2164). — Transaction entre m^{re} Gabriel Jouhan, s^r de Penanknech, agissant pour F^{çois} Kervillou et Bennone Prévost, relative à un retrait par premesse de certains droits en Milisac.

22 Janvier 1579 (m. 2165). — Lettres obtenues par le s^r du Curru et de Penanknech, de la chambre des comptes de Nantes, qui lui accorde un délai pour fournissement d'aveu et reconnaissance d'hommage de Penanknech « afin qu'il ait le temps de recouvrir les enseignements nécessaires ».

Signé : Lemoine.

3 Août 1580 (m. 2166). — Lettres de délai relatif à un procès sous la juridiction royale de Pensen (?), entre Olivier Le Voyer, éc., s^r de Kerandantec, mineur, représenté par son tuteur, Charles de Keruzen (sic), s^r du Curru, d'une part, et F^{çois} Pensorven, d'autre part, touchant le manoir de Femtunespeur appartenant au dit mineur.

Donné par le roi, à Rennes. Signé : Lebel.

1592 (m. 2167-2168). — Aveux rendus à n. et p^t Charles de Kernezne, s^r du Curru, Penanech, Keruzas, Languéouez, à cause de Penanech, par honnête marchand Guen Quéméner, d^t au manoir de Penfel, trève de Botgarz, et par Hervé Quéméner, pour l'éligement du rachat de Catherine Quéméner.

Signé : Audren, prêtre ; Bohier et Kerguiziau, p. p.

1596 (m. 2169). — Subrogation pour le s^{gr} de Penanknech, par Bennone Prévost, d'une acquisition en Milisac.

7 Août 1600 (m. 2170). — Copie de lettres royales de maintenue et sauvegarde touchant la garenne Mean An Mortez, en Milisac, (30 journaux) appartenant à éc. Charles de Kernezne, héritier de Marie Jouhan, sa mère, laquelle était sœur et héritière de Gabriel Jouhan, éc., s^r de Penanknech.

Depuis trois ans, des envieux et malveillants, durant l'absence du seigneur, hors la Bretagne, ont fait « rompre les fossés tant de nuit que de jour par gens inconnus et à portz d'armes et elle est restée déclose jusqu'au retour, il y a un an ». Le seigneur, par deux fois, fit « reclore » la pièce de terre et chaque fois des ennemis portant arquebuses et autres armes prohibées, accompagnés d'une troupe de paysans, fermiers voisins, sont venus démolir les fossés afin d'usurper la garenne « comme ils auraient fait d'autres belles terres valantes plus de 500 ₶ de rente ». Le roi ordonne de faire publier la sauvegarde et « asseoir ses armes pannonceaulx et bastons royaux sur la dite pièce ». — Suit la publication et signification, faite à Milisac, à tous les prétendants droits et intérêts, d'avoir à comparaître en l'auditoire royal de St-Renan, le 20 du même mois.

1614-1737 (m. 2171-2221). — Liasse d'aveux sans intérêt touchant les dépendances de Penannech ou Pennanech, rendus aux différents s^{grs} de la lignée de Kernezne, s^r du Curru (voir la généalogie).

Seigneurs de Pennanech

N..... **JOUHAN**, (Acte de 1343).

YVON GUIOMARCH JOUHAN, époux de Marie Calamaign, (actes de 1417 à 1431).

BERNARD, époux de Benonne Kermorvan, (actes de 1427 à 1780).

ROBERT, (actes de 1480 à 1507).

YVON, écuyer, (1508, 1525).

| GABRIEL, (1533, 1571), | Marie, |
| docteur en droit, conseiller au Parlement. | (sœur de Gabriel, en hérite, et transmet Pennanech aux Kernezne). |

CHARLES **DE KERNEZNE**, sr du Curru, (acte de 1579).

[Pour la suite, se reporter aux seigneurs du Curru].

SEIGNEURIE DE COETEVES [1]

(Moyenne justice en Milisac, arrière fief du Chastel)

---

2 Janvier 1392 (m. 2222). — Devant la cour de Saint-Renan, vente consentie par Marie, fille de Hervé de Treffven, veuve de Yvon Languéouez, à Hervé de Coyettevez, de vingt livres de rente, des biens d'Orugune sa mère, issue de Kersalun (ailleurs Kersalomon).

Cette pièce est accompagnée de deux actes postérieurs :
Transport par Yvon de Larmor à Bernard de Keromeuff (ou Kerouneuff), père de Pierre, de tous ses droits sur les héritages de Marie de Treffven dont il est héritier présomptif, en ligne de Kersalun (ou Kersalomon). — Accord entre les dits de Keromeuff, de Coyetteves, et Robert de Kergroezes, relatif aux héritages de Marie de Treffven (1393).
Le Veyer, passe.

10 Septembre 1394 (m. 2223). — Aveu d'une tenue (hôtel et terres) à Kerguénan, en Milisac, sous Coeteves.

Août 1395 (m. 2224). — Aveu d'héritages au village de Kervénan, en Milisac, tenus en fief de Hervé de Coyteves.

Sceau.

14 Septembre 1395 (m. 2225). — Aveu d'héritages aux villages de Kerguennan et de Kerameth, en Milisac, sous Hervé de Coyteves, par Yvon An Suillour, Henry Le Veuffve, et autres.

1402-1427-1435 (m. 2226-2228). — Aveux rendus à Audren Lecoz, de tenues à Gouelmeur, Kerguennan, Keromnès, Le Gars, en Milisac.

1423-1448 (m. 2229-2234). — Aveux fournis à Thomas du Chastel, à cause de Marguerite de Coeteves, sa compagne, par Henry Rival

---

[1] Ne pas confondre avec Coeténès en Plouzané, sous Keruzas.

(pour un hôtel, situé à Treffguénan, en Milisac, appelé l'hôtel Gorréancoet, avoisinant les terres de Guillaume Keranflech et de Guillaume Goff) ; — par Jehan Barazour, et autres.

Jehan de Kernezne a signé comme témoin.

1463 (m. 2235). — Aveu fourni à Yvon An Coz, de terres à Keromnes, en Milisac.

1485 (m. 2236). — Vente d'un hôtel avec ses dépendances à Kerarrest, en Milisac, par Marc Guéméneurs, à Alain Tanguy.

16 Novembre 1486 (m. 2237). — Aveu rendu à n. h. Jacques de Kerimel, sr de Coatynisan, à cause de Jehanne du Chastel, sa femme, dame de Coatles, Coateves, et de Kerambartz, par Hervé Hillezon et consorts, pour des héritages au village de Kerguenennan, en Milisac.

S. D. (m. 2238). — Sur l'interpellation et sommation de n. h. Jacques de Kerimel (1) sgr de Goudelin, en son nom, et comme procureur de Jehanne du Chastel, sa fe, Alain Penmeschir déclare qu'il n'a aucun droit « en un arche, sepulture et enterrement étant situé en la chapelle de N.-D. de St-Renan, au chœur St-Jehan, en la mazière au bout du dit chœur devers le nord au-dessus de la chapelle Marguerite Touronce », mais qu'il « a ouy de tout temps..... attribuer le dit arche, sépulture, et enterrement à la dite dame du Chastel ».

19 Avril 1494 (m. 2239). — Partage de la succession de Mahé Quéméner et de Marie Masson, qui comporte des héritages à Kerrarest, Kervennan, et Le Poullech.

1er Juin 1501 (m. 2240). — Féage accordé par n. et pt Jehan de Kerimel, sr de Goudelin, Coëtnisan, Coëtles, Coeteves et Kerambarn (sans doute pour Kerambartz), à Hervé Le Guiguer, d'une maison à St-Renan, rue Mahé.

De Langalla et R. Jouhan, p. p.

6 Mars 1506 (m. 2241). — Procédure. Guyon de Kergadiou, procureur de n. et pt Jehan de Kerimel, demandeur, contre Morice

(1) On trouve tantôt Kermel, tantôt Kerimel, dans les actes qui suivent ; mais nous croyons qu'il s'agit de Kerimel.

Keranflech, défendeur, pour reddition d'aveu à Coeteves. Le dit Keranflech déclare ne tenir aucun héritage sous Coeteves.

13 Octobre 1507 (m. 2242). — Partage passé entre Jehan et Catherine Palier, enfants d'Hervé Palier, d'héritages au terroir de Kerriogan et Gorreancoët.

1529 (m. 2243). — Acquêts pour dom Morice Provost, prêtre, d'avec Olivier Provost, de biens situés à Gorréancoët, paroisse de Milisac. Dom Morice rend aveu de cette acquisition en 1540.

3 Août 1532 (m. 2244). — Partage entre les héritiers naturels de Jehan Quéméneur et Margily Le Rousic, sa femme, d'héritages à Kerarrest et Kervennan.

3 Mai 1540 (m. 2245). — Aveu de François Le Byhan, rendu à n. et p^t Guillaume de Kérimel, s^r de Coetynysan, Godelin, Coeteves, pour des héritages à Kervennan.

4 Octobre 1541 (m. 2246). — Devant la cour de St-Renan et du Chastel, n. éc., maître Prigent Keranflech, s^r de Keranflech, d^t au lieu de Keranflech, par. de Milisac, acquiert de Philippe Troly, différentes terres à Penker et Keraret, sous Coeteves.

1552 et 1570 (m. 2247-2248). — Aveux rendus à n. et p^t Guillaume Kerimel, s^r de Coetynysan, Godelin, Kerouzéré, Coeteves et Coeteles, par n. h. Gabriel Jouhan, s^r de Penanknech, d^t au manoir du Curru, en Milisac, pour une maison et un étage à Goré-an-coët, en Milisac.

Kersangily et du Boys, passeurs (1552); Ch. Kerengar, p. (1570).

16 Octobre 1553 (m. 2249). — Acte par lequel Morice Salaun, d^t au village de Leuzré, vend à n. h. m^{re} Gabriel Jouhan, s^r de Penanknech, quarante sous m. d'assiette et prisage à St-Renan.

6 Avril 1559 (m. 2250). — Jehan An Gall, fils de Thomas, vend à Benone Prevost des terres situées à Gorréancoet, en Milisac.

Acte suivi d'une autre acquisition, par le même, de maison et terres à Gorréancoet, provenant des biens de Morice Provost, prêtre (2 mars 1563).

1566-1588 (m. 2251-2261). — Aveux rendus à h^t et p^t Pierre de Boyseon, s^{gr} de Coëtinisan, Kerbrat, Kerouzéré, Kermoroch, Gouerbihan, Coeteves, Coatles, Kerembartz, Coetrevan, Tuaougof, à cause de Coeteves.

A savoir : par Robert Le Bihan (maison et terres à Kerguénan), — Jehan Measou et autres (pour terres en Milisac), — Jehan Pallier, et autres, — Valentin Guillaume et Eamon Pallier (terres à Kerougan, en Milisac), — Marie du Quenquis (pour les héritages au terroir de Kervennan, en Milisac, à elle advenus de la succession de Ysabelle Colyn, sa mère), — Yves Briant et Marguerite Le Quenquys, sa fe, dt au village de Kerarest, en Milisac, (pour des biens indivis avec Jehanne Le Quenquys, sœur de Marguerite, et situés au terroir de Kerguennan).

24 Juin 1593 (m. 2262). — Partage des biens de Catherine Nicolas, entre ses héritiers.

1602-1650 (m. 2263-2276). — Aveux rendus à n. h. (ou écuyer), Jan Taillart, sr de Coateves, Kerennet, Coatanguy, Lanhengar, à cause de Coateves, pour différents héritages à Keriogan, Kerguennan, Leuzré, Guessurel, Pontarseau, Gorréancoat, en Milisac, par Valantin Pallier, delle Ysabeau Audren, douairière de Keralyou, Yvon Kermarec, Thomas Mevel,... etc. Dans un acte Jan Taillart est désigné comme « cessionnaire de Pierre de Boiséon ».

1607 (m. 2277-2279). — Aveux par daelle Jacquette Ponnalin, de de Penanker, vve de feu n. h. Claude Kerengar, sr de Penanprat, Julienne Kerengar, de douairière de la Porte, htière pnle et n. du dit défunt Kerengar, résidant au manoir de Kervian, par. de Lanriouaré, pour des terres à Kerguénan, en Milisac.

16 Février 1626 (m. 2280). — Procédure en la cour de St-Renan, entre n. g. Claude de Hollegoët (sans doute Hallegoët) et Suzanne Taillart, sa fe, sr et de de Pradamour, opposant en la succession de feu Hervé Le Bihan et Alain Le Bihan, fils du dit Hervé.

Il est question de la possession de deux pièces de terres au terroir de Coetduval, en Milisac, acquises par éc. Jean Taillart, sr de Coettevez.

14 Mars 1645 (m. 2281). — Pièce d'une procédure entre Jean Le Gourguen et le sr de la Haye Taillart, relativement aux droits seigneuriaux réclamés par celui-ci sur une acquisition faite par le dit Gourguen.

Ce dernier avait acheté de la dame de Kermenguy une terre à Gorréancoët, qu'elle tenait en partage de la seigneurie du Curru.

1650 (m. 2282). — Aveu rendu par Laurent Mao à da^{elle} Marguerite Le Nehou, d^e de Coateves.

1652 (m. 2283-2285). — Aveux rendus à n. h. Alain Taillart, s^r de Coateves, La Haye, Kervuet,..... pour des héritages, au terroir de Gueffuel et Pontarjeau.

1657-1664 (m. 2286-2290). — Aveux rendus à messire Yvon de Lanrivinen, s^r de Coeteves, de la Bouessière, de Kerizicq — interdit de l'administration de ses biens et héritier de éc. Jean Taillart — pour des héritages aux terroirs de Kerouman, Leuzré, Kerscavic, Kervénan, Kerarrest, en Milisac.

1664-1665 (m. 2291). — Aveu rendu à messire Hiérosme de Lanrivinen, s^r de Brignen, la Bouxière, curateur de messire Yves de Lanrivinen, s^r de Coeteves, son fils aîné.

1671-1695 (m. 2292-2310). — Aveux rendus à messire (écuyer, ou chevalier) Julien de la Saudraye, s^{gr} de la Saudraye, Kergonniou, Breignen, Kerisit, Villeneuve, mari de Louise de Lanrivinen, d^e propriétaire de Coetteves, d^t au manoir de la Boixière, paroisse de Crucifix-des-Champs, ou au manoir de Kerisit; par. de Daoulas, pour des héritages aux terroirs de Keroman, Kerriogan, Keroullas, Kervenan, Pontangludic, Kerganaben, Kerriangúen, Gorréancoët, par différents tenanciers, entre autres par Jan Cloarec, Jan Floch, Alain Mahé, s^r de Trézéguer, Jean Mené, Gabrielle de Quernizac, douairière de l'Archantel, Mathurin Le Goff, Guillaume Lostier, Jeanne Le Corre, v^{ve} de n. h. René Floch, marchand de draps, Françoise de Kersauson, épouse de René de Guergorlay, s^r de Coatnont, héritière de Pierre de Kersauson, s^r de Guénan, éc. Hervé-Chrestien Mahé, s^r de Coetquennec, d^t au manoir de Trézéguer, en Plourin, René Bizien, messire François Touronce, s^{gr} de Kervéatous, et y d^t, par. de Plouarzel, héritier de Marie de Kerbic, sa mère, Christine Hillion, Jean Le Hir, Yves Perrot, Guillaume Mazé, Yves Le Borgne.

8 Décembre 1672 (m. 2311). — Accord entre m^{re} Pierre de Kersauson, s^{gr} de Guenan, d^t en son manoir de Guenan, par. de Toussaints, et le s^{gr} de Coetevez, touchant le payement de chefrentes, rachats, et autres devoirs seigneuriaux, dus par le dit s^r du Guenan, sur des biens à Kervenan, relevant de Coetevez, et lui étant advenus de Yvonne de Kersauson, sa tante, décédée sans hoirs.

22 Juin 1678 (m. 2312). — Accord entre le s^{gr} de Coetevez, d^t en son manoir de la Boixière, et Jeanne Le Corre, veuve de n. h. René Floch, touchant le payement d'un droit de rachat.

8 Juin 1680 (m. 2313). — Transaction entre le s^{gr} de Coetevez et Hervé Floch, sur la chefrente que ce dernier doit à Coetevez de ses héritages à Leuzré.

3 Novembre 1680 (m. 2314). — Transaction entre éc. Julien de la Saudraye, s^{gr} du dit lieu, et éc. Guillaume Le Ny, s^r de Kerenez, d^t à Landerneau, fils aîné, h^{tier} n. de éc. Claude Le Ny et de Jeanne Charles, sa f^e, s^r et d^e de Kerenez, touchant une chefrente due sur le lieu de Kerarrest, appartenant au dit s^r de Kerenez.

Cet acte sert à la réformation d'un aveu fourni à la s^{gie} de Coatevez, le 30 décembre 1672, par éc. Hervé de St-Gouesnou, s^r de Keruedel, tuteur du sieur de Kerenez. Comme mesures de froment il est question d' « enterrellées » et de « pocquetées ».

22 Février 1695 (m. 2315). — Extrait du greffe du Chastel. — Jugement à requête de Julien de la Saudraye, contre Jean Huet, procureur au présidial de Quimper, époux de Marie-Anne Floch, lesquels sont condamnés à s'acquitter du rachat de leurs terres.

1695-1737 (m. 2316-2325). — Aveux rendus à Joachin Hiérosme de la Saudraye, fils aîné de Julien de La Saudraye, s^{gr} de la Saudraye, Kergoniou, Brignen, La Boussière, et Coateves, pour des héritages à Leuzré, Kerganaben, Keriogan, Kervenan, par différents tenanciers, entre autres : Guillaume Marc (sic) et Marguerite Paol, sa f^e, d^t au manoir de Trézéguer en Plourin ; Jan Léaustic, d^t au manoir de Kerbezvec, en Plouguin.

En 1711, la s^{gie} de Coeteves est affermée à n. h. Michel Bangy ou Baugy.

1737-1761 (m. 2326-2334). — Aveux rendus à h^{te} et p^{te} d^{elle} Anne-Thérèse de Kernezne, m^{quise} de la Roche, Coatarmoal, b^{ne} du Laz, v^{tesse} du Curru, châtelaine de Keruzas, Languéouez, Penanech... propriétaire de Coetevez, héritière de Joseph-Luc de Kernezne, son frère.

L'un des aveux est rendu par Charles Fournier, maître pilote du roi au port de Brest, commandant la corvette *Le Prince de Galles*.

1761-1776 (m. 2335-2346). — Aveux rendus à h^{te} et p^{te} Marie-Aude-Jacquette du Châtel, v^{ve} de m^{re} Hugues-Hombert Huchet, chevalier, c^te de la Bedoyère, h^tière p^le et n. de Anne-Thérèse de Kernezne, pour des héritages sous Coeteves.

L'un de ces aveux est rendu par Vincent-Pierre Gilart, s^gr de Keranflech, h^tier p^al et n. de Guillaume, son père, pour des héritages nobles à Kerlevezan.

1776 (m. 2347). — Aveu de h^t et p^t Charles-François-Jules du Bot du Grégo, s^gr de Keruzas, Penanech, Coatevez, Langueouez... etc., h^tier p^al et n. de Marie-Aude-Jacquette du Châtel, son aïeule maternelle.

5 Novembre 1791 (m.°2348). — Bail du lieu de Leuré en Milizac, pour 170 #, consenti par Laurent Mazé, homme de loi, agissant pour Mr Antoine d'Amphernet de Pontbellanger, gendre et démissionnaire de M. du Bot du Grégo, demeurant à Trevaré.

Seigneurs de Coateves

Hervé de COYTEVES, épouse Amice..... (actes de 1392, 1395).

Thomas du CHASTEL, époux de Marguerite de Coateves (1423, 1448.)

Jacques de KERIMEL (ou KERMEL), sgr de Goudelin, époux de Jehanne du Chastel, dᵉ de Coatlez, Coateves, Kerambarz, (1486).

Jehan de KERIMEL, (ou KERMEL), (1501, 1506).

Guillaume de KERIMEL, (ou KERMEL), (1540).

Pierre de BOISEON, sgr de Coëtnisan... Coatlez, Coateves, Kerambars (1566).

n. h. Jan TAILLART, « cessionnaire de Pierre de Boiséon » (1602, 1650).

Allain TAILLART (1652).

Yvon de LANRIVINEN, héritier du précédent (1657, 1664).

Yves de LANRIVINEN, fils aîné de Hiérosme de L. (1664, 1665).

Julien de la SAUDRAYE, sgr de la Saudraye, époux de Louise de Lanrivinen, dᵉ de Coateves. (1671, (1695).

Joachin-Hiérosme de la SAUDRAYE, fils aîné du précédent, (1695, 1737). .

Anne-Thérèse de KERNEZNE, héritière de Joseph-Luc de Kernezne, (1737, 1759).

Marie-Aude-Jacquette du CHATEL, veuve de Hugues Huchet, comte de la Bedoyère, héritière de la précédente (1760, 1769).

Charles-François-Jules du BOT du GRÉGO, héritier de la précédente, son aïeule maternelle, (1769.....).

VILLE DE SAINT-RENAN

13 Février 1405 (m. 2349). — Transport à titre de censive et à charge de cinq sous de rente, d'une « mazière » située en la grande rue de la ville de St-Renan, fait par les habitants de la dite ville à missire Hervé Page, prêtre de Ploemoguer.

Sous le seing de Derien Le Veyer et Jehan de Kernezne. Yvon Jouhan passe.

Ce fut consenti par la « plus saine et maire partie des paroissiens habitans et contribuables en la censive de St-Renan... estant en prosne en la grant messe au jour de dimanche en l'église parochialle », par Dom Bernard de Labbez, prêtre, vicaire de St-Renan, Jehan du Quingneur, N... Thoppin, Prot. An Marheuc, Daniel Cozffinas, Guen Keranguen, Jehan Ploérin, Alain Salic, Guiomar An Mazhuic, Hamon fils aîné, Yvon son frère, Jehan Treffpaul, Guen Kerilles, Daniel son fils, Derian Podeur, Jehan Keranguen, Hamon de Lospital, Morice Cozffinas, Jehan Le Goffic, dom Martin Le Goffic prêtre, Jehan An Stiphele, Morice Goesdoe, Hervé Bochic, Guillaume Le Vaillant, Jehan Fonbles, et Robert son père.

6 Juin 1416 (m. 2350). — Vente d'une maison sise place du Marché au Bois, à St-Renan.

3 Août 1426 (m. 2351). — Aveu fourni au duc par Jehan Guéguéniat (ailleurs Guezengat), pour des héritages et des terres à Kernevet, en Ploesaney.

P. Calmez et P. Delescaznal, passeurs.

1434 (m. 2352). — Donation faite par Marguerite An Floch, à Jan Cadiou, d'une maison en la ville de Saint-Renan et sous le fief de Saint-Renan.

3 Décembre 1448 (m. 2353). — Vente par Gueguen Keryvault à

Bernard Jouhan, d'un hôtel situé grande rue de St-Renan et chargé de la censive, pour 25 s. m.

J. du Chasteaumen, passe.

1er Juin 1501 (m. 2354). — Vente d'une maison à St-Renan par Thomas Le Veyer, s^r de Kerandantec, à Yves Le Marec.

13 Décembre 1505 (m. 2355). — Contrat d'accensement par Marie Cozarhant, à Hervé Kerbezcat, s^{gr} de Kerbezcat, d'une maison et dépendances, en la ville de St-Renan du Tay, pour 20 s. m. de cens annuel.

25 Mars 1531 (m. 2356). — Abandon à titre de censive « héréditairement et à jamais » d'un parc à St-Renan, consenti par maître Pierre Le Maucazre, éc., s^r de Kermeryan, d^t au manoir de Kermeryan, à François Gousech.

Kereznaseuc, p.

28 Avril 1536 (m. 2357). — Devant François Bastonneau et Vincent Maupeou, notaires au Chatelet, hon. f^e Jehanne de Moncelart, tutrice de Marguerite et Jehanne Gerault, ses filles, mineures, issues d'Yves Gerault, vend à hon. h. Robert Gerault, son beau-frère, natif du Puys, en Basse-Bretagne, trois parcs à St-Sébastien, en St-Renan, près la chapelle St-Sébastien, et la terre de Jehan Kernezne, s^r du Curru.

30 Mai 1551 (m. 2358). — Vente par éc. Alain Heussaff, s^r de la Villeneufve, de Lanrivoaré, à Jehan Le Marec, de la maison où il demeure à St-Renan, pour la rente annuelle de 31 ⫢ m.

29 Mai 1556 (m. 2359). — N. h. Gabriel Jouhan, docteur ez droits, s^r de Pennanknech, demeurant en son manoir de St-Renan, acquiert de Marie Jézéquel, fille de feu Jehan Jézéquel, et épouse de Thomas Pérennès, la moitié d'un parc appelé An Onguel, à Tremsguyn, en Plousané, sous le fief du prieuré de St-Renan, à charge de la moitié de 18 sous de chefrente.

27 Septembre 1560 (m. 2360). — Accord sur partages entre messire Fiacre Labbé, tant en son nom que comme procureur de sa sœur, Catherine Labbé, et F^{çoise} Labbé, d^e de Coetquennec, autorisée de n. éc. Hervé (ou René) Penhoadic, s^r de Kersamen, son mari, d^t par. de Milisac ; les dits Labbé héritiers de Alain Labbé et de Marguerite

Lestanc, père et mère de Fiacre et Catherine, aïeul et aïeule de Françoise.

Touronce et Silguy, passeurs.

17 Janvier 1573 (m. 2361). — Assignation par le sergent royal de Saint-Renan, à la requête de n. h. messire Gabriel Jouhan de Penanknech, « ancien gouverneur et intendant de la chapelle N.-D. de S¹-Renan », et à la prière des bourgeois de la ville, faite à nobles hommes Charles de Kernezne, s¹ du Curru, et Françoise Le Mendy, curatrice des enfants nés de son mariage avec n. h. Robert de Saint-Do, et à Jehan Silguy, s¹ de Coatybescont, curateur de n. N... Touronce, s¹ de Coatmanach, d'avoir à réparer et mettre en état les fenêtres et vitres auxquelles ils prétendent à cause de leurs prééminences, armoiries, écussons, en l'église Notre-Dame et en l'église paroissiale, sous peine de perdre leurs droits prééminenciers et d'être condamnés aux dommages de l'édifice provenant du manque d'entretien des dites fenêtres qui sont « carentes de vitres depuis cinq ou six ans. »

Enregistré au présidial de Quimper.

1579 (m. 2362). — Procès entre Jehanne Kersulguen, veuve de feu Hervé Penander, n. m^tre Claude Fontenay, d'une part, et Charles Kernezne, d'autre part, relativement à la possession d'une maison, à S¹-Renan, provenant de la succession de Gabriel Jouhan.

Au cours d'une enquête faite par la cour de S¹-Renan, différentes personnes viennent déposer : Yvon An Hospital, maréchal, François Jamet, Guen Lavanant, d¹ au manoir de Penanknech, Fiacre An Durz, épouse de Jan Le Furmeur, Gouëznou Le Pennegues, charpentier, Hamon Le Bernard, Louise Kersulguen, veuve de Hervé Gouzien.

4 Juillet 1579 (m. 2363). — Aveu fourni au roi, devant la cour de S¹-Renan, par n. et p¹ Charles de Kernezne, d¹ en son manoir du Curru, pour le lieu noble de Kercharles, situé en la ville de S¹-Renan, où mourut sans hoirs Gabriel Jouhan, s¹ de Penanknech.

Le manoir est situé sur la grande rue « par où l'on va de l'église paroessiale à l'église Notre-Dame » et de ce manoir de Kercharles dépendent une dizaine de maisons sous la censive.

27 Janvier 1580 (m. 2364). — Vente par Jehan Salomon et Marie Le Floch, sa femme, à Jehan Kerivault, d'une maison à S¹-Renan, pour 123 écus d'or sol.

Juillet 1582 (m. 2365). — Bannies par la cour de St-Renan, d'une vente faite à n. h. Jan Silguy, sr de Coatibescont, par Tanguy Floch; vente d'une maison au territoire de Drevez, sous le fief du Curru, et à laquelle fait opposition le sgr du Curru.

19 Avril 1623 (m. 2366). — Vente d'une maison à St-Renan, par F{çois} Le Hir et F{çoise} Meastrius, sr et d{e} de Kerangal, d{t} à Lesneven, à n. h. Guillaume du Poulpry, sr de Lannengat.

[Pour ce qui concerne St-Renan, voir également le fonds de Keruzas et du Curru.]

LE CHASTEL

25 Juillet et 28 Octobre 1396 (m. 2367). — Vente par Bleuzven An Nescobic, deguerpie (veuve) de Henry Mesdon, à Hervé de Coyteves et Amice, sa femme, moyennant 42 #, de biens chargés d'une rente d'un quart de froment au s^r du Chastel.

24 Décembre 1485 (m. 2368). — Acte d'afféagement par Jehan Bohic, d^t au manoir de La Motte, par. de Milisac, à Bernard Le Mynou, d'héritages à Kerlassiou, Kereuvelen, et Keranbleau, par. de Milisac, pour trois boisseaux combles de froment et à charge de payer à Tanguy, s^r du Chastel, une demi-hanapée de froment et 2 s. 6 d. mon. et à Hervé Le Darce un boiss. froment.

31 Décembre 1490 (m. 2369). — Reconnaissance à Marguerite de Kergournadech, par Jouhane de Coetanmoal, de 18 d. m. de chefrente, comme soulte sur un échange du 14 septembre 1485, par lequel Marguerite cédait à Jouhane un parc à Coatanmoal, par. de Ploezevedé, pour un autre parc à Measleyn, même par. ; la dite rente payable seulement après le décès de Mence du Chastel, veuve de Olivier de Kergournadech, à cause de son douaire.

14 Février 1539 (m. 2370). — Cession par Gilles Guillourmit, à Hamon Palier, s^r de Trezeguer, de droits situés à Trezeguer, sous le fief du Chastel, en échange de biens à Kerugan, en Milisac, sous le fief de Coatinysan.

22 Octobre 1563 (m. 2371). — Vente par le même, à Gabriel Jouhan, s^r de Penanknech, de terres à Trezeguer, par. de Plouerin, à Kergreven et Lanmenéc, et en Lanrivoaré, pour 17 # m. ; les dites terres tenues sous le Chastel, l'évêque de Léon et le roi.

5 Avril 1564 (m. 2372). — Cession par Isabelle Jaouhen, d^t à Frondan, par. de Ploerin, à Benoyne Prevost, de terres à Keruhel, en Milisac, sous le Chastel, en échange d'autres terres à Gorré an Coat, en Milisac, sous Coatinysan.

9 Juillet 1580 (m. 2373). — Certificat de bannies aux plaids généraux de Saint-Renan, du contrat du 27 janvier 1580 concernant la famille de Kerynault ou Kerivault.

Parmi les opposants, à noter : n. g. François du Chastel et Marie Keroulas, sa f^e, d^{elle} Marie Kerbescat, dame du dit lieu.

13 Décembre 1596 (m. 2374). — Appropriement aux généraux plaids de St-Renan de biens sous la cour du Chastel acquis par Constance Le Vaillant, veuve de Hervé Poulaouec.

20 Septembre 1684 (m. 2375). — Partage entre m^{re} François de Poncilin, prêtre, s^{gr} de Kerbrouen, et y d^t, par. de Plomoguer, et Guillemette de Poncilin, sa sœur, dame du dit lieu, de la succession de leur père, Louis de Poncilin, et de leur mère, Anne Corran.

Celle-ci, pour sa part, reçoit le lieu noble de Mesmoalen, par. de Plomoguer (acquis en 1647 de Alain Barbier, s^r de Kernaou), et un constitut de 30 ₶ tourn. de rente sur le lieu n. de Castelouez, tenu sous le fief du Chastel.

Sans date (m. 2376). — Consultation de Bergevin, avocat, pour Anne-Thérèse de Kernezne, m^{quise} de la Roche, contre le fermier du moulin de Keranflech, se disant afféagiste des vassaux de la s^{gie} du Chastel, sous la banlieue du moulin.

TERRES DIVERSES DU LÉON

Paroisse de Milisac.

Samedi avant la Pentecôte 1385 (m. 2377). — Obligation par Guiomar du Tertre, de payer chaque année à Even de Kercomp, deux boisseaux froment sur des héritages en Milisac.

23 Septembre 1415 (m. 2378). — Procès aux plaids généraux de St-Renan, entre Jacob Clerc, Yvon An Guall, et Olive Clerc, sa fe, d'une part, et Amice Kerambartz, Tanguy Bonleuc, et Yvon Michel, d'autre part, au sujet d'un parc à Penlan, en Milisac.

28 Mai 1421 (m. 2379). — Aveu par Jehan Penantret, reconnaissant à Morice Campir la seigneurie de ligence sur son hôtel, et plusieurs sillons aux terroirs de Penantret et de Kerengar, en Milisac, pour payer de chefrente 12 écuellées et demie de froment, plus le tiers de 6 autres écuellées, et 2 deniers en consortie.

11 Mars 1474 (m. 2380). — Cession par Yvon Bihan, à messire Jehan de Lisle, prêtre, de terres au Henker, par. de Milisac, à charge par ce dernier de fournir à Bihan, l'équivalent dans la par. de Ploesané.

14 Juin 1495 (m. 2381). — Aveu rendu à Jehan Kernezne, éc., au nom de Jehanne de Kergadiou, sa fe, par les contribuables au fouage de la paroisse de Milisac, assemblés ce dimanche en l'église paroissiale.

« Les contribuants et chacun d'eux reconnaissent deux vieilles mazières au village de Kergadiou... choses nobles et exemptes de fouages. »

8 Mars 1499 (m. 2382). — Jehan Palier, htier pal et n. de feu Jestin Palier, baille et cède, moyennant 2s 6d de chefrente, à Morice Keranflech, éc., sr dudit lieu, « le droit d'avoir et tenir ses armes en la grande fenestre principale de l'église paroéchiale de Milisac, sauf réserve mettre les armes de Jan Palier comme celui qui est cause ayant de feus Guiomarch Kerozrach et femme, au bas de ladite fenestre ».

1500 (m. 2383). — Cession par Morice Keranflech, sʳ de Keranflech, à Jehanne Chocart, sa nièce, fille de Marguerite Keranflech, d'un emplacement de maison à Locmagan, par. de Ploeguen, pour ses droits dans la succession de Hervé Keranflech et de N... Campir, père et mère des dits Morice et Marguerite, et pour le reste dû sur l'hôtel Kerlechevezen, en Milisac.

6 Janvier 1503 (m. 2384). — Vente par Morice Salaun, à Jehan Labbé de Coatqueneuc, du quart de la succession de son père à Coatqueneuc, en Milisac, pour 10 # m.

3 Avril 1506 (m. 2385). — Féage consenti par Salaun Ternant, éc., sʳ dudit lieu, et Jehanne An Coz, sa fᵉ, dᵗ en leur manoir de Penancoet, en Ploeguen, de quelques terres à Kerlasiou, en Milisac.

De la Fosse et Gesguen, p. p.

15 Janvier 1507 (m. 2386). — Aveu par Yvon Jouhan, sʳ de Pennanknech, à Alain de Tournemine, sᵍʳ de Coetmeur, de terres à Coetanguerffre, en Milisac, et sous la juridiction de Lescoet, à charge de 2ˢ 6ᵈ de chefrente.

11 Octobre 1549 (m. 2387). — Déclaration fournie par Yves Hamon, à n. h. François Penancoët, sʳ de Kerioual, pour des héritages à Kervenniou, en Milisac.

Measnoalet et Silguy, p. p.

22 Novembre 1617 (m. 2388). — Hamon Prigent et Jeanne Menguy, sa fᵉ, « désirant l'augmentation du service divin », baillent et transportent à l'église paroissiale de Milisac douze sillons de labour et un parc, pour en jouir après leur décès, et aux conditions d'un service une fois l'an et à perpétuité.

Seigneurie de Kermerrien.

10 Janvier 1555 (m. 2389). — Minu fourni par Jehan, sᵍʳ de Kerlean et de Kermeryen, à Jacques de Guengat et Jehanne de

Languéouez, s^r et d^e de Guengat, Keruzas, et a. l. pour le manoir de Kermeryen et autres terres, en Plousané.

A savoir : Le manoir de Kermeryen, taillis, futaies, moulins, colombier (valant 20 # 20 s. m.) ; — le manoir de Penancoët (affermé 10 # m.) ; — le manoir An Ty Nevez, (aff. 10 # m. et 6 chapons) ; — le manoir An Ty Coz, (aff. 4 # m. et 2 boiss. froment) ; — le manoir de Kerberz (affermé 8 # m. et 2 boisseaux froment) ; — le manoir de Penanknech, (aff. 11 # m. et 2 boiss. fr.) ; — le manoir de Measanbras, (7 # 1 boiss. fr.) ; — le manoir An Voguer ou Ty an Herder, (8 # 1/2 boiss. fr. et 6 poulets) ; — le manoir de Pratloas, (12 # m. 2 boiss. fr.) ; — Ty Rolland, au village du Moguer, (aff. 6 # m. 1 boiss. fr. 6 poulets) ; — Ty Bigouron, (18 # m.) ; — le manoir noble de Brechelen (8 # m. 4 chapons) ; — Coatomnes (100 sous m.) ; — la s^{gie} de ligence sur les manoirs de Poulpiquet (au s^r du Halegoët), Kersauset..... etc. Le tout est situé en Plousané.

12 Avril 1661 (m. 2390). — Aveu par Jeanne Lunven, veuve de Jean Lara, d^t à Kerivoalen, en Quilbignon, à René de Kerléan, s^r de Kermerien, Kerbrozel, Keriou, etc., à cause de Kermerien, de terres à Kerborchell, en Plousané, chargées de 10 s. t. de chefrente.

12 Avril 1661 (m. 2391). — Aveu par René Lunven, d^t à Keranblaz, en Quilbignon, au même, pour des terres en Plousané et sous Kermerien.

Seigneurie de Kergroades.

5 Octobre 1493 (m. 2392). — Accord par lequel Hamon, s^{gr} de Kergroazez, cède à Jehan du Keralahez, le quart du moulin de Tuombuzic, par. de Plourin, une pièce de terre et 50 s. de chefrente, et par contre est reconnu propriétaire du moulin du Boys, en la même paroisse.

28 Janvier 1499 (m. 2393). — Aveu par Jehan Rolland à Hamon de Kergroazes, s^r du dit lieu, d'un manoir à Trema, de biens à Kerguelen-Uhelaff et à Kerchastel, par. de Ploesané, et de 33 s. 4 d. m. de chefrente sur d'autres héritages.

31 Décembre 1497 (m. 2394). — Déclaration par Hervé Kernezne, s^r du Curru, à Hamon, s^{gr} de Kergroazes, de Kergouimmarch et de Troumanoir, pour le rachat dû par suite du décès de Jehan Kernezne, s^r du Curru.

Cette déclaration comporte : La Motte du bois de Vigeac, pré, montagne et deux parcs.

18 Janvier 1515 (m. 2395). — Aveu par le s^r du Curru, à François de Kergroades.

Mêmes articles que ci-dessus. De Stancyer, passe.

28 Mai 1530 (m. 2396). — Quittance de 200 # consentie à François du Com, s^r de Kerengar, par Hamon Kergroazes et Barba Gerault, sa femme, reliquat dû sur le prix de vente de 13 # m. de rente sur le manoir de Kerautred, par. de Ploabennec, et sur un étage à Saint-Yvylian, en Ploedalmezen, vendues par Hamon, le 17 Mai 1527.

Confirmation de la vente du manoir de Kerener, par. de Plouenan, par Kergroazes, à François du Com, consentie le 30 Septembre 1529, moyennant 610 # m. ; et vente par le même, au s^r de Kerengar, pour 320 # m., de 2 étages, appelés Mescoat et Measdelyt Yselaff, par. de Plouénan.

Seigneurie de la Joyeuse-Garde.

12 Décembre 1571 (m. 2397). — Afféagement par Henry vicomte de Rohan, prince de Léon, c^{te} de Porhoet, baron de la Garnache, Beauvoir sur Mer, Heric et Fresnay, résidant au château de Bleing, à Claude de Cussé, s^r des Forges, des gardes de Mgr frère du roi, stipulant pour Françoise Campir, dame du dit lieu et douairière de Coetarmoal, La Roche, Kermouellec, Laz, et Botguenio, des ruines du manoir de Joyeuse-Garde et dépendances, par. de Guypavas, autrement de la Forêt, pour les tenir en prochaine ligence, sous Landerneau, à charge comme rente d'un levrier de forêt de taille « competante ».

25 Juin 1578 (m. 2398). — Transaction sur procès en la cour de Ploermel, entre René v^{te} de Rohan, et Troilluz de Mescouez, marquis de Coetarmoal, s^{gr} de la Roche et de Liscuit, d^t au lieu de Liscuit ; par lequel le dit Campir cède au v^{te} de Rohan, le château, s^{gie} et juridiction, de la Joyeuse-Garde, et reçoit en échange la châtellenie de Guerlesquin, év. de Tréguier, tenue sous le roi (Morlaix et Lanmeur) et sous les seigneurs de Penthièvre (Guingamp).

Prise de possession de Guerlesquin, le 24 Août.

Seigneurie de Kerouazle.

16 Octobre 1540 (m. 2399). — Aveu par Yvon Causeur... etc., à Fçois Penancoët, s^r de Kerouazle et de Kerboroné, de terres à Kervennyou, en Milisac, à charge de 5 s. 6 d. m. 1 boiss. fr. payables au manoir de Kerouazle, ou bien à l'assignation des chefrentes, par. de Guilers.

25 Août 1585 (m. 2400). — Aveu par les mineurs de Guillaume Kerourien et Jeanne Pozel, à Guillaume Penancoët, s^r de Keroual, Kerboroné, La Villeneuffe, Coatsaliou, etc. de terres à Kervennyou.

9 Avril 1613 (m. 2401). — Cession par Etienne Le Frout, d^t à Quilimerien, par. de Plouesané, à Guillaume Penancoët, s^r de Kerouazle, d^t en ce lieu, par. de Guilers, de rentes sur terres et héritages à Quilimerien, en paiement d'une somme de 75 # tourn. due au s^r de Kerouazle.

15 Janvier 1628 (m. 2402). — Aveu par sire Jan Hamon, d^t sur le havre de Mellon, par. de Portzpodeur, garde de ses filles, rendu à Guillaume Penancoët, chevalier, s^r de Kerouazle, de terres à Kervenyou, en Milisac, affermées 18 #, à charge de payer 5 s. 6 d. m. et 1 boiss. froment à Kerouazle.

Paroisses de Plouzané, Plourin et Ploudalmezo.

6 Juin 1625 (m. 2403). — Aveu par Jan Courtois, de Keronnan, en Plousané, à éc. Pierre Mol, s^r de Pouljan, de terres à Tregannan, valant 50 s. t. par an, et à charge de payer 5 s. m. de chefrente.

1er Janvier 1623 (m. 2404). — Aveu au roi sous la barre de Saint-Renan et Brest, par Laurens Kerguyziau, s^r de Kervasdoué et de Kerisquin, d^t au manoir de Kervasdoué, par. de Plousané.

A savoir pour le manoir de Kerlannou-Bras, en Plousané, (affermé 96 # t., 1 mouton, 6 chapons, 12 poulets, et chargé de 5 hanterellées froment et 5 d. m. vers le roi); — diverses pièces de terre à Kerguestec, Kermao, Keranlorant, (chargées de 5 s. m. au roi en sa prévôté de Plousané); — de biens à Kerlannou Bihan (72 # t.); — un certain nombre de rentes en froment et argent; — des terres que possédait Hervé de Kerguiziau, s^r de Kericquart, à Keribin et Kerneiz, sous le fief de St-Renan.

10 Juin 1592 (m. 2405). — Vente par Claude de la Forest, s^r du Merdy, d^t au manoir de Guyquelleau, procureur spécial de Charles de Kernezne, s^{gr} du Curru, à vénérable marchand Guillaume Labbé, d^t à Recouvrance, d'un parc à Guylimeryen, sous le roi, et d'un autre à Kervinan, sous le s^r de Kercastel, en Plouesané, pour 185 # m.

9 Novembre 1543 (m. 2406). — Vente par Hamon Palier, s^r de Trezeguer, et y d^t, par. de Ploerin, à Charles Jouhan, s^r de Bouryot, d^t à St-Renan, d'un champ au village de Coetcam, en Ploerin, pour 11 # 7 s. 6 d.

16 Décembre 1488 (m. 2407). — Marguerite Mathezon cède à Robert Jouhan le quart des biens composant la succession de son père à Coetcam, en Ploerin, et reçoit en échange un emplacement de maison et ses dépendances à Saint-Renan.

27 Septembre 1567 (m. 2408). — Jugement du Parlement confirmant une sentence de la cour de Léon, du 8 novembre 1566, qui condamnait Jan Kerlearch, s^r du Quenquis, et François Bohic, s^r de la Motte, à délaisser à Yves de Comaille et Marguerite Duval, sa f^e, le manoir de Treffgoalen, en Plourin.

16 Septembre 1508 (m. 2409). — Augmentation de 10 # 10 s. m., payés immédiatement, du prix de la vente, à Laurent Paris, des biens appartenant à Hamon Kerlamon, dans la par. de Ploedalmezeu et de Lanpaul-Ploedalmezeu.

3 Septembre 1498 (m. 2410). — Echange par lequel Jehan Le Mancazre, s^r de Carpont, cède à Ysabelle Gaschic, femme de Buzic an Boguyan, une pièce de terre, au terroir de Lampaul, par. de Lampaul-Ploedalmezeu, et reçoit de celle-ci un hôtel avec ses dépendances au même village.

12 Février 1642 (m. 2411). — Aveu par Catherine Pellen, veuve de Jean Le Hir, d^t au manoir des Salles, par. de Plouedalmezeo, à messire Prigent Le Ny, s^r de Coetelez, Trebrïct, Keranfleach, à cause de la s^{gle} de Keranfleach, de terres à Kerleachvezan, par. de Plouedalmezeo, chargées de 15 d. m. de chefrente.

Paroisses diverses.

2 Octobre 1515 (m. 2412). — Opposition par Jehan de Kermel, s^{gr} de Coëtinisan, Goudelin, Coetlez et Coettenes, à l'appropriement de terres acquises par dom Gilles Palier et tenues sur le fief de Coëtinisan.

1411 (m. 2413). — Aveu par Guillaume Conseul, de biens à Coatqueneuc et à Kerleisic, sous la s^{gle} de Coetangueffure.

1558 (m. 2414). — Aveu rendu à n. et p^t François, s^{gr} de Coëtjunal, Keranchoët, Kerguizeau et Quitar et a. l. pour différentes terres sous Kerguizeau (ou Kerguisiau), au terroir de Meascouet, trève de Botgars, par Marc et Marie An Dreffles.

30 Juin 1540 (m. 2415). — Aveu rendu à n. éc. Olivier Kerbiguet, s^r de Langonneau, par Jehan An Born, pour des héritages à Pontbuzval, en Plouencourystreaz, évêché de St-Pol.

3 Mai 1483 (m. 2416). — Contrat portant assiette de 105 sous, faite par Prigent Campir et Jan de Latour, petit-fils de Jehan de Latour et de Catherine Calamaign.

19 mai 1517 (m. 2417). — Donation par Jehan de Kerdalaez, à Hamon, son fils, du lieu de Keranguen, par. de Ploabennec, en vue de son mariage avec Marguerite, pour en jouir sa vie durant.

12 Décembre 1433 (m. 2418). — Aveu de Hamon Le Saint à Hamon de Kergadiou, de biens à Guycoarzuel, par. de Plouarzuel, à charge, au manoir de Kergadiou, d'une mesure de froment, dite *rez guezennec*.

1554 (m. 2419). — Désistement de Marie Phelippes, d^e de Kerdu, de la premesse faite par elle touchant les droits, en Plouion, vendus par feu n. h. Yvon Phelippes, s^r de Kerdu, son frère, dont elle est héritière.

16 Mars 1697 (m. 2420). — Aveu par Hervé Le Ban et ses consorts, à Sébastien Gourio, s^r de Lanaster, Keranguen, pour des biens à Kereguenné, par. de Ploumoguer, et sous Keranguen.

1er Mars 1451 (m. 2421). — Aveu fourni à n. et p^t Yvon Foucaut, s^{gr} de Lescoulouarn, par Simon Coatangueffre, des héritages lui appartenant aux villages de Lanfeust, de Kerguillou, de Measguerunc, en Ploemoguer, sous le fief de Lescoulouarn.

16 Décembre 1493 (m. 2422). — Aveu par Hervé Touronce et Loyse

Mesnoalet, sa fe, à Hamon de Kergadiou, de terres à Kereleheuc, par. de Landunvez, chargées de 16 d. m. de chefrente à Kergadiou et de biens à Guycarzel, chargés d'un *rez guezennec* à la même seigneurie.

1er Mai 1541 (m. 2423). — Déclaration par Louise Tournemine, de de Langonneau, au Dauphin, sous la barre de Lesneven, de différents biens.

A savoir : Le manoir de Langonneau avec ses dépendances et un grand nombre de chefrentes sur des terres à Plouneourystrez et en Kerlouen ; les dits biens valant 20 # m. l'an, et provenant à l'avouante de la succession de Alain Kerbiguet, sr de Langonneau, son mari, par suite des reprises qu'elle avait exercées sur les propres de celui-ci.

1396 (m. 2424). — Contrat d'acquêt pour André Calamaign, consentis par Adrienne et Catherine, filles de Lucas, de différents héritages au terroir de Rouasle, en Lannilis.

TITRES DIVERS

6 Février 1486 (m. 2425). — Féage au village de Kereven, en Plouzané, fait en faveur de Even Luczon, par Rolland de la Villéon, sénéchal de la ville d'Henbont, Morice de Kerloeguen, auditeur de la chambre des comptes de Bretagne, et Olivier du Rest, lieutenant du procureur général en Basse-Bretagne pour le duc et de son conseil, commis pour bailler à titre de féage ou de « convenant à la féage de Tréguer » les terres et domaines du duc aux juridictions de Brest, Lesneven et St-Renan du Tay, évêché de Léon.

L'acte commence par la copie intégrale du mandement ducal : « Comme nous avons en nos juridictions de Brest, Lesneven et St-Renan du Tay, plusieurs héritages, revenus, tenues, qui sont de notre domaine, lesquels par souffrance et tolérance, tant de nos receveurs, que officiers de justice, ont été et sont tenus et possédés de nos subgetz pour en payer aucuns petits devoirs de moult maindre valeur que volent lesd. terres et tenues, et qui se rendent coupables encore de plusieurs fraudes et abus qui préjudicient à noz revenus..... » et que par ailleurs nous possédons grand nombre de sujets appelés communément mottiers, dont les demeurances s'appellent mottes et sont appartenancées de plusieurs héritages, lesquelles mottes sont tenues de nous aux charges et servitudes qui suivent : « Savoir, chacun teneur et mottier demorant en aucunes icelles mottes debvent par chacun an de recongnoissance à notre recepte ordinaire une geline et ung boisseau avoine avecques ung devoir appelé demande Daoucst et de Janvier et effoiz, et quant aucuns dicels mottiers decedoit sans hoirs masle procroye de luy en loyal mariage estions fondés à leur succeder en meuble et héritage des appartenances desd. mottes, sans ce que les filles, frères, cousins, ou autres parents d'icelluy teneur décédé y puisse aucunement succéder..... Aussi estoient et debvent estre lesd. mottiers contraints à demorer et faire leur demorance esdites mottes et non ailleurs soyt par moyen de mariage ou autrement.... ni debvent avoir faculté ne prendre ne faire prendre ne avoir à leurs enfens tonsure, ne privilège clérical sans en avoir de nous congé et licence pourtant que lesdits clercs, tonsurés, néanmoins qu'ils sont demeurans esdites mottes sont exempts desdits debvoirs et servitudes moyennant qu'ils aient obtenu icelluy privilège par nostred. congé et licence et ainsi anciennement selon que avons été informé par plusieurs gens notables et dignes de foy » ; et ces coustumes ont été observées jusqu'à ce que, il y a peu de temps, certains « teneurs » aient abandonné leurs mottes pour sortir du fief laissant « cheoir en ruynes » les édifices, et même aient aliéné les héritages en question, à différentes personnes, tant gentilshommes que autres, lesquels, par la négligence de nos officiers, ont pris réelle possession de ce qui nous appartient et en disposent comme de leur propre. Des « teneurs » jouissent sans autorisation des privilèges de cléricature uniquement pour s'exempter des devoirs et servitudes et eux aussi quittent le fief. Nous enjoignons à nos officiers de faire désormais respecter nos droits et commettons notre sénéchal d'Henbont pour se transporter sur les lieux desdites mottes et autres tenues afin de les bailler au plus offrant et dernier enchérisseur à titre de féage suivant la coutume de Treguer ou autre en meilleur forme. « Et en ce faisant avons aboly et abolissons aux preneurs desd. tenues et héritages, les héritiers et successeurs, lesd. devoirs de motaige, demandes et subgections auxquels étaient subjects les détenteurs et les en avons exemptés poyant et fournissant lesdits féages et convenants. » « En ce qui concerne les prévosts qui ont coutume en leur prévosté de faire la recette de nos revenus desd. debvoirs, ordonnons que désormais ceux-ci et leurs successeurs feront semblablement en leur prévosté la la cueillette et recette desdits féages et convenants à pareille somme de debvoirs que par cy-devant ils en avaient coutume prendre, et rendront leurs comptes aux fermiers ordinaires... » Donné à Nantes le 18 octobre 1486. Les commis s'étant transportés à Plousané pour procéder à la baillée de l'hôtel et étage, où demeure Even Luczon, au village de Kereven (terres avoisinant celles de Hervé Poulpiquet), les mirent aux enchères, en pure féage, pour 74 sous monnoie de chefrente, foy, rachat et ventes ; la chandelle allumée en présence de Jehan Keraldanet, procureur de Léon, Jehan Goezbrient, receveur ordinaire de St-Renan, fut éteinte sur la dernière mise à prix faite par le dit Luczon.

28 Mars 1505 (m. 2426). — Lettres royaux pour la sauvegarde du commerce de pelleterie en Bretagne.

« Louis, par la grâce de Dieu, roi de France et duc de Bretagne à nos senechaulx, allouez, et lieutenans du ressort de Guingamp et chacun salut. De la part de Henry Le Roux et Yvon Bouteller, pelletiers de notre ville de Guingamp, nous a esté exposé que par avant ces heures sur la remonstre faite à feu nostre très chier et très amé cousin le duc Jehan », que, à l'encontre des entremetteurs du métier et art de pelleterie qui

TITRES DIVERS

employaient peine et temps à s'instruire du dit art dans plusieurs bonnes villes du royaume afin de mieux servir les nobles et autres sujets du duché, des personnes, non du métier, allaient par les foires et marchés de Bretagne, acheter pour les revendre en dehors du pays, « les pennts, cuyrs non ouvure et pelleterie », ce qui amenait une hausse des prix et causait un véritable préjudice au vrai commerce de la pelleterie, — défense avait faite et publiée par le duc d'exporter toute pelleterie. Ordonnance qui fut suivie et donna lieu à des poursuites contre les contrevenants. Mais les abus ayant repris depuis quelque temps, pour les réprimer et répondre aux prières des gens du métier « vous mandons et commandons... faire défense par bannies que nuls ni aucuns de nos subgetz de nostre pays de Bretagne fassent traire, mener, ne conduire hors dicelluy, peaux ni pelleterie cienne sous peine de perdre la denrée et amender en outre ceux qui en sont repris et de non achaipter ni cueillir peaux ni pelleterie cienne es foyres et marchés que seulement lesdits pelletiers pour lesdits mettre en ouvrage... Et vous donnons commission suivant les lettres déjà données par notre feu cousin... »

Donné à Rennes.

1537-1543 (m. 2427). — Copie d'extraits de l'Edit de Moulins (1537) de Lettres, et d'Ordonnances, concernant l'administration des Domaines et leur réformation.

Janvier 1712 (?) (m. 2428). — Supplique adressée à Monseigneur l'intendant Ferrand, par Pierre Boucher, alloué de Machecoul.

Maître Claude Lhéritier, subrogé de Louis Le Lièvre, chargé par le roi du recouvrement des droits de francs fiefs, avait adressé au suppliant un commandement duquel il résultait que feu maître André Boucher et ses consorts propriétaires du fief Renard (consistant en un droit de terrage, paroisses de Paux et de la Trinité de Machecoul) avaient été taxés à 200 # pour les droits de francs fiefs. Or, le fief en question étant situé aux marches de Poitou et Bretagne, se trouve exempt de toutes sortes de taxes et impositions. En qualité de fief Poitevin, il relève du marquisat de la Garnache, en Poitou.

Les privilèges et exemptions des dites marches sont si anciens qu'on n'en peut découvrir la source ; ils ont été renouvelés par lettres patentes du 22 mars 1584 et confirmés par plusieurs arrêts du Conseil. Ces privilèges sont sans restrictions ; les marches sont même exemptes du droit de joyeux avènement à la Couronne, des traites foraines et domaniales.

Marguerite Boucher, sœur de Pierre, et veuve du s^r de la Couronnière Fresneau, adressait, à la même époque, à l'intendant, une supplique semblable.

Claude Lhéritier répondit à Pierre Boucher que le fief en question était situé en Bretagne et par conséquent sujet aux droits de francs-fiefs.

27 Juillet 1723 (m. 2429). — Pièce concernant un procès entre Jeanne Miossec, du quartier de Toussaint, par. de Minihy, et Jean Quéré, du port de Roscoff.

1793-1835 (m. 2430). — Etat des apprécis généraux des grains vendus aux marchés de Vannes depuis 1793 jusqu'en 1835.

En 1793, la perrée vaut : en froment : 37 #.
    seigle : 25 #.
    avoine : 22 # 16 s. 3 d.
    mil : 20 # 1 s. 9 d.

Le prix commun des 20 dernières années est par deux hectolitres :
    en froment : 31 fr. 80.
    seigle : 19 fr. 25.
    mil : 20 fr. 13.
    avoine : 13 fr. 13.

5 Mai 1438 (m. 2431). — Aveu de n. Olivier de la Feillée, s^{gr} de la Ribaudière, au s^{gr} de Montauban, pour le manoir de la Ribaudière.

7 Février 1661 (m. 2432). — Vente du lieu de Belleville, par. de Saint-Helier-lez-Rennes, par hon. h. Michel Cocquen, marchand de draps à Rennes, et Gillette Jarry, sa femme, à hon. h. Isaac Picherre, s^r de la Porte, maître chirurgien à Rennes.

Du Chemin, notaire royal.

25 Août 1750 (m. 2433). — Lettres patentes accordées par le roi, pour la réformation des marquisats de Coetquen et de la Marzelière et Bains, comté de Combourg, baronnies de Bonne-Fontaine, Aubigné, Le Vaurufier, Poligné, vicomté de Rouger, châtellenies d'Uzel, Maletroit à Dol, et autres terres, — à Emmanuel Félicité de Durfort, duc de Duras, lieutenant général des armées du roi, et à Louise-Françoise-Octavie-Céleste de Coetquen, son épouse.

Le roi commet le sénéchal de Coetquen comme juge principal de la dite réformation.

La réformation était devenue nécessaire parce que, par suite des « mauvaises contestations des vassaux », les redevances et obligations des terres en question n'avaient pu être ni dénombrées ni recouvrées.

Indirectement, les vassaux retardaient aussi l'aveu que devait rendre au roi le duc de Duras.

Enregistrement des lettres au Parlement de Bretagne le 5 février 1751 et aux greffes de Coëtquen, le 22 juin. Ce dernier enregistrement est suivi de la réglementation pour le terrier. Les audiences devront se tenir pour Coetquen, Vaurufier, Rouger, dans l'auditoire de Coetquen, le mardi à neuf heures, et pour Combourg, Bonnefontaine, Aubigné, Maletroit, dans l'auditoire de Combourg, le mercredi à neuf heures, pour la Marzelière et Bains, Poligné, dans l'auditoire de Bains, le vendredi, et pour Uzel, dans l'auditoire de cette s^{gie}, le samedi à neuf heures. Les vassaux pourront faire foi par procureur. Les aveux seront sur papier timbré de trois sols..., etc...

Vers 1625 (m. 2434). — Partie d'une production relative à la mouvance de la terre de Tandourier, sous Vauçouleurs, en Corseul, à Marc Rogon.

On y trouve cités grand nombre d'actes : 1620, production du s^r de Tandourie à Christophe d'Espinay, s^r de Broon, baron de Mollay, son curateur, pour plaider au Parlement de Rennes ; — 28 juin 1474, aveu à Robert Lenfant (?), s^r de Tandourie, à Jehan de Rosnevinen, pour les manoirs et s^{gies} de Tandourie et du Bois-Morin ; — 4 juillet 1475, aveu de Bertrand Lenfant, curateur de Raoul Lenfant, au s^r de Rosnevinen et Beatrix de Guitté, sa f^e, pour les mêmes seigneuries ; — 10 juin 1479, quittance de rachat dû à la d^e de Rosnevinen, après le décès de la veuve de Robert Lenfant ; — 24 mai 1523, aveu des mêmes seigneuries par Guillaume Lenfant à Guillaume de Guitté ; — 27 février 1555, aveu de Louis de Guitté à m^{re} Jehan Dannebault (?), s^r de la Hunaudaye, pour Tandourie, le Bois-Morin, la Bertrannaye, la Hallenaye, Tredouhan, Brignac..., etc... ; — 30 août 1556, contrat de vente par lequel Guillaume de Guitté cède à Jean de Begassons, s^r de Loaniers (?), ses droits sur tous les fiefs ci-dessus ; — 3 mai 1524, contrat de mariage entre Thomas de Québriac, s^r du dit lieu, et Claude de Guitté, fille de Guillaume ; — 5 août 1545, transaction entre Guillaume de Guitté, père, le s^r de Québriac et sa femme (200 # de rente seront assises sur le Bois-Morin) ; — 4 janvier 1558, assiette de 200 # de r. données à Marguerite de Quebriac, fille des précédents, alors mariée à F^{çois} de Guémadeuc, sur les bailliages du Grand et Petit Bois-Morin, de la Bertrannaye, du bourg de Corseul, de la Hallenaye, Louet, Brignac, La Rouardaye, Tredouhan, Ozesnay ; — 25 juin 1573, aveu de Louise de Guémadeuc, tutrice de Thomas de Guémadeuc, s^r de Vaucouleurs, rendu au s^r de la Hunaudaye, à cause d'Avaugour et de Montafilant, desquelles s^{gies} relève la terre de Vaucouleurs, en Corseul, composée des bailliages figurant dans l'assiette du

4 janvier 1558 ; — 22 juin 1579, Vincent de Gaudemont (?), éc., et d[elle] Jacquemine de Corbon, sa femme, délaissent à Raoul Labbé, éc., s[r] de la Motte, une maison et héritages au bourg de Corseul, sous Vaucouleurs ; — 10 janvier ..85, vente par Adrienne Lenfant, aïeule du s[r] de la Tandourie, à Jacques Gouyon, de la maison et maitairie du Bois-Morin, tenue du s[r] de Guemadeuc ; — du 6 septembre 1608, contrat de mariage entre René du Breil, s[r] du Pin Pontbriant, et Jacquemine du Guémadeuc, qui reçoit en mariage la terre de Vaucouleurs, en Corseul ; — 3 mars 1615, vente par les précédents de la terre de Vaucouleurs.

RÉPERTOIRE

NOMS DE PERSONNES ET DE LIEUX

(SEIGNEURIES, FIEFS, PAROISSES ET VILLES)

A

Abat ou Abbat (an) (Catherine), 81.
— (F^{oise}), 81.
— (Jean), 72.
— (Thébaude), 258, 261.
Abbaye Mouraud (l'), 115, 116.
Abhervé (Yves), 237.
Abyven (Jan), 233.
Acigné, 25, 151.
Acigné (d') (Claude-F^{oise}), 149.
— (Jan ou Jean), 24, 73, 150.
Acre-Léon, 206.
Allain, 100.
— (Alain), 93.
— (Charlotte), 216.
— (Jacques), 210.
Allaire, 31, 117.
Allègre (M^{ise} d') (Anne), 114.
— (Guy), 114.
Alleno (Pierre), 2.
Allez (Jean), 216.
Alquier de Mesereac (Jacquette-Blandine), 24.
— (Rose-Paule), 24.
— (Vincent), 24.
Ambon, 7, 23, 28, 29, 91, 94, 120.
Amette (René), 9, 11.

Amil ou Amille (Gabriel), 280.
— (Jan ou Jean), 279, 280.
— (Marguerite), 278.
Amphernet (d') ou Damphernet de Pontbellanger, de la page 30 à la page 33.
— (Antoine), 305.
— (Antoine-Henri) 153, 154, 282.
— (Antoine-Louis), 31.
— (Antoin^{ette}-Anne-Louise-Marie), 30.
— (Charles-Félix), 31, 32, 33, 39, 155.
— (Félix), 31, 103.
— (M.), 29.
— (Michel-Louis-Marie-Adrien), 30.
Amour (an) (Hezevise), 211.
Ananat (an) (Bernard), 262.
— (Nouel), 262.
Anctiville, 35.
Anes (Jan), 256.
Angard (Agathe), 197.
Anger (Jehan), 67.
Angleterre ou Engleter (d'), 77.
Anjou, 236.
Annas (Henri), 148.
Annoville, 38.
Antycoz, 196.

22

Anverdon, 113.
Anzilen (an), 231.
Aorn (an) (Guillaume), 286.
Aquitaine, 180.
Archantel (l') ou Larchantel, 221, 227, 303.
Argouges (d') (Louis), 22.
Arret (Guillaume), 195.
Arzal, 69, 94.
Arzel (Jéan), 218.
Asquier (Alain), 273.
Aubigné, 326, 327.
Aubin (Pierre), 7.
Aubraies (les), 163.
Aubusson, 26.
Audierne, 41, 43.
Audouin (Marin), 230, 245.
Audren (Alain), 79.
— (F^{cois}), 80.
— (Gabriel), 232.
— (Guillaume), 79.
— (Jan), 224.
— (Jeanne), 80.
— (Laurent), 80.
— (Marguerite), 80.
— (Marie), 281.
— (Mauricette), 79.
— (Ysabeau), 302.
Aulne (l'), 167.
Aulnette (Louis), 26.
Aulnette du Vaultenet (Gillette), 26.
Aultret (Marie), 166.
— (Hervé), 147.
Auray, 23, 41, 216.
Aurrai (M^r), 37.
Ausquer (Guillaume), 81.
Autret (Laurans), 292.
Avaugour, 114, 214, 327.
Avaugour (d') (Guy), 194, 213, 216, 278.

B

Bacle (Le) (Julien), 111.
Bafferye (la), 35.
Baguer-Pican, 230
Bains, 3, 226, 327.
Balaine (la), 38.
Balein (Le) (Bertrand), 154.
Balley, 93.

Ban (Le) (Hervé), 321.
Bangy ou Baugy (Michel), 304.
Baratte (Guillemette), 16.
Barazour (Jehan), 300.
Barbier, 264, 293.
— (Alain), 314.
— (Gabrielle-Henriette-Euphrasie), 73.
— (Gabrielle-Henriette-Euphrosine), 25.
— (Jacques), 198, 222.
— (Marie), 73.
Barbier de Lescoet, 75.
Barbu (Le) (Aiz), 257.
Barhuédel, 223.
Barrach (Le) (F^{cois}), 186.
Barre (la), 32, 33, 79.
Barré (F^{cois}), 168.
— (F^{coise}), 168.
Bartz (Harvise), 289.
Barvedel, 230.
Barzic (le) (Ambroise), 195.
— (Isabelle), 219.
Bas-Léon, 247, 251.
Basoche, 38.
Basse de Calmon (rue) 20.
Basseline (Jane) 110.
Basserie (la), 36.
Bastonneau (F^{cois}), 310.
Baud, 32.
Baud (le), 20.
— (Jehan), 192.
— (Silvestre), 19.
— (Yves), 192.
Baudiez (du) Louys), 266, 295.
Baudrassière (la), 169.
Bauthamy (Yves), 68.
Bavalan, 29.
Baye, 79.
Bayhiec (Robert), 207.
Bayon (Jean), 4.
Beaucé, 68.
Beaucé (Charles), 119.
Beaufils (de) (F^{cois}), 35.
Beaujouan (Thérèse), 20.
Beaulieu, 5, 15, 96, 106, 110.
Beaumanoir (rue de), 74.
Beaumanoir, 67.
Beaumont (de) (F^{coise}), 92.
— (Jean ou Jehan), 6, 89, 90, 92.
— (Pierre), 89.

Beaumont (de) (Yvon), 89.
Beauregard, 105, 106, 107.
Beaurepos, 294.
Beauvais (de), 116.
Beauvais-Halgaët (de), 116.
Beauvoir, 148, 150, 151.
Beauvoir-sur-Mer, 318.
Bécherel, 163.
Bedoyère (la), 20, 21, 23, 75, 98, 99, 152, 169, 170, 191, 238, 281, 305.
Béganne ou *Begane*, 15, 96, 117.
Bégasson (de) (Clément), 5, 8, 9, 17, 18, 19, 20.
— (Hélène-Gillette), 18, 19.
— (Jean), 327.
— (Mathurine-Sébastienne) 18, 19.
Bégaud (F^{coise}), 15.
— (Julien), 8.
Bel, 90.
Belair, 224.
Beler (Vincent), 42.
Belestre, 7.
Beligant, 222.
— (Jeanne), 229.
— (Olivier), 229.
Bellec (Jacques), 220.
Belleguic (F^{cois}), 95.
Belleville, 326.
Benaron ou *Bennaron* (l'île de), 7, 12.
Benodet, 41.
Benseudic, 163.
Berdouaré, 78.
Bergevin, 314.
— (F^{cois}), 238.
Berguel, 222.
Bernard (ou le), 216.
— (F^{cois}), 211, 212, 222.
— (Hamon), 311.
— (Jacques), 153, 154.
— (Jan), 289.
— (Louise), 222.
— (Marie), 234.
Bernardaye (la), 10, 16.
Bernardaye (de la) (Alphonse), 10, 16.
Bernier (Louis), 270.
Bernon, 11.
Berre (le) (Jan), 228.
— (René), 169.

Berrec'har ou Berréhar (Pierre), 191.
Berric, 18, 94.
Berrien ou *Beryen*, 79, 177, 178, 179, 180, 185, 187, 189, 190.
Berruyer (le) (Valence), 115.
Bertaudière, 107.
Berthe ou Berte (Baltazar), 198, 223, 228.
Berthelot, 117.
Bertier, 23, 26.
Bertrannaye (la), 327.
Bervas (le) (Laurans), 270.
Bescond Cheffdubois (le) (Alexandre-Théophile), 283.
Bescond (le) (Jacquette), 230.
— (Henri), 212.
— (Robert), 208.
Bethléem, 36.
Beurnonville, 43, 44.
Beuvres, 212, 277.
Beuzec-Cap-Caval, 192, 276.
Bezic, Beczit, Bezit, Beizit (le), 3, 5, 93, 94.
Bezic (de) (F^{cois}), 115.
— (Louise), 116.
— (Saldebreil), 115.
Bidant (le), 26, 27.
Biet (Jean), 269.
Biétry, 41.
Bigoignon (le) (Guionne), 182.
Bignan, 39.
Bignat (le), 169.
Bignon, 115.
Bihan, Byhan (ou le) (Alain), 302.
— (Catherine), 281.
— (F^{cois}), 301.
— (Guillaume), 149.
— (Hervé), 302.
— (Jeanne), 216, 267.
— (Marie), 231, 265.
— (Robert), 302.
— (Yvon), 210, 315.
Bilaire, 120.
Bilcot (Martin), 277.
Biligant (Jacques), 294.
Billan (le), 278.
Billanic (le) (Olivier), 235.
Billant (le) (Gabriel), 227.
Billet (Vincent), 79.
Billouart, Billoard, Billoart (Hervé), 197, 230, 245, 246.

Billozaye, 148.
Bingard (le), 38.
Bivallière (la), 90.
Bizian (Guillaume), 216.
Bizien (Bernard), 197.
— (René), 303.
Blain, 41.
Blaison, 221.
Blanc (le), 7, 8, 11, 12, 13, 17, 96.
Blanc (le) (Pierre), 101.
Blanc Sablon, 204.
Blaque, 30.
Blavasson, 111, 112.
Blehamon, 8.
Bleing, 318.
Blevennec (le) (Jean), 100, 109.
— (Vincent), 100, 109.
Bleuzen (Yves), 153.
Blondel (Jacques), 117.
Blossac, 191.
Blot, 29.
Blouch (Le) (F^{ois}), 4.
— (Jehanne), 289.
Bobat, 79.
Bobes (Michel), 90.
Bobreil (de) (Jean), 186.
Bochic (Hervé), 309.
— (Yvon), 285.
Bochier (du) (Julien), 110.
Bocudon, 115, 116, 117.
Bodan (le), 15.
Bodégat, 161.
Bodigneau (Marie), 221.
Bodilliau, Bodillio, 236, 244.
Bodo (le) (Sylvestre), 108.
Bodoyec (du) (Michelle) 5.
Bodriac, 213.
Boeberil, 185.
Boeberil (de) (Jacques), 185.
Boezedan (Mathieu), 79.
— (Yves), 79.
Boffour ou *Bauffour*, 116, 117.
Boguyan (an) (Buzic), 320.
Bohan (Henry), 170.
Bohars, 248.
Bohic (F^{ois}), 320.
— (Guen), 258.
— (Hamon), 258.
— (Jean), 313.
Bohier, Bohiez, 211, 266, 290, 292, 295.
— (Robert), 293.

Bois (le), 110, 317.
Bois, Boys (du ou des), 229, 277, 292, 293, 301.
— (Azelize), 215.
— (Claude), 197, 223, 224.
— (Gillette), 277.
— (Henry), 81.
— (Hervé), 262.
— (Jean), 205, 275.
— (Jehanne), 210.
— (Marie), 262.
— (Prigent), 205, 213.
— (Robert), 268.
— (Yves), 72.
— (Yvon), 260, 261.
Boisadam (F^{ois}), 42.
Boisbriand Charette (de), 116.
Bois de la Motte (le), 23.
Bois de la Roche, (le), 259
Bois de la Salle, (le), 3, 5, 6, 7, 94, 113.
Boisdelasalle (du) (Gabriel), 2, 5.
— (Jean), 3, 8, 9.
— (Louis), 3.
— (Pierre), 2.
Bois-du-Bois, 101,
Boisedan, Boisedam, 80, 81.
Boiséon, 80.
Boiséon ou Boyseon (de) (Claude), 80.
— (Pierre) 301, 302.
Boisgarin, 181.
Boisguérin, Bois-Guerin (le), 116, 117.
Boishuon (de) (Pierre), 151.
Bois-Morin (le), 327, 328.
Bois-Morin (le), (Grand et Petit), 327.
Boismouraull, 117.
Bois-Quélen (le), 174.
Boisrio, 96.
Boisteilleul (le), 17.
Boisval, 37.
Boisvent (Joseph), 42.
Boixière, Bouexière, Bouessière, Boussière (la), 161, 167, 168, 169, 223, 230, 235, 245, 303, 304.
Boissière, Bouexière, Boessière (de la) (André), 17, 20.

Boissière (Catherine), 183.
— (F^{cois}), 196.
— (F^{coise}-Jacquette), 79.
— (Guillaume), 183.
— (Joseph), 79.
— (Marie-Madel^{eine}), 183.
— (Olivier), 79.
— (Pierre-Julien), 79.
Bollan (Yvon), 256.
Boloyve, 36.
Bomer (Robert) 72.
Bon (Henri), 77.
— (Jean), 270.
Bonamour, 37.
Bonaparte, 43.
Bondon, 5, 11, 68.
Bonfils Saint-Loup, 42.
— (Elisabeth-Jeanne-Marie), 42.
Bonleuc (Tanguy), 315.
Bonne-Fontaine, 326, 327.
Bonnepart, 95, 114.
Bonnervault, Bonervault, Bonarvault, 2, 3, 5, 6, 7, 94.
Bonrepost, 10.
Bonté, de la p. 35 à la p. 47, 103, 104, 154, 283.
— (le baron g^{al}), 29, 30, 31, de la p. 39 à la p. 47.
— (la baronne), 30, 32, 38.
— (Mme), 29, 155.
— (Charlotte-Marguerite-F^{oise}) 38.
— (F^{cois}), 35, 37.
— (Guillaume), 37.
— (Jacques-Jean-Baptiste), 38.
— (Jean-Joseph-Aimable), 38.
— (Louis), 35.
— (Margue^{rite}-Char^{lotte}-F^{coise}), 35.
— (Michel-Louis-Joseph)(B^{on} de), 103, 154.
Boquelen, 39.
Bordeaux, 79, 180.
Borgard, 101.
Borgne (Le), (Catherine), 266.
— (Hamon), 289.
— (Jean), 224.
— (Jean-F^{cois}), 82.
— (Maurice), 224.
— (Marguerite), 289.
— (Yves), 263, 303.

Born (Le ou an) (Guillaume), 82.
— (Jehan), 321.
Borne, 99.
Born Faramus (Le), 259.
Boro, 155.
Bot (le), 11, 17, 19, 26.
Bot du Grégo (du), 1, 75, 99, 103, 119, 246, 305.
— (Le Mis), 32, 33.
— (André), 2, 3, 4, 8, 92, 93, 118.
— (Bertrand), 6.
— (Charles), 4, 6, 7, 8, 10, 12, 14, 17, 22, 24, 96, 97, 110, 153, 248.
— (Charles-F^{cois}), 271.
— (Charles-F^{cois}-Jules), 23, 24, 26, 27, 28, 99, 100, 108, 113, 120, 151, 152, 153, 238, 239, 281, 282, 305.
— (Charles-Jules), 170, 282.
— (Charlotte), 30.
— (Charlotte-Louise), 153.
— (F^{cois}-Gabriel), 23, 111.
— (Gabriel-F^{cois}), 22.
— (Gillette), 8, 11, 12, 13, 17.
— (Gillonne), 9.
— (Guillaume), 2, 6, 118.
— (Jacques), 23, 25, 107, 108.
— (Jehan, Jan, Jean), 1, 5, 6, 7, 16, 21, 22, 23, 97, 98, 114, 117.
— (Jean-Louis), 25, 107.
— (Jeanne), 6.
— (Julien), 4.
— (Julienne), 2, 7, 8.
— (Louise-Exupère-F^{coise}-Charlotte, 29, 31, 103, 154, 155, 282.

Bot du Grégo (du) (Marguerite), 3, 5, 8, 18, 19, 20.
— (Maurice), 7, 8, 9, 12, 14, 16, 97, 113.
— (Michelle), 7, 11, 12, 13, 17.
— (Pierre), 3, 4, 6, 7, 8, 10, 12, 13, 14, 15, 16, de la p. 93 à la p. 97, 110, 112, 118, 119.
— (Prudence), 22.
— (Suzanne), 5, 7, 9, 16.
— (Thomas), 110.
— (Thomas - Scolastique), 22, 23, 24, 2², 98, 111, 117, 152.
— (Vincent), de la p. 6 à la p. 22, 96, 97, 106, 110, 113.
Botbilio ou *Botbillis*, 2, 107.
Botblay, 100.
Botcouart, 20.
Botderu, Duboteru (de) (Jeanne), 6, 7, 14, 17, 21, 22, 96.
Boteguino, *Botiguineau*, *Botigneau*, *Botenigneau*, *Botiguigno*, *Botiguigneau*, *Botteguinau*, 24, 80, 149, 162, 167, 191, 235, 281.
Boterel, Botherel, Botterel (Anne), 150.
— (F^cois), 109.
— (F^coise), 113.
— (Jean), 150.
— (Renan), 234.
Botherel de St-Denac (de), 27.
Botterel de Quintin (Jérôme-Daniel-Marie), 74.
Botermault, 90.
Botgartz, *Botgars*, *Botgarz*, 212, 248, 295, 321.
Botguenio, 318.
Botiguery, 197.
Botillieau, 225.
Botmeur (Jehan) (de), 159.
Botrel, 89.
— (Anne), 149.

Botrel (Etienne), 148.
Boucher (André), 325.
— (Marguerite), 325.
— (Pierre), 325, 326.
Boudier ou Bondier (André), 35.
— (Catherine), 38.
— (Geneviève), 37.
— (Geneviève-Catherine), 35.
— (Joachim), 36.
— (Marc-Antoine), 36.
— (Marguerite), 36.
— (Robert), 36.
Boudonnou, 252.
Bouexic (du) (Hélène), 185.
Bouget (le) (Robert), 197.
Bougis (Charles), 166, 186.
Bouhier (Philippe), 148.
Bouilloucze (Clémence), 210.
Boulain (Yvon), 256.
Boullaye (la), 6.
Bourbon (de) (Suzanne), 119.
Bourbuisson, 38.
Bourdilleau (Barbe), 222
— (Catherine), 222.
— (F^cois), 222.
— (Geneviève), 222.
— (Jacquette), 222.
— (Marguerite), 222.
— (Marie), 222.
Bourdon (Guillaume), 35.
— (Jeanne), 35.
— (Pierre), 36.
Bourdonnaye (de la) (Jean), 2.
— (Julien), 8, 9.
— (Louis-Gabriel), 191.
— (Le P.), 21.
Bourg (le), 190, 255.
Bourg (an) ou Bouc'h (Yvon), 255.
Bourgeois (F^coise-Rosalie), 74.
Bourgerel, 6, 11, 68, 94, 96, 182.
Bourgne (le) (Morice), 275.
Bourgneuf (de) (Jacquemine), 117.
Bourhis ou Borhis (le) (Anne), 180.
— (F^cois), 180.
— (Guillaume), 177, 178, 179, 180.
— (Pierre), 177, 178.
Bouriost, *Bouryot*, *Bourgot*, 277, 290, 292, 293, 320.
Bourique (Marion), 72.
Bourlaix (le) (F^cois), 178.
— (Jean), 178.

Bourlles (le) (Jean), 1778.
— (Thomas), 18.
Bourmon (de), 39.
Bourpaule, Bourgpaule, 118.
Bourreban (Marguerite), 147.
Bourriquen (Guillaume), 166.
Bouteiller (Jean), 218.
Bouteller (Yvon), 324.
Bouteroux, 21.
Boutin (Noel), 185.
— (Prudence), 11.
Bouvans (de) (René), 179.
Bozelle (Henri), 287.
Brambis, 96, 110.
Brancilin, 214.
Brandagne (Laurence), 278.
Brandegué, 195.
Brandegué-Bihan, 195.
Branfeu, 116.
Branrun, 105, 106, 108.
Brantonnet, 17, 20.
Bray ou *Braye*, 18, 22, 110, 115, 116, 117.
Braspartz, 159.
Breafort, 19.
Bréal, 185.
Brecean Beraye (de), 117.
Brech, 216.
Brechelen, 317.
Brehelen, Brehellen, 214, 220.
Brehelen-Bihan, 195, 220.
Breignen, 303.
Breil (ou du) (Antoine), 152.
— (Marguerite), 209.
— (René), 328.
Breingnou, 261.
Brélévenez, 163.
Brellés, 220.
Brelleuc (G.), 288.
Brendegué, 211, 222.
Brenduzal, 222.
Brenhert (F^{cois}), 216.
Breniyou ou Brenichon (Jeanne), 186, 187.
Brenterch, 197.
Brenterch (Jehan), 212.
Brenugat (Pierre), 5.
Brequigny (de) 116.
Bresac, 278.
Brésal (de) (Bonaventure) 75.
Brest ou *Bret*, 24, 44, 72, 73, 78, 82, 206, 208, 211, 212, 221,

223, 229, 230, 232, de la p. 236 à la p. 241, 243, 248, 249, 250, 251, 277, 282, 283, 294, 304, 319, 323.
Brestier (le), 167.
Bretagne (duc de), 5.
— (F^{cois}), 249.
— (Jehan), 324.
— (D^{chesse} Anne), 6, 249.
Bretagne (de) (F^{cois}), 205.
— (Jean) 205.
Breugnon (de) (Marie-Catherine), 68.
Breuilley, 36.
Briand, Briant (Marguerite), 214, 219.
— (Marie), 281.
— (Olivier), 210.
— (Sébastien), 289.
— (Yves), 302.
Briczon, Brizon, 90, 91, 95, 96, 97, 98.
Briec ou *Briziec*, 150, 155, de la p. 157 à la p. 166, 168, 169, 170.
Brignac, 89.
Brignac (de) (Jean), 89.
Brignen, 303, 304.
Bris (Le) (F^{cois}), 172.
Brisson, 21.
Broel, 69.
Broerec, Broerech, 13, 90, 102, 108, 109, 120.
Broon, 327.
Brouillac, 24, 238.
Brousse (la), 6.
Bruc, 116
Brudes (Marie), 209.
Bruillac, 239, 282.
Brunault (le), 147.
Brune, 215.
Brune, 43.
Bruyère (la), 44, 45, 46.
Bubry, 20.
Budy, 115.
Bugon (Etienne), 119.
Buguel (Olivier), 79.
Bulhier (Jacques), 169.
Burel (Joseph-F^{cois}), 239.
Butault (Nicolas), 5.
Bys (le) (Olivier), 212.

C

Cabalan, Cabalanc, Cabalant, 277, 278, 280.
Cabenno, 4.
Cabon (Charles), 236.
Caden, Cadin, 23, 105, 107, 108, 109, 120.
Cadiou (Hervé), 293.
— (Jan ou Jean), 285, 288, 309.
— (Odierne), 285.
— (Robert), 72.
Cadoudal (Jehan), 265.
Cadrouillac (Annic), 222.
Caen, 43.
Caillemouton (Benoît), 76.
Calamaign (André), 77, 285, 322.
— (Catherine), 76, 78, 321.
— (Hervé), 76, 291.
— (Marie), 255, 286, 291.
— (Pezron), 76, 289, 291.
— (Yvon), 76, 78, 289, 291.
— (Yvon-Michel), 291.
Calan, 187, 190.
Callac (de), 1, 109.
— (Pierre), 186.
— (Ysabeau), 94.
Calligné, 11.
Calmez (P.), 309.
Calvados, 42.
Calvez (F^{cois}), 270.
Calvincq, 149.
Camarec, 7, 97.
Cambaras, 11.
Cambout, Combout (ou le), 97, 105, 106, 107, 108, 150, 225, 226.
Cambout (du) (Allain), 225.
— (Armand-Joseph), 106.
— (François-Anne-Guillaume), 107.
— (Jacques), 105, 106, 108.
— (Marie), 181.
— (Maurice), 226.
— (Pierre-Armand), 106, 107.
— (René), 105, 108.
Caméan, 260.

Camoel, 39.
Campir, Camphir, 277, 279, 280, 318.
Campir-Bihan (ou Bras), 279, 280.
Campir, 260, 318.
— (Eléonore), 261.
— (F^{coise}), 76, 318.
— (Jehan), 285.
— (Morice), 315.
— (N.), 316.
— (Prigent), 71, 76, 257, 260, 275, 285, 321.
— (Tanguy), 276, 290.
— (Yvon), 273.
— (Yvon-Prigent), 290, 291.
Canaber (de) (René), 181.
Canada, 167.
Canfern, 90.
Caouce (Jan), 281.
Capitaine, Capittaine, Capiten,
— (Henry), 158.
— (Ysabeau), 161.
— (Ysabelle), 161.
Caradeuc, 25.
Carcé, 253.
Cardelan, 2.
Cardoze (de) (Agnès), 166.
— (Louise), 166.
Cardun (Jehanne), 89.
Carentan, Carantan, (35, 38, 162, 221.
Carhaix, 45, 74, 79, 151, 181, 182, 183, 184, 190, 192.
Carheil, Caraheil, 105, 106, 107, 108, 111.
Cariou, Caryou (Alain), 157.
— (F^{cois}), 161.
— (Yvon), 160.
Carlotti (de) (Elisa), 30.
— (Thérèse-Elisa-Agathe-Louise, 39.
Carn (Claude), 195, 197.
Carnac, 6.
Carnavalet, 24. 73, 151.
Carné, 149, 162, 221, 268, 279.
Carnesne (de) Carlobert, 230.
Caron de Beaumarchais, 118.
Carpon, Carpont, 164, 165, 227, 320.
Carré (F^{cois}) (dit Rodrigue), 42.
Carreaux (les), 36.
Cartier (le), 5.

Castell (an), 210.
Castellan (de) (Claire-Angélique), 27.
— (Sévère-Armand), 22.
Castelleuc (Éven), 255.
Castelouez, 314.
Castel-Pharamus ou *Castel ar roue Pharamus* 247.
Catholoïgne, 106.
Caud (Pierre), 9.
Caudrec, 106.
Caudrée, Caudré, 105, 106.
Causeur (Hamon), 259, 264, 265.
— (Jehan ou Jan), 256, 259, 262.
— (Pierre), 228.
— (Prigent), 211.
— (Vincent), 245.
— (Yvon), 256, 265, 319.
Cauvet, 36.
— (Geneviève), 35.
— (Jacques-Philippe), 36.
Cavoste, 198.
Cazre (Aurigine), 256.
Cecillon, Secillon (de), 99.
— (Arthur), 8.
— (Jacques), 7, 8, 11, 12, 96, 119.
— (Louis), de la p. 8 à la p. 12.
Cévaër (Guillaume), 170.
— (Laurent), 170.
Chabannaye, 155.
Chaffaut, 105, 107.
Chainay-aux-Boulailler (la), 148.
Chaix (Marguerite), 236.
Chalotais (la), 25.
Chamballan, 91, 111.
Chamballan (de) (Marguerite), 111.
Chambon (N.-D. de), 148.
Champion (Jehan), 206.
Chantaux (le) (Claude), 113.
Chapelle-Bouëxic (la), 31.
Chapelle (de la) (Esther), 111.
— (Henry), 111.
— (Hervé), 212, 277.
Chapelle (Yves), 115.
Chapronnier (le) (Louis), 79.
Charette (Gilles), 112.
Charles VIII, 248, 249.
Charles (Georges), 196, 223, 228.
— (Jeanne), 304.

Charles (Renan), 195.
Charpin (le), 42.
— (de) (Antoine), 180.
Chasse d'Andigné (la), 195, 196.
Chasteaubriant, 67.
Chasteaugaultier, 280.
Chasteaumen (du) (J.), 310.
Chastel, Chatel (le) 71, 72, 193, 197, 205, 216, 217, 222, 224, 226, 233, 240, 241, 247, 251, 259, 262, 267, 273, 275, 285, 290, 295, 299, 301, 304, 313, 314.
Chastel, Chatel (du) 21.
— (Anne-Claude-Jacquette), 282.
— (F^{cois}), 314.
— (Gillette), 159.
— (Guillaume), 295.
— (Henry), 255.
— (Jehanne), 300.
— (Marie-Jacquette-Aude), 75, 152, 170, 191, 238, 239, 271, 281, 304, 305.
— (Mence), 313.
— (Tanguy), 262, 275, 290, 313.
— (Thomas), 299.
Chastel de la Bedoyère (du) (Marie-Aude-Jacquette), 151.
Chastellier (le), 227.
Chastret (le), 208.
Chat (le) (René), 6.
Châtaigneraie (la), 168.
Châteaubriand (de) (Marguerite), 67.
Châteaudérec, 2, 91.
Château-Gontier, 40.
Châteaulin, 31, 150, 154, 160, 166, 167, 170, 171.
Châteauneuf, Châteauneuff, 30, 148, 153, 154, 186, 187.
Châteauneuf, Chasteauneuf (de) (F^{cois}) 4, 6.
— (Tanguy), 277.
Châteauneuff du Faou 40, 41, 78, 80, 154, 158, 191.
Chatelet (le) 310.
Châtillon, 150.
Châtre (la) 165.

Chaucec, Chauceq (le) (Guillaume) 207.
— (Yvon), 210.
Chef du bois, Cheffdubois ou (Penancoat (le), 199, 233, 243.
Cheffdubois (le) 151.
Chemin (du) 326.
Chernin, 11.
Chesnaye (la), 67.
Chesnaye (de la) (Yvonne), 18.
Chevalier (le) (F^{coise}), 38.
Chevreul (Arthur), 3.
Chevrollière (la), 235.
Chèze (la), 287.
Chezne (le), 180.
Chine, 236.
Chiron (Olivier), 98.
— (Symphorien), 101.
— (Vincent), 101.
Chocart (le) (Henri), 256.
— (Jehanne), 316.
Cholennec (le), 237.
Choquet de Lindu, 24.
Chotard, 105.
Chotart (Gilles), 108.
Christy (André), 37, 38.
— (Catherine-Marguerite), 38
— (F^{coise}), 36.
— (Marie-Jeanne-Elisabeth), 38.
— (Pierre), 35, 37, 38.
Christy Hacqueville (la Citoyenne) 38.
Christy de la Morinière, (Marie-Charlotte), 31, 35, 38.
Clarté (la), 13, 23, 93.
Cleach (Henry), 168.
Clec'h (Charles), 162.
— (Jeanne), 162.
Cleden-Poher, 149.
Cleder, 222.
Cleguennec, 109.
Clerc (Jacob), 315.
— (Olive), 315.
Clerigo (ou le), 6, 112, 114.
Cleuziou (du) (Jeanne), 164.
Cleyret (Yvon), 207.
Cliscouet (ou le), 89, 90, 91 de la p. 94 à la p. 98, 102.
Cloarec (Jan), 303.
Clouet (Anne-Marie), 27.
Cloistre (le), 186.

Clos Grimaud (le), 117.
Closo (le), 115.
Closteuarne, 279.
Cnechquatec, 157.
Coadic (Louise), 162.
Coat (le) (Robert), 268.
Coatalio, 243, 282.
Coatanezre, Coetannezre, Coattanezre, Coatannezre (ou de) (Anne), 149, 152, 162, 163, 164, 221, 268, 269, 279.
— (Guillaume), 192.
Coatanguy, 302.
Coatangueffre (Simon), 321.
Coatanhay (Guillaume), 260.
Coatanmoal, 221, 278, 313.
Coetanmoal (de) (Jouhane), 313.
Coatannea (Jean), 229.
Coatanscour, 185, 186, 187.
Coatanscour, Coetanscour (de) (Alexandre), 25, 73, 186, 187.
— (F^{coise}-Marguerite), 188.
— (Louise), 189.
— (Louise-Margu^{erite}), 22.
— (Yves), 185.
Coatarmoal, Coetarmoal, Coatarmoual, Couetarmoel, Coatermoal, Coatarmoel, Coatarmal, Coatanmoal, 27, 31, 74, 75, 76, 103, 162, 164, 167, 193, 231, 232, 235, 238, 239, 242, 269, 280, 281, 304, 318.
Coataven, 163.
Coatborch, 152.
Coatcomnes, 210.
Coatdenez, 211.
Coateloret, 181.
Coateven, 227.
Coatgoetz, 218.
Coatguellen (de) (Jeanne), 231.
Coathodraon, 231.
Coatibescont, Coatirbescond, 269, 311, 312.
Coatinsaux, Coatinsaoulx, 197, 225, 226, 233, 243.
Coatlazron, 269.
Coatlestremeur, Coetlestrémeur, 210, 236.
Coatlosguet, 209.

Coatmeal (Vte de), 193.
Coatnont, 303.
Coatodrach, 278.
Coatouzrach, Coathozrach, 278.
Coatpont, 77.
Coatqueau, 190.
Coatsaliou, 226, 319.
Coatouton, 77.
Coastellou, 276.
Cochenne (le) (Louis), 191.
Cochet (Louis dit St-Vallier), 42.
Cocquen (Michel), 326.
Codescodec, 101.
Coëtanet, 199.
Coetanguerffre, 316.
Coetangueffure, 321.
Coetanguern, 148.
Coetanhaz, 261.
Coëtanlau ou *Coëtalan*, 189.
Coetbily, 230.
Coetbouc'h, 148.
Coetboven, 119.
Coetcam, 320.
Coëtcastel, 246
Coetcheron, 209.
Coetdener, 209.
Coetdic (du) (Renée), 223.
Coetduval, 302.
Coetedern, 293.
Coeteles, Coëtles, Coatles, Coetlez, Coetelez, 300, 301, 302, 320.
Coetenes, Coettenes, Coatenez, 195, 210, 227, 237, 299, 320.
Coeteves, Coataves, Coatevez, Coetevez, Coettevez, 24, 27, 224, 232, 238, 239, 241, 243, 245, 281, 282, de la p, 299 à la p 305.
Coeteves, Coyteves, Coyettevez (de) (Hervé), 299, 313.
— (Marguerite), 299.
Coetguelven, 239.
Coetgars, Cosgartz, Coatgars, Cozgars, Couetgarz, Coetgartz, Coatgartz, 197, 205, 210, 214, 221.
Coetiboch, 252.
Coetinisan, Coetynysan, Coatynisan, 292, 300, 301, 313, 314, 320, 321.
Coetivi, Coetivy (ou les), 72, 259.
Coëtjunal, 321.
Coëllesguer, 197.
Coëtlogon, 116.

Coëtlogon (de) (F^{cois}), 183.
— (Marguerite), 185.
Coetlosquet, 82.
Coetlosquet (du) (Jean-B), 82.
Coetmanach, Coatmanach, 194, 195, 212, 213, 311.
Coetmanach, Coatmanach (ou de)
— (Bertrand), 294.
— (Ollivier), 80.
Coatmanach-Bihan, 222.
Coetmel, 274.
Coetmeur, Coatmeur, 211, 273, 274, 316.
Coetnemprez, Coatnempren (ou de), 277.
— (Achille-Jean-B.Guy), 238.
— (Alexandr^{ine}-Gabr^{ielle}) 238.
— (Armand-Guy-Simon) 238.
— (Armande-Charlotte), 238.
— (Guy-François), 238.
— (Jeanne-Armande), 238.
— (Joseph-Guy-Pierre), 238.
Coëtnisan, 300.
Coëtomnes, Coatomnès, 195, 229, 317.
Coetquen 326, 327.
Coetquen (de) (Louise F^{coise}-Octavie-Céleste), 326.
Coetquennec, Coetguennec, Coatquennec, Coatqueneuc, Coatguennec, Coetguenec, 81, 216, 231, 232, 258, 259, de la p. 261 à la p. 266, 270, 286, 295, 303, 310, 316, 321.
Coetqueneuc (de) (L'Abbé Jean), 316.
— (Henri), 285, 286.
Coetrevan, 302.
Coetuhon, 292.
Coezon, 230.
Coffournic (Julien), 97, 98.
Coguen (le) (Guillaume), 192.
Cohars, 197.
Coipel, Couespel, Coespel, Couaspel, Couepel, 5, 10, 12, 14, 110, 111.

Coisquin, 116.
Coissault (Raoul), 72.
Colin ou Colyn (Christophe), 219.
— (Ysabelle), 302.
Collarel de Penerff (de) 99.
Colle, 41.
Colleno (Jean), 108.
— (François), 110.
— (Ysabeau), 91.
Collobel (Marin), 11, 17, 19.
Collogat, 119.
Colomb (Général), 44.
Com (du) (Francoys), 261, 318.
Comaille (de) (Yves), 320.
Combourg, 326, 327.
Combrit, 41.
Comte (le) (Bonne), 5.
— (J. M.), 40.
Concarneau, 41, 77, 79, 80, 192.
Connelen Kerdonyou, 295.
Connerre (de la) (Olivier), 98.
Conquet (ou le) 204, 209, 216, 232, 236.
Conscience, 46.
Conseul (Guillaume), 321.
Coray, Corray, 45, 77, 78, 147, 148, 149, 152, 153, 173, 174, 175.
Corbelais (la), 116.
Corbon (de) (Jacquemine), 328.
Cornabel (Guillaume), 16.
Cornargasel, 222.
Cornec (le), (Jean), 172.
Cornel (le), 165.
Cornellec (an) (Jehan), 210.
Cornet (Charles-Antoine), 153.
Cornillan (Noël), 218.
Corno, 89.
Cornouaille, 71, 99, 149, 165, 168, 182, 213, 260, 269, 287.
Cornouaille (de) (Charlotte), 82.
Coroller, 82.
— (Barbe), 82.
— (Jan), 230.
— (Jean-Casimir), 82.
— (Olivier), 293.
— (Pierre-Marie), 82.
Corp, Corf (ou le) (Yves), 196, 231, 246.
Corpel (Hamon), 261.
Corran (Anne), 314.
Corre (le) (Anne-Marie-Jeanne), 171.

Corre (le) (Jeanne), 303, 304.
— (Mathurin), 108.
— (René-Maurice), 171.
— (Richard), 205.
Corre de Kerscunc, (le) 245.
Corroar, 167.
Corvaizier, (Jean), 169.
Corseul, 327, 328.
Coscat (de) (Michel) 5.
Cosquer, Cotzquer, Cozquer (ou le), 91, 96, 97, 98, 191, 198, 210, 224, 231, 232, 245, 278.
Cosquer-Saint (le) 191.
Cosqueric, Cosgueric, 90, 95, 96, 97, 98.
Cosqueric (Yves), 166.
Cossard, 42.
Coste (Marie-Catherine), 238.
Costiou (F^{oise}), 224.
— (Marie), 210.
Cotarday (la), 107.
Côtes-du-Nord, 42.
Cothartz, Coathartz, 222, 223.
Cotymoguer-Kerguelen, 218.
Cotzfourn, 218.
Couarder, 91.
Couargant, 164.
Coudray (ou le), 41, 92, 116.
Coudrays, Couldraye (la), 99, 185.
Coudrays, Couldraye, Coudraye (de la) (Bertrand), 4.
— (Jacques), 6, 7.
— (Jeanne), 9.
— (Joseph), 110.
— (Perrine), 95.
Coudray (du) (Olive), 68, 69.
Coudrays (les), 11.
Coueldigo, 93.
Coueldigo, Coeldigo (Le Bas ou Le Haut), 90, 93, 94, 95.
Couetihuel, 95, 97, 98.
Couettec, 20.
Coueslan, 69.
Couesnongle, 117.
Couespais, Couespays, 15, 110.
Coulange (Louise), 112.
Coulombel (André) (dit Petits Yeux ou Cœur de Lion), 42.
Coupperye (Marie), 119.
Courault (Jehan), 206.
Courcy, 38.
Courcy (de), 251.

Couronnière-Fresneau (de la), 325.
Courtois, Courtoys (Jan), 319.
— (Olivier), 198, 223, 226.
— (Yves), 197, 198, 233.
Coussais (Marie-Catherine), 238
— (Marie-Charlotte), 238.
— (Mathieu), 238.
Coussais la Feillée (Pierre), 238.
Coussais de Villemon (Pierre), 238,
Cousturet, 5.
Coutances, 31, 35, 36, 37, 38, 43.
Coz (an ou le) (André), 286.
— (F^{ois}), 182.
— (Jehanne), 316.
— (Yvon), 286, 300.
Cozarhant (Marie), 310.
Cozffinas (Daniel), 309.
— (Morice), 309.
Cozgarez, 208.
Cozian (Jean), 282.
Cozic (ou le), 208.
— (Bernard), 204.
— (Lucas), 185.
Cozkaer, 163.
Cozmoguer, 208.
Cozty-an-Saulx, 214.
Cran (ou le), 208, 211.
Craneguy (F^{ois}), 108
Craouzon (Jan), 221.
Creachanvellin, Quenec'hanmellin, 149.
Crec'hanveil, 149.
Crec'heven, 149.
Crec'hquerault (de) (Barbe-Julienne), 82.
Cremelle (Georges), 42.
Crémenec, 208.
Crémeur (de) (René-Louis), 234.
Crénivily, 192.
Crenncere (la), 36.
Crépin, 79
Crespon, 161.
Croas-an-Pennec, 153.
Croas-an-Tanvé, 226.
Croix-Helléan (la), 42.
Croix-Neffrer (la), 260.
Croslais (de), 117.
Crosnier (Guillemette), 69.
Crossec (le) (Jacquette), 9.
Croze (Anne), 5.
Crucifix-des-Champs, 303.
Cruguel, 233.

Cruguil (le), 163.
Cudel (Marguerite), 184.
Cumunel (Toussaint), 153.
Curru (ou le), 24, 27, 31, 33, 71, 73, 74, 78, 99, 103, 162, 194, 212, 216, 218, 219, 221, 231, 232, 235, 238, 239, 240, 243, de la p. 247 à la p. 253, 255, de la p. 256 à la p. 271, 278, 279, 280, 281, 291, 292, 295, 296, 301, 302, 304, 310, 311, 312, 317, 318, 320.
Cussé (de) (Claude), 318.
Cuzcaoul ou *Cuzcou*, 157.
Cybouault (Louise), 119.

D

Dalesso, 1.
Dalideuc (Yvon), 216.
Dallayeun (F^{cois}), 172.
Damany, 207, 227, 245.
Damet (Julien), 11.
Dammartin (ou de) (Jean), 173.
— (Jeanne-Renée), 77, 173, 174.
— (Margu^{erite}-Oli^{ve}), 174.
— (Morice), 173.
Dancel (Charles-F^{ois}), 36.
Daniel ou Daniel de Trévenilly ou Deniel, 77, 175.
— (Henry), 77
— (Henry-Michel), 77.
— (Hervé), 294.
— (J.), 78.
— (Jacques-René), 77, 78, 174, 175.
— (Jan, Jean), 4, 5, 120, 223.
— (Jean Corentin), 77.
— (Joseph), 42.
— (Josèphe), 77.
— (Joseph-Nicolas), 77.
— (Julien), 223.
— (Marc), 42.
— (Marguerite), 291.
— (Marie-Josèphe), 175.
— (Marie-Thérèse), 77.
— (Olivier), 277.
— (Pétronille), 77.
— (Pierre), 77, 173, 174.

Daniel (René), 175.
— (Yvon), 257, 277, 291.
Danilo (Vincent), 28.
Danjou (Gilloine), 148, 150.
Dannebault (Jehan), 327.
Dano (Jan), 110.
Dantec (an ou le) (Jehan), 157.
— (Nedelec), 158.
Daoulas, 72, 178, 213, 234, 303.
Darce (le) (Hervé), 313.
Darcillon (Catherine), 170.
Dary (Charles), 281.
Dasbille, 115.
David, 37.
— (Jean), 165.
— (Gabrielle), 9, 11
— (Marguerite), 9, 11.
— (Michel), 11.
Davy (Gabrielle), 9.
— (Marguerite), 9.
— (Michel), 3, 9.
Daznaou, 204.
Dé (le) (Marie), 169.
Deauguer (le) (Barbe), 277.
— (Jan), 278.
Decourbes, 78.
Dehellec, Dehelleuc, 260, 252, 261.
Delaporte (M^r) 30.
— (Augustin), 184.
— (Jérôme-F^{cois}), 283.
Delefistre (F^{cois}), 222.
Delescaznal (P.), 309.
Dellec (le), 266, 269.
Delmère, 42.
Demaigné (Catherine), 96.
Dencuff, Deincuff (Catherine), 224.
— (Hervé), 231.
Dencuff de Penandreff (J^n-Hervé), 237.
Denis, Denys (Jacques), 191.
— (Jean-Marie), 82.
— (Simon), 42.
Denmat (Jean), 6.
Derf (le) (Jean), 101.
Derian, Deryan, 263, 293.
— (P) 208.
— (Prigent), 208, 261.
Déron (le) 116.
Derrien, Deryen (Jacques), 165.
— (Marguerite), 214.
— (Prigent), 276.
Derval, 26.

Derval (de) (Anne-Prudence), 26
— (F^{cois}), 22.
Dervez, 219.
Desaleurs, Desalleur (Gilles-F^{cois}), 23.
— (Julien), 18.
Desbois (Yves), 270.
Dessefort, 1.
Deslandes, 218.
Deslandes (Pierre), 36.
Desloges, 237.
— (F^{cois}), 234.
— (Sébastien), 234
Desnos des Fossés (Marie-F^{coise}-Louise), 271.
Desportes, 36.
Deux-Sèvres, 41.
Dévot (Pierre), 169.
Dévusé (M^r), 36.
Dieulangar, 149.
Digabel (le), 93.
Digourost, Digouroust (ou Lorfebore) (an) (Bernard), 288, 289.
— (Yvon), 288.
Dinan (de) (Bertrand), 67.
Disquay (du) (Jacques), 169.
— (Pierre), 168.
Diverrès (Henry), 152.
Dol, 22, 117.
Douarnenez, 41, 79.
Douaro (le), 23.
Doucet (Yvonne), 9.
Doudard, 11.
Douget (le) (Constance), 222, 224.
— (François), 197, 223.
— (Robert), 197.
Douguedroat, Douguedroit (Guillaume), 170.
— (Marguerite), 182.
— (Yves), 170.
Dourdan (le), 31.
Dourdu (le), 262.
Dourguy (le ou du) (Jean), 231.
— (Jean-Louis) 79.
Dréan (F^{cois}), 6.
— (Joseph), 102.
Dréan (le) (Guimarch), 73.
Dreaneuc (le) (Even), 288
— (Robert), 206.
Dreau (le), 182.
— (Corentin), 153.

Dreau (Guimarch), 279.
Dreffles (An) (Marc), 321.
— (Marie), 321.
Dreffuez, Dreffues, 265, 269, 280.
Dreffuez, Dreffues (an ou le) 259.
— (Amice), 259.
— (Hervé), 260.
— (Jehan), 255, 260.
— (Marguerite), 259, 260, 261.
— (Pierre), 259.
— (Vincent), 259, 260.
Dreffues an Penalan, 257.
Drenes (an) (Morice), 256.
Dreneuc, Drenec (ou le) 198, 212.
— (Christophe), 277.
— (Françoise), 222.
— (Gabriel), 197, 226.
— (Guillaume), 215.
— (du) (J.), 203.
— (Yvon), 203.
Dreseuc, Dresec, 195, 229.
Drésit (du) (Mathurin), 232.
Dresnay (le), 150, 151.
Dresnay (du) (Jehan), 76.
Drévès (du) (Gabriel), 244.
— (Guillemette), 244.
Drevez, 312.
Droillart (Jean), 89.
Drollo (le), 81.
Drouet, 40.
Drugeon, 41.
Druse (de) (Mme), 116.
Drut (le G^{al}), 40, 41.
Du (le) (Alain), 157.
— (Denys), 161.
— (Yves), 191.
Duault, 81.
Duault (Jehan), 158.
Duboys, 294.
Dubreil (Pierre dit Victor Tirailleur), 42.
Duc (le), 235.
Duigou (ou le) (F^{cois}), 173, 174.
— (Jehan), 161.
Dujardin (Guyonne), 15.
— (Silvestre), 15.
Dumans (Scholastique), 198.
Dumay, 112.
Duras, 326, 327.
Duras (Maréchal de), 118.

Durfort (de) (Emmanuel-Félicité), 326.
Durz (An) (Fiacre), 311.
Dutilh (G^{al}), 46.
Duval (G.), 274.
— (Hervé-Jean), 237.
— (Marguerite), 320.
— (Marie), 82.
Duvignet (Pierre, dit Constant ou Bellizaire), 42.
Dymoine, Dymoyne (le), 207, 259, 264.
— (Alain), 223.
— (Olivier), 209.
Dynan (de) (Annette), 245.

E

Eas (An) (Marie), 261.
— (Vincent), 261.
Encoignard (Elisabeth), 37.
— (Nicolas), 37.
Encoignard des Viviers (Charles), 36.
Ecoullant (Adrien), 36.
Edeny, 220.
Eudo (Jan), 181.
Edern, 147, 148, de la p. 157 à la p. 161, 163, 165, 167.
Elbeuf, 115, 118.
Elestreuc, 286.
Elez (Robert), 263.
Elliant, Elyent, 147.
Elven, 47.
Enes (an), 286.
Eneuff (Eléonore), 72
Enfer (l'), 4, 5, 7.
Eperche (F^{cois}), 42.
Epesses (les), 36.
Epinay, 99, 107.
Espinay (d') (Christophe), 327.
Ergué-Gabéric, 163, 165.
Erouard 42.
Escu, Ecu (de l') (Gabrielle), 24.
— (Marie-Gabrielle), 25, 73.
Espagne, 236.
Essonville (d') (Marie-Thérèse-Désirée), 42.
Estang (l'), 169, 181.
Estienne, 262, 268.

Estimbrieux, 13.
Estimbrieux (d'), 15.
— (Pierre), 13.
Eucuff (F^{cols}), 293.
— (Jehan), 257.
— (Jehanne), 257.
Eussant, Ouessant, 76.
Eustache (Marguerite-Armande), 238.
Evano (Mathurin, dit Mentor), 42.
Even, 68.
Eznen (an) (Tanguy), 289.
Eznez (du) (Jouhan), 256.

F

Fagon (Antoine), 99.
Falaise, 38, 79.
Faouët (le), 22.
Fau (le), 116, 117.
Faucaut (Eon), 245.
Faucher (Jacques-Pierre), 236.
Faudin (Madeleine), 224.
Fautoubraz, 153.
Fay, 40, 41.
Feilafeix (Jacques), 115.
Feillée (de la) (Olivier), 326.
Ferel, 89.
Ferette (Marie), 42.
Ferrand, 325.
— (Vincent), 42.
Ferret (Charles), 191.
— (F^{colse}-Charlotte), 191.
Ferrières (les), 3, 4, 8, 114.
Ferrière (Jehan), 67.
Ferron (Claude), 69.
Feulvre (Le) (Antoine), 164.
Feumtunespeur, 295.
Feunteun Sané, 195, 245.
Feunteun Keruzou, 211.
Feuntunlech, Feuteunlech, 197, 212.
Fily, 147.
Finistère, 32, 33, 40, 42, 43, 44, 45, 75, 153, 246.
Fiot de la Briantaye (César), 270.
Fleuriot (Marie), 189.
Floch (ou le) (Catherine), 100, 113.
— (Guillaume), 259.
— (Guimarech), 261.

Floch (Guyomarch), 258.
— (Hervé), 304.
— (Jan, Jean, Jehan), 223, 259, 303.
— (Jeanne), 236
— (Marguerite), 309.
— (Marie), 81, 293, 311.
— (Marie-Anne), 304.
— (Pierre), 175.
— (René), 303, 304.
— (Tanguy), 312.
Focart (Guion), 293.
Foenangoff, 190.
Fol, Foll (Le) (Hervé), 199.
— (Yves), 225.
Folézou, 149, 163.
Follet, 32, 33.
Fonbles (Jehan), 309.
— (Robert), 309.
Fondan, 232.
Fontaine (la), 5.
Fontaine (rue de la), 28, 69.
Fontaine (F^{cols}), 42.
Fontaines (les), 164.
Fontaine-Sèche (la), 81.
Fontenay (Claude), 311.
— (François), 197.
— (Marie), 233.
Forest (la), 191, 192, 231, 270.
Forest (de la), (Claude), 320.
Forges, 318.
Forsans (de) (Maurille), 14.
Fortin, 40.
Foshuel, 269, 279.
Fosse (de la), 316.
Fosse (Marguerite), 236.
— (Robine), 236.
Fossé d'Auzon (du), 99.
Fou, Faou (le), 150, de la p. 157 à la p. 160, 170.
Fou (Vte du) (Jehan), 157, 158, 159.
— (Charles), 159.
Foucauld, Foucault, Foucaut,
— (Catherine), 263.
— (Eon), 203.
— (Even), 245.
— (Yvon), 203, 204, 321.
Foucher (de) (Marie-Félix), 111.
Foucquet (F^{colse}), 69.
Fouet (Le) (Yves), 281.
Fougerée, 111.
Fougères, 42.

Fougerets (les), 33.
Foulgères (Bernard), 119.
Foulle, 268.
Fouquet, 42.
Fourn (le) (Laurent), 238.
Fourneau (Rolland), 92.
Fournier, 42.
— (Alain), 11, 15.
— (Charles), 304.
Francheville (de) (Augustine), 17, 19.
— (Jean), 94.
— (Marguerite), 3, 12, 17.
— (Pierre), 3, 5, 94.
— (René), 5
— (Sébastien), 3, 6, 7.
François (Jehan), 1
Fresnay, 318.
Fresnay (de) (René-André), 22.
Fresque (le), 279.
Fricot de Maisonneuve (Gabriel-Louis), 120.
Frollo de Kerlivio (Louis), 173.
Frondan, 313
Frout (le) (Etienne), 319.
Frotter (le), 42
— (Etienne-Julien-Thomas), 42.
Fruglaye de Kervers (de la', 74.
Fruidière (la), 235.
Furmeur (le) (Jan), 311.
Fyot (F^{coise}), 244.
— (Jean-B.), 238.

G

Gac (le) (Catherine), 230.
— (Silvestre), 97, 98.
— (Thomas), 220.
Gaillard (Mane), 77.
Gall (le) (ou Legal) (Catherine), 147, 209.
— (F^{cois}), 229.
— (F^{coise}), 148.
— (Hervé), 216
— (Jehan), 160, 301.
— (Laurent), 147.
— (Marc), 167.
— (Mathurine), 115.
— (Thomas), 301.

Gal de Lalande (le) (Guillaume), 239.
Gallic (le) (Germain-Joseph),184.
— (Mahé), 91.
— (Yvonne), 108.
Gallou (le) (Catherine), 162.
— (Jacques), 158.
— Pezronnelle), 158.
Gandon (Olivier), 42.
Gaonach (le) (Grégoire), 153.
Garde (de la) (Jacques), 149.
Gardin, 117.
Gardiseul, 14.
Garenne, Garaine (la), 4, 5, 230, 231, 232, 280.
Garenne (de la) (Olivier), 216, 218.
— (Pierre), 149.
Garjan (Yves), 183.
Garlot, 81.
Garmaux, Garmeaux (de) (Luc), 11, 14.
Garnache (la), 318, 325.
Garo, Guaro (le) (Hervé), 214, 266.
— (Jean), 72.
— (Jehanne), 267.
— (Marguerite), 196.
— (Sébastien), 266.
Garreau (F^{coise}-Charlotte), 9.
Garrec (le) (Marie), 158.
— (Yves), 171.
Gars (le), 299.
Gartz, 268.
Garzongar, 160.
Gaschic (Ysabelle), 320.
Gascogne, 148.
Gastonnet, 2.
Gaudemont (de) (Vincent), 328.
Gaudin, 225.
— (Jan), 219.
Gauffnech (ou le) (Marguerite), 149.
— (Yvon), 147.
Gaultier (Jacques), 19.
Gaunach (le) (Jean), 148.
— (Marie), 148.
Gauvain (Jacques), 17.
Gauven, Gauveing, 207, 208.
Gauvran (Anne), 237.
Gavray, 37.
Gay-Vernon, 44.
Gazlen (Amice), 289.

Gefosse, 38.
Gelebert (Yvon), 273.
Gency (G^{al}), 43.
Gendrot (Hiérosme), 148.
Genève, 218.
Geoffroy, 285.
Gérard (Bertram), 206.
Gérault (Barba), 318.
— (F^{cois}), 221.
— (Jehanne), 310.
— (Marguerite), 310.
— (Robert), 310.
— (Yves), 310.
Gérault du Feu (Marguerite-Elisabeth), 74.
Germaine (les), 183.
Germaine (des) (Barbe), 183.
— (Marie), 183.
— (Reine), 183.
Gesguen, 316.
Gestin (Catherine), 208.
— (Etiennette), 173.
Gieffroy (Jehan), 76.
Gilart, Gillart, Gillard (Jean), 42.
— (Guillaume), 216, 221, 227, 305.
— (Julienne), 196.
— (Vincent-Pierre), 305.
Gildebert (Yves), 274.
Gillautays (la), 9.
Gillot de Kerhardene, 27.
Glains, 23.
Glavignac, 91, 99.
Glean (le) (Jacques), 239.
Gleongar (Guillaume), 161.
Gloux (le) (F^{coise}), 42.
Goaffec (le) (Yves), 162.
Goascaradec, 169.
Goazvizien, 187.
Gobé (F^{cois}), 181.
Gobert (Jacques), 119.
— (Lorans), 119.
Goesdox (Morice), 309.
Goetlesquer, 246.
Goezbrient (Jehan), 324.
Goezern (Guion), 289.
Goff (ou le) (Jean), 11.
— (Guillaume), 300.
— (Louis), 2, 13.
— (Mathurin), 303.
— (Michel), 182.

Goff (ou le) (an) (Mence), 277.
— (Perrine), 13.
Goffic (an ou le) (Jan, Jehan), 274, 309.
— (Dom Martin), 309.
— (Paol), 274.
Goguay (le) (Alain), 169.
Gonidec (le), 282.
Gonsar, 99.
Goré-an-Coët, Gorré-an-Coat, 300, 301, 302, 303, 314.
Gorréguer, Gorréquer, 236.
Gosquellen, 152.
Gouachet (Anne), 281.
Gouarem an Meillour, 245.
Gouareun, 211.
Gouarnier (Guillemette), 212.
Goubin (Robinais), 117.
Goudelin, Godelin, 300, 301, 320.
Gouelmeur, 280, 299.
Gouelletquear, Gueletquear, Gouletquer, Goueletquear, 222, 229, 231, 245.
Gouëllo (le) (Jean), 95.
Gouerbihan, Guerbihan, 258, 279, 301.
Gouezec, Goezec, 157, 159, 160, 163, 166, 167.
Goueznou, Gouesnou, Goeznou, 80, 217, 242, 248, 289.
Goueznou, Gouesnou, Goeznou
— (Corentin), 167.
— (F^{coise}), 169.
— (F^{coise}-Toussaint), 169.
— (Guillaume), 209.
— (Joseph-Corentin), 168.
— (Marie - Hyacinthe - Andrée), 169.
Gouillic, 163.
Goulaine et *Goulaine-Rosmadec,* 114.
Goulaine, Goullaine (de) (Anne), 114.
— (Gabriel), 167.
— (Mauricette), 167.
Gourgeon-Lucé (Pierre-F^{cois}), 42.
Gourguen (le) (Jean), 302.
Gourhant, Gourhan (Hacmise), 205.
— (Jehan), 208.
Gourillac, 242.

Gourin, Gourrein, 148, 170, 182, 192.
Gourio, Gouriot, Gouriou, Gouryo (Christophe), 208, 210, 211, 261, 289.
— (Jan, Jean), 80, 252.
— (Louis), 222.
— (Sébastien), 321.
— (Y.), 290.
Gourlay (le) (Pierre), 169.
Gourmap (ou le), 235.
Gourmel (Gabriel), 238.
Gournallec (le), 79.
Gournoez, 162.
Gournois, 24, 31, 75, 99, 103, 170, 191, 231, 235, 238, 281.
Gourrein (Louise), 173.
Goursaho, 93, 95.
Gousech (F^{cois}), 310.
Gourvinec, 93.
Gourvinec, 3.
— (Jacques), 5, 93.
Gouvello (de ou le), 114.
— (Jan), 4.
— (Joseph-Pierre), 111.
Gouvello-Kerantré, 99.
Gouvello de Keryaval (le), 26.
Gouyon (ou de), 13.
— (Andrée), 110.
— (Bertranne), 4, de la p. 6 à la p. 10, 12, 14, 15, 20, 95, 97, 113.
— (Catherine), 111.
— (Charles), 3, 6, 112.
— (F^{cois}), 15.
— (Gilles-Marie), 110, 111.
— (Jacques), 10, 96, 105, 328.
— (Jan, Jean), 5, 10, 12, 14.
— (Jean-B.), 110, 111.
— (René), 18.
Gouzabat, 192.
Gouzern (Guyomarch), 258.
Gouzian (Guillaume), 217.
Gouzien (Hervé), 311.
Gouzillon (de) (Sébastien), 233.
Grall (Hervé), 255.
— (Laurence), 239.
Grand (le) (Claude), 211.
— (F^{cois}), 230, 245.
— (Marie), 169.

Grand (le) (Mathias ou Mathieu), 166.
Grandchamp, 68.
Grand Kerscao, 195.
Grandpièces, 36.
Grand Ros (le), 110.
Grand Treffuinec (le), 105.
Grand Trémel (le), 235.
Granil, Graneil (le), 68, 111, 112.
Grannec, 192.
Gratian, 220.
Grationnaye (la), 20.
Grégo, Graigo, Graygo, Grazigo, (le), de la p. 1 à la p. 8, de la p. 10 à la p. 31, 33, 38, 39, de la p. 89 à la p. 104, 106, de la p. 108 à la p. 113, 117, 118, 119, 120, 155, 170, 238, 239, 243, 248, 253, 271, 281, 282.
Graigo des Beaumont (le), 92.
Grégoire (F^{cois}), 95.
Grée (la), 6.
Grillet, Grislet (ou du) (Isabelle), 3, 8.
Grimouville, Grimonville, 36, 38.
Gris (le) (Jan), 20.
Grisso-Parfin (le), 68.
Grivart (René), 79.
Groas-an-doaré, Goas-an-doaré, 170.
Grolgard (Nicolas, dit Collin), 42.
Groslard, Graulard, Groslart, 105, 106, 108.
Grue (de la) (Louis), 235.
Gruyer (le) (Anne-Marie), 9.
Gry, Gryl (de ou le) (Hilarion-Josselin), 22.
— (Vincent), 18.
Gual, Guall (an) (Olivier), 262.
— (Yvon), 315.
Gualès (le) (F^{oise}), 181.
— (Jeanne), 181.
Guardet (du) (Richard), 81.
Guastell (an), 211.
Gué ou Guay (du) (Renan), 22.
— (René-Jean), 22.
Guédez (le) (Hervé), 171.
Guédon, 8.
— (Charles), 7.
Gueffuel, 303.

Guégant (Marie-Anne), 234.
Guéguen, 25.
— (Charles), 153, 154, 170.
— (Charles-F^{cois}), 152.
Guéguéniat ou Guézengat (Jehan), 309.
Guehebert, 38.
Guémadeuc, 328.
Guémadeuc (de) (F^{cois}), 327.
— (Jacquemine), 328.
— (Louise), 327.
— (Thomas), 327.
Guéméneur, Guéméneurs (Guiomarch), 262.
— (Marc), 300.
Guen (le) (F^{cois}), 267.
— (Jehan), 262.
Guenahel, 97.
Guénan, 303.
Guénégan, 164.
Guenego (le) (Isabeau), 4.
Guengat, 209, 213, 216, 276, 278, 317.
Guengat (de) (Jacques), 209, 276, 316.
— (Marie), 194, 212, 213, 214, 216, 218, 269, 277, 278.
Guennec (le) (Jean-F^{cois}), 42.
— (Jeanne-Catherine), 10.
Guenoble (Philippe), 231.
Guenoger, 106.
Guenvelz, 295.
Guérande, Guerrande (ou la), 7, 17, 96, 99.
Guérangar (Claude), 268.
— (F^{cois}), 268.
Guéranic (le) (Louis), 101.
Guerballay, 161.
Guerche (la), 116, 235.
Guergorlay, Quergorlay, 147, 148, 160.
Guergorlay (de) (Alain-Marie), 271.
— (Charles-F^{cois}), 271.
— (Charles-Louis), 271.
— (F^{cois}-Louis), 271.
— (Jan, Jean), 271.
— (Louis-Florian), 271.
— (René), 303.
Guerguélan, 164, 165.
Guerel (le) (Gabriel), 5.

Guerequenec, 211.
Guerené (le) (Jean), 204.
Guerets (le), 275.
Guerin (Augustin-Hyacinthe), 25.
Guerionné (Anne), 208.
Guerleatres, 230.
Guerlesquin, 318.
Guermaria, 179.
Guermeur, 160.
Guermeur (de ou le) (Christophe, 167).
— (Jean), 167.
Guern (le), 18, 190.
Guern (le ou an) (Alain), 177.
— (Jacques), 177.
— (Jean), 177.
— (Marguerite), 178.
— (Nicolas), 178.
— (Olivier), 177.
Guernalec (le) (Charles), 80, 81.
Guernanmilin, 162.
Guernelles, 278.
Guernic (le), 109.
Guernisac, Quernizac (de) (Gabrielle), 303.
— (Marguerite), 211.
Guervazic, 2.
Guervazic (de) (Pierre), 2.
Guessurel, 302.
Guevel (le) (Joseph), 152.
— (Julien), 42.
Guicguen, Guicguin, 274, 278.
Guichet (Jean), 81.
Guichoux (ou le) (Guillaume), 209, 287.
— (Sané), 292.
Guide (le), 37.
Guido, Guydo (Pierre), 6, 16, 19.
Guiglan, 222.
Guigner (le) (Hervé), 300.
Guilbery (Jean), 102.
Guillard, Guillart (ou le) (Charles), 13.
— (Hervé), 278.
— (Jean), 289.
Guillaume, Gueillaume, 188.
— (Jacques), 90.
— (Perrine), 90.
— (Valentin), 302.
— (Yves), 186, 187.
Guillemot (Olivier), 69.

Guillemot (André-Marie-Ponce, dit Sans-Pouce), 42.
Guillery (Guillaume), 11.
Guillet (Mathurin dit Bel Amour et Réchappé), 42.
Guiller, Guiler, Guilers, 227, 237, 240, 250, 294, 319.
Guillivel-Uhellaff, 189.
Guillo (Grégoire), 15.
Guillo du Bodan (Xavier), 102.
Guilloré de la Landelle (Pierre), 26, 151. 152, 170.
Guillou (ou le), 80.
— (Alain), 173, 174.
— (Grégoire), 150.
— (Guillaume), 162.
— (Henry), 147.
— (Hervé), 147.
— (Mauricette), 79.
— (Mathieu), 79.
— (Pierre), 79.
Guillou de Kerincuff (le), 175.
Guillourmit (Gilles), 313.
— (Hamon), 232.
Guillouzou (Louise), 82.
Guillotteau (Julienne-Thérèse), 10.
Guillozé (Guillaume), 230.
Guilly (an) (Pezre), 80.
Guingamp, 24, 226, 318, 324.
Guinigou, 165.
Guipronvel, 239.
Guiquart ou *Plougav*, 242.
Guiquerno, 235.
Guiscriff, 30, 170, 191.
Guistière (la), 19.
Guitonnière (la), 9.
Guitté (de) (Beatrix), 327.
— (Claude), 327.
— (Guillaume), 327.
— (Louis), 327.
Guitton (Jan), 69.
Guizac, 295.
Guizesny, Guisseny, 231.
Guyader (Noel), 294.
Guybert (de), 26.
Guycarzel, Guycoarzuel, 321, 322.
Guycquelleau, Guicquelleau, Guyquelleau, 264, 295, 320.
Guydomar (Yves), 274.
Guygneur (le) (Barbe), 263.

Guygneur (le) (Catherine), 263.
— (Hervé), 263.
— (Jehanne), 263.
— (Marie), 263.
Guyhellé, 276.
Guylimeryen, 320.
Guimarho (G.), 5.
Guymoguer, Guymauguer (autre nom de *Ploumoguer*), 194, 197, 209, 210, 212, 214, 216, 219.
Guyomarc'h, Guiamarch, Guimarch, Guiomarch (Nicolas), 179.
— (Thérèse), 195, 196.
— (Yvon), 158, 286, 291.
Guyodet (*N.-D. du*), 160.
Guyon (le) (Dom Olivier), 260.
Guyot, Guiot, 295.
— (Anne), 100.
— (Gamian), 230.
— (Guillaume), 4.
— (J.), 8.
— (Michel), 120.
Guypavas, Guipavaz, Guipavas (ou la *Forêt*), 224, 248, 318.
Guysané (autre nom de *Plousané*), 194, 213.

H

Halet, 42.
Halgoet, Helgouet, Halegoet, Hallegoët, Halegouet (ou le), 185, 195, 196, 213, 214, 220, 245, 246, 317.
Halgoet, Halegoët, Hallegot, Hollegoët, Hallegoët, Halegouet, Halgouet, Lallegoet (an ou du), 245.
— (André), 260.
— (Anne), 269.
— (Azelice), 260.
— (Claude), 302.
— (F^{cois}), 233.
— (Goulffin ou Golven), 266.
— (Guillaume), 260.
— (Hervé), 210, 216, 233.
— (Jacques), 269.

Halgoet, Halegoët, Hallegot, Hollegoët, Hallegoët, Halegouet, Halgouet, Lallegoet (an ou du),
— (Jan, Jehan), 245, 262, 265.
— (Marguerite), 265.
— (Marie), 266.
— (Nicolas), 214, 219, 245.
— (Olivier), 259, 260, 262, 264.
— (Yves), 246.
— (Yvon), 245, 260.
Hall (le), 237.
Halleguen, Haleguen (ou an), 120, 213.
Hallenaye (la), 327.
Hambout (le), 171.
Hambye, 38.
Hamon (Augustin), 81.
— (Jan), 319.
— (Yves), 316.
Harconneur (le) (Olivier), 210.
Harcourt, 114, 115.
Harcourt (de) (Charles), 35.
— (Mis Pierre), 35.
Harcourt (Collège d'), 37.
Harczener (an), 219.
Hardy ou Harty, 39, 44.
— (G^{al}), 45, 46, 47.
Harguin, 211.
Harquin (ou le) (Claude), 198, 227.
— (Hamon), 198, 279.
Hattemann, 42.
Haudenau de Breugnon (Marie-Catherine), 27.
Hautefeuille, 22.
Hauteville, 35, 37, 38, 237.
Hauteville-sur-Mer, 35.
Haut-Pommery (le), 116.
Hay (Pol), 69.
Haye, Hays, Haie (la), 79, 80, 96, 114, 115, 181, 186, 197, 218, 223, 237, 303.
Haye, Hays (ou de la) (Jan, Jean) 114, 115.
— (Pierre), 184.
— (Vincent), 115.
Haye-Diré ou d'Irée (la), 22, 115, 117.
Haye-Douar ou Haie-Douar (la), 185, 186, 187, 188.

Haye-Jousselin (de la), 100.
Haye de Larré (de la) (Jean), 8.
Haye Taillart (la), 302.
Hayeux, 24.
Hayeux (des) ou Deshayeux (Jean), 119.
— (Marc-Antoine), 151.
Hayneville, 35.
Heder (le), 218.
Heder (an) (Constance), 81.
— (Hamon), 81.
Hedouville, 43.
— (G^{al}), 41.
Helduc (Bernard), 259, 264.
Heldut (Guillaume), 72.
Helias (Jean), 177.
Heliot (Jean), 215.
Hellec, 71.
Hellès, 189.
Hellic, 112.
Hellouin (Alexandre), 35.
Héméry (Catherine), 209.
— (Corentin), 171.
— (René), 171.
Henaud, 42.
Henbont, Hennebont, 153, 236, 323, 324.
Hendreuff (du), 89.
Henguer, Heinguer, Hinguer (ou le), 190, 191.
Henker, 315.
Henquizou, 173.
Henri III, 269.
Henry, 295.
— (George), 182.
Heric, 41, 318.
Herisson de Beauvoir, 155.
Hervé (Claude), 106.
Hervieux, 23.
Heuc (le) (Charles), 165.
— (Jeanne), 165.
— (N^e), 165.
Heussaf, Heussaff, 208.
— (Alain), 310.
— (Yvon), 206, 290.
Hevin, 75.
Hezou (le), 266.
— (Jehan), 214.
Hiard (Louis), 42.
Hilgars, 73.
Hillezon (Hervé), 300.
Hilliers ou Helliers (les), 3, 5.

Hillion (Christine), 303.
Hily (Louis), 175.
Hir (le) (F^{cois}), 222, 312.
— (Jean, Jan), 218, 303, 320.
— (Philibert), 237.
Hirgartz ou (le), 222, 223, 230.
Hirgartz (ou de) (Anne), 230.
— (Louise), 231.
— (Madeleine), 231.
— (Morice), 222, 223.
Hoche (le G^{al}), 40, 41, 43.
Hoedic, 106.
Holard (Claudine), 100.
Honoré (Pierre), 270.
Horeau (Jan), 11.
Hospital, Hopital (l') ou Lospital (Hamon), 309.
— (Jan), 234.
— (an) (Yvon), 311.
Hospitalier (l') (Marie), 42.
Hospitallou (an), 195.
Hostis, Ostis (ou an) ou Lostis (Bazille), 274.
— (Guiomarch), 204.
— (Paul), 223.
— (Philippe), 219.
— (Tanguy), 277.
Hôtel-Dieu de Vannes, 20.
Houat, 106.
Houdetot (ou le G^{al}), 44, 45.
Houlle (de la) (Barbe), 91, 92.
Houssin (Julien), 80.
Houx (le) (Jacques), 236.
Hubac (Lorans), 195.
Huchet ou Huchet de la Bédoyère (Huges - Humbert), 75, 170, 238, 271, 281, 304.
— (Jeanne), 24.
— (Jeanne-Charlotte), 98.
— (Julie-Pauline), 23.
— (Julie-Pauline-Charlotte), 27.
Huelgoat, *Uhelgoat*, *Uhelgoet*, 185, 186, 187, 188.
Huet (Jean), 189, 304.
Huiblou, 158.
Huiton, Huyton (le) (F^{cois}), 236.
— (Guillaume), 262.
Hunaudaye (la), 327.
Huon, 190.

Huon (Alain), 195.
— (Bernard), 246.
— (Catherine), 224, 230.
— (Guillaume), 224.
— (Jean-Guillaume), 239.
— (Jeanne), 279, 280.
— (Jeanne-Madeleine), 187.
— (Madeleine), 188.
— (Marie-Marthe), 187, 190.
Hus, 1.
Hyrœ (Mauricette - Catherine), 191.

I

Ille-et-Vilaine, 31, 42.
Illes (les), 225.
Irlande, 40.
Isar, 46.
— (G^{al}), 47.
Isle (l'), 13.
Isle du Conquet (l'), 204.
Isles de Touronce, 187.
Issé, 41.
Italie, 44, 73.
Izac (Guillaume), 180.

J

Jadé (le) (Hyacinthe-Charlotte), 78.
Jacobin (le) (Henry), 292.
Jacquelot (Florans-Louis), 119.
— (Louis), 14.
Jamet (F^{cois}), 311.
Jamin (Julien), 11.
Jannière (la), 164.
Janvier (Louis), 184.
— (Madeleine), 184.
Jaouen Corentin), 152.
Jar (le) (Yvon), 266, 295.
Jarry (Gillette), 326.
Jego (Isabelle), 8.
Jégou (Marie), 209.
— (Michel-Marie), 82.
Jeiguen, 223.
Jestin (Jehan), 260.
— (Marie), 224.
— (Prigent), 256.
Jeu de Paume (le), 24.

Jeune (le) (F^cois), 187,
— (Jeanne), 197.
Jézéquel (F^coise), 237.
— (Jacques), 237.
— (Jean), 264, 310.
— (Marie), 310.
— (Sébastien), 243.
— (Yvon), 264.
Jocet ou Josset (Charles), 4.
— (Nouel), 6, 110.
— (Sébastien), 3, 6, 10, 12, 13, 14, 17, 19.
— (Thomas), 2.
Jollivet, 69.
Josselin, 47, 117.
Joublot, 42.
Jouhan, Jouhen, Jaouhen, Jouan, 205, 207, 259, 292.
— (Alain), 161, 165.
— (B.), 285, 289.
— (Bernard), 204, de la p. 286 à la p. 291, 310.
— (Catherine), 161, 162, 196, 198, 199.
— (Charles), 78, 277, 290, 292, 293, 294, 320.
— (Even), 287, 288.
— (Gabriel), 82, 269, 293, 294, 295, 296, 301, 310, 311, 313.
— (Isabelle), 162, 313.
— (Jan, Jean, Jehan), 159, 160, 161, 162, 225, 267, 288, 290.
— (Jeanne), 264.
— (Laurans), 162.
— (Marc), 165.
— (Marguerite), 293, 294.
— (Marie), 162, 296.
— (N.), 285.
— (Nouel), 158, 159, 160.
— (Pierre), 230, 231, 232, 280.
— (R.), 205, 206, 207, 257, 258, 260, 300.
— (Robert), 259, 264, 275, 276, 289, 290, 291, 320.
— (Suzanne), 167, 168.
— (Yvon), 261, 273, 276, 285, 286, 290, 291, 292, 293, 309, 316.

Jouhan, Jouhen, Jaouhen, Jouan, (Yvon-Guiomarch), 291.
Jouhan de Penanknech (Gabriel), 311.
Joudren (Marguerite), 197.
— (Nicolas), 197.
Joyeuse-Garde (la), 318.
Jubello, Jubellot (Amaury), 91.
Juch (du) (Claude), 191.
Jucquel (Alain), 287.
. — (Jean), 287.
Judier (Laurence), 9.
— (Pierre), 9.
Julou (Guillaume), 216.
Justiczou (an) (le parc), 217.

K

Kaer, 2, 9, 72, 99.
Kanmezen, 76.
Kanroux, 217.
Keradenc, Keradennec, 179, 224.
Keraës (Barba), 216.
Kerahap, 169.
Kerahes, 81, 186.
Kerahes (Marguerite), 210.
— (Nouel), 212.
Kerainbezon, 261.
Keralbaut, 2.
Keralbaut (de) (Abel), 2.
Keralbaut de Cardelan (de) (Marie-Angélique), 10.
Keraldanet (Jean, Jehan), 72, 324.
Keralgoual, 71.
Keralio, Kerallio, Keralyou, Keralliou, 2, 15, 16, 40, 91, 92, 233, 302.
Kerallain (de) (Jean), 94.
Kerallan, Keralan, 163, 230.
Keralsy, Keralzy, 205, 219.
Kerambart, Kerambartz, Kerambars, Kerambarn, 7, 69, 79, 81, 300, 302.
Kerambartz, Kerambarz, Kerambars (ou de) (Amice), 315.
— (Harvise), 291.
— (Hoevise), 76.
— (Morice), 76.
— (Yves ou Yvonet), 76.
— (Yvon), 259.

Kerambec, 203.
Kerambellec, 232.
Kerambelleuc (de) (Yvon), 273.
Kerambertz, Keramboez, 196, 214, 219.
Kerambeugan, 294.
Kerambran, Kerambrant (Anne), 223.
— (Jehan), 209.
Kerambulgoaz, 266.
Keramellen, 161.
Kerameth, 299.
Kerampage, 190.
Keramparcq, 233.
Kerampeuc'h, Kerampeoch, 160, 166, 168, 169.
Keramprat, 219.
Kerampuil (de) (Charles), 181.
Keranaones, 196.
Keranaouet, Kerannaouet, 197, 224.
Keranblaz, 317.
Keranbleau, 313.
Kerancalvez, 217.
Keranchoalyec, 163.
Keranchoët, 321.
Kerancore, Kerancorre, Keranchorr, Keranchor, 196, 213, 226, 231, 246.
Kerancruguellan, 277.
Kerandantec, Kerandanteuc, 78, 79, 196, 204, 227, 246, 263, 276, 293, 294, 295, 310.
Kerandraon, 198, 223.
Keranelec, 230.
Keranfleach, Keranflech, 261, 262, 268, 301, 305, 314, 315, 316, 320.
Keranfleach, Keranflech, 249, 264, 277.
— (F^{coise}), 266.
— (Guillaume), 300.
— (Hervé), 316.
— (Jean), 71, 260.
— (Marguerite), 316.
— (Morice), 261, 262, 301, 315, 316.
— (Morvan), 72.
— (Prigent), 293, 301.
Keranflech-Kernezne (de) (Charles), 248.
Keranfloch, 209, 210, 211, 219, 233, 243.

Kerangal, 312.
Kerangouel, 266.
Kerangroas, Kerangroax, Kerangroaz, 197, 209, 210, 221, 222, 224, 230, 246.
Keranguen, 198, 209, 210, 214, 220, 221, 234, 236, 237, 261, 321.
Keranguen (F^{cois}), 215.
— (Guen), 309.
— (Jean, Jehan), 72, 309.
— (Louise), 264.
Keranheliou, 147.
Keranher, 147.
Keranhorre, 231.
Keranlezou, 219.
Keranliou, 195, 238.
Keranlorant, 319.
Kerantouet, 165.
Keranmarec, 161.
Keranmenez, 148.
Keranmerien, Keranmeryen, 210, 215, 222, 223.
Keranmestre, 246.
Keranmezec, 215.
Keranmoal, Keramoal, 80, 234, 285.
Keranmoal (Catherine), 259.
— (Christophe), 260.
Kerannily, 224.
Keranohlec, 230.
Keranou, Kerannou, Kerarnou, 163, 185, 186, 198, 228, 280.
Kerannou, Kerrannou (Claude), 219.
— (F^{cois}), 221, 226.
— (G.), 255.
— (Guillaume), 206.
— (Jehan), 288.
— (Jeanne), 195.
— (Olivier), 218.
Keranraes, 258.
Keranraes (ou de), 259, 290, 291.
Keranrais, Keranrays (ou de), 265.
— (G.), 262.
— (Jacquette), 223.
— (Jeanne), 223.
— (Renée), 223.
Keranrauch, 157.
Keranré, 110.

Keranrest, 161.
Keranroux, 218.
Keranstanc, Keranstang, 196, 236.
Keranstret, Keranstreat, 163, 212.
Keranton, 207.
Kerantré, 111.
Keranvran (ou de) (Claude), 234.
— (F cois), 236.
— (Renan), 234.
Keranvrays (Catherine), 215.
Kerareqou, 149, 151.
Kerarareouch, Kergaraoch, Kergavare, Kergarane, 219.
Keraret, Kerarest, Kerarrest, de la p. 300 à la p. 304.
Kerargant, 209.
Kerarguez, 226.
Kerarmor, 212.
Kerary, 77, 173, 174.
Kerarzan, 163.
Kerascoët, 163, 263, 264.
Kerasquer, 216.
Kerasquet (Hervé), 285.
— (Isabelle), 275.
Kerasquez (Morice), 286.
Keraudren, 163, 236.
Keraudry (Marie), 219.
Keraudy, 265.
— (Mathieu), 238.
Keraufret, Kerauffret, 2, 89, 96, 97, 98.
Keraul, 220.
Kerausur, 260.
Kerautred, 318.
Kerautret, Keraustret, Keraultret, 162, 165, 195, 197, 198.
Kerautret-Rivoalen, 162, 163.
Keravel, 223, 231, 236, 252.
Keravellec, 224.
Keravéon, 69.
Kerazel, Keralen, 147.
Kerbabu, Kerpabu, 222, 227, 229, 294.
Kerbalaen, 153.
Kerbarzec, 293.
Kerbasquiou, 281.
Kerbefez, 276.
Kerbleher, 110.
Kerbleizec, 148.
Kerberenez, 197.

Kerbérenez (Jan), 277.
Kerbérennes, 164.
Kerbérennes (de) (Julienne), 163.
Kerbern, 222.
Kerberiou, Kerberyou, 210, 212.
Kerberz, 317.
Kerbescat, Kerbezcat, 224, 232, 310, 314.
Kerbescat, Kerbezcat, Kerloezcat (ou de) (Gillette), 279.
— (Hervé), 290, 310.
— (Jan, Jean, Jehan), 194, 213, 279, 290, 294.
— (Marie), 314.
Kerbescont, Kerbiscont, 97, 113.
Kerbeurit, 161.
Kerbezrec, 230.
Kerbezret, 217.
Kerbezvec, 304.
Kerbic (de) (Marie), 303.
Kerbriec, 215.
Kerbriec (Catherine), 222.
Kerbrieuc (Guillaume), 212.
Kerbigodo, Kerbigodou, 148, 149, 150, 151, 275.
Kerbihan, Kaerbihan, 119, 150.
Kerbihé, 101.
Kerbilliguet, 153.
Kerbiquet, Kerbiguet, 73.
Kerbiquet, Kerbiguet (ou de), 208, 290.
— (Alain), 322.
— (Olivier), 295, 321.
Kerbirion, 197.
Kerbleuste, 227.
Kerbodignen, 256.
Kerbohier, 293.
Kerbois, 23.
Kerborchell, 317.
Kerboroné, 319.
Kerboronne (le), 226.
Kerborzec, 252.
Kerbot, 1, 2, 3, de la p. 5 à la p. 10, 12, 13, 15, 16, 18, 19, 20, 22, de la p. 92 à la p. 97, 113.
Kerhoulart (de) (Anne), 20, 21.
Kerbourc'h (Yvon), 163.
Kerboutier, 7.
Kerboutier (de) (Jean), 21.
— (Robert), 20.
Kerbozrec, 265.

Kerbozrec (Jehan), 265.
Kerbrat, 189, 195, 211, 276, 301.
Kerbreder, 220.
Kerbreust, Kerbleustre, 210, 211.
Kerbroen, Kerbrouen, Kerbronen, 197, 232, 233, 237, 314.
Kerbrozel, 317.
Kerbrozer, 222.
Kerbruec (Philippe), 209.
Kerburit, 166.
Kerbuzic, Kerbusic, 185, 187.
Kercadiou, 72.
Kercadio (Vincent), 90.
Kercalvez, 217.
Kercaradec, 163.
Kercarien, 276.
Kercastel, Kercastell, Kerchastel, 210, 216, 218, 317, 320.
Kercazle, 256.
Kercharles, 24, 162, 234, 235, 251, 252, 279, 281, 311.
Kerchel, 217.
Kerchenaff, 163.
Kercheron, Kerchuron, 205, 206, 209, 210, 211, 228.
Kerchilles (Catherine), 223.
Kerchomon, 224.
Kerchu, 212.
Kercolobé, 115.
Kercolz, Kercoz, 209, 219.
Kercomp (de) (Even), 315.
Kerconstantin, 212.
Kercourfil (Louis), 258.
Kercreiz, 165.
Kercren, 163.
Kercreven, 157.
Kercrist (de) (Golven), 220.
Kerdalahez, Kerdalaez, Keralahez (de ou du) (Guen), 286.
— (Hamon), 321.
— (Hervé), 285, 286.
— (Jehan), 289, 317, 321.
— (Marguerite), 286.
Kerdallas, 234.
Kerdanam, 190.
Kerdanet, 204, 279.
Kerdanet, 286.
— (Tanguy), 285, 286.
— (Teffaine), 285.
Kerdanezan, 269.
Kerdani, 93.
Kerdaniel, Kerdeniel (ou de), 266.

Kerdaniel, Kerdeniel (ou de), (Jean), 222.
Kerdanjou ou *Querdanjou*, 148.
Kerdanneau, 82.
Kerdavid, 77, 78, 173, 174, 175.
Kerdavid Huellaff, 175.
Kerdaznou ou *Kerdantnou*, 197.
Kerdéast, 163.
Kerdedeuc, 277.
Kerdeliou, Kerdelyou, 157, 163.
Kerdeniou, Kerdenyou, 208, 261, 276.
Kerdergan, 213.
Kerdesaroit, Kerdesarouet, 6, 16.
Kerdeuff, 208.
Kerdevez, 215, 252.
Kerdignan, Kerdiguan (F^{cois}), 220.
— (Hervé), 211, 220.
— (Jan), 220.
— (Marguerite), 295.
— (Yvon), 206.
Kerdolguen, 211.
Kerdoret, 225.
Kerdoualen, Kerdouualen, 164.
Kerdouar, 199, 278.
Kerdouguer, 235.
Kerdoulx, 208.
Kerdourguer, 205.
Kerdrain, Kerdrein, 119, 149, 151, 268.
Kerdréan, 15, 16, 21, 67, 69.
Kerdréanton, 213, 219.
Kerdrel, 79, 80.
Kerdriouar, 277.
Kerdu, Guerdu, 15, 90, 147, 186, 187, 232, 285, 321.
Kerdualy, 238, 239, 282.
Kerduan, 258.
Kerduas, 238.
Kerduat, 283.
Kerdunevat, 163.
Kerduot, 197.
Kerdute, Kerduitté, 199, 277.
Kerduvan, 262.
Kereatoux, 239.
Kerebel, Kerebell (Marie), 227.
— (Bernard) 289.
Kereben, Kerreben, 114, 291.
Kerebert, 224.
Kerechneir, 286.
Kerededoc, 208.

Keredern, Kerredern, 162, 169.
Kerefran, Kereffran, 165.
Kereguenné, 321.
Kerehat, 274.
Kerehriou, 210.
Kereleheuc, 322.
Kerellec, Kerellech, 199, 211.
Keremar, 147.
    — (Gilles), 148.
Kerembourg, 23.
Kerenéguen, 163.
Kereneisant, 174.
Kerener, 318.
Kerenez, 304.
Kerengar, 80, 192, 215, 220, 228, 261, 280, 315, 318.
Kerengar, Kerangar, Kerenguar (ou de), 214, 215, 266, 278.
    — (Ch.), 301.
    — (Claude), 219, 302.
    — (Guillaume), 287.
    — (Julienne), 302.
    — (Y.), 256.
Kerennancoët, 258.
Kerennet, 302.
Kerensaux, 190.
Kerenzeuc, 275.
Kéréon, 230, 279.
Kereral, 68.
Kererant (de) (F^{coise}), 17.
Kerescant, Kerrescant, 174, 207.
Kerescart, Kerescarts, 197, 198.
Keresguar, 221.
Keresleou (Jehan), 260.
Kereuvelen, 313.
Kerevas, 197.
Kerezan, Kerezen, 197, 207.
Kerezcon (Hervé), 290.
    — (Margilie), 290.
    — (Morice), 290.
Kerezéon (Charles), 238.
    — (Goulven), 233.
    — (Jean), 224.
    — (Jeanne), 233.
Kerezet (des), 286.
Kereznaseuc, 310.
Kerezou, 269.
Kerfaven, 81, 160, 265.
Kerfarau, 147.
Kerferez, 226.
Kerfignolec, 166.
Kerfinos, 148.

Kerfiquant, 101.
Kerflech du Quistinic, 75.
Kerforc'h, 74, 153.
Kerfredin, 225.
Kerfritchant, Kerfichant, 208, 211.
Kerfrichan (Yvon), 72.
Kerfur, Kerfus, de la p. 8 à la p. 13, 15, 17.
Kerganaben, 303, 304.
Kergaradec, 186.
Kergadiou, 257, 258, 315, 321, 322.
Kergadiou (ou de), 291.
    — (Guillaume), 269.
    — (Guy), 259.
    — (Guyon), 257, 260, 263, 300.
    — (Hamon), 71, 257, 258, 321, 322.
    — (Hervé), 257.
    — (Jehanne), 71, 257, 258, 315.
    — (Madeleine), 257.
    — (Marie), 257.
Kergalet (pr. *Kerchalet*), 246.
Kergall, 95.
Kergalleden, 168.
Kerganou, 225.
Kergannou-Touronce, 225.
Kergaraoc, Kergaraeuc, 221, 294.
Kergaravat, 162.
Kergariou, 168, 169.
Kergariou (de), 68.
    — (Anne-Thérèse), 27.
Kergarry, 163.
Kergeuf, 214.
Kergioeger (Dom Philippe), 288.
Kerglas, Kerglaz, 24, 29, 120, 226, 239, 282.
Kergloeguen, 287.
Kergo, 3, 4, 6, 94, 96.
Kergo (de) (Jan), 80.
Kergoat, 79, 190.
Kergoat (de) (Charles), 199.
Kergoat-Kerviniou, 191.
Kergoazec, 255.
Kergoelo (Christophe), 197.
Kergoët, 161, 222, 239, 279.
Kergoët, 259.
    — (Catherine) (de), 161.
Kergoff, Quergoff, 95, 217, 275,

Kergoluen ou *Kerholuen*, 198.
Kergolleau, 205.
Kergolleau, Kergoleau (ou de),
— (Christophe), 198, 223.
— (Jan), 205.
— (Marguerite), 210.
Kergonan, Kergornan, Kergonnan, Kergounan, 184, 204, 208, 210, 211, 213, 219, 220, 235, 280.
Kergongar, Kergougar, 199, 277.
Kergoniou, Kergonniou, 303, 304.
Kergonnoarn, Kergonnondarn (de) (Catherine), 290.
Kergonstintin, 234.
Kergordu, 261.
Kergorlay, 167, 191.
Kergorlay (de) (Jean), 226.
Kergouac, 114.
Kergoual, 217.
Kergouasdoué, Kergvasdoué, 195, 216, 219.
Kergouet (de) (Marguerite), 152.
Kergougan, 276.
Kergoumar, *Kergouimmarch*, 165, 317.
Kergoumelen, 157.
Kergououarn, 76.
Kergououarn (de) (Yvon), 76.
Kergournadech (de) (Marguerite), 313.
— (Olivier), 313.
Kergourichin (Anne), 81.
Kergourien, 226.
Kergouziern, 163.
Kergoz, Kergos, 197, 214, 223.
Kergoznou, 261.
Kergrach (F^{cois}), 233.
— (Jacques), 221.
— (Marie-Elisabeth), 233.
Kergraich (Jacob), 223.
Kergrech, 229.
Kergreguen, 160.
Kergrescant, *Kergressant*, 208, 212.
Kergreuuen, 161.
Kergreven, 161, 167, 313.
Kergrieuc (René), 274.
Kergroac'h, 157, 163.
Kergroades, 196, 279, 280, 317.

Kergroades (de) (F^{cois}), 318.
— (Jeanne), 195.
— (Renée-F^{coise}), 279, 280.
Kergroazes, Kergroasers, Kergroazez, 256, 317.
Kergroazes (ou de), 318.
— (Hamon), 317, 318.
— (Robert), 299.
Kergrois, 6.
Kerguarlen (Didier), 222.
Kerguaznou, 211.
Kergudalen, 291.
Kerguedelle, 276.
Kerguehant, 91.
Kerguéhennec, 2.
Kerguelan, 210.
Kerguelen, Kergueluen, 197, 214, 218, 223.
Kerguélen (ou de), 266.
— (Hervé), 71, 164.
— (Jehan), 157, 293.
— (Tanguy), 164.
Kerguellen (Bras ou Bihan), 119.
Kerguelen-Uhelaff, 317.
Kerguelobé, 114.
Kerguelven, 216.
Kerguémarhec, 192.
Kerguen (Jehan), 295.
Kerguénan, Kerguennan, 299, 302.
Kerguenennan, 300.
Kerguengar, 157.
Kerguennic (Yvon), 262.
Kerguennou, 157, 163.
Kerguenval, 167.
Kerguern, 157, 231.
Kerguern (de) (Mathieu), 259.
Kerguestec, 319.
Kerguézec, 110.
Kerguezres, 275.
Kerguicher, 182.
Kerguillou, 157, 158, 207, 210, 219, 321.
Kerguiridic, 149.
Kerguiriou, 4.
Kerguisé, Kerguizé, 14, 99.
Kerguisec, Kerguizec, 2, 10, 14, 91, 95, 110.
Kerguisec, Kerguizec (de) (Alain), 2, 89.
— (Jehan), 89.

Kerguisiau, Kerguiziau, Kerguizieau, Kerguizeau, Kerguizéan, Kerguyziau (ou de), 207, 211, 215, 220, 256, 265, 274, 295, 321.
— (Alain), 206, 275.
— (Charles), 195
— (Claude), 197, 222.
— (F^{cois}), 195, 197, 224.
— (F^{coise}), 222.
— (Hervé), 148, 195, 319.
— (Jacques), 195, 197, 198.
— (Jan, Jehan), 208, 222, 275, 294.
— (Laurens, Lorans), 79, 195, 211, 216, 219, 246, 319.
— (Vincent), 222.
Kerguiziou, 277.
Kergus, 163.
Kergus, Kerguz (Catherine), 162.
— (Laurens), 162.
Kergus de Kerstang (de), 191.
Kerguynies, 163.
Kerguynon, 209.
Kerhallevé, 2.
Kerhelcuff, 147.
Kerherno, 152.
Kerherz, 223.
Kerhezrec, 192.
Kerhillec (Clément), 219.
— (Marguerite), 220.
— (Robert), 220.
— (Yves), 220.
Kerhilleuc (F^{cois}), 210.
Kerhornou, 209.
Kerhoro, 13.
Kerhuelle, 280.
Kerhuil, 157, 161.
Kerhuon, 195, 238.
Kerian, Kerrian (ou de) (F^{cois}), 224.
— (Yvon), 230.
Keriaouen, 197.
Keribert, Keryber, Kerybert, Keriber, 22, 72, 114, 165, 258, 290.
Keribin, 239, 261, 319.
Keribnar (de), 289.
Kericquart, Kerricart, 195, 148, 319.
Keriehan, 292.
Keriel, Keriell, Kerriezle, 195, 230, 291.

Keriell (Jehanne), 261.
Keriestin, 195.
Keriezre, 209.
Keriezre (F^{cois}), 261.
— (Tanguy), 261.
Kerigo (le), 68.
Kerigou, 164.
Kerigonan, 277.
Keriguen, 222.
Kerillas, 236.
Kerilles (Daniel), 309.
— (Guen), 309.
Kerillis-Goescat, 275.
Kerimel (de) (ou Kermel) (Guillaume), 301.
— (Jacques), 300.
— (Jehan), 300, 320.
Kerincuf, Kerincuff, 79, 223, 228.
Kerineuff, 198.
Keriogan, Kerriogan, Keriougan, 246, 301, 302, 303, 304.
Kerioual, Keryoual, 263, 277, 279, 316.
Kerisgonarch, 195.
Kerisguin, 211.
Kerisit, 303.
Kerisquin, 319.
Kerity, 41.
Keriunan, 195.
Keriuallen, Keriuoalen, Keriouallen, Keryouallen, Kerimoalen, 198, 207, 208, 209, 213, 216.
Kerivault, Keryvault, Kerynault, 314.
— (Gueguen), 309.
— (Jehan), 311.
Kerivallen, Kerivoalen, Keriovalen, Kerivalen, Keryvoallen, Keryvallan, Keryvelen, 119, 195, 209, 216, 245, 275, 276, 278, 317.
Keriven, Keryven, Kerryven, 149, 195, 197, 205, 210, 211, 216, 221.
Kerivot, Keryvot, 27, 239, 242.
Kerivoual, 282.
Kerizanet (Yvon), 256.
Kerizicq, 303.
Kerizien, Kerrizien, 215, 216.
Kerizoret, 212.

Kerjacob, 81.
Kerjaffretz (de) (Vincent-Guillaume), 268.
Kerjan, Kerjean (ou *Kerichan*), 82, 196, 199, 233, 265.
Kerjan (Anne), 231.
— (F^{ois}), 198, 231.
Kerjano, Kerjuano, 90, 91, 93, 94, 96, 97, 98.
Kerjagu, Keriagu, Keriégu, Kerjégu, 71, 161, 162, 165.
Kerjaouen, 224.
Kerjoly, 168.
Kerjuhel, 92.
Kerjuna, Kerjunan, 210, 218.
Kerlagadec, 114, 115.
Kerlamio, Kerlemio, de la p. 89 à la p. 92 et la p. 94 à la p. 98.
Kerlamon (Hamon), 320.
Kerlannou (*Bihan* ou *Bras*), 319.
Kerlaouénan, Kerlouénan, 224, 231, 255.
Kerlasiou, Kerlassiou, 313, 316,
Kerlay, 119.
Kerlazreuc (Henry), 275.
Kerlean, Kerelean, 75, 196, 199, 209, 213, 214, 219, 228, 235, 236, 245, 258, 266.
Kerlean (ou de), 214.
— (Claude), 196, 219, 220.
— (F^{oise}), 222.
— (Guillaume), 196, 213, 219, 266.
— (Hierosme), 196, 219, 220, 246.
— (Jacques), 199.
— (Jehan), 213, 316.
— (Marie), 223.
— (René), 195, 196, 246, 317.
— (René-Corentin), 75.
— (Renée-F^{coise}), 2?8.
— (Robine), 75.
— (Vincent), 195.
Kerleach (ou de) (F^{ois}), 220.
— (Robert), 204.
Kerlearch (Jan), 320.
Kerleau, 197.
Kerlech, 76, 77, 196, 239, 257, de la p. 277 à la p. 280.
Kerlech, Kerlec (ou de), 208, 262.
— (Alain), 280.

Kerlec'h, Kerlec (ou de), (Barbe), 224.
— (Claude), 277, 278.
— (F^{ois}), 205, 221, 258.
— (F^{oise}), 233.
— (Hervé), 76, 195, 257, 263.
— (Jan), 211, 291.
— (Jeanne), 9.
— (Marie), 271.
— (Olivier), 222.
— (Paul), 235.
— (René), 222, 228.
— (Robert ou Kobert), 210, 276, 293.
— (Sébastien), 197.
— (Suzanne), 165.
Kerlech du Chastel (de) (Paul), 198.
— (Madeleine), 235.
Kerlechevezen, 316.
Kerleguer, 294.
Kerleguy (Alain), 72.
Kerleisic, Kerleizic, Kerlesic, Kerlesick, 255, 259, 265, 267, 269, 321.
Kerleizic (Catherine), 259.
— (Marie), 259.
Kerlen, 89.
Kerléonnec, 151, 163.
Kerleuzré (Olivier), 208.
Kerlevezan, 305.
Kerlezroux (Robert), 260.
Kerliganou, 174.
Kerlihouarn, 81.
Kerliverien, 252.
Kerlizian, Kerlizien, 204, 205, 206, 208, 245.
Kerlizic-Bihan, 283.
Kerloch (ou de) (Anne), 222.
— (Julienne), 196, 246.
Kerlocoq, 97, 112.
Kerloeguen (de) (Morice), 323.
Kerlosou, 218.
Kerlouazou, 197.
Kerlouen, 322.
Kerlouet, 181.
Kerlousouarn, Kerlosouarn, Kerlossouarn, 208, 209, 210, 212, 232.
Kerlossouarn-Bihan, 245.
Kerlozrec, Kerlozreuc (ou de), 263.

Kerlozrec, Kerlozreuc (ou de), (Jehan), 255, 285.
— (Morice), 273.
Kerlyviry (Constance), 215.
— (Fyacra), 215.
Kermabon, 236.
Kermabon (de) (René), 19.
Kermadec, 105, 107, 108, 163, 239.
Kermadec (Jehan de), 216.
Kermadezoua, 81.
Kermadoret, 163.
Kermagean, 205, 224.
Kermaidic (Jan), 233.
Kermajan, 210.
Kerman, 80.
Kermao, 319.
Kermarec (Yvon), 302.
Kermarchar, Kermahar, 231, 239.
Kermasson, 99.
Kermasson (Jean), 94.
— (Joseph), 99.
— (Pierre), 11, 96.
Kermatehanno, 192.
Kermatévan, 97, 102.
Kermazeuc, 295.
Kermean, 209.
Kermedic, Kermeidic (Jehan), 256.
— (Marguerite), 262.
Kermegat-Measmeur, 209.
Kermelec, Kermelleuc, 257, 264, 276.
Kermelec, Kermeleuc, Kermellec (Amize), 295.
— (F^{cois}), 294.
— (G.), 262.
— (Guillaume), 72, 209, 263, 275, 289.
— (Robert), 278, 293.
Kermelegan, 210.
Kermelegan (Bernard), 203, 255, 256.
Kermelin, 217.
Kermelouarn, 205.
Kermemes, 256.
Kermen, 148.
Kermengant, 255.
Kermengou, 289.
Kermenguy, Kermainguy, 198, 233, 239, 244.

Kermenguy, 302.
Kermeno, 168, 233.
Kermeno (ou de) (Jan, Jean), 2, 91, 199.
— (Olivier), 1, 2.
— (Prigent), 2.
— (René), 2.
— (Suzanne), 2.
Kermenob (de) (Yvon), 273.
Kermenos (de) (Y.), 285.
Kermenou (ou de) (F^{oise}), 196.
— (F^{coise}- Corentine), 181.
— (Guyon), 221.
— (Marie), 79.
Kermenouar, 211.
Kermerhou (de) (Yves), 78.
Kermergan, Kermergant, 212, 213.
Kermerven, 266.
Kermerien, Kermeryen, Kermerrien, Kerarmerien, Kermeryan, 78, 195, 209, 219, 220, 224, 245, 310, 316, 317.
Kermeryen (Even), 245.
Kermoalec, 162.
Kermoel, 165.
Kermoisan, 148, 195.
Kermoisan, Kermoysan (de) (Jacques), 150.
— (Jean), 150.
— (Nicolas), 150.
— (René), 235.
Kermorgant, 211.
Kermorgant (Bernard), 219.
— (Hervé), 219.
— (Janes), 213.
Kermoroch, 301.
Kermoru, Kermorru, 189.
Kermorvan (ou le *Conquet*), 189, 190, 199, 204, 208, 209, 218, 233, 258, 263.
Kermorvan (ou de), 265, 266.
— (Béatrix), 195.
— (Beunou), 204.
— (Catherine), 211.
— (Christophe), 199.
— (F^{cois}), 214, 220, 261, 263.
— (Guillaume), 208, 261.
— (J.), 258.
— (Jeanne, Jehanne), 258, 259, 260, 263.

Kermorvan (ou de), Marguerite, 196, 198.
— (Marie-Michele), 231.
— (Marie-Renée), 231.
— (Renan), 196, 198, 199, 231.
— (Renou), 288.
— (Robert), 204, 205, 206, 210, 221, 263.
— (Yvon), 204.
Kermoualch, 216.
Kermouel, 17.
Kermouellec, 318.
Kermouran (Robert), 209.
Kernaliou, 152.
Kernan, 99, 211.
Kernaouet, 197.
Kernaozou, 222.
Kernavalet, 150.
Kernasec, Kernazec, 210, 222.
Kernaseuc (H.), 259, 264.
— (Hervé), 293.
Kernatous, Kernatouz (ou de)
— (Marie-Madeleine), 280.
— (Michel-Corentin), 199.
— (Perronnelle), 280.
Kernazec (*Bihan* ou *Bras*), 195.
Kernéach, 222.
Kerneau, Kersneau, 293.
Kerneau, 288.
— (Yvon), 285.
Kernechanmelin ou *Quenec'hanmelin*, 147, 148.
Kernec'hbodu, 163.
Kernechdu, Queneachdu, 160, 166.
Kernechnidic, 163.
Kernechquay, Kernechguay, 158, 161, 162.
Kernechquiric, 163.
Kernechrizian, 215.
Kernecuezec, 163.
Kerneguen, 219.
Kernégués, 184.
Kerneiz, 319.
Kerneltenan, 223.
Kernely, 91.
Kerner, 279.
Kernescant, 208.
Kerneuff, Querneuff, 91, 212.
Kernevel, 81.
Kernevet, 309.

Kernevez (ou an), 184, 185, 188, 203, 212, 213, 214, 219, 246.
Kernevez ou la *Villeneuve*, 196.
Kernezne, Quernezne (ou de), 29, 71, 73, 75, 222, 247, 248, 257, 264, 266, 274, 276, 288, 290, 292, 296.
— (Amice), 261, 263.
— (Anne), 237.
— (Anne-Thérèse), 74, 75, 151, 152, 236, 237, 238, 271, 281, 304, 305, 314.
— (Charles), 73, 78, 148, 149, 164, 165, 166, 194, 216, 218, 219, 220, 221, 227, 228, 229, 230, 249, de la p. 265 à la p. 271, 277, 278, 279, 280, 295, 296, 311, 320.
— (Charles-Louis), 24, 25, 73, 75, 150, 166, 167, 192, 194, 230, 231, 232, 245, 271, 280, 281.
— (Charles - Robert ou Carlobert), 73, 166, 230, 231, 270, 280.
— (Gestin), 247.
— (H.), 261, 290.
— (Hervé), 71, 72, 257, 258, de la p. 259 à la p. 265, 291, 292, 317.
— (Jean, Jehan), 71, 171, 248, 249, 255, 256, 258, 263, 264, 265, 269, 286, 287, 300, 309, 310, 315, 317.
— (Jean-F[ois]-Antoine),149.
— (Joseph), 25.
— (Joseph-Luc), 169, 235, 236, 271, 281, 304.
— (Louis), 271.
— (Louis-Charles), 232.
— (Luc), 24, 25, 73, 75, 80, 149, 151, 166, 168, 232, 233, 234, 235, 271, 281.
— (Mahé), 256.

24

Kernezne, Quernezne (ou de), (Marie), 75, 231, 264.
— (Marie-Angélique), 74.
— (Marie-Thérèse), 25.
— (Olivier), 245, 247, 255.
— (R.), 255, 288, 289.
— (René), 75.
— (Robert), 204, 245, 255, 256, 257, 262, 263, 288.
— (Toussaint), 154.
— (Yves-Benjamin), 73.
Kernezne de Coatarmoal (de) (Melle), 27.
Kernezne de la Roche, 75.
Kernicol, 114.
Kernivalen, 162.
Kernilis, Kernilys, 199, 220.
Kerniou, 195.
Kerniquel ou *Kemero*, 99.
Kerniquenen (de) (F^{coise}), 5.
Kernizian, 258.
Kernizian, 259.
Kernobe, 287.
Kernon, 160.
Kernonen, 163.
Kernou, Kernaou, 166, 167, 198, 222, 314.
Kernour-Uhelaff, 166.
Kernours (Guillaume), 153.
Kerodern, 228.
Kerogat, 230, 245.
Kerogueur, 212.
Kerohouarn, 274.
Keroler, 71.
Kerolier, Kerollier, 160, 161.
Kerolivier, 157.
Kerollivier Penlan, 149.
Keromeuff ou Kerouneuff (de)
— (Bernard), 299.
— (Pierre), 299.
Keromnes, 299, 300.
Keronel, 198.
Keronnan, 319.
Keronnan (Jehanne), 289.
Keronyant (Jehanne), 294.
Keropault (Olivier), 222.
Keroret, 163.
Kerorven, 212.
Keroserff, 2.
Kerospars, 166.
Kerouallan (Marguerite), 42.

Kerouallan (Marie), 42.
— (Thérèse), 42.
Kerouanen, 238.
Kerouartz, Kerouaz, 209, 226, 293.
Kerouartz, Kerrouart (de) (F^{cois}), 276, 293.
— (F^{coise}), 152.
Kerouasle, Kerouazle, 165, 293, 319.
Kerouchant, 79, 203, 208, 212.
Kerouem, 161.
Kerougan, 302.
Kerougnam, 218.
Kerouhant, 198, 205, 221, 223, 234, 239.
Keroulach, 224.
Keroulach (Catherine), 275.
Keroulas, Keroullas, 222, 243, 259, 303.
Keroulas, Keroullas, Kerroullas, Keroulatz (ou de), 266, 290.
— (Catherine), 212.
— (F^{cois}), 197, 198, 210, 211, 212, 221, 222.
— (Guillaume), 198, 223.
— (Jehan), 261.
— (Marie), 236, 314.
— (Renan), 197, 223.
— (Tanguy), 236.
Keroulé, 274, 277.
Kerouletquer, 230.
Keroulledic, 223.
Kerouman, Keroman, 198, 211, 303.
Kerouredec, 192.
Kerourfil (ou de) (Béatrix), 192.
— (P.), 71.
Kerourien, Kerouyen, ou *Kerourian, Kerouryan*, 197, 203, 212, 215, 221, 222, 226, 228, 236, 239, 244.
Kerourien, Kerouryen, Kerorien, ou Kerouryan (ou de) (Even), 203.
— (Guillaume), 265, 319.
— (Roberde), 5.
— (Yvon), 203.
Kerouriou, 224.
Kerourmelen, 163.

Kerousil (de) (Pierre), 187.
Kerouzas, 24.
Kerouzéré, 301.
Kerouzian, 210.
Kerouzien, 198, 210, 211, 219, 227, 279.
Kerouzy, 256.
Kerozal, Kerosal, 257, 276, 277, 279, 280, 290.
Kerozerch (J.), 255.
Kerozern, 229.
Kerozet, 9.
Keroznen, 280.
Keroznen (Jehan), 293.
Kerozarch (Guiomarch), 316.
Kerpaen, 192.
Kerpasguezen, 204.
Kerpasquyou, 277.
Kerperennes (de), 159.
Kerperiou, Kerpiriou, 212, 216.
Kerpont (Tanguy), 262.
Kerprat, 205, 208, 209, 210.
Kerpreder, 294.
Kerpregent, Kerprigent, 19, 20.
Kerprimel, 161.
Kerprizin (Hervé), 286.
Kerpumerit, Kerpeumerit, 158, 161.
Kerrain, 190.
Kerraoul (de) (Guillaume), 287.
— (Robert), 287.
Kerrebat, 107.
Kerrec, 68.
Kerredec, Keredec, 214, 220, 238, 266.
Kerredec, Keredec (Bihan ou Bras), 196, 234.
Kerredeuc, 213.
Kerregueneuc, 210, 211.
Kerregueur, 210.
Kerrengueneau, 205.
Kerresan, 212.
Kerreston, 81.
Kerret, 79.
Kerret (de) (Catherine), 162.
— (F^{coise}), 181.
Kerreuc (Morice), 205.
Kerrianguen, 303.
Kerribin (Jan), 203.
Kerriec, 266.
— (René), 221.
Kerrigny (Olivier), 237.

Kerrimoret, 211.
Kerrinot, 211.
Kerriou, Keriou, 165, 166, 167, 187, 317.
Kerriovan, 211.
Kerroent (de) (Isabeau), 257.
Kerrohic, 267.
Kerromp, 277.
Kerron Kermasson, 99.
Kerronou, 215.
Kerronvel, 215.
Kerrosperz, 161.
Kerros, 225.
Kerrouel, Kerouel, Keroual, 203, 212, 220, 223, 319.
Kerroue, 76.
Kerruguant, 211.
Kersabiec, Kersabieuc, 217, 275, 279.
Kersaint, 238, 250.
Kersaliou, 262, 290.
Kersalsy, 207, 209, 214.
Kersalaun (aïlleurs *Kersalomon*), 226, 252, 271, 299.
Kersamen, 310.
Kersangily, Kersaingily, Kersainctgelli, Kersainct-Gilly (ou de), 211, 212, 214, 216, 262, 265, 266, 292, 301.
— (P.), 277.
— (Robert), 79, 210, 221.
Kersapé, Kersappé, Kersapez, 5, 6, 8, 9, 10, 12, 13, 14, 16, 20, 68, 89, de la p. 93 à la p. 98, 100, 110, 112, 113, 114, 117, 120.
Kersaudy, 162, 163.
Kersaudy, Kersaudi (ou de)
— (Henri), 148.
— (Pierre), 163.
Kersauson, Kersauzon (de), (F^{cois}), 281.
— (F^{coise}), 303.
— (Gabriel), 195, 196.
— (Joseph), 281.
— (Joseph-Hervé), 281.
— (Pierre), 303.
— (Yvonne), 303.
Kersauset, Kersausset, 196, 214, 220, 317.
Kerscab (Marguerite), 273.
Kerscan (Aliz), 82.

Kerscan (Hervé), 82.
— (Huon), 82.
— (Jean), 80.
Kerscao, 195, 215, 222.
Kerscao (de) (Joseph), 235.
— (Louise-Gabrielle), 232.
Kerscau, 294.
Kerscau (J.), 289.
— (Jehan), 245.
Kerscauff, 147.
Kerscauzet, 234.
Kerscaven (Jehan), 266.
Kerscavic, 303.
Kerscifit ou Kerguivit, 196, 245.
Kerscouble, 4, 5, 8.
Kerseho, 90, 91, de la p. 93 à la p. 98.
Kersene, 222.
Kerseneau ou Kersencan, 294.
Kerseosel, 198.
Kerseré (de) (Nicolas-Joseph-Daniel), 196.
Kerserre, 223.
Kersilaouen, 151.
Kersimon, 295.
Kerspernen, 163.
Kerspuen, 157.
Kersrourric, 215.
Kerstrat, 224.
Kerstrat de Beauvoir (de), 30.
Kerstrenen, 213.
Kerstridic, 277.
Kersulgar (Charles), 160.
— (Marie), 160.
Kersulguen (ou de) (Armand-Yves), 75.
— (F^{cois}), 292, 295.
— (Jan), 199, 277.
— (Jehanne), 311.
— (Louise), 311.
— (Marie), 291.
— (Marie-Claude), 75.
— (Prigent), 292.
Kertanguy, 292.
Keruan, 198.
Keruarz, 261.
Kerudoné, 209.
Kerudyan (de) (G.), 288.
Keruedel, 304.
Kerugan, 313.
Keruhel, Keruel, 198, 313.
Keruhel (Jehan), 262.
Kerurgant, 210.

Kerurvaz, 163.
Kerusaouen, Keruzaouen, 80, 196, 229, 246.
Keruseuc (de) (Yvon), 273.
Keruzas, Kerudas, Kerusas, 24, 27, 149, 162, 193, 194, de la p. 203 à la p. 221, de la p. 224 à la p. 229, 231, 232, 234, 235, de la p. 237 à la p. 241, 243, 244, 245, 246, 248, 249, 250, 252, 253, 269, 271, de la p. 275 à la p. 282, 295, 299, 304, 305, 312, 317.
Keruzec, Keruzeuc, Kerusec, 217, 277, 278.
Keruzen, 209.
Keruzen (de) (Charles), 295.
Keruzian (T.), 258.
Keruzoc, 280.
Keruzon, Keruson, 199.
Keruzonan, 274.
Keruzoret, 197, 208, 210, 219, 237.
Keruzou, 220, 231, 239.
Keruyuelen, 207.
Kerva, 165.
Kervadeza, 223.
Kervalaen, 152.
Kervan, 204, 233.
Kervarsou, 267.
Kervasdoué, 195, 197, 198, 211, 221, 224, 226, 319.
Kerwazec, 246.
Kerveat, 208, 211.
Kervéan, 210, 219.
Kerveatous, 303.
Kervégan, Kervégant, 186, 187, 188.
Kervégant-Trevalot, 80.
Kervéguen, 189.
Kerveho, 2, 3.
Kervelegan, Kervellégan, 165, 233.
Kervelouarn, Kervellouarn, 205, 209, 210, 215.
Kerven, Kervent, Kereven, 168, 169, 233, 243, 323, 324.
Kervenan, Kervennan, de la p. 299 à la p. 304.
Kervengant ou Kervergant, 199.
Kerveniou, Kerviniou, Kervyniou, Kervennyou, Kervenniou, 188, 256, 259, 265, 269, 279, 316, 319.

RÉPERTOIRE

Kerveno (de) (Prigent), 107.
Kervenou, 165.
Kervenouar, 215.
Kervenozael, Kevenoal, 191.
Kervereguen, 78.
Kerverger-Huelaf, 153.
Kerverger-Iselaf ou *Izelaf,* 74, 152.
Kerverien, 222.
Kerveriquin, 189.
Kervern, 167, 168.
Kerveryer, 225.
Kerverzant, 198.
Kervescontou, 82, 230.
Kervézégan, 161, 164.
Kervezo, Quervezo, 94, 118.
Kervian, 302.
Kerviche (Guillaume), 12.
Kervicquelen, 97.
Kervidan, 163.
Kervillart, 2, 3, 6, 10, 12, 13, 14, 17, 19.
Kervillerm, 184.
Kervillou, Kervilou, 192.
Kervillou (F^{cois}), 295.
Kervinan, 320.
Kervinygan, Kervenigan, 173, 199, 225.
Kerviquel, Kervicquel, 96, 98, 109, 110.
Kervisiou, Kerviziou, 221, 283.
Kervizian, 290.
Kervran, 119.
Kervraz (p^r *Keruzas*), 239.
Kervuel, 303.
Kerygomarch, 260.
Kerynyssan, 147.
Keryvason, 217.
Keryvinec, 216.
Kerzignan (Isabelle), 210.
Kevozen, 222.
Kevozven (Allain), 222.
Kindic (Antoine), 42.
Knechmahouarn, 274.
Kolyer, 161.
Krieg, 43.

L

Lababan, 42.
Labbat (Marie-Louise), 243.
Labbé (Alain), 261, 265, 266, 310.

Labbé (Catherine), 266, 310, 311.
— (Fiacre), 81, 266, 310, 311.
— (F^{coise}), 265, 295, 310, 311.
— (Guillaume), 237, 239, 320.
— (Guyomarch), 295.
— (Jacques), 81, 264, 265, 266.
— (Jean, Jehan), 205, 239, 258, 261, 263, 265, 266.
— (Jeanne, Jehanne), 261, 263, 264, 265, 266, 292, 295.
— (Marie-Anne), 238.
— (Marie-F^{coise}), 239.
— (Raoul), 328.
— (Yves), 211.
— (Yvon), 81, 266.
Labbez (de) (Dom Bernard), 309.
Laffond (de) (Gabrielle), 235.
Lagadec (le) (Isabelle), 179, 180.
Lage, 165.
Lage. (de) (Jacques), 165
Laisné (Madeleine), 221.
Lalande, 239.
Lambault (Joseph), 113.
— (Joseph-Urbain), 100.
Lambert (Antoine), 92.
Lambezellec, Lambezeleuc, 193, 240, 248, 250, 295.
Lambezre, Lambezere, 210, 224, 245.
Lambezren, 218.
Lambilly (de), 29, 39.
Lambré, 97, 105, 107, 108, 111, 112, 114.
Lambron (Toussaint), 18.
Lamez (Charles), 36.
Lamles (Olivier), 293.
Lamour (Julien), 112.
— (Prigent), 231.
Lampaul, 320.
Lampaul-Ploedalmezeu, 320.
Lampaul-Plouarzel, 262.
Lampezre, 211, 292.
Lamy (Marie-Anne), 27.
Lanahuezan, Lannauezan, 158, 161.
Lanahy (Jean), 208.
Lananuezen ou *Lananuen,* 164.
Lancelin, 210, 216, 292.
Lancelin, Lanselin, Lancilin
— (Bernard), 263.

Lancelin, Lanselin, Lancilin (Goulfen), 214.
— (Jehan), 219, 278.
— (P.), 293.
Lande (de la) (F^{cois}), 163.
— (F^{cois}-Marie), 187. 190.
— (Pierre), 162.
Landeda, 80.
Landeleau, 186, 187, 269.
Landelle (de la), 68.
Landerneau, 24, 222, 224, 232, 233, 234, 238, 304, 318.
Landivisiau, 239.
Landonoy, Landonnoy, 203, 205, 209, 211, 212, 216, 220, 223, 229.
Landrevarzec, 150, 158, 159, 160, 163, 164, 165, 169.
Landudal, 163, 169.
Landunver, 79.
Landunvez, 322.
Lanechuen, 168.
Lanédern, 223.
Lanengat, Lannengat, 224, 312.
Lanester, Lanaster, 226, 321.
Lanezre (de) (Margily), 264.
— (Marguerite), 264.
— (Ollivier), 264.
Lanfeust, 198, 204, 205, 210, 223, 224, 229, 232, 233, 237, 239, 321.
Lanfrest, 198.
Langalla, 261.
Langalla (de), 71, 300.
— (Jehanne), 197.
— (N.), 261.
— (Tanguy), 292.
Langle, 105.
Langlenoc, 107.
Langolen, 158, 165, 167, 169.
Langolian (Hervé), 292.
— (Jehan), 292.
Langon, 11, 19.
Langongar, 196, 204, 210, 212, 214, 225, 226, 238, 267, 275.
Langonneau, 321, 322.
Langueouez, Langueuouez, Languegoez, Languevetz, Languéoez, Langueoués, Langueoez, Langueouetz, Langueoet, 27, 78, 162, 194, 207, 208, 209, 212, 213, 216, 217, 218, 219, 221, 231, 232, 235, 238, 239, 241, 245, de la p. 249 à la p. 253, de la p. 273 à la p. 282, 291, 295, 304, 305.
Langueouez, Langueuoez, Langueoez, Langueoetz, Langueoet, Languegoez, Languenoez (ou de) (Ganney), 207.
— (Gauvain ou Gouven), 247, 275, 276.
— (Guillaume), 207, 245, 275.
— (Jacquette), 218.
— (Jan, Jean, Jehan), 207, 208, 245, 273, 274, 275, 276.
— (Jehanne), 209, 276, 317.
— (Nycollas, Nicolas), 208, 275, 276.
— (Yvon), 299.
Languern, 192.
Languéro, 237, 269.
Languérof, 269.
Langueffeur, 276.
Languinoas, 232.
Lanhenel, 216.
Lanhengar, 302.
Lanhenuen ou *Lanneuen*, 166, 167, 169.
Lanhevel, Lannevel, 210, 233.
Lanhir, 259, 264.
Lanhoardon, Lannouardon, 195, 222.
Lanic, Lanicq (ou le), 7, 269.
Laniel (Léonard), 42.
Lanildut, 231, 278.
Lanitré, Lanittré, 15, 16, 69.
Lanmenec, 313.
Lanmeur, 220, 318.
Lannigou, 198, 246.
Lannilis, 80, 222, 229, 234, 280, 322.
Lannion (de) (Claude), 163.
Lannoon, 279.
Lannorgant, 222.
Lanouedic, Lanoedic, 3, 4.
Lanrinou, 280.
Lanriouar, 277.
Lanrivinen, 223.
Lanrivinen (de) (Hiérosme), 223, 303.
— (Louise), 303.

— (Yves), 303.
— (Yvon), 303.
Lanrivoare, Lanrivouray, Lanriouaré, 287, 302, 310, 313.
Lanryvon, 277.
Lansilien ou *Ansilien,* 198.
Lanuzel, Lannuzel (Laurent), 239.
— (Prigent), 199, 223.
Lanuzouarn (de) (Catherine), 222.
Lanvaux, 45.
Lanvedic, 114.
Lanvern, 77.
Lany (le), 13.
Lanyzien, 163.
Laoster, 195.
Larderneau, 224, 270.
Lardeur (le) (Vincent), 15.
Largouet, 67, 109, 114, 115.
Larinou, 279.
Larlan (de) (Vincent-Exupère), 15, 16, 69.
Larmor (de) (Yvon), 299.
Larragen, 173, 175.
Larré, 8, 114, 115.
Lars (Jean), 317.
— (Marie), 271.
Late (Catherine), 268.
Latillay, 96.
Latour (de) (Jan, Jehan), 321.
Laudren (F^{coise}), 230.
— (Jan), 230.
— (Vincent), 230.
Launay, 3, 80, 96, 165, 222.
Launay (ou de) (F^{cois}), 221.
— (Jean-Augustin), 99.
— (Olivier), 262.
Launay-Barach, 187.
Launay-Caunelaye, 68.
Lauranlemean, 80.
Laurans (Noel), 162.
Laurent, Lorent (ou du) (Catherine), 238.
— (Guénolé-Marie), 243.
— (Jean-Jacques), 79.
— (Pierre), 21.
Lauzac, 16, 23, 93, 101, 103, 110, 111.
Laval, 114.
Laval (de) (Anne), 147.
— (Guy) (Cte de), 147.
— (Louis), 150.

Lavanant (Guen), 311.
Laverdon ou *Anerdon,* 112.
Lavoster, 198.
Layec (Renée), 18, 20.
Laz, Las (ou le), 6, 23, 24, 30, 31, 73, 74, 76, 80, 82, 99, 103, de la p. 147 à la p. 155, 162, 167, 170, 171, 221, 231, 232, 234, 235, 238, 280, 281, 304, 318.
Leaustic, Leausticq (F^{cois}), 237.
— (Jan), 304.
— (Yvon), 233.
Lebartz (Hervé), 226.
Lebel, 295.
Lecauday (le), 38.
Lechet, 3.
Lecoz (Audren), 299.
Ledrenec (F^{cois}), 228.
— (Gabriel), 228.
— (Guillaume), 228.
— (T.), 211.
Ledrevez, 239.
— (Jean), 239.
Lée (le), 235.
Lefebvre, 190.
Legris de Neuville (Philippe, dit Philippe Laudet), 42.
Lehelec Le Mintier (de), 117.
Leheno, Lehenno (de) (Claude), 18, 22.
— (Marie), 9, 10, 12, 18, 22.
Leinloet, Linloet, Leinlouet (de et du) (Alain), 152.
— (F^{cois}), 152.
— (Jean), 152.
— (Jeanne), 152.
— (Marguerite), 152.
— (Marie-Louise), 152.
Leliepvre (Jacquette), 69.
Lemblac, 99.
Leménean (Jean), 98.
Lemoine, 295.
Lenfant (Adrienne), 328.
— (Bertrand), 327.
— (Guillaume), 327.
— (Raoul), 327.
— (Robert), 327.
Lennen (de) (Julien), 4.
Lennon, 157.
Leny (Marguerite), 235.
Lenzranlemen, 221.
Léon, 27, 71, 72, 82, 177, 178,

180, 193, 199, 212, 217, 232, 235, 238, 242, 259, 267, 270, 274, 287, 294, 313, 315, 318, 320, 323, 324.
Léon (Alain), 280.
— (F^{cois}-Claude), 234.
— (Guillaume), 229, 234.
— (Jacques), 227, 229.
Léons (Thomas), 4.
Léoustic (Jehan), 79.
Lépinay-Kernicol, 114.
Leraill (Dom Guillaume), 259, 264.
Leridand, 243.
Les (le), 225, 294.
Lesage (Claude), 15.
Lesagou, 287.
Lesandevez (F^{cois}), 168.
Lesargant, 275.
Lesbescat (de) (Olivier), 166.
Lescaluar, 279.
Lescar, 242.
Lescart (Jehan), 259.
Lescarval, 277, 280.
Lescazoal (Yvon), 261.
Lescoat (le), 191.
Lescoat (Claude), 222.
— (Prigent), 222.
Lescoet, Lescouet, 99, 316.
Lescoet, Lescouet (ou de) (Claude), 198.
— (F^{cois}), 99.
Lescombleis, 190.
Lesconnel, 195, 198.
Lesconvel, 221.
Lescouble (ou de) (Jean), 4, 5.
Lescoulouarn, Lescoullouarn, Lescolouarn, 203, 204, 207, 208, 209, 245, 275, 276, 321.
Lescu (de) (Louis), 230.
— (Marie - Gabrielle), 230, 232.
Lescusson, 11.
Leseleuc, 264.
Lesfizigan, Lesifigan, 196, 246.
Lesgall, 229.
Lesgonvel, 222.
Lesguern (de) (Guillaumette), 233.
— (Joseph-René), 239.
— (Yves), 233.
Lesireur, Lezireur, 222.
Leslannou, 192.

Leslech (le), 235.
Leslem, 295.
Lesmaes (de) (Aliette), 213.
Lesmais, 167.
Lesmais (de) (Alain), 167.
— (Gilles), 167.
— (Guillaume), 167.
Lesnaie (de), 89.
Lesne (A.), 277.
Lesneven, 72, 80, 224, 231, 236, 239, 257, 277, 312, 322, 323.
Lesnevez, 183.
Lesnirigan, 246.
Lespart (Audmette), 92.
Lespinasse (G^{al}), **47.**
— (Pierre) (de), 115.
Lespinay, 91, 105.
Lesquellen, 187.
Lesquen (de) (Alain), 167.
— (Jean), 234.
— (Jean-F^{cois}), 237.
— (Jean-Marie), 237.
— (Joseph), 167.
— (Joseph-René-Marie), 237.
— (Marie-Brigitte), 237.
— (Marie-Guillemette), 237.
— (Marie-Jeanne), 237.
Lesquivit, 229.
Lesseigne (Robert), 39.
Lessmez (de) (Jehan), 273.
Lestanc (Marguerite), 311.
Lestang (de) (Gabriel), 252.
Lestez, 4.
Lestialla, 165.
Lestier, Letier (le), 8, 12, 15, 96.
Lestobec (Aliénor), 236.
— (F^{cois}), 236, 271.
— (Michel), 236.
— (Tanguy), 236.
Lestréguenoc, 192.
Lestrémen (Perric), 291.
Lestrémeur, 236.
Lestrémeznou, 192.
Lestudoret (ou les *Salles*), 165.
Lesunam, 20.
Lesven, 223.
Lesvuern, 280.
Leuré, Leuzré, 283, 287, 301, 302, 303, 304, 305.
Levesque du Rostu (Maurice), 26.
Lezeret, Lezerech, Lezerret, 193, 205, 223, 226.
Lezivy, 231.

Lezron, 269.
Lezunan, 8, 9.
Lezurec, 233.
Lhéritier (Claude), 325, 326.
Lhoumellec, 111.
Lic, Licq (le), 7, 20, 23, 91, 97.
Lices (Place des), 27.
Lié (le), 22.
Lièvre (le) (Louis), 325.
Ligaour (Jean), 171.
Lignenroux, 77.
Limoges, 68, 180.
Linguern ou Scrignac, 190.
Liniac, 15.
Liniec (le) (Pierre), 216.
Lion d'Angers (le), 40.
Lisandré, 163.
Liscouet, 97, 98.
Liscuiz, Liscuit, Lescuyt, 76, 165, 191, 318.
Lisieux, 268.
Lisiou (an) (Paoul), 262.
Lisle, Lysle, 108, 185, 234.
Lisle (de) (Jehan), 315.
Livec (le) (Jacob), 149.
Loaniers, 327.
Lochan (Julien), 224.
Lochrist, 193, 217, 245.
Lochrist-Plougonvelen, ou Plouæconuelen, Plouecouvelen, 199, 212, 219.
Locmagan, 316.
Locmaria, Lomaria, 5, 185, 187, 188, 217, 246.
Locmaria (de), 82.
— (Haris), 82.
— (Henri), 82.
Locminé, 39, 47.
Loctudy, 189.
Logen (Bernard), 209.
Loges (des) (Sébastien), 245.
Logonna, Loconna, 259, 260.
Logonna-Daoulas, 260.
Lohac, 20.
Lohan, 111.
Lohan (de) (Yves), 231.
Lohéac (de) (René), 194.
Lohic (Hamon), 72.
Lohier (Pierre), 237.
Lohodan, 292.
Lohodan (Jehan), 292.
— (Mahé), 292, 293.
Lohou (Antoine), 158.

Loire-Inférieure, 40, 41, 245, 250.
Loménie de Brienne (Louis-Victor), 42.
Londres, 118.
Longchamps, 35.
Longprey, 36.
Longrais (les), 24.
Lopramrun, 119.
Loqueltas, 96.
Lorance (F^{coise}), 165.
Lorge, 191.
Lorgeril (de) (Jacques), 69.
Lorphelin (Jacques), 180.
Lorraine (de) (Charles), 115.
Losthenès, 267.
Lostier (Guillaume), 303.
Lothey, 159, 160, 165.
Lotodé (Jean), 9.
Louarn (le) (F^{cois}), 184.
— (Guillaume), 230.
— (Michel), 182.
— (Robert), 267.
Louch (le), 196, 223, 226, 228, 235.
Louch (du), 252.
Louédec (le), 165.
Louellec, 112.
Louet, 327.
Louet (du) (Guillaume), 229.
— (Marie), 269, 279.
— (René), 183.
Louet du Boisriou (du), 21.
Louis XIV, 37.
Louis (roi de France et duc de Bretagne), 324.
Loumeral, 231.
Louvel (Charles), 5.
Louvernac, 236.
Loyat, 2.
Lozach (Pierre), 190.
Lucas (F^{coise}), 232.
— (Lorans), 232.
— (Paol), 224.
Luézon (Even), 323, 324.
Luherne (le) (Julienne), 101.
Lunven (Alain), 244.
— (Jeanne), 317.
— (René), 317.
Lurgant (Hervé-F^{cois}), 171.
Lymoelen, 212, 277.
Lymon (Yves), 222.
Lys (de) (Sébastien), 68.
Lysyen (Juguel), 162.

M

Mab (le) (Hervé), 268.
Machecoul, 325.
Maczon (Jeanne), 220.
Madeleine, Magdelaine (la), 158, 208, 209, 218.
Mager (Jean-Baptiste), 69.
Magor (le), 157.
Maguet (ou El) (Jehan), 290.
— (Thomas), 232.
Mahé, 89, 227.
— (Alain), 231, 303.
— (Anne), 232.
— (Azenore), 214, 219.
— (Charles), 231.
— (Christian), 231.
— (Corentin), 151.
— (Hervé-Christien), 232, 303.
— (Jean), 206, 209.
— (Marguerite), 210.
— (Marie), 232.
— (Maurice), 189.
— (Nicolle), 11.
— (Pierre), 169.
— (René-Claude), 78.
— (Suzanne), 190.
Mahé de Kermorvran (Anne-Suzanne), 187, 188, 190.
Mahé de Villeneuve (ou Villeneuve) (F^{cols}-Augustin), 29, 99, 103.
Mahéo (Jean), 102.
Mahieu (Jean), 36.
Maigné (de) (Perrine), 109.
Maigre (le) (Marguerite), 222, 224.
Maillardière (la), 119.
Maillé, 242.
Maine-et-Loire, 41.
Maire (le), 17.
— (Jacques), 92.
— (Jehan), 92.
— (Perrine), 92.
Maisantguen (Y.), 255.
Maison-Neuve, 236.
Maistre (le) (Charlotte), 223.
— (Jacques), 267.
Malary, 107.
Malestroit, Maletroit, 112, 116, 327.
Malestroit en Quidice ou Quidis, 115, 118.
Maletroit à Dol, 326.
Man (Jan), 260.
Manach (Henry), 286.
Mancelière, Mancellière (ou la), 25, 37, 73, 230.
Manche, 31, 42.
Manegronach, 119.
Maneville, 38.
Mangeron (Marguerite), 261.
Mans (du) (Marie), 230.
Many (le), 275.
Mao, 291.
— (Bernard), 223.
— (Laurent), 303.
— (Yves), 264.
Mao de Kervenyou (Hervé), 265.
Maou (Marie), 265.
Marbeuf, 74, 75.
Marbœuf (Hôtel de), 25.
Marbœuf, Marbeuf (de), 21, 74, 75.
— (Charles), 235.
— (Claude-F^{cois}-Marie), 74.
— (François), 13.
— (Robine), 73.
Marc (Guillaume), 304.
— (Yvon), 208.
Marchaland (le) (Ambroise), 154.
Marchand, Marchant (ou le), (F^{cois}-Bernard), 199.
— (Renée-Marie), 106, 108.
Marchard (Jean), 42.
Marcille, 116.
Marec, Mareuc (ou le) (Alain), 262.
— (Anne), 278.
— (Catherine), 295.
— (Fiacre), 277.
— (F^{cois}), 277.
— (Guillaume), 257.
— (Henry), 262.
— (Hervé), 277, 278.
— (Jan, Jehan), 262, 264, 278, 310.
— (Marguerite), 72.
— (Marie-Renée), 281.
— (Yves), 275, 310.
Marheuc (an) (Prot.), 309.
Marignis (de) (Guillaume), 68.
Marigny, 36.

Marigo (Claude), 167.
Marion (Bernard), 224.
— (Charles), 80, 198, 224.
— (Jan, Jean), 224, 226.
— (Nicolas), 198, 224.
— (Yves), 3.
Marne, 43.
Marot (Guillaume), 8.
Marquer (Claude), 16.
— (M.), 29.
Marquet (Claude), 10.
Marre (de la) (Alain), 190.
Martel (ou de) (Damian ou Damien-Charles), 117.
Martinière (la), 37, 111.
Martinière (de la), 44.
Marseillière (la), 81.
Marzelière (la), 326, 327.
Marzin ou Marezin (Catherine), 260, 275.
— (F^{cois}), 281.
— (Hamon), 277.
— (Nicolas), 277.
Masson (Marie), 300.
Mat (ou an) (Anne), 204.
— (Jehan), 260.
Materan (ou le), 95, 98.
Mathezon (Marguerite), 320.
Maucazre, Mancazre (le), 265.
— (Hervé), 286.
— (Jehan), 320.
— (Pierre), 310.
Maucon (de) (Jacques), 36.
Maugou (Yvon), 255.
Maumerchin du Lac (de), 109.
Mauny (de) ailleurs Manay (Olivier), 255.
Maupeou (Vincent), 310.
Maupertuys, 218.
Maure, 11, 116.
Mayenne, 42.
Mayer, 44.
— (le) (Jean), 236.
Mazé, 154.
— (Guillaume), 303.
— (Laurent), 153, 305.
Mazhuic (an) (Guiomar), 309.
— (Hamon), 309.
— (Yvon), 309.
Mean an Jar, 207, 219, 238.
Mean an Mortez, 296.
Meas-Ambras, Meas-an-Bras, 214, 219, 220, 317.

Measangoff, 210.
Measanguen, 262.
Measanlen, 224.
Meascletz, 260.
Measgouesel, 209.
Measgueffel, 210.
Measguen (le parc), 216.
Measguerunc, 321.
Measheloc, 209.
Measleyn, 313.
Measmeur (ou an), 276, 277.
Measmiolen, 198.
Measou (Catherine), 266.
— (Jehan), 302.
— (Marie), 266.
— (Prigent), 260, 262, 289.
Measoumeur, 261.
Meastourgouer, 210.
Meastrius, Meastryius, Meastryus, Mestrius, 211, 220, 264, 266.
— (F^{cois}), 223, 234.
— (F^{coise}), 312.
— (Marie-Anne), 234.
— (Tanguy), 198, 223, 224, 228.
Meastrius de Pouldu (René-F^{cois}), 234.
Méditerranée, 46.
Mehou (le) (Marguerite), 222.
Meilleur (le) (F^{cois}), 19.
— (Thomas), 209.
Meineuf, 16.
Melier (Marie-Laurence), 24.
Melleray (la), 148.
Mellon (hâvre de), 319.
Mellou, Melou (Jan, Jehan), 209, 212.
— (Jehanne), 216.
Melrand, Melrant, Melleran, 22, 29, 32, 67, 119.
Menant, 275.
Mendeury (Thomasse), 288.
Mendy (le) (F^{coise}), 311.
Mené (Jean), 303.
Menec, Mennec (ou le), 187, 188.
Menec (le) (Yvon), 278.
Mené Cadic (le), 18.
Menehouarn, 119.
Menez (le), 181.
Menez (du), 259.
— (Bonaventure), 233.
— (René), 233.

Menez an Poulloupry (le), 218.
Menez de la Madeleine (le), 218.
Ménez-Keranzoff (e), 252.
Menez-Lesouarn (le), 218.
Menez-Locmaria (le), 217, 252.
Menez Loquinen (le), 218.
Menez Marchouarn, 276.
Menez Measlys (le), 218.
Menez Rucochart (le), 218.
Menez Traouhonnan (le) ou *Menez Keruzas*, 218.
Mengant (Jehan), 205.
Mengueffuet, 161.
Menguy (Gilles), 282.
— (Jeanne), 316.
Menier, Mesnier (Claude), 231, 233.
— (Peronnelle), 233.
— (Pierre), 231.
Menmeur, 80.
Meran (Marie), 101.
Mercier (le) (Jehan), 294.
— (Olivier), 294.
Merdy (le), 24, 75, 157, 163, 164, 236, 281, 320.
Merian (André), 96.
Mériau (Louis), 98.
Meriaye (la), 4.
Merlan, 117.
Merland de la Blanchelière (Pierre-Auguste), 238.
Merrien, 184.
— (Hervé), 148.
— (Yves), 153.
Mesarchant, 231.
Mesaubras, 196.
Mescam (du), Dumescam, 236.
— (Allain), 234, 235, 289.
— (Anne), 239.
— (F^{cois}), 235.
— (Jean-B.), 235.
— (Marguerite), 236.
Mescam (ou du), Dumescam, 236.
Mezrioual, 236.
Mescoat, Meascouet, 318, 321.
Mescouet, 76.
Mescouflem (de) (Marie), 210.
Measdelyt-Yselaff, 318.
Mesdon (Henry), 313.
Mesdoun, 223.
Meselcuff, 189.
Mesgouez, 198, 223, 228, 237, 238.

Mesgouez, Mesgoez, Measgoez, Mescouez (de, du, ou le), 76.
— (F^{coise}), 76.
— (Guillaume), 76.
— (Jehan), 205.
— (Jeanne), 269.
— (Troilus, Troylus, Troilluz), 76, 162, 168, 318.
Mesguen, 210.
Meskeraulin, 258.
Meslin (Joseph), 117.
Mesmoalen, 314.
Mesnibonant, 35.
Mesnoalet, Mesnoallet, Meznoalet, Measnoalet (ou de), 316.
— (Gabriel), 222.
— (Hervé), 230, 252.
— (Jan), 294.
— (Jeanne), 197, 224.
— (Loyse), 322.
— (Yvon), 255.
Mesou (Henry), 267.
Mesouflain, Meassouflein, Mesouflin, 198, 224, 234, 239.
Mesprat, Meas-prat, 209, 218.
Mesrioual, 234, 235, 236.
Mesuillac, 118.
Mesuillac (de) (Gilles), 67.
— (Guillaume), 67, 68.
Métairies (les), 105.
Metouart (le) (Sébastien), 98.
Meunier, 41.
— (G^{al}), 43, 44.
Meur (le) (Olivier), 173.
Mervel, 33, 223.
— (Thomas), 302.
Mevellec (F^{cois}), 170.
Mezec (le), 182.
Mezec (le) (Hélène-Joséphine), 23.
Mezelcun, 187, 190.
Mezelles, 281.
Mezou, 281.
Michaud, 43.
— (G^{al}), 45, 46.
Michel (Yvon), 291, 315.
Michelet (Nicolas), 149.
— (Pierre), 172.
Miggeux (Félix), 21.
Mignard, 24.
Mignon (Jaffray), 261.
Milisac, Milysac, Millizac, Mili-

zac, 33, 71, 216, 217, 232, 239, 240, 241, 242, 247, 250, 252, de la p. 255 à la p. 271, 275, 276, 280, 281, 282, 283, de la p. 285 à la p. 296, de la p. 299 à la p. 303, 305, 310, 313, 314, 315, 316, 319.
Millazière (la), 8.
Mingam (an) (Jan), 273.
Minihy (ou le), 13, 326.
Mintier (le) (Marie-Olive), 110.
Miossec (Jeanne), 326.
Miquelard (F^cois), 42.
— (F^cois-Valère), 42.
Misercu, 189.
Moayre (de) (F^coise), 19.
Moal (le) (Yvon), 148.
Moche (Guen), 273.
Moguer (ou le), 196, 220, 267, 317.
Mohou (Marie), 211.
Moign (ou le) (Jehan), 207, 275.
Moisan, Moysan (Alain), 160.
— (Jean), 226.
— (Loyse), 263.
— (Renée), 165.
Moisdon, 41.
Moissonnières (les), 37.
Mol (Anne), 278.
— (Bernard), 265.
— (F^cois), 278.
— (Guillaume), 265.
— (Hamon), 265.
— (Isabelle), 213.
— (Jan), 278.
— (Madeleine), 78, 215.
— (Olivier), 278.
— (Pierre), 319.
— (Renan), 199.
— (Tanguy), 231, 278.
Molant, Mollant (le), 185, 186.
Mollay, 327.
Moncelart (de) (Jehanne), 310.
Montafilant, 189, 190, 327.
Montauban, 326.
Montbarot, 111.
Montbrun, 243.
Montebert, 112.
Montfort, 114.
Montfort (Jehan), 184.
Montier (Guillaume), 43.
Montigny, 112.
Montigny (de) (Gabrielle-Elisabeth), 112.

Montigny (de) (Marye), 107.
— (Philippe), 107.
— (Pierre), 107.
— (René), 112.
Montmartin, 38.
Montmorency, 112.
Montrelaes, 67.
Monts (les), 36.
Morbihan, 12, 32, 33, 40, 42, 43, 45, 46, 47, 103.
Moréac, 165.
Moreau, 43.
— (Jan), 163.
Moreaux (Marie-Perrine), 237.
Moret (Pierre), 236.
Moriant (Vincent), 98.
Morin (Joseph), 118.
Morinière (la), 35, 37.
Morlaie (la), 112.
Morlaix, 29, 82, 177, 178, 187, 189, 238, 247, 270, 271, 318.
Moro ou Morio (Jan), 2, 5, 6, 92.
— (Michelle), 3, 5, 8.
Morvan, 149.
— (Hervé), 148.
— (Jacques), 172.
— (Jehan), 148, 267.
— (Jehanne), 265.
— (Louis), 174.
— (Marie), 265.
— (Marie-Louise), 184.
— (Pierre), 148.
— (Sébastien), 184.
Morvan (le) (Vincent), 190.
Morvan de Kerouman (Jehan), 265.
Morvan de Lanher (Guillaume), 265.
Mothou (de) (Catherine), 22.
Motte (la), 14, 72, 80, 150, 165, 275, 313, 320, 328.
Motte (la) ou *Mouden* (le), 163, 217.
Motte ou Mothe (de la, ou la) (Le P.), 21.
— (Pancrace), 35.
Motte à Madame (la), 74.
Motte du bois de Vigeac (la), 318.
Motte du Fou (la), 158, 159.
Motte-Rivault (la), 94.
Motte-Rogon (la), 67.
Moulin, 43.

Moulin (du) (Madeleine), 25.
Moulin an Roux, 209.
Moulin Martret, 208.
Moulin-Neuf, 74.
Moulins, 325.
Mouster (le), 163.
Moyot (Tanguy), 239.
Mur, 239.
Musillac, Muzillac, 27, 40.
Musuillac, Muzuillac, Muzillac (de) (Bernard), 90.
— (F^{cois}-Gabriel-César), 23.
— (Georges), 21.
— (Jacques), 21.
— (Jeanne-Jaquette), 21.
— (Marguerite-Brigitte), 21.
Myllour (le) (Isabelle), 210.
Mynou (le) (Bernard), 313.
Mynier (Julien), 17.

N

Nam, 72.
Nantes, 17, 19, 26, 29, 41, 106, 112, 114, 184, 235, 295, 324.
Nedellec (Gabrielle), 238.
— (Hervé), 255.
Nehou (le) (Marguerite), 303.
Nepvou de Carfort (le) (chef de chouans), 42.
Nescobic (an) (Bleuzven), 313.
Neufchâtel, 24.
Neuffve (le) (Jan), 7.
Neussaff, 205.
Nevel, 93.
Nevent, 293.
Nevent (Prigent), 255, 288.
Nevet, 245, 275.
Nevet (de) (Jan, Jehan), 245, 275.
Nevez (le) (Louise), 163.
Nielly (G^{al}), 46.
Nicolas, Nicollas, 290, 293.
— (Catherine), 302.
— (Even, dit Haiguen), 289.
— (Guillaume), 294.
— (Jean), 100.
Nivillac, 26.
Noblet (Julien), 101.
Nobletz (an) (Jehan), 287.
Nogues, 32, 33.
Noquello, 119.

Normand, 41.
— (le) (Louis), 9.
Normandie, 37, 268.
Notre-Dame (rue de), 16, 18.
Notre-Dame du Val, 194.
Nouel, 285.
Nouel ou Novel (Jean), 292.
— (Maudez-Hyacinthe), 82.
Noverte (la), 163.
Noyal, 68, 116.
Noyal de) (Bertranne), 6.
— (Jacques), 6, 68.
— (Jehan), 89.
Noyal-Mesuilac ou *Muzillac*, 16, 91.
Noyal sur Vilaine, 11.
Noyan, 24, 25.
Nozay, 40, 41.
Ny (le) (Claude), 304.
— (F^{cois}), 269, 279.
— (Guillaume), 304.
— (Prigent), 320.

O

Offret (Pierre), 180.
Oliviero (F^{cois}), 102.
Olivier, Ollivier (Hervé), 276.
— (Julien), 28.
— (de l') (Louise-Catherine-Sophie), 22.
Ollone, 148.
Omnès (Mahé), 262.
Ondefleur, 76.
Onguel (an), 310.
Orsonville, 31.
Orvault, Orvaux, 8, 9, 11, 12, 14, 16.
Ouliff (Louis), 148.
Ozesnay, 327.

P

Pachou (Amice), 287.
Pacory, 40.
Page (Hervé), 309.
Pahun (le), 101.
Paige, 147.
Paimpont, Pempont, 19.
Palaren, 291.

Palier, Pallier (Catherine), 290, 301.
— (Craougat), 223.
— (Gilles), 321.
— (Hamon ou Eamon), 294, 302, 313, 320.
— (Hervé), 301.
— (Jan, Jehan), 292, 301, 302, 315, 316.
— (Jestin), 315.
— (Renne), 266.
— (Valentin), 302.
Palue, Pallue (la), 222, 223, 224.
Pamereur, 289.
Panahy, 211.
Paol (Marguerite), 304.
Parc (le), 167, 211, 227, 231, 237.
Parc (du) (Alain), 187.
— (Alain-Joseph), 188.
— (Catherine), 81.
— (Haouise), 81.
— (Henry), 81.
— (Hervé), 81.
Parc-Ancou, 165.
Parcbohir, 278.
Parc-an-Born, 256.
Parc en Feunteun, 183.
Parc an Foennec, 148.
Parchou Keruzas (le), 218.
Parc Vaujour (le), 97.
Parcevaux (F[cois]), 82.
Parceveaux (de) (Jean), 82.
Pargo (le), 21.
Paris, 33, 37, 39, 43, 76, 92, 152, 190.
Paris (Laurans, Laurent), 208, 257, 320.
Parscau (Marie), 208.
— (Vincent), 72.
Parun, 19.
Pas-de-Calais, 43.
Pas de Fouquières (de) (F[cois]), 179.
Pasteyeur (Jan), 280.
Pasty, Paty (le), 7, 90.
Paux, 325.
Pé (du) (Charles), 8, 9, 11, 12, 14, 16.
— (Marie-Anne), 11, 16, 20.
Pédron, 108.
— (Gildas), 110.
— (Jean), 100.
— (Louise), 100.
— (Vincent), 102.

Pelé, 184.
Peleau (Jérôme), 282.
Pelicard (Marie-Anne-Laurence), 172.
Pelin (Jehannin), 285.
Pellan, 11, 15.
Pellen (Catherine), 320.
Pellissier (Marianne), 191.
Penancoët, Penancoat, Pennancoët, 80, 196, 213, 219, 233, 261, 316, 317.
Penancoet, Pennancoet, Penanchoët, 208, 211, 259, 260, 288, 290, 291.
— (F[cois]), 316, 319.
— (Guillaume), 226, 319.
— (Henry), 219, 263, 265, 286, 287, 293.
— (L.), 207, 258.
— (Marguerite), 205.
— (René) (de), 165.
— (Valentin), 72.
Penander (Hervé), 311.
Penandonn, 277.
Penandref, Penandreff, 220, 281.
Penandreff (ou de) (Charles-Louis), 168.
— (Jean-Baptiste), 168.
— (René), 197, 198.
Penanech, Penanchnech, Penanknech, Pennanech, Penanknec, Penanchreanch, Penancreach, Penaneach, Penanchneuch, Penaknech, Penannech, Pennaknech, 24, 27, 82, 162, 171, 190, 194, 196, 197, 216, 219, 221, 223, 231, 232, 235, 238, 239, 240, 241, 250, 251, 252, 253, 261, 264, 269, 276, 278, 280, 281, 282, 285, 286, de la p. 288 à la p. 296, 301, 304, 305, 310, 311, 313, 316, 317.
Penanech, Pennanech (ou de), 237, 243.
Penangoar, Penangoartz, 222.
Penanguear, 223.
Penanguern-Bihan, 177.
Penanjeun, 164.
Penanker, 302.
Penankernech, 214.
Penankor, 219.
Penanlan, Pennanlan, 192, 220, 268.

Penanpont, Pen-ar-Pont (ou *Kerpont*), 196, 251, 293.
Penanprat, Pennanprat, Pennenprat, 204, 210, 216, 227, 234, 237, 268, 302.
Penanquenquis, Penanguenquis, 149, 269.
Penanreun, Pennanrun (Alain), 169.
— (Corentin), 169.
— (Pierre), 169.
Penanru, Penaru, 224, 242, 243.
Penant, 43, 44.
Penantret, 315.
Penantret (Jehan), 315.
Penanvern, 165.
Pencadenic, 29.
Pencharnan, 80.
Penc'hoat, Pencoët, 189, 210, 227.
Penc'hoat Reuné, 270.
Pencoat, Pencoët (Bertrand), 80.
— (Jean), 79.
— (Jeannette) (de), 274.
Pencreff, 77.
Penemené, 2.
Penestin, 39.
Penfentenio, Penfentenyo, 197, 223.
Penfentenio, Penfentenyo, Penfeuntenio, Penfeunteunyo, Penfeuntennio (ou de), 283.
— (Charles), 221, 223, 228.
— (Corentin), 189.
— (F^{cois}), 223.
— (Jan), 266.
— (Marie), 223, 233.
— (Maurice), 78.
— (Suzanne-Corentin), 199.
— (Tanguy), 197, 199.
Penfel, Penfell, 212, 295.
Penfoul, Penfoull, ou *Penpoul, Penpoull, Pempoull*, 165, 196, 214, 220, 246.
Penfrat, 270.
Pengars, 208, 210.
Penguernic, 165.
Penguill, 256.
Penguilly, 163.
Penhars, 192.

Penher (ou le), 99, 236, 269.
Penhoadic, Penchoatdic, Penhoedic (Hervé), 81, 265, 295.
— (Hervé ou René), 310.
Penhoat-Bras, 283.
Penhoet, 196, 282.
Penity (le), 164.
Penker, Pencher, Penquer, 238, 279, 301.
Penlan, 292, 315.
Penlan (Amice), 273.
Penmarch, 41.
Penmarch (ou de) (Barbe), 224.
— (Charles), 210.
— (F^{cois}), 195, 211, 227.
— (Jean-B.), 227.
— (Marie-F^{coise}), 227, 231.
Penmeashir, 219.
Penmeashir, Penmeschir (Alain), 300.
— (Hervé), 219.
Pennantnaou, 295.
Pennegues (le) (Gouëznou), 311.
Penneuc (le) (Marie), 258.
Penquelen, 190.
Penron (Yves), 42.
— (Yvonne), 42.
Pensen, 295.
Pensorven (F^{cois}), 295.
Pentes, 95, 97, 98.
Penthièvre (de), 318.
Péraut (le P.), 21.
Perelle (la), 37.
Perennes (Thomas), 310.
Perichon (Guillaume), 198.
Perier (le), 181.
Perrault (Charles), 77.
— (Jeanne-Charlotte), 78.
Perrault de la Boissière (Claude-Louise), 78.
Perrault de Kervin (Marie-Pétronille), 78.
Perrien (de) (Anne), 228, 229.
Perrier (du) (Claude), 181.
Perrigault (ou le) (Bertrand), 91.
— (Jean), 91.
Perron, Péron (ou du), 165.
— (Charles), 169.
— (Maurice), 42.
Perronay, 68.
Perros, 211, 220, 229, 270, 277.

Perrot (Amon), 147.
— (Hazevise), 147.
— (Jehan), 147.
— (Philippe), 211, 226.
— (Sébastien), 236.
— (Yves), 239, 303.
Perscau (J.), 204, 205.
Perschart (F^{cois}), 68.
— (Julienne), 95.
Pesselle (Yves), 42.
Petillon (le) (Michel), 174.
Petit-Bensac, Benzac, Benezac (ou le), 95, 96, 98, 110.
Petitbois (le), 15.
Petit-Cosquer (ou le), 95, 96, 97, 98.
Petit Kerscao, 195.
Petit Keruzon (le), 199.
Petit-Mollas (le), 3.
Petit-Treffinec, 105.
Petton (Tanguy), 222.
Pezel (Jehan), 265.
— (Jehanne), 265.
Pezron (ou le), 220, 295.
— (Adelice), 119.
— (Charles), 169.
— (Henry), 217, 261.
— (Hervé), 195, 198, 221, 222, 267.
— (Jan), 199.
— (L.), 294.
— (Pierre), 190.
— (Prigent), 217, 278.
Pfily (de) (Guyon), 256.
Pharamus ou Faramus (ou de), 247, 270.
— (Marie), 247.
— (Yves), 247.
Phelep (Guillaume), 274.
— (Marguerite), 280.
Phelippes (Julienne), 2.
— (Marie), 321.
— (Robert), 292.
— (Yvon), 321.
Phelippot (F^{coise}), 222.
Pic (Jean), 164.
Picaud, 1.
Picault (Gilles), 2.
Pic de la Mirandole (Guillaume-Pierre), 78.
Pichère ou Pechère (Ysaac), 69, 326.
— (Pierre), 69.

Pichon (ou le), 114.
— (Alain), 115.
— (F^{cois}), 114, 115.
— (Julien), 115.
— (Louis), 174.
Pichot (Jean), 81.
Pilguen, 211.
— (Guillaume), 210.
Pillen (Olivier), 256.
Pillon (F^{coise}), 233.
Pin (le), 101.
Pinart (Jacques), 265.
Pin Pontbriant (le), 328.
Pioger (de), 155.
— (Armand), 155.
Pipriac, 41.
Piquart (le) (Jean), 166.
Piré, Pirré, 7, 16, 97.
Piron, 38.
— (Jehanne), 80.
Pisse (de) (F^{cois}), 80.
Planches (les), 3, 11.
Plaudren, 13, 96, 103.
Plédran, 212, 277.
Plélan, 11.
Plessé, 106.
Plessix, Plesseix, Plessis (le) (et Quenquis), 82, 89, 163, 181, 190, 198, 215, 220, 221, 222, 235, 271.
Plessix (Hôtel du), 24.
Plessis (du) (Yves), 89.
Plessix Anger (le), 67.
Plessix-Bonenfant ou *Bonanfant* (le), 5, 7, 8, 9, 10, 16, 20, 97.
Plessix-Guérif (le), 7.
Plessis-Josso ou *Josseau* (le), 94, 114.
Plessix-Mareil (le), 25.
Plessix-Quelen (le), 73, 196.
Plessis Tourneur (le), 11.
Plessix de Tréal (le), 161.
Pleucadeuc, 110.
Pleyben, Plyben, 159, 160.
Pleyber-Saint-Egonnec, 265.
Ploabennec, Plabenec, 250, 279, 318, 321.
Ploearzmel ou *Plouazel*, 255.
Ploeconmelan, 207.
Ploegon, 287.
Ploekerneau, 256.
Ploerin (Jehan), 309.
Ploermel, 46, 47, 117, 318.

Ploesqueleuc (de), 273, 274.
Ploeuc, 167.
Plœuc (de) (F^{eoise}), 167.
— (Jean), 167.
— (Marie), 167.
— (Vincent), 167.
Ploescob ou Ploescop, 109.
Ploevaz, Ploavas (ou Guipavas), 248, 260.
Ploezmer (Jehan), 285.
Plomeur, 191, 192, 230.
Plonéis, 169.
Plonevez-Quintin, 163.
Plouane, 107.
Plouarzel, Ploearzel, Plouearzel, Plouarzuel, 222, 224, 231, 250, 257, 258, 267, 289, 303, 321.
Ploudalmézo, Plouedalmezeau, Ploudalmezeau, Ploudalmezé, Ploedalmezeau, Ploedalmézen, Ploedalmezeu, Plouedalmezeo, 217, 250, 274, 275, 276, 277, 289, 294, 318, 319, 320.
Poudaniel, Plouedéniel, 73, 222, 236.
Plouegonuelen, 217.
Plouenan, Plouenent, 250, 318.
Plouescat, 238.
Plouezrin, 217.
Plouganò, 20.
Plougon, 218.
Plougonvelin, Plougonvelen, Ploegonvelin, Plouegonmelen (ou Plouguin), 77, 193, 207, 212, 215, 220, 221, 225, 245, 250, 280, 294.
Plougonven, 233.
Plougourvest, 239.
Plouguin, Ploeguen, Ploueguen, Plouguen, Ploueguim (pour Plougonvelin), 71, 217, 220, 221, 223, 241, 250, 255, 264, 267, 269, 271, 275, 277, 279, 285, 291, 294, 304, 316.
Plouguer, 184.
Plouguerneau, 231, 235.
Ploukerkarahes, 184.
Ploumoguer, Plouemoguer, Ploemoguer, Ploermoguer, Plomoguer (ou Guymoguer), 193, 194, 197, de la p. 203 à la p. 240, 243, 244, 245, 246, 250, 261, 276, 279, 280, 309, 314, 321.

Plouneourystrez, Ploueneourystreaz, 321, 322.
Plounévézel, 182.
Plourin, Ploerin, Plouerin, 80, 185, 215, 219, 224, 231, 232, 239, 250, 266, 276, 277, 280, 281, 283, 286, 291, 294, 303, 304, 313, 317, 319, 320.
Plousané, Poesané, Plouzané, Plouesanné, Plouesané, Plouzanné, Ploesaney, Ploesané (encore Guysané), 71, 78, 193, 194, 195, 203, de la p. 207 à la p. 231, 233, 234, 236, 238, 239, 240, 242, 245, 249, 250, 252, 256, 259, 260, 261, 264, 266, 267, 269, 274, 277, 283, 293, 299, 309, 310, 315, 317, 319, 320, 323, 324.
Plouvien, Plouyen, Plouyon, 250, 265, 321.
Plouyé, 191, 192.
Plouzévédé, Ploezévédé, 242, 313.
Plovan, 42.
Plozevet, 42.
Pluherlin, 25, 107.
Plumarc'h (de) (Jean), 152.
Pluméliau, 39, 119.
Plusquellec (de) (Geoffroy), 204.
Pochat (Yvon), 72.
Po'deur (Derian), 309.
— (Gabriel), 229.
— (Hervé), 227.
— (Marie), 224.
Poher, 151, 162, 190, 191.
Poinsignon (Bazille), 120.
Poitou, 22, 325.
Polcoster, 242.
Polignac, 115.
Poligné, 326, 327.
Pommeraye (de la), 69.
— (F^{cois}), 7.
— (Gilles), 1.
Pommeraye de Kerambart (de la), 28.
Poncelin, Poncilin (ou de), 211, 214, 215, 220.
— (F^{cois}), 197, 198, 314.
— (Guillemette), 314.
— (Louis), 314.
— (Marie-Charlotte), 233.
— (Nouel), 206.
— (Olivier), 295.

Poncilin, 314.
Pongerard (Etienne), 19.
— (Grégoire), 19.
— (Guillaume), 19, 110.
— (Mathurin), 19.
Ponnalin (Jacquette), 302.
Pont (le), 89, 192.
Pont (du) (Anne), 92.
— (Jehanne), 193, 204, 205, 206, 245.
— (Marion), 255.
Pontanbleiz, Pontanblez, Pontambleiz, Pontamblez, 277, 279, 280, 290, 291.
Pontangludic, 303.
Pont-an-Hospital, 198, 210, 211.
Pontanroudouze, 212.
Pontarjeau, 303.
Pontarseau, 302.
Pont au Vicaire, 188.
Pont-Aven, 78.
Pontbellanger, 31, 33.
Pontbellanger (de), 27, 117, 118, 155.
— (Michel), 155.
Pontbuzval, 321.
Pontcallec, 75, 166.
Pontcorhaix, 107.
Pontcroix, 41.
Pont d'Oust (le), 13, 33.
Pont-du-Loc (le), 47.
Pontivy, 39, 44, 45, 46, 119.
Pont l'Abbé, 41.
Pontlès, Pontlees, Pontlez, 73, 223, 230.
Pontois (Jeanne), 196.
— (Julien) (le), 186.
Pontroger, 35.
Porhoet, 318.
Poriel (le) (Joseph), 172.
Porsic, Porzic, Portzic (ou le), 75, 228, 245.
Porie (la), 69, 98, 115, 302, 326.
Porte-Beauregard (la), 108.
Porte-Blanche le Gac (la), 196.
Porte-Neuve, Porteneuffve (la) (ou le Grand Ros), 101, 110, 231.
Portes (des) (Jeanne), 231.
— (Renée), 231.
Port-Louis, 236.
Portzmoguer, Porzmoguer, Pormorguer, Porsmoguer, 197, 210, 212, 214, 215, 218, 222, 224, 233, 243, 244.
Portzmoguer, Porzmoguer, Porztmoguer, Porsmoguer (ou de) (Anne), 223.
— (Bernard), 212, 215.
— (Claudine), 233.
— (Christophe), 233, 244.
— (F^{cois}), 198, 223.
— (F^{cois}-Joseph), 239.
— (Guillaume), 215.
— (Hervé), 198, 208, 212, 214, 215.
— (Isabelle), 210.
— (Jean), 292.
— (Jean-Baptiste), 244.
— (Jeanne), 231.
— (Madeleine), 197, 198, 226, 228, 244.
— (Marguerite), 222.
— (Marie-Anne), 237.
— (Marie-Gillette), 244.
— (Marie-Renée-Gillette), 243.
— (Marie-Ronan), 267.
— (Olivier), 214, 215, 244.
— (René), 224, 233, 244.
— (Yves), 215, 219.
— (Yvon), 212, 215.
Portzpodeur, 319.
Porzgrois, 89.
Pouget (Félix), 107.
Pouguin, 222.
Poulain (Charles), 68, 74.
— (Louise), 68.
Poularzal, 242.
Poulbignon, 94.
Poulconq, 199.
Pouldreuzic, 42.
Pouldu (le), 41, 198, 205, 223, 224, 228, 234.
Poulduc, 211.
Poulen, 222.
Poulhecq, 150.
Pouljan, 319.
Poulmic, 275, 295.
Poulmic (Hervé), 157.
— (Jehan), 157.
Poulmilvau, 211.
Poulmorgant, 161, 165, 167, 168.
Poullaba, 186.
Poullanec (Janne), 79.
Poullaouec, 212.

Poullaouec, Poulaouec (Barbe), 239.
— (Hervé), 314.
— (Joseph), 239.
— (Yves), 239.
Poullech (le), 300.
Poullouhec (Olivier), 260.
Poullouhoc (Olivier), 262.
Poulpiquet (ou le), 196, 226, 246, 317.
Poulpiquet, Poulpiguet (ou de, le), 195, 211, 216, 245, 260.
— (Catherine), 211, 245, 246.
— (F^{cois}), 226, 246.
— (F^{coise}), 198, 224, 246.
— (Guillaume), 196, 213, 221, 246.
— (Guiomarch), 288.
— (Hervé), 196, 231, 246, 324.
— (Jeanne), 230, 245.
— (Louis), 196, 246.
— (Louis-F^{cois}), 196, 246.
— (Mahé), 210.
— (Marguerite-Corentine), 230, 245.
— (Marie), 197, 230, 245, 246.
— (Nicolas), 197, 221, 222, 224, 246.
— (Olivier), 230, 245.
— (Prigent), 213, 214, 246.
Poulpiquet du Halgoët (de), 196, 246.
Poulpry (le), 224, 236.
Poulpry (du) (Alain-Jacques), 236.
— (Gabriel - F^{cois} - Joseph). 236.
— (Guillaume), 312.
— (Louis-Marie), 236.
— (René), 224.
— (Yves), 196, 197, 224.
Poulunc, 290.
Poussin (le), 36.
Poysemeult (F^{cois}), 114.
Pozel (Jeanne), 319.
Pradamour, 302.
Pradigou, 214.
Pratanras, 191.

Pratanroux, 191.
Prataulan, 80.
Prat Botonnou (le), 218.
Pratbouric, 157.
Pratfeunteun, 232.
Prat-Gouanou, Goannou, 153, 154.
Prativily, 150.
Pratledan, 270.
Pratlez, 196.
Pratlivrih, 119.
Pratloas, Pratloes, 214, 219, 236, 317.
Pratmaria, 167, 192, 269.
Pratmeur, 80.
Pratnon, 205.
Pratuon, 210.
Pré (le), 152, 154.
Predic (le), 199, 280.
Prefigny (de), 242.
Preoren, 9.
Prest (le) (F^{coise}), 35.
Preuilly, 180.
Prevost (le), 97.
Prévost (Bennone), 295, 296, 301, 313.
Prevost du Lenzor (Jehan), 262.
Prigent (Charles), 232.
— (Hamon), 316.
— (Yves), 270.
Probriendo, 109.
Provost (Goeznou), 209.
— (Henri), 72.
— (Jean), 290, 292.
— (Jeanne), 186.
— (Morice), 209, 301.
— (Olivier), 301.
Provostaye (la), 96.
Provost de la Croix, 237.
Puhiac (de) (Guillaume), 89.
Puille (le), 111.
Puyferré (de) (Joseph-Henry), 171.
Puys (le), 310.

Q

Quantin, 40.
Quéau (le) (Alain), 164.
Québriac, 327.
Québriac (de) (Marguerite), 327.
— (Thomas), 327.
Quehebert, 36.

Queinnec, 150, 151.
Quelen (ou le), 157, 163, 224.
Quélen (de) (F^cois), 168.
— (Hervé-Urbain), 234.
— (Jean, Jehan), 167, 168.
— (Julien), 150.
— (Marie), 150, 163.
— (Olivier), 150, 151, 158.
— (Renée), 163.
— (Yvon), 157.
Quélennec (le), 157, 159.
Quelenec, Quellenec (du) (Charles), 158.
— (F^coise), 67.
— (Jehan), 157, 161, 170.
— (Marie), 160.
— (Olivier), 168.
— (Philippe), 168.
— (Ysaac), 162.
Quelescouet, 97.
Quelfen (Louise), 172.
Quello Bihan, 119.
Quéméner, Quémeneur (Catherine), 294, 295.
— (F^cois), 224.
— (Guen), 295.
— (Hervé), 295.
— (Jan, Jehan), 256, 294, 301.
— (Jeanne), 289.
— (Mahé), 300.
— (Marc), 256.
— (Marguerite), 224.
— (Nicolas), 256.
— (Pierre), 180.
— (Yves), 82, 256.
— (Yvon), 294.
Quemeneven, 73.
Quenecoular, 190.
Quenel (Jehan), 261.
Quénépily, 163.
Quénicouches, Quinicouches, *Quenicoucher, Quenecouché,* 90, 91, 95, 96, 97, 98.
Quenfferch, 90.
Quenjer, 91.
Quennoget, 106.
Quenoys (Guillaume), 5.
Quenquis, Quinquis (ou le) (ailleurs *Plessis* (le), 198, 210, 211, 218, 222, 227, 228, 235, 257, 276, 291, 320.

Quenquis, Quenquys, Quencquis (ou du) (le) (G.), 262.
— (Jehan), 294.
— (Jehanne), 302.
— (Marguerite), 302.
— (Marie), 302.
Quentreuc (André), 289.
— (F^cois), 293.
Querantrech, 114.
Queraure, 93.
Quéré (F^cois), 234, 235.
— (Jean), 326.
— (Robert), 209.
Querguehault, 93.
Querisec, 3.
Querron (Jean), 208.
Querveno, Kerveno, 90, 92, 94, 165.
Querveno (de) (Julienne), 115.
Quervetter (Marguerite), 181.
Quesnel ou Quesnel de la Morinière (Jean-Jacques), 31, 35.
— (Monique - Sulmé), 30, 31, 32, 33, 39, 118.
32, 33, 39, 118.
Questel (le), 224, 226.
Quiberan, 108.
Quifistre (de) (Bertrand), 94.
— (F^cois), 5.
— (Gilles), 18.
— (Jan, Jean), 4, 5, 94.
Quilbignon, 148, 211, 221, 227, 245, 247, 317.
Quilbignon, Guylbignon (Agacze), 215.
— (Catherine), 212.
— (Guiomarch), 288.
— (Jehanne), 210.
— (Prigent), 245.
— (Yves), 208.
Quilbignonet (Guillaume), 204.
Quilinen, 164, 169.
Quilimerien, 319.
Quillien, 223.
Quilvern (et le *Petit*), 151, 171.
Quilvierzen, 194.
Quimeraie (la), 115.
Quimerch, 77.
Quimiliau, 75.
Quimper, 25, 27, 29, 31, 33, de la p. 41 à la p. 45, 47, 73, 74, 77, 103, 150, 152, 160, 163, 164,

166, 168, 173, 174, 181, 182, 183, 192, 221, 227, 228, 230, 231, 247, 269, 270, 278, 280, 304, 311.
Quimperlé, 45.
Quingneur (du) (Jehan), 309.
Quinimilin, 191.
Quinio, Quinyo (ou le) (Gilles), 93.
— (Jan), 4, 5, 118.
Quiniou (Christophe), 158.
— (Jeanne) (le), 173, 174.
Quinioualc'h, 180.
Quinstambert, Quinstembert, 91, 92.
Quintin, 114.
Quistinict, Quistinit, 157, 163, 167, 168.
Quistinit (de), 73.
Quitar, 321.
Quivarch, 279.
Quiville (du) (Henry-Claude), 237.
Quoniam (Azavre), 218.

R

Rabeau (Charles-César), 23.
Raffray (Marie-Anne), 42.
Rahier (de) (Jacquette-Gillonne), 24.
Raino, Raisno (le), 3.
Ranconnet (de) (Louis-René), 24.
Randrecar, 113.
Rangliec, 120.
Ranguindy, 196.
Ranléon, 69.
Rannou (Aczelice), 205.
— (Alain), 170.
— (Olivier), 258, 290.
— (Pierre), 170.
— (Simon), 203.
Raoul (Prigent), 256.
Raoulo (Jan), 21.
Rapilly (Jean-F^{cois}), 38.
Ravallec (le) (F^{cois}), 153.
Ravenel (Bejamy), 17.
— (Jan), 11.
Rayno (le), 110.
Raz (pointe du), 41.
Rebec (de) (Marie-Joseph), 190.

Rebestan, 113.
Recouvrance, 211, 224, 320.
Redon, 17, 31, 32, 33, 39, 41, 104, 155.
Refuge (du) (Catherine), 290.
Reglis, 17.
Régnier (Joseph-F^{cois}), 153.
Reguinnel, 181.
Reinfraux (de) (l'abbé), 36.
Relec (Abbaye du), 177, 178, 179, 180.
Renac, 15, 110, 111, 116, 117.
Renard (le fief), 325.
Rengervé, 115, 116, 117.
Renihy, 95.
Rennes, 11, 22, 23, 29, 33, 40, 45, 69, 74, 75, 100, 114, 115, 117, 118, 119, 120, 191, 226, 227, 253, 269, 279, 295, 325, 326, 327.
Rest (le), 19, 163, 190.
Rest (le ou du) (F^{coise}), 182.
— (Olivier), 323.
Réuniou ou *Runiou* (le), 178, 179, 180, 182.
Rhuys, 2, 4, 11, 15, 105, 106, 108.
Riardaye (la), 68.
Ribaudière (la), 326.
Richard, Richart (Joseph), 117, 118.
— (Yvon), 294.
Richard de Keralliou (Claudine), 239.
Ricollaye (la), 69.
Ridan (le), 28.
Ridell (Prigent), 72.
Riec, 76.
Rieux, 114, 115, 119.
Rieux (de) (Claude), 119.
— (Jean), 119.
— (René), 178.
Riniac, 99.
Rioallen, 288.
Rioche (Julien), (dit le Confesseur), 42.
Riou (Charles), 267.
— (Christophe), 210.
— (Henri), 218, 289.
— (Jean), 216, 289.
— (Nicolas), 167.
Riou Kerallet, 104.
Rival (Henry), 299.

Rivière (la), 3, 17, 25, 92, 94, 112.
Rivière (de la), 1.
— (N.), 164.
— (Yves-Olivier), 190.
Rivinic, 224.
Rivoal (Jehanne), 208.
Robert (F^{cois}), 42.
Robien, 25, 75.
Robien (de), 27.
— (Anne-F^{coise}), 24, 25, 73^l, 74, 75, 233, 234, 271, 281.
— (F^{coise}), 151.
— (Jeanne), 23.
— (Marguerite-Angélique), 74.
— (Paul-Christophe), 25.
— (Paul-Christophe-Céleste), 75, 152.
Robien de Kerambourg (de) (Marie-Céleste), 74.
Robin (Gabriel), 42.
Roch (le) (Pierre), 7, 13.
Roche (la), 23, 24, 25, 27, 31, 73, 74, 75, 76, 80, 99, 103, 116, 149, 150, 151, 152, 157, 191, 221, 228, 230, 231, 232, 235, 237, 238, 271, 280, 281, 304, 314, 318.
Roche (de la ou la) (F^{cois}), 42, 164.
— (Germain), 196.
— (Hervé), 164.
— (Jeanne), 165.
Roche-Bernard (la), 26, 39.
Rochedreulx, 68.
Rochedurant (la), 196, 210, 246.
Roche-en-Nort (la), 114.
Rochefort, 5, 16, 25, 91, 92, 114, 115, 118, 119.
Rochegiffart (la), 111.
Roche-*Helgomarch*, *Rochelgomarch*, *Rochelgoumarch*, *Roche-Goumarch*, *Roche-Hagonmar*, *Roche-Gommarch*, *Roche-Huelgomarch* (la), 150, de la p. 157 à la p. 172, 279.
Roche Helgomarch (le manoir de la) (dit *Merdy*), 160.
Roche-Huon (de la) (Jean), 151.
Rochelaudo (la), 7.
Rochelle (la), 35.
Roche-Tanguy (la), 189, 190.
Rocher (du) (Julien), 5, 96.
Rochier (le), 185.

Rochier (du) (Charles), 8, 12, 15.
— (Julien), 15.
Rochledan, 82.
Roc'hou, 165.
Rodelec, Rodelleuc (ou de, le), 259, 260.
— (F^{coise}), 199.
— (Hervé), 286.
— (J.), 265.
— (René-F^{cois}), 245.
— (Ronan), 75.
Roger (Elisabeth), 37.
Rogon (Marc), 327.
Roguedas, 2.
Rohan, Rohéan, Roc'han, 22, 67, 96, 271, 279, 287.
Rohan (de) (Vte Alain), 287.
— (Vte Henry), 318.
— (Louise), 67.
— (Vte René), 318.
Rojouan (Marie), 42.
Rolambert (de), 68.
Rolland, Roland, 207, 147.
— (G^{al}.), 40.
— (Hamon), 261.
— (Jan, Jean, Jehan), 210, 216, 218, 295, 317.
Rolland du Noday, 42.
— (Roland - Marie-Alexandre), 45.
Ronceray, 115.
Ropars (Gabrielle), 282.
Ros, Rox, Rost (ou le), 95, 115, 167, 264.
Ros (du ou le) (Hervé), 290.
— (Philippe), 258.
— (Olivier), 290.
Rosarnic, Rosharnic, 161, 166.
Rosbriant, 161.
Roscannou, 160, 167.
Roscoat (an), 29.
Roscoff, 326.
Rosculec, Rosquellet, 160, 166, 169.
Rosenzweig, 248.
Rosgueguen, 157.
Rosily (de), 40.
Roslohen, 231.
Rosmadec, 99.
Rosmadec (de) (Charles), 110.
— (Michel-Anne-Sébastien), 114.
— (Sébastien), 110, 114.

Rosmadec-Foucault (de), 159.
Rosmeur, 95.
Rosmur, 4.
Rosmarho (de) (Rolland), 89.
Rosnivinen, Rosnyvinen, Rosnevenen, Rosnevinen, 6, 17, 21, 96, 115, 117, 327.
Rosnivinen, Rosnyvinen, Rosnevenen (de) (Bertrand), 7, 8, 10, 16, 97.
— (Charles), 6, 7, 8, 21, 96, 115, 117.
— (Jean-Jehan), 21, 22, 327.
— (Olive), 258.
Rosnoc'hen, 81.
Rospars (Ambroise), 151.
Rosperz (Jehan), 158.
Rosporden, 162.
Rosquijeau, 191.
Rosquillec, 165.
Rosserf, Roserff, Roscerff, 79, 257, 259.
Rosserff (de) (Louys), 259.
— (Yvon), 257.
Rossier (le), 235.
Rostrenen (de) (Jehan), 67.
Rosverniou, 181.
Rouardaye (la), 327.
Rouasle, Rouazle (ou le) (et *Kerouasle*), 210, 211, 222, 261, 293, 322.
Roudouzic (Marie), 262.
Rouen, 21, 35, 38, 76.
Rouge (le) (Jeanne), 186.
Rougemont de) (Guillaume-Alexandre-Robert), 238.
Rouger, 326, 327.
Roullet (F^{cois}), 18, 20.
Rousic (le) (Margily), 301.
Roussel (Marie), 292.
Rousseau, Rouxeau (ou le), 147.
— (Alain-Gilles), 77, 175.
— (Marie-Josephe-Gillette), 77, 78.
— (Marie-Marguerite-Mathurine), 77.
— (Pierre), 96.
— (Renée), 226.
Roux (le) (Eloi), 72.
— (F^{cois}), 182.
— (Henry), 324.
— (J.), 275.
— (Jean), 210, 211.

Roux (le) (Marguerite), 175.
— (Prigent), 257.
Rouxel de Medany de Grandcay (Hardouin), 180.
Roy (le), 46.
— (Azelice), 158.
— (Jeanne), 198, 223.
— (Mathurin), 42.
Royale (rue), 23.
Royan, 148.
Rozarnou, 195, 196.
Rozharnic, 159.
Ruault (Henry), 17.
Ru (le) (F^{cois}), 230.
Rubestan, 13, 16, 20.
Rue (de la), 1.
Ruffelet ou Russelet (Jacquette), 9.
Ruinet du Tailly (Jean-Pierre), 238.
Rully (le), 181.
Rumorvan, 231, 278.
Run, Reun (le) (F^{coise}), 215.
— (Guen), 275.
— (Hervé), 209, 215.
— (Jeanne), 238.
— (Nicolas), 232, 236.
— (Yvon), 268.
Runaire (le *grand* et le *petit*), 171.
Runeven, 166.
Run-an-Yot, Run-an-iout, Run-ariot, Runaryot (ou *Keranglas*), 177, 178.
Runluier, 259.
Run Marchal (le) (Robert), 215.
Rusquet (le), 280.
Rusqueuc (Loyse), 215.

S

Saint, Sainct (le) (Hamon), 321.
— (Jeanne), 289.
St-Alouarn (de) (Anne), 167.
St-Anogat, 171.
St-Armel, 13.
St-Aubin de Guérande, 12.
St-Avé, 13, 16, 113.
St-Avoye, 23.
St-Colombier, 13.
St-Denac, 74.
St-Denis-Le-Gast, 38.

St-Do (de), 264.
— (F.), 264.
— (M.), 258.
— (Michel), 258.
— (Robert), 264, 311.
St-Domingue, 46.
St-Dridan, 77, 78, 175.
St-Drihezre, 157.
St-Drihier, 163.
St-Ducat, 6, 15.
St-Enec, 223.
St-François, 4, 7, 11, 24.
St-Frégan, 212.
St-Germain en Laye, 36, 37.
St-Germain de Rennes, 11.
St-Gildas, 13.
St-Gilles (de) (Jean), 68.
St-Goazec, 30, 99, 148, 149, 151, 152, 153, 154, 246.
St-Gouescat, 282.
St-Goueznou, 248.
St-Goueznou, St-Goesnou, St-Gouesnou, St-Gouezhou (de), 262, 290.
— (Bertrand), 259, 260.
— (F.), 264.
— (F^{cois}), 261.
— (Hervé), 304.
St-Goustan, 13.
St-Guézénec, 164.
St-Hélier-lez-Rennes, 326.
St-Hernin, 45.
St-Honoré, 77.
St-Jacques, 2.
St-Jacques de Milisac, 252.
St-Jacut, 68.
Saint-Jan (de) (Claude), 5.
St-Laon, 148.
St-Laon de Thouars, 148.
St-Laurent, 242.
St-Léonard, 93.
St-Lô, 162.
St-Luc, 11, 14.
St-Mahé (St-Mathieu), 193, 205, 214, 225, 292.
St-Malo, 19, 107, 185.
St-Martin, 177.
St-Martin des Champs, 38.
St-Maur, 22.
St-Melaine, 74.
St-Nicolas, 37, 9, 107.
St-Nicolas Blavet, 119.
St-Nicolas du Grais, 35.

St-Nolff, 13, 93, 97, 101, 103, 112, 120.
St-Patern, 9.
St-Pern (de) (Vincent), 4, 6, 96.
St-Pierre, 7.
St-Pierre d'Arbois, 178.
St-Pol, 177, 193, 321.
St-Quijeau, 184.
St-Remy, 22, 115, 117.
St-Renan, 24, 26, 33, 71, 73, 79, 80, 82, 193, 194, 196, 199, 203, 204, 205, 207, 208, 209, 210, de la p. 212 à la p. 219, 221, 223, 225, 227, 228, 229, 230, 232, 234, 236, 237, 239, 240, 242, 243, 244, 245, 250, 251, 252, de la p. 255 à la p. 261, 263, 264, 265, 267, 268, 269, 270, 273, 277, 278, de la p. 285 à la p. 291, 293, 294, 296, 299, 300, 301, 302, 309, 310, 311, 312, 314, 315, 319, 320, 324.
St-Renan (de) (Nicolas), 286.
— (Olivier), 286.
St-Renan du Tay, 310, 323.
St-Sébastien, 82, 194, 215, 261, 310.
St - Thois, Saintoes, Sai:.ctois, Sanctoes, Sainctoes, Saintoys, Sainthoys, 75, de la p. 157 à la p. 162, 164, 165, 166, 167, 170.
St-Viaud, 25.
St-Vincent, 10, 12.
St-Yves, 9, 74.
St-Yvylian, 318.
Ste-Cécile, 164.
Ste-Lucie, 36.
Ste-Rivière, 3.
Ste-Suzanne, 36.
Saisy (de) (Charles), 82.
Salarun, 6, 113.
Salaun (Ambroise), 230.
— (F^{cois}), 224.
— (Gabriel), 268.
— (Hervé), 261.
— (Jan, Jean), 172, 210, 262, 275.
— (Jehanne), 261.
— (Louise), 224.
— (Lucas), 262.
— (Marie), 262.
— (Morice), 294, 301, 316.

Salaun (Philippe), 223, 224.
— (Ternant), 316.
— (Yvon), 259.
Salic (Alain), 309.
Salomon, 29.
— (F^{cois}), 68.
— (Jean), 19, 311.
— (Julienne), 68.
— (Pierre), 6, 16.
— (Tanguy), 262.
Salentin (F^{cois}), 29.
Salette (la), 17.
Salle (la), 4, 5, 82, 280.
Salles (les), 165, 169, 236, 281, 320.
Salles (les) ou Bolé, 153.
Salles (les) ou Chatellenie de Coray, 173 à 175.
Salliou (Bernard), 259.
— (Catherine), 239, 259.
Sambre-et-Meuse, 43.
Sanné (Alain), 279.
Sanzay, 22.
Sanzay (de) (Anne), 165.
— (Augustin), 18.
— (Augustin-Jan), 222.
— (Catherine-Marthe), 22.
— (Gillette-Anne), 22.
— (Goueznou, -Mathieu-Jan), 22.
— (Guillaume - Marie), 22.
— (Louise-F^{coise}), 22.
— (René), 22.
Sarzeau, 2, 3, 7, 12, 29, 39, 47, 92, 103, 105, 108.
Saudraye (la), 303, 304.
Saudraye, Sauldraye (de la) (Joachim-Hiérosme), 304.
— (Julien), 303, 304.
— (Ursule), 79.
Saudre (la), 116.
Sauty (le), 258.
Sauvage, 171.
— (Gabriel), 196, 230.
— (Jeanne), 224, 230.
— (Olivier), 223.
— (Vincent), 224, 230.
Saux (le) (Marguerite), 209.
Sayer (Adelice), 203.
— (Hervé), 203.
— (Marie), 203.

Scaer, 75, 77, 79, 80, 81, 149, 170.
Scan (le) (Guillaume), 268.
Scanff (le) (F^{cois}), 232.
Scars (le) (Guillaume), 174.
Schilt, 45, 46, 47.
Scoazec (le) (Guillaume), 173.
Scordia (Alain), 168.
Scovez (le) (Tanguy), 205.
Scrignac, 187, 189, 190, 191.
Secrivain, 41.
Segalem (le) (Guillaume), 260.
Segré, 40.
Senant, 69.
— (Pierre), 110.
Seneau (Salomon), 262.
Sénéchal, Séneschal (le) (F^{cois}), 10.
— (Henry), 14.
— (Julien), 68, 69, 114.
— (René), 5, 10, 14, 95, 110.
Sénéchal Carcado (le) (Luc-Julien), 99.
Serazin, Serrazin (le) (Marie), 11, 15.
— (Pierre), 3, 7.
Seré, 154.
Serent, 3.
Sérent (de) (F^{cois}), 92.
— (Vincent), 12.
Sergent (le) (Jan), 219.
Sérignac (Pierre), 170.
Sesmaisons (de) (F^{coise}), 8, 12, 15.
Sévérac, 207, 208, 209, 245, 275, 276.
Sévigné, 160, 161.
Sévigné (de) (Jehan), 161.
— (Joachim), 160, 161.
— (Pierre), 160, 161.
Sézanne, 43.
Silguy, 295, 311, 316.
— (Jan, Jehan, Jean), 269, 311, 312.
Simon de la Haye (F^{cois}), 166.
Sirois, 42.
Sixt, 115, 116, 117.
Sorel (Jacques), 5, 6.
— (Jacquet), 113.
— (Jan), 6.
Soulé, 41.

Soulles, 36.
Spezet, 45.
Spinefort, 213, 216.
Stancyer (de), 318.
Stangier (Michel), 294.
Stanglevené, 165.
Stang Lezandevez, 165.
Stangmeur, 81, 149, 153.
Stella, 36.
Stéphan (Jan), 261.
Ster (le), 229.
Sterynevou (Alain), 160.
Steryvenou (Jehan), 158.
— (Olivier), 160.
Stiphele (an) (Jehan), 309.
Suarez (Catherine), 36.
Succinio, Succinyo, 105, 108.
Suillour (an) (Yvon), 299.
Suisse, 24.
Suleau (M.), 28.
Sulien, 165.
Sullé, Sulé, Seullé, 2, 3, 5, 6, 7, 12, 13, 14, 15, 16, 20, 23, 92, 95, 96, 97, 98, 110, 113, 117, 120.
Sulniac, 94, 103, 114.
Surzur, 2, 4, 9, 10, 11, 13, 19, de la p. 89 à la p. 103, de la p. 105 à la p. 114.
Symon (Yvon), 72.

T

Taillart (Alain), 303.
— (Jean), 80, 302, 303.
— (Suzanne), 302.
Taleuc, 265.
Talhouet, 25, 101, 106, 107, 165.
Talhouet, Talhoet (ou de) (Georges), 69.
— (Jeanne), 209, 276.
— (Jeanne-Valentine), 20, 21, 97.
— (Joseph), 20.
— (Pierre), 209, 276.
Talmont (prince de), 74.
Tabroch, 119.
Talvern, 119.
Tandourie, Tandourier (ou la), 327, 328.
Tanguy, 258.
— (Alain), 300.

Tanguy (Amyce), 210.
— (Catherine), 210, 293.
— (F^{cois}), 164.
— (Guiomarch), 286.
— (Hervé), 293, 294.
— (Jan), 209.
— (Jehanne), 209.
— (Nicolas), 183.
Taponnier (G^{al}), 47.
Tarbes, 107.
Targouet (Olivier), 68.
Taulé, 222.
Taurin (F^{cois}), 36.
Tayrand (Jeanne-Renée-Marguerite), 236.
— (René), 236.
— (René-Théophile), 236.
Teaudec (le) (Hervé), 170.
— (Nicolas), 170.
Telangalla, 256.
Tenen (le), 252.
Tenomean (en), 80.
Ternant, 316.
Tertre (du) (Guiomar), 315.
— (Olivier), 289.
— (Yvon), 289.
Tertre Peschart (le), 116.
Testars (des), 109.
Tetrel (Pierre), 37.
Teven, Traven, Tranen du Conquet (ou le), 204, 218.
Texier (le) (Joseph), 22.
Tfuillau (Yvon), 81.
Thébaud (F^{coise}), 6, 90.
Theix, 3, 10, 13, 16, 68, 93, 94, 95, 100, 101, 102, 103, 111, 112, 113, 114.
Thepault, Thipault, Tépault, (Alain), 260.
— (Jehan), 292.
— (Ysabelle), 81, 265.
Thibaudeau (Denis), 72.
Thibaut (Marie-Gabrielle), 42.
Thibout (Maurice), 79.
Thic (le) (Vincent), 98.
Thomas (Guillaume), 179, 180.
— (Jean), 282.
— (Mathurin), 42, 68.
— (Yves), 223.
— (Yvon), 278.
Thomas de la Caunelaye de la Ribaudière (Jeanne-Vincente), 24, 28.

Thomas de Kercado (Jean-Julien-Prudent), 26.
Thomas du Plessix, 26.
Thoppin (N.), 309.
Thorigny, 31.
Thorin (Guillaume), 257.
Thou (le) (Julien), 171.
Thy Basal, 286.
Tilly (du) (Jean), 19.
Tilly, Dilly (le) (Louis), 20.
Tinteniac, Tintiniac (de) (Urbain), 244.
— (Yvonne), 73.
Tintoret, 36.
Tnomelin, Tnoumelin (Alain), 81.
— (Marguerite), 147.
Toeur (Guillaume), 288.
— (Sébastien), 288.
Torledan (Eléonore), 197, 198, 234.
Touche (la), 3, 105, 108, 218.
Touche (de la) (Bonaventure), 5.
Touchard (F^{cols}), 181.
Toucquer (F^{cols}), 234
Toulaffroy, 259.
Toulalan, 269, 271.
Toulanaoun, 242.
Toulancoure, 219.
Toullan-auff, 71.
Toulanhanf, 252
Toularquas, 150.
Toulgoat, 181.
Toulguengat (Jan), 148.
Tour (la), 76, 82, 278.
Tour (de la) (Bernard), 76, 78.
— (Haouise), 78.
— (Jehan), 76, 78.
Tour-du-Parc (le), 7, 13.
Tournemine (de) (Alain), 316.
— (F^{cols}), 257.
— (Guillaume), 257.
— (Louise), 322.
— (Olivier), 257.
Touroncze, Tourronce, 209, 222.
Touronce, Tourouze, Tourronce, Tourouce, Touroncze, 275, 311.
— (Allain), 219, 278, 294.
— (Anne), 229.
— (Annette), 198, 223, 224.

Touronce, Tourouze, Tourronce, Tourouce, Touroncze (Catherine), 231.
— (F^{cols}), 303.
— (G.), 275.
— (Geneviève), 199.
— (Guillaume), 79.
— (Hervé), 289, 321.
— (J.), 265, 295.
— (Jehan), 289.
— (Jeanne), 219.
— (Marguerite), 261, 300.
— (N.), 311.
— (P.), 277.
— (Tanguy), 194, 213.
— (Y.), 277.
— (Yves), 72, 211, 212, 277.
Tours, 274.
Touseau (André), 21.
Toussaints, 303, 326.
Tramen, Trémen, 230, 252.
Tramen, Trémen (de, du ou le),
— (F^{coise}), 230, 252.
— (Yves), 230.
— (Yvon), 265.
Traomabihan, 269.
Traon, 80.
Traonchateau, 233.
Traoubouzar, 277.
Travot, Travot-Harty, 41.
Traisnel (Antoine), 36.
Tréal, 160, 161.
Tréalvé, Tréhalvé, 13, 16, 20.
Traou Calvez, 283.
Traourivily, Traourivilly, Trourivily, 197, 198.
Trebaoc, 223.
Trebauc, 196.
Treberen, 157.
Treberen (Hervé), 149.
Trébilaire, Trebillaire, Ténoubillier, 92, 93, 94, 95, 97.
Trébodennic, 236.
Trebrat, 113.
Trebrict, 320.
Trébrivan, 81.
Trediec, 76.
Tredouhan, 327.
Treduday, 5, 68, 95, 114, 119, 120.
Trefbabu, Treffbabu, Trebabu,

Tribabu, 193, 194, 198, 204, 209, 211, 217, 218, 220, 223, 225, 231, 233, 239, 240, 245, 250, 255, 265, 277.
Trefglosnou, *Treffgloeznou*, *Treffgouesnou*, 250, 274, 277, 291.
Treffgoalen, 320.
Treffgouezcat, *Treffouezcat*, *Treffgouezgat*, *Trefgouescat*, *Treffgouescat*, *Treffgoezgat*, *Treffgoezcat*, *Treffgoescat*, *Treffgoesgat*, *Treffuezcat*, *Treffcouescat*, 217, 252, 269, de la p. 273 à la p. 282, 289.
Treffguénan, 300.
Treffguisguyn, 210.
Treffily, 261.
Treffinec, *Tréfinec*, *Treffuinec*, 25, 105, 106.
Trefflaes, 147.
Trefflech, *Trefflez*, 71, 151, 163, 263, 264.
Treffmeal, 276.
Treffniez, *Trenivez*, 78, 248.
Treffou, 278.
Treffpans, 288.
Treffquelehec, 147.
Treffuen (Guéguen), 286.
Treffven (de) (Hervé), 299.
— (Marie), 299.
Trefuret, 191.
Tregain, 168.
Tregain (de) (Alain), 168.
Tregannan, 319.
Treganne, 165.
Tregarff, 107.
Tregastel, 173.
Tregoazec (de) (Paul), 74.
Tregoet, 106.
Tregoff, *Tregorff*, 106, 108.
Tregonnevel, 148, 171, 230.
Tregouet (de), 165.
Tregoures, *Trégourez*, 147, 148, 149, 151, 152, 163, 169.
Treguennec, 42.
Tréguer, 323, 324.
Tréguer (Hervé), 286.
Tréguier, 20, 185, 318.
Treherman, 91.
Trehuellin, 5.
Trélo, *Tréllo*, 115, 116, 117.
Tréma, 317.

Trémais, 95.
Trémagan, 242.
Trémarec, 169.
Trémaudan, 18, 22, 68.
Tréméal, 211.
Tréméal-Bihan, 235.
Tréméan, 230.
Trémelgon, 7, 23, 97.
Tremelin, *Trémellin*, 3, 7, 12.
Tremenec, 231.
Tremenec (Yves), 82.
Tremeur, 80, 81.
Tremeur (le) (Pierre), 261.
— (Yvon), 261.
Tremeyt, 204.
Tremillan, 198.
Trémillec, 230.
Trémoiec, 99.
Trémouhart, *Trémouar*, 5, 18, 94.
Trémouille (la), 147.
Trémouille (de la) (F^{cois}), 147.
— (Georges), 148, 150.
— (Guillaume), 74.
Tremsguyn, 310.
Trenen (le) (Guyomard), 210.
Treneo, 292.
— (Ysabelle), 295.
Treogat, 42.
Treornou, 222.
Tréoultré, 192.
Tréouret (Yves), 222.
Tréouret de Kerstrat (Jean-Hyacinthe), 42.
— (Julie-Josèphe), 155.
Treouergat, *Treouescat*, 194, 224, 239, 241, 250, 273, 281, 282, 291.
Trépaul, 287.
Trépaul, Treffpaul (Jehan), 219, 309.
Tresiguidy, 198, 221, 228, 235.
Tresléon, 291.
Tresléon, 277.
— (Guen), 288.
— (N.), 210.
Tresnuez, 248.
Tressay (du) (Marguerite), 9.
Trevalot, *Trévallot*, 75, 149, 162, 221.
Trévaré, *Trévaret*, *Trévaray*, *Trévarré*, *Trevarrec*, *Trévarez*, 24, 25, 30, 33, 39, 73, 74, 99,

de la p. 149 à la p. 155, 166, 167, 170, 171, 234, 243, 282, 283, 305.
Trevally, 90.
Trevinily, Tref-Guénily, Treffényly, 77, 78, 173, 174, 175.
Trévéret, 234.
Trévergat, 283.
Trevegat (de) (Claude), 5.
Trevezcat, 278.
Trevia, 197, 210.
Trevigar (Guiomarch), 285.
Treviguer, Trevuiger, 286, 287.
Treviguer, 288.
Trevinec, 105, 106, 107, 108.
Trevesquin, Trivisguin, Trevisquin, Trefvisguin, Trevisquin, Treffizquin, 196, 207, 212, 219, 220, 221, 223, 224, 230.
Trevister, 101.
Treys-Meas, 208.
Trezel, 187.
Trezequer, Trézéguer, 231, 232, 239, 266, 280, 295, 303, 304, 313, 320.
Trezien, 231.
Tricher (Adelice), 172.
Trinité (la), 89, 95, 100, 101, 108, 109.
Trinité de la Lande (la), 9, 93, 94, 95, 97, 98.
Trinité de Machecoul (la), 325.
Trinité de Rhuys (la), 7.
Trinité de Sarzeau (la), 6, 11.
Trividec ou Landudal, 169.
Trividic, 82.
Trividy, 224.
Trivilly, 150.
Troalen (Mathieu), 172.
Troberou, 229.
Troccart (Jeanne), 267.
Troc'hannet, 169.
Trochon (Marie), 231.
Trochran, 163.
Troerin, 237.
Troerin, Troirin (de) (Marie-Anne-Corentine), 239.
— (René-Louis), 233.
— (Tanguy-Marie), 237.
Trogoff (de) (Olivier), 282.
— (Olivier-Louis), 243, 244, 282.
Troguindy, 183.

Trohanet, Trohannet, 155, 163, 165, 168.
Trohelen, 157.
Troillus, 280.
Troly (Philippe), 301.
Tromenec, Troumenec, 79, 80, 221
Tromelin (de) (Anne), 199.
— (Marie), 191.
Tronjoly, 199.
Tronson (F^{cois}), 197.
— (Tanguy), 211.
Trouescat, 279.
Troumanoir, 317.
Trouncalvés, 242.
Trousilit, 271.
Troussan (Tanguy), 220.
Troussion (Tanguy), 277.
Trousson, Trouzon (Tanguy), 229, 270.
Tuaougof, 302.
Tuarcalvez, 212.
Tubouc (Marguerite), 5.
Tuffin de la Rouërie, 26.
Tulaye (la), 239.
Tulaye (de la) (F^{cois}-Henri), 239.
— (Jean - Marie - Henry - Salomon), 239.
— (Jeanne - Henriette - Salomé), 239.
— (René-Polin), 239.
Tuombuzic, 317.
Tuonfilit, 257.
Tuoulin, 290.
Turcant (Charles), 117.
Turgot (Louis), 183.
Turquet (Anne), 171.
Ty an Breton, 212.
Ty Arenys Coetmeur, 277.
Ty Bigouron, 317.
Ty-Cochen (ou Kergréven), 164, 167.
Ty-Coz (an), 214, 219, 317.
Tymeur (le), 191.
Tynevez (an), 196, 213, 219, 317.
Ty-Plourin, 277.
Ty-Rolland, 317.
Ty-Urvoas, 150.

U

Urville, 38.
Urvoaz (Jacques), 185, 186.
Uzel, 326, 327.

V

Vacher (le) (Pierre), 20.
Vagué, 161.
Vaillant (le) (Constance), 314.
— (Guillaume), 8, 9, 309.
— (Yvonne), 17, 20.
Val, Vall (le), 115, 198, 218, 220, 229, 233.
Val, Vall (du), 229.
— (Alain), 2, 91, 92.
— (Bernard), 258, 275.
— (Claude), 90, 92.
— (Guyon), 258.
— (H.), 260, 290, 292.
— (Henry), 295.
— (Hervé), 277.
— (Jan), 233, 259, 261, 262.
— (Jeanne), 92.
— (Marguerite), 230.
— (René), 90, 92.
Valeinée, 15.
Valentin, 41.
Valjouan, 117.
Valjouin (le), 22.
Valoque, 38.
Vangerux, 90.
Vannes, 1, 2, 3, 4, de la p. 7 à la p. 21, 23, 24, 26, 27, 28, 29, 41, 43, 45, 46, 47, 67, 68, 69, 74, 90, 92, 93, 96, de la p. 98 à la p. 103, 105, de la p. 107 à la p. 113, de la p. 116 à la p. 119, 166, 183, 278, 326.
Vannes (collège de), 20, 21.
Varine (Claude), 182.
Vaucouleurs, 327, 328.
Vaudeguip, Vaudeguy, Vaudequy, Vaudequyp (le), 28, 31, 33, 100, 117, 118, 155.
Vaugratien, 69.
Vauguyon (de) (Yves), 274.
Vaugour, Vaujour (le), 6, 25, 100, 101, 105, 106, 107, 108, 120.
Vaultenet (le), 26.
Vauquelin (André), 112.
Vaurufier (ou le), 326, 327.
Veillargent, 80.
— (Yvon), 80.
Veller (Catherine), 183.
Veller (Jean), 186.
— (Jeanne), 183.
Veller Quersallaun, 183.
Vendée, 41.
Venehy, Vinchy, Veneshy (ou le), 90, 97, 98.
Verg (le) (Robert), 292.
— (Yves), 292.
Verger-Limur (le), 7.
Vergier (du) (Louise-Angélique), 74.
Versailles, 43.
Vert (le) (Louise), 196.
Veuffve (le) (Henry), 299.
Vexier, 42.
Veyer, Vayer, Voier, Voyer (le), 78, de la p. 205 à la p. 209, 292, 299.
— (Catherine), 265.
— (Derien), 309.
— (F^{cois}), 78, 227, 231, 276.
— (Geoffroy), 72.
— (Guillaume), 78, 209, 215.
— (Jan, Jean, Jehan), 78, 204, 229, 245, 275, 293.
— (Jeanne), 219.
— (Jean-F^{cois}), 238.
— (Jehannic), 294.
— (Laurans), 224.
— (Olivier), 78, 255, 277, de la p. 286 à la p. 289, 295.
— (Roberte-Angélique), 75.
— (Thomas), 208, 263, 275, 276, 310.
— (Yves-F^{cois}), 237.
Viavant (le) (Jean), 102.
Vicquel (le) (Jean), 113.
Vieux-Chastel (le), 157, 163, 168.
Vieux-Châtel (du) (Guillaume), 147.
— (Louise), 147.
Vigné (le), 204.
Vigneu, 160, 161.
Vigo, 236.
Vigoureux, Vigouroux (le) (Daniel), 238.
— (F^{cois}), 169.
— (Renée - Marguerite), 238.
— (Yves), 169.
Vijac (le), 222.
Villechauve, 116.

Ville de Noual (la), 22.
Ville-Guérif (la), 92.
Villeguihart, Villeguehart (la), 3, 8, 9, 17.
Ville-Hellio, Villehelyon (la), 212, 277.
Ville-Janne, 115.
Ville-Janvier (la), 91, 92.
Villemorel (la), 10, 18, 96, 105.
Villeneuve, Villeneufve, Villeneuffve. (ou la), 7, 12, 20, 82, 96, 105, 108, 110, 117, 119, 148, 150, 161, 162, 164, 165, 167, 198, 212, 214, 215, 223, 224, 226, 231, 233, 243, 244, 265, 303, 310, 319.
Villeneuve-Quistinic, 119.
Villéon (de la) (Rolland), 323.
Villeroch, Villeroche (ou la), 79, 231, 246.
Villette (la), 270.
Villeverte (la), 21.
Villiers, 234.
Villouet (de la) (Georges), 7.
Violard (Jacques), 39.
Violette (la), 223.
Vire, 40.
Virel, 155.

Vitré, 16, 114.
Vivian (Julien), 6.
— (Marie), 68.
— (Rolland), 68.
— (Yves), 68.
Viviers (les), 37.
Voguer (an) (ou *Ty an Herder*), 317.
Vollée (la) (Guillaume), 182.
Voyer de Paulmy d'Argenson (de) (F^{cois}-Elie), 180.
Voyes, Voye, Voaye, Vaye, 194, 213, 216, 217, 269, 278.
Vurisac ou *Vrizac* (le), 105.

Y

Ynor, 35, 38.
— (Marie-Elisabeth), 38.
— (Marie-Julienne), 38.
— (Marie-Perrette-Elisabeth), 37.
— (Pierre), 35, 37.
Yset (Pierre), 36.
Yvet (F^{colse}), 35.
Yvons (des) (F^{cois}), 168.

TABLE

MANUSCRITS

Pages.

Série A. — Titres de Familles.

I. — *Les du Bot du Grégo et leurs alliances.*
Famille du Bot de Kerbot et du Grégo (généalogie). 1
Famille d'Amphernet de Pontbellanger........... 31
Famille Bonté et papiers militaires du général Bonté (notice sur ce personnage)........... . 35

II. — *Familles diverses du Vannetais.*
Familles Anger, de Mesuillac, de Noyal, du Quenellec, Le Senechal, Thomas, Guitton, de la Pommeraye, etc............................. 67

III. — *Familles diverses du Léon et de la Cornouaille.*
Famille de Kernezne (généalogie)................ 71
Famille de Mesgouez........................ 76
Familles Daniel de Trevinily et Campir.......... 77
Familles Le Verger, Jouhan, Labbé, de la Boissière, Audren de Kerdrel, etc...................... 79

Série B. — Titres de seigneuries.

I. — *Vannetais.*
Le Grégo (Surzur) (notice)..................... 85
Terres diverses : Trévinec, Le Vaujour, Caden et autres en Surzur ; Le Granil, Kersapé et autres en Theix ; La Haye, en Larré ; Bray, en Sixt ; Le Vaudequy, en Allaire ; Kervezo, en Bourgpaule ; Treduday, en Melrand ; etc................... 105

II. — *Cornouaille.*

	Pages.
Laz et Trevaré (Laz et autres paroisses) (notice).	121
La Roche-Helgomarc'h (Saint-Thoix et autres paroisses) (notice)........................	157
Juridiction unie de Laz et de la Roche.........	171
Trevenily (ou Trevinily) (Coray)..............	173
Abbaye du Relec (Berrien)....................	177
Hopital de Carhaix (Carhaix)	181
La Haie-Douar (Berrien)......................	185
Seigneuries diverses : Montafilant, Kerrain, Kergoat-Kerviniou (Scrignac), Gournois (Guiscriff), La Forest (Ploemeur), etc..................	189

III. — *Léon.*

Keruzas (Plousané) (notice)..................	193
Le Curru (Milisac) (notice)...................	247
Langueouez (Tregouescat).....................	273
Pennanech (Milisac).........................	285
Coateves (Milisac) (notice)...................	299
Saint-Renan	309
Le Chastel...	313
Terres diverses du Léon : Paroisse de Milisac, seigneuries de Kermerien (Plousané), Joyeuse-Garde (Guipavas), etc.....................	315
Titres divers	323

9-13. — Saint-Brieuc, Imprimerie René Prud'homme.

www.ingramcontent.com/pod-product-compliance
Lightning Source LLC
Chambersburg PA
CBHW071907230426
43671CB00010B/1511